中国互联网金融行业分析与评估
（2016~2017）

ANALYSIS AND EVALUATION ON CHINA'S INTERNET FINANCE INDUSTRY (2016-2017)

互联网金融信息管理与网贷（互金）平台风险评级

主　编／黄国平　伍旭川
副主编／胡志浩　蔡　真

社会科学文献出版社
SOCIAL SCIENCES ACADEMIC PRESS (CHINA)

图书在版编目(CIP)数据

中国互联网金融行业分析与评估.2016-2017:互联网金融信息管理与网贷(互金)平台风险评级/黄国平,伍旭川主编.--北京:社会科学文献出版社,2016.12
(金融蓝皮书)
ISBN 978-7-5097-9927-7

Ⅰ.①中… Ⅱ.①黄…②伍… Ⅲ.①互联网络-应用-金融-研究报告-中国-2016-2017 Ⅳ.①F832.2

中国版本图书馆CIP数据核字(2016)第261209号

金融蓝皮书
中国互联网金融行业分析与评估(2016~2017)
——互联网金融信息管理与网贷(互金)平台风险评级

主　　编 /	黄国平　伍旭川
副 主 编 /	胡志浩　蔡　真
出 版 人 /	谢寿光
项目统筹 /	邓泳红　吴　敏
责任编辑 /	吴　敏　张　超
出　　版 /	社会科学文献出版社·皮书出版分社 (010)59367127 地址:北京市北三环中路甲29号院华龙大厦　邮编:100029 网址:www.ssap.com.cn
发　　行 /	市场营销中心 (010)59367081　59367018
印　　装 /	北京季蜂印刷有限公司
规　　格 /	开本:787mm×1092mm　1/16 印张:25　字数:379千字
版　　次 /	2016年12月第1版　2016年12月第1次印刷
书　　号 /	ISBN 978-7-5097-9927-7
定　　价 /	89.00元

皮书序列号 / B-2016-553

本书如有印装质量问题,请与读者服务中心(010-59367028)联系

▲ 版权所有 翻印必究

《中国互联网金融行业分析与评估（2016~2017）》学术指导委员会

主　　任　李　扬

副 主 任　王国刚

委　　员　戴根有　金　碚　何德旭　冉　华　姚余栋
　　　　　　　丁　士　王芙颖　殷剑峰　胡　滨　张　平
　　　　　　　张晓晶　李雪松　吉昱华　高　莉　樊卫东
　　　　　　　张　涛　董裕平　彭兴韵　杨　涛　彭　冰
　　　　　　　张　涛　田维赢

支持单位　中国社会科学院金融研究所
　　　　　　　中国人民银行金融研究所
　　　　　　　中国社会科学院投融资研究中心
　　　　　　　北京马洲商道文化发展有限公司

《中国互联网金融行业分析与评估（2016～2017）》编委会

主　编　黄国平　伍旭川

副主编　胡志浩　蔡　真

成　员　黄余送　方　龙　李　根　李贵生　孙　健
　　　　　李　捷　杨克泉　吕明霞　梅　琼　刘计生
　　　　　梁国栋　曹　锋　蔡跃洲　潘瑾健　冯卫杰
　　　　　张　垚　白　卫　李贵生　丁　孜　费兆奇
　　　　　周莉萍　范丽君

主要编撰者简介

黄国平 安徽潜山人,博士。2004年毕业于中国社会科学院研究生院数量经济与技术经济系。中国社会科学院金融研究所研究员,中国社会科学院投融资研究中心副主任,中国社会科学院研究生院教授,中国金融期货交易所北京金融衍生品研究院特邀研究员,中国保险行业协会互联网分会委员。主要研究方向为金融风险管理与度量、金融(衍生)产品设计与定价、普惠与互联网金融的创新与评价以及科技金融政策和理论研究。

伍旭川 安徽安庆人,经济学博士。2004年毕业于中国社会科学院研究生院财贸经济系。中国人民银行金融研究所研究员、综合部主任,互联网金融研究中心秘书长。主要研究方向为货币理论与政策、普惠与互联网金融创新与发展等。

主要编撰单位简介

国家金融与发展实验室

国家金融与发展实验室是中央批准设立的首批国家级高端智库。

2005年,为了适应日趋复杂的经济、金融形势,顺应社会科学和自然科学深度融合的历史趋势,回应金融日趋工程化、全球化的新挑战,中国社会科学院金融研究所发起设立"中国社会科学院金融实验室",这是中国国内社会科学界第一个兼跨社会科学和自然科学两界的国家级实验室。随后,中国社会科学院又陆续设立了十余家以政策研究为导向的智库型研究机构,主要包括:"财富管理研究中心"(2005)、"支付清算研究中心"(2005)、"金融法律与金融监管研究基地"(2005)、"中国金融政策研究中心"(2009)、"产业金融研究基地"(2010)、"融资租赁研究基地"(2010)、"中小银行研究基地"(2010)、"中国宏观经济运行监测与政策模拟实验室"(2010)、"国家资产负债表研究中心"(2011)、"投融资研究中心"(2011)等。2015年6月,中国社会科学院院务会批准上述11家新型智库型研究机构整合为"国家金融与发展实验室"。2015年11月10日,中央全面深化改革领导小组第十八次会议确定"国家金融与发展实验室"为国家首批高端智库之一。

国家金融与发展实验室遵循科学性、建设性、独立性和开放性原则,主要集中于国内外货币金融政策、金融改革与发展、金融创新与监管、金融安全与风险管理、全球治理与政策协调等广泛领域展开高质量、专业性、系统化和前瞻性研究,为提高我国经济和金融综合研判、战略谋划和风险管理能力服务,为国家制定货币金融政策和宏观经济政策服务,为各地区金融发展服务,为推动国内外金融学术交流和政策对话服务。

支持单位简介

北京马洲商道文化发展有限公司

马洲商道文化发展有限公司是一家以产业基金、股权基金、并购基金、量化基金、不良资产处置基金及FOF母基金为主要业务形态的阳光私募资产管理机构。公司顺应中国经济转型升级的时代潮流，前瞻性地把握中国产业崛起的历史机遇，秉承以"精进"为核心的马洲精神，传承以"合作"为本源的马洲文化，深耕以"专业创造价值"为主轴的投资理念，以早日成为"中国黑石"为使命，力争未来五年实现管理资产规模100亿美元。

马洲商道自成立以来，不但在传统金融领域深耕布局，还主动涉足文化、教育、健康、农业、"一带一路"等战略新兴产业，现已和国家高端智库、多家地方政府、国有金融机构、社会公益组织达成紧密的战略合作关系。

马洲商道团队汇集国内优秀投资银行高管、资深新型产业专家、华尔街金融精英，以"践行使命"的创业热情和"智慧业界"的沉稳风格，全力打造创新驱动与战略驱动并驾齐驱的"中国黑石"金融平台。

序　言

2014年5月，习近平总书记首次明确指出中国经济发展已经进入新常态。随后，多次在重要场合提出要正确认识我国经济发展的阶段性特征，进一步增强信心，适应新常态，共同推动经济持续健康发展，并从消费需求、投资需求、出口和国际收支、生产能力和产业组织方式、生产要素相对优势、市场竞争特点、资源环境约束、经济风险积累和化解、资源配置模式和宏观调控方式等九个方面，详尽分析中国经济新常态的表现、成因及发展方向，认为我国经济发展进入新常态，是我国经济发展阶段性特征的必然反映，是不以人的意志为转移的。认识新常态，适应新常态，引领新常态，是当前和今后一个时期我国经济发展的大逻辑。中国经济新常态宣示了中国经济转型的决心，指出了中国经济长期发展的美好前景及其现实路径。

如果说全球经济常态主要归因于长期停滞，那么，中国经济新常态的主要特征则是结构性减速。这种因"三期叠加"导致的经济增长速度由高速向中高速下落，同时伴随着中国经济的总体质量、效益、生态及可持续性向中高端水平迈进。它包含着经济朝向形态更高级、分工更细致、结构更合理的高级阶段演化的积极内容。这些趋势性变化，既是新常态的外在特征，又是其内在动因。新常态之所"新"，指的是中国社会经济发展开始呈现若干新的特征，这不仅指的是新的战略方针和指导思想，而且包括新的制度条件，还包含新的思想方法和新的工作理念。

新的战略方针的突出体现，就是在坚持以经济建设为中心的前提下，强调了不以GDP论英雄的价值取向。新的制度条件的集中体现，就是确定了市场在资源配置中的决定性作用、政府在经济发展中的关键作用以及依法治国的定鼎作用。新的思想方法的集中表现，就是强烈的问题意识，以重大问题为导向,抓住关键问题深入研究思考,着力推动解决我国发展面临的一系列突出矛盾和问题,是新常态下普遍适用的方法论。新的工作理念集中体现在锲而不舍的钉子精神上,强调的是敢于担当的精神、坚韧不拔的意志、攻坚克难的力量,以及"一分部署,九分落实"的辩证法。

经济增长速度由高速降至中高速,当然是中国经济新常态的主要特征之一。不过,如果我们被减速"一叶障目",看不到其背后发生的质量和效益的提高,便难以全面理解中国经济的新常态。然而,新常态所指示的中华民族的伟大复兴愿景绝非唾手可得。当我们说新常态开拓了通往新繁荣的康庄大道,那也指的是,它为我们创造了新的战略机遇,为我们的新飞跃提供了新的要素、条件、方法和环境——机遇要变成现实,还有待我们以壮士断腕的决心积极推进各个领域的改革,切实完成转方式、调结构、谋创新的历史任务。因此,"引领新常态",应当成为我们在新常态下的主动行为。所谓"引领"者,改革和创新之谓也。

中国经济新常态意味着经济结构的改善和经济增长质量的提升,同时,提高经济增长包容性,更是经济新常态不可或缺的重要方面。我国基尼系数自2009年来连续第六年下降,表明收入分配状况趋向好转。然而,恶化的趋向固然有所阻滞,但不公的问题依然严重存在,我们必须认真对待。中国经济发展包容性不足的问题,植根于计划经济时代建立的制度性不平等。解决包容性不足问题,"实现发展成果更多更公平惠及全体人民"的目标,理所当然地成为党的十八大以来深化改革的重要组成部分。发展"普惠金融"既是提高经济增长包容性的重要手段和工具,也是实现经济增长包容性的应有之义。

互联网金融与生具有的"普惠金融"和"民主金融"属性为完善我国金融体系、填补信贷缺口、支持创业创新、实现新常态下经济增长的包容性和经济质量和结构的提升所具有的战略性意义已经在国家层面上得到肯定和重视。

2014年政府工作报告首倡发展互联网金融,在中国经济增速趋缓、增长方式进入"新常态"、传统金融部门开始收缩银根的背景下,互联网金融趁势获得发展,不仅为步履维艰的中小企业和个人金融需求提供了新的渠道,同时也使得自身呈现爆发式增长。当前,随着行业加速进入"优胜劣汰"的洗牌期,整体风险逐步显现,平台分化也日趋明显,对互联网金融行业实施有效监管已刻不容缓。2015年7月18日,《关于促进互联网金融健康发展的指导意见》出台,为实施具体监管、促进行业健康发展指明了方向。2016年8月24日,《网络借贷信息中介机构业务活动管理暂行办法》正式发布,为促进网络借贷行业健康发展、维护互联网金融稳定、提升互联网金融效率提供了政策和制度保障。

当前,我国互联网金融行业在发展过程中还存在诸多不足和问题,但这不能掩盖其在促进民间投资和消费、缓解中小企业融资难等方面发挥的至关重要的作用。2015年11月3日,中国共产党第十八届五中全会通过的《中共中央关于制定国民经济和社会发展第十三个五年规划的建议》中提出规范发展互联网金融,这是互联网金融首次被写入中央五年规划中。2016年7月27日,中共中央办公厅、国务院办公厅印发《国家信息化发展战略纲要》再次提到"引导和规范互联网金融发展,有效防范和化解金融风险"。这充分说明了国家在战略层面上积极推动和支持互联网金融健康发展。随着监管主体的逐一就位、监管思路日益明晰、监管规则和标准逐步完善、行业自律性管理加强、伪劣平台逐步清除,我国互联网金融势必会告别无序发展阶段,进入规范化有序发展的新阶段。

本书从行业平台状况、运行态势和特征、风险管理和监管、国际发展与启示以及未来展望和趋势几个方面对2015~2016年以网络借贷为代表的中国互联网金融行业总体概况进行分析、总结和展望。同时,从信用风险、流动性风险、操作风险、法律合规风险四个风险维度在整体上做出科学评估和分析。希望本书的出版能够为互联网金融行业规范和有序发展提供政策和实践依据。

李 扬
中国社会科学院学部委员、经济学部主任
国家金融与发展实验室理事长

摘　要

2015年以来，我国以网络借贷为代表的互联网金融行业仍然保持快速发展势头，但增速放缓，这标志着我国互联网金融行业发展进入规范化的净化洗牌期。"冰火两重奈何天，天堂地狱一瞬间"可能是此间中国网络借贷行业的生动写照。一方面，在这所谓的互联网金融的"冬天"里，我国网络借贷行业仍呈现火爆发展，人气依然旺盛，规模快速扩张，资本抢滩蜂拥而至；另一方面，平台暴雷倒闭事件屡现，"跑路"圈钱骗局频出，这给本来就出身"草根"，野蛮生长，充满投机和风险的新兴行业背负更多污名，声誉打击颇甚。随着行业加速进入"优胜劣汰"的洗牌期，行业竞争日益激烈，整体风险逐步显现，平台分化也日趋明显。其间，全国各地平台甚至集中爆发了提现危机，多地发生了平台资金链断裂或关闭事件，使得网络借贷行业风险成为舆论焦点。

2015年新年伊始，银监会机构调整中，明确了网络借贷行业将由普惠金融部进行管辖，至此，监管主体正式就位。2015年7月18日，《关于促进互联网金融健康发展的指导意见》出台，为管控平台风险、实施具体监管、促进行业健康发展指明了方向。2016年3月25日，中国互联网金融协会正式成立，随即从资金存管和信息披露两个方面对我国互联网金融领域展开专项整治活动，为提升行业风险防御能力，营造良好的互联网金融生态环境展开具体行动。2016年8月24日，《网络借贷信息中介机构业务活动管理暂行办法》正式发布，为促进网络借贷行业健康发展，引导其更好地满足小微企业、"三农"、创新企业和个人投融资需求，维护互联网金融稳定、保护消费者权益、提升互联网金融效率提供了政策和制度保障。

诚然，我国网络借贷等互联网金融在"野蛮式"生长发展初期产生了

花样繁多的矛盾和缺陷，但这些矛盾和不足只是我国互联网金融行业走向健康发展过程的匆匆过客，并不能掩盖我国互联网金融在促进民间投资和消费、缓解中小企业融资难等方面发挥的至关重要的作用。事实上，互联网金融与生具有的"普惠金融"和"民主金融"属性为完善我国金融体系、填补信贷缺口、支持创业创新、促使民间金融阳光化等方面所具有的战略性意义也已经在国家层面上得到肯定和重视。

2015年11月3日，中国共产党第十八届五中全会通过的《中共中央关于制定国民经济和社会发展第十三个五年规划的建议》中提出规范发展互联网金融，这是互联网金融首次被写入中央五年规划。2016年7月27日，中共中央办公厅、国务院办公厅印发《国家信息化发展战略纲要》再次提到"引导和规范互联网金融发展，有效防范和化解金融风险"。这充分说明了国家在战略层面上积极推动和支持互联网金融健康发展。随着监管主体的逐一就位，监管思路日益明晰，监管规则和标准逐步完善，行业自律性管理加强，伪劣平台逐步清除，我国互联网金融势必会告别这离乱丛生的无序发展阶段，经过凤凰涅槃、浴火重生，进入规范化发展、有序发展的新阶段，迎来新一轮的高速增长。

Abstract

Since 2015, China's Internet finance industry represented by P2P Lending has maintained a rapid development momentum with the growth slowing down, which indicates that the development of China's Internet finance industry has entered a standardized purifying and shuffling period. "Heaven and earth hell moment" may be here a vivid portrayal for China's P2P Lending industry. On the one hand, in this so-called Internet finance "winter", China's P2P Lending industry still gained a hot development, while the popularity keeping as more as before, the scale expanding so rapidly and groups of capital flooding here. On the other hand, some P2P Lending platforms collapsed rapidly and scams of misappropriating money occur frequently, making the new industry which was born "grassroots", full of speculation and risk and experienced a brutal growth bear more stigmas and its reputation blew promptly. With the industry accelerating into the "survival of the fittest" period, this area becomes increasingly competitive and the overall risk also appears gradually as well as the platform differentiation appears more evidently. In the meantime, platforms across the country even broke out of cash massively and more than one platform encountered funding chain breaking or closure events, making the risk of P2P lending industry become a focus of public opinion.

At the beginning of 2015, the CBRC made an adjustment that the Internet finance industry would be governed by the Pratt & Whitney Finance Department, thus the regulatory body became in place. On July 18, 2015, the guidance to promote the healthy development of Internet finance issued, specifying the direction for risk control of platforms, implementation of specific regulations as well as healthy development of Internet finance industry. On March 25, 2016, China Internet Finance Association was formally established, then special rectification activities were carried out in China's Internet finance areas from two aspects, the

depository of cash and the disclosure of information, in order to enhancing the industry's risk defense capability and building a good ecological environment for Internet finance. On August 24, 2016, the "Interim Measures on the Administration of Business Activities of Internet Finance Intermediaries" was officially launched, providing a policy and system protection for promoting the healthy development of P2P lending, as well as better meeting the investment and financing needs of small and micro, rural and innovative enterprises and individuals. Also, it made much concentration to maintaining the stability of Internet Finance, protecting the rights and interests of consumers and enhancing the efficiency of Internet finance.

Indeed, there are a lot of contradictions and defects during the early "barbaric" growth and development period of China's P2P Lending and other Internet finance activity, however these contradictions and defects are only hasty passers in the final healthy development process of China's Internet finance industry. These also cannot cover up the fact that the Internet finance plays a crucial role in the promotion of private investment and consumption, as well as easing the difficult financing of SMEs. In fact, the Internet finance born with the attributes of "Pratt & Whitney Finance" and "democratic finance" has also gained the affirmation and attention from the high-level government, which greatly contributes to improving China's financial system, filling the credit gap, supporting entrepreneurship and innovation, as well as promoting the brightness and normalization of private finance.

On November 3, 2015, the Eighth Fifth Plenary Session of the Communist Party of China adopted the "CPC Central Committee's recommendations on the development of national economy and society in the 13th five-year plan", which evidently proposed normal development of Internet finance. This is the first time that the Internet finance was written into the central five-year plan. On July 27, 2016, the General Office of the CPC Central Committee and the State Council issued the "National Information Development Strategy Outline" and referred once again that "to guide and regulate the development of Internet finance as well as effectively prevent and defuse financial risks". This fully shows that the country is working hard to actively promoting and supporting the healthy development of the

Internet finance at the strategic level. With the regulatory body in place one by one, the increasingly clear regulatory ideas, the gradually improved regulatory rules and standards, the strengthened self-regulatory management of the industry and the elimination of inferior platforms, China's Internet finance is bound to say goodbye to the chaotic disordered development stage, and make a rebirth into the standardized and ordered development of a new stage, in which it would usher in a new round of high-speed growth.

目 录

Ⅰ 总报告

B.1 中国网络借贷发展现状与趋势（2016）
　　………………………… 黄国平　伍旭川　胡志浩　蔡　真 / 001
　　一　行业和平台状况 ……………………………………… / 003
　　二　行业态势与特征 ……………………………………… / 011
　　三　风险管理与监管 ……………………………………… / 019
　　四　国际发展与启示 ……………………………………… / 028
　　五　未来展望和趋势 ……………………………………… / 033

Ⅱ 信息管理与风险评级篇

B.2 金融信息服务（征信）及管理
　　………………………… 黄国平　杨克泉　方　龙　孙　健 / 035
B.3 中国网贷（互金）平台风险评级与分析
　　………………………………… 黄国平　方　龙　潘瑾健 / 060

Ⅲ 国际发展与比较篇

B.4 网络借贷国际发展与比较 ……………… 李　根　黄国平 / 139

Ⅳ 专题报告篇

B.5 互联网金融信用制度与风险管理分析 ………………… 黄国平 / 174
B.6 中国网络借贷行业监管理论及实践 ……………… 伍旭川 黄余送 / 188
B.7 网贷新规赋予P2P合法身份 ………………………………… 彭 冰 / 200
B.8 网络信贷违约分析
　　——基于二元离散选择模型的分析 ……………………… 蔡 真 / 207
B.9 网贷平台2015年报揭秘的九大用户特征
　　……………………………………………………… 梅 琼 吕明霞 / 238
B.10 中国网络借贷平台风险评级与分析（2015）
　　………………………………………… 黄国平 潘瑾健 方 龙 / 251
B.11 互联网金融中信用风险理论基础和分析范式
　　……………………………………………………… 孙 健 黄国平 / 260
B.12 供应链金融及其模式创新
　　——基于第三方物流视角 ………………………………… 梁国栋 / 273
B.13 互联网金融发展背景下我国商业银行转型发展 ……… 刘计生 / 288
B.14 从大数据到区块链
　　——金融的未来已显吗？ ………………………………… 曹 锋 / 306

Ⅴ 平台案例篇

B.15 国外代表性平台及其业务特征 …………………………… 李 根 / 321
B.16 中国代表性平台及其业务特征 …………………………… 黄国平 / 354

CONTENTS

I General Report

B.1 Status and Development Trend of China's P2P Lending (2016)

        Huang Guoping, Wu Xuchuan, Hu Zhihao and Cai Zhen / 001

    1. Introduction to P2P Lending Industry and Platforms   / 003

    2. Development Situation and Characteristics   / 011

    3. Risk Management and Regulation   / 019

    4. International Development and Inspiration   / 028

    5. Future Prospects and Trends   / 033

II Information Management and Risk Rating

B.2 Financial Information Service (Credit) and Management

        Huang Guoping, Yang Kequan, Fang Long and Sun Jian / 035

B.3 Risk Rating and Analysis of China's Major P2P Lending Platforms

        Huang Guoping, Fang Long and Pan Jinjian / 060

金融蓝皮书

Ⅲ International Development and Comparison

B.4 International Development and Comparison of P2P Lending
               Li Gen, Huang Guoping / 139

Ⅳ Special Reports

B.5 Credit System and Risk Management of Internet Finance
                     Huang Guoping / 174

B.6 Supervision Theory and Practice of China's P2P Lending Industry
               Wu Xuchuan, Huang Yusong / 188

B.7 Legal Identity given to P2P by Internet-Lending New Rules
                     Peng Bing / 200

B.8 An Analysis of Network Credit Default
  —Based on Binary Discrete Choice Model   *Cai Zhen* / 207

B.9 The Nine Users' Characteristics Revealed in 2015 Annual
  Reports of P2P Lending Platforms   *Mei Qiong, Lv Mingxia* / 238

B.10 Risk Rating and Analysis of China's P2P Lending Platforms (2015)
           Huang Guoping, Pan Jinjian and Fang Long / 251

B.11 Theoretical Basis and Analytical Paradigm of Credit Risk
  in Internet Finance   *Sun Jian, Huang Guoping* / 260

B.12 Supply Chain Finance and Its Model Innovation
  —Based on TPL Perspective   *Liang Guodong* / 273

B.13 Transformation and Development of China's Commercial Banks
  under the Background of Internet Finance Development
                     Liu Jisheng / 288

CONTENTS

B.14　From Large Data to Block Chain

　　　　—*The Future of Finance has Arrived*　　　　　*Cao Feng* / 306

V　P2P Lending Cases

B.15　Foreign Representative P2P Platform and Its Business

　　　　　　　　　　　　　　　　　　　　　　　　Li Gen / 321

B.16　China's Representative P2P Platform and Its Business

　　　　　　　　　　　　　　　　　　　　Huang Guoping / 354

总 报 告
General Report

B.1
中国网络借贷发展现状与趋势（2016）

黄国平　伍旭川　胡志浩　蔡　真*

摘　要：　2015年以来，我国网络借贷仍然保持快速发展势头，但增速放缓，这标志着我国网络借贷行业发展进入规范化的净化洗牌期。我国网络借贷等互联网金融在"野蛮式"生长发展初期产生了诸多矛盾和缺陷，但这些矛盾和不足不能掩盖我国互联网金融在促进民间投资和消费、缓解中小企业融资难等方面发挥的至关重要的作用。互联网金融与生俱有的"普惠金融"和"民主金融"属性为完善我国金融体系、填补信贷缺口、支持创业创新、促使民间金融阳光化等方面所

---

* 黄国平，博士，中国社会科学院金融研究所研究员；伍旭川，博士，中国人民银行金融研究所研究员、处长；胡志浩，博士，中国社会科学院金融研究所副研究员，国际金融研究室主任；蔡真，博士，中国社会科学院金融研究所副研究员。

具有战略性意义也已经在国家层面上得到肯定和重视。随着监管主体的逐一就位，监管思路日益明晰，监管规则和标准逐步完善，行业自律性管理加强，我国互联网金融势必会告别离乱丛生的无序发展阶段，进入规范化发展、有序发展的新阶段。

关键词： 网络借贷　普惠金融　互金平台　金融监管　信息中介

互联网金融继承了互联网的"平等、开放、协作、透明、共享"的精神，体现了互联网"普惠大众"的宗旨，是丰富金融服务产品、优化金融服务方式、推动金融改革和创新的重要方式。2015年以来，随着监管主体到位和监管政策出台，我国网络借贷行业进入规范化发展新阶段。2015年初，网络借贷明确划归中国银监会普惠金融部监管；7月18日，《关于促进互联网金融健康发展的指导意见》出台，为实施规范监管、促进行业康发展指明方向；12月28日，《网络借贷信息中介机构业务活动管理暂行办法（征求意见稿）》颁布，为实施行业具体监管提出了初步意见和办法；2016年3月25日，中国互联网金融协会成立，为促进行业自律、提升行业风险防御能力提供了组织保障；8月24日，《网络借贷信息中介机构业务活动管理暂行办法》正式发布，为引导行业健康发展、更好地满足小微和创新企业、支持"三农"和个人投融资需求、保护消费者权益和维护互联网金融稳定提供了政策和工具指引。

网络借贷的兴起，在欧美发达国家本质上是源于征信体系与互联网技术的完善和进步。成熟的征信体系使得线上信用审核与贷款利率确定成为可能，大数据和互联网技术进步为实现信贷审批自动化和降低信息成本提供了可行手段。我国网络借贷高速发展的重要动因在于突破"金融抑制"的动力。自从2014年政府工作报告中首次提出发展互联网金融以来，2015年11月3日，中国共产党第十八届五中全会通过的《中共中央关于制定国民经济和社会发展第十三个五年规划的建议》中也提出规范发展互联网金融，这是互联网金融首次被写入中央五年规划中。2016年7月27日，中共中央办公厅、国务院办公厅印发《国家信息化发展战略纲要》再次提到"引导和规范互联网金融发展，有效防范和化解金融风险"。这充分说明了国家在战略层面上积极推动和支持互联网金融健康发展。

诚然，我国网络借贷等互联网金融在发展初期产生了诸多矛盾和缺陷，但这些矛盾和不足不能掩盖我国互联网金融在促进民间投资和消费、缓解中小企业融资难等方面发挥的至关重要的作用。当前，我国网络借贷规模和速度处于世界前列，但制度建设尚不成熟，存在严重且复杂的风险隐患。为此，我们需要借鉴国际先进经验，立足国内发展现状，完善和提升内部风险管理体系，同时，建立和健全外部监管机制，以促进我国以网络借贷为代表的互联网金融的健康发展，实现真正的普惠金融。

一 行业和平台状况[①]

（一）平台数量及分布

过去一年，我国网络借贷平台数增速有所放缓，但绝对数量仍创历史新高。截至2015年12月底，我国网络借贷平台数量累计达3858家；截至2016年3月，累计平台数量达到3984家；截至2016年6月达到4127家（见图1）。新增平台在2015年8月达到228家最大值后呈现下降趋势，2015年12月以后，每月新增平台从原来三位数进一步下降到两位数（见图2）。运营平台数量在2015年11月达到历史最大值2612家，随后也呈现逐月下降趋势，截至2016年3月底，运营平台数量为2461家，相较2015年底减少134家。截至2016年6月底，运营平台的数量进一步下降到2349家（见图3）。

---

① 本部分引用数据来源于网贷之家。

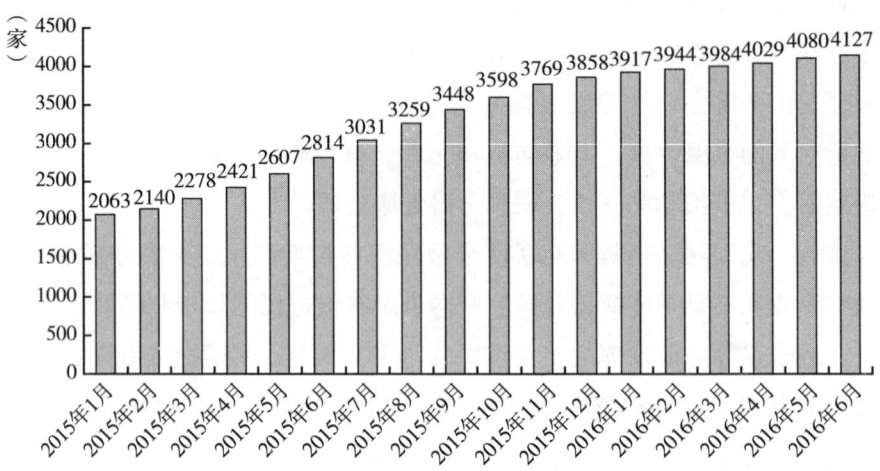

图1　2015年1月至2016年6月网络借贷平台累计状况

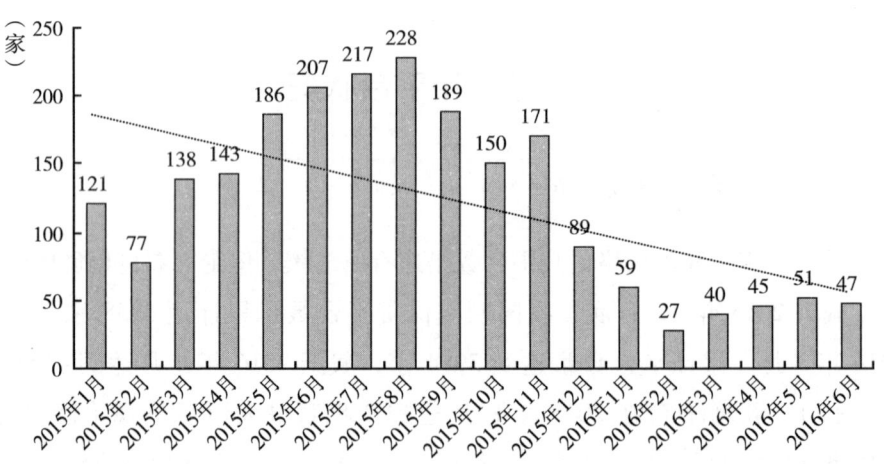

图2　2015年1月至2016年6月每月新增平台状况

在平台区域分布上，广东、山东、北京运营平台数量位居前三。截至2015年12月，三省（市）分别为476家、329家、302家。进入2016年，三省（市）运营平台数量都有所下降，截至2016年3月，数量分别下降至448家、296家、297家。截至2016年6月，三省（市）运营平台数量分别

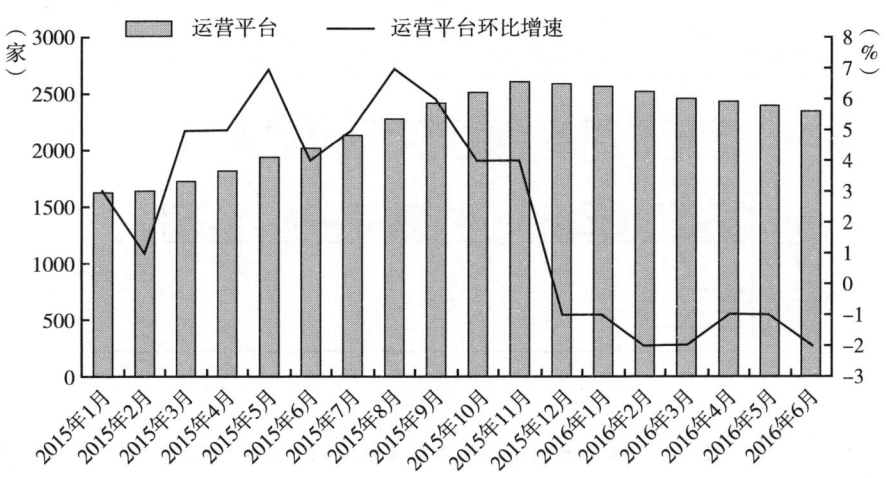

图 3　2015 年 1 月至 2016 年 6 月运营平台数量发展状况

为 417 家、256 家和 299 家。不言而喻，我国网络借贷平台主要分布在经济发达的京、沪、深等一线城市和沿海地区。然而，随着中西部地区的经济强势崛起，以及它们支持互联网金融发展政策的出台，湖北、四川、贵州等省的网络借贷也出现了快速发展，其中，湖北省运营平台数量相比 2014 年增长幅度超过了 100%。

在平台的资本背景方面，各路资本仍然延续 2014 年以来的策略和手段，进一步抓紧网络借贷的行业布局。截至 2016 年 6 月历史累计获得风投系背景的平台数量已经达到 88 家、国资系背景的平台数量达到 90 家、上市公司系背景的平台数量达到 82 家，银行系背景的平台数量为 16 家（见图 4）。

（二）成交量及贷款余额

过去一年，尽管我国网络借贷行业不断遭受"寒流"袭扰，负面消息不断，但是投资人气和行业发展仍然取得了可喜进步。截至 2015 年 12 月，我国网络借贷历史累计成交量达 14307 亿元，其中 2015 年全年成交量达到 9823 亿元，是 2014 年的 3.89 倍。2016 年以来，成交量呈现稳步发展趋势，

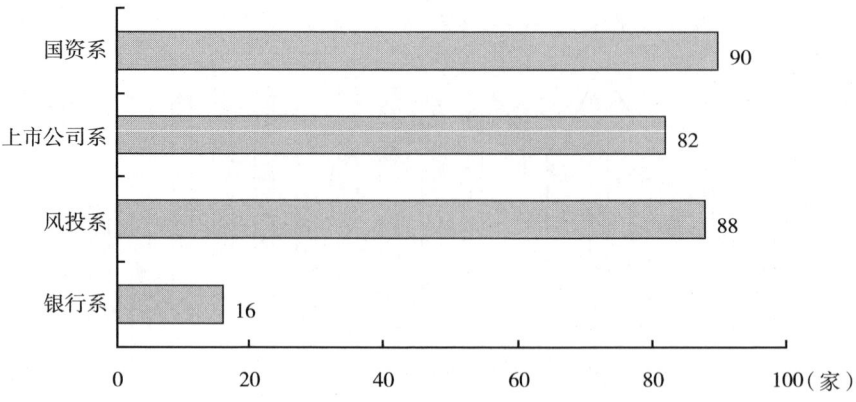

图4 2016年6月不同资本背景的网络借贷平台数量

上半年成交量为8423亿元，超过上年同期3倍。截至2016年6月底，行业历史累计成交量达到了22730亿元（见图5）。在成交量的区域分布上，截至2015年12月，位居前五位的省（市）分别是广东、北京、浙江、上海、江苏。这五省（市）成交量总计占据全国的87.2%。其中，广东省以3109.63亿元位居首位，是2014年的近4倍。北京、浙江位居亚军和季军，全年成交量分别为2850.07亿元、1204.81亿元。2016年上半年成交量前五

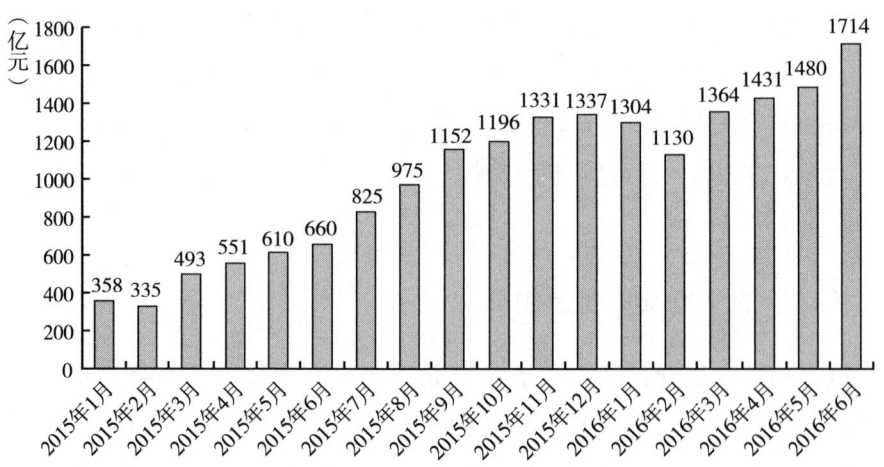

图5 2015年1月至2016年6月每月成交量

位的分别是，广东2444.4亿元，北京2324.76亿元，上海1345.2亿元，浙江990.24亿元，江苏244.55亿元。这五省（市）成交量总计为7349.15亿元，占全国总成交量的87.3%（见图6）。

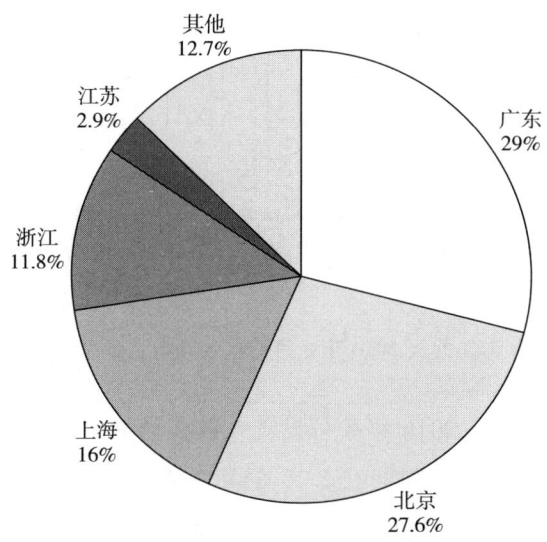

图6 2016年上半年网络借贷成交量地区分布

网络借贷的贷款余额也呈快速增长趋势，截至2015年12月底，网贷行业总体贷款余额达4395亿元，是上一年同期的4.24倍。截至2016年3月，贷款余额增至5040亿元。截至2016年6月底，贷款余额进一步攀升至6213亿元，相比2015年底增长1818亿元，这也表明行业的资金净流入仍然呈现增长趋势（见图7）。贷款余额的区域分布上，排名前三位的省（市）为北京、上海、广东。截至2016年6月底，贷款余额排名前三位的省（市）为北京、上海、广东，其贷款余额分别为2554.94亿元、1316.72亿元、1080.47亿元，累计贷款余额达到4952.13亿元，占全国的比例为79.7%。

（三）交易人数及活跃程度

过去一年，网络借贷人气飙升。2015年1月投资人数和借款人数分别为88.22万和19.10万，2015年12月底，投资人数和借款人数分别达到

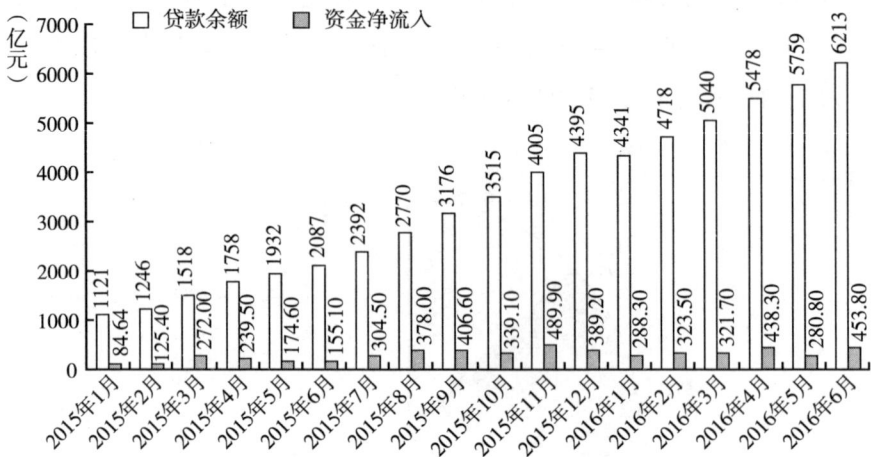

图7 2015年1月至2016年6月贷款余额与资金净流入月度变化

298.00万和78.49万。2016年6月投资人数和借款人数分别为338.30万和112.40万,分别是上一年同期的2.19倍和3.4倍。在人均投资额仍然保持缓慢增长趋势的同时,人均借款额则呈现下降趋势,说明行业发展更趋合理平衡。北京、上海和广东地区平台投资人的投资热情高于其他地区,同时借款人数也处于全国前列(见图8和图9)。

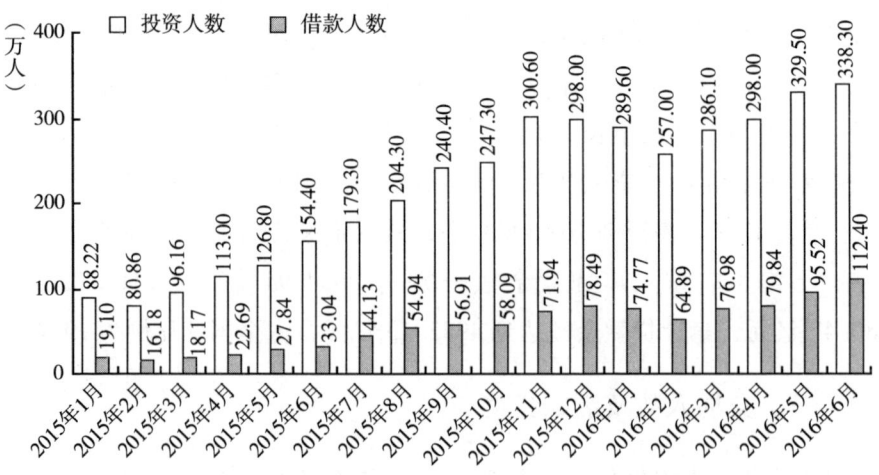

图8 2015年1月至2016年6月投资人数与借款人数月度变化

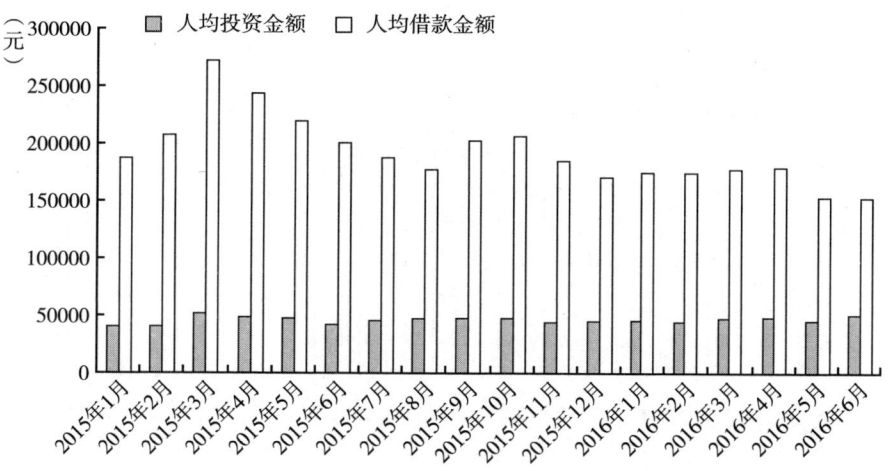

图9 2015年1月至2016年6月人均投资金额与人均借款金额月度变化

(四) 收益率水平及期限

在借款期限方面,总体来说呈现增长趋势。截至2015年底,全国平均贷款期限6.93个月,略高于上一年同期的6.88个月的水平。然而,这一指标在2016年6月迅速上升至7.81个月。上海和北京地区的网络借贷平台数量虽不及广东,但大多背景实力较强,因而发布的借款标的一般金额较大、期限较长(见图10)。

过去一年,受央行降息以及行业本身供求关系和监管因素影响,我国网络借贷综合利率呈现连续下降趋势。2015年12月底,全国平均综合利率为12.45%,比上一年同期下降363个基点。2016年6月,综合利率进一步下降至10.38%,相比上年同期下降了379个基点。内蒙古、安徽和甘肃综合利率均超过20%,在各地区中排名靠前,而重庆、上海、北京和广东这四个地区综合利率在排名中靠后(见图11)。

(五) 问题平台及风险

过去一年,随着监管政策出台,问题平台数量也迅速上升。截至2015

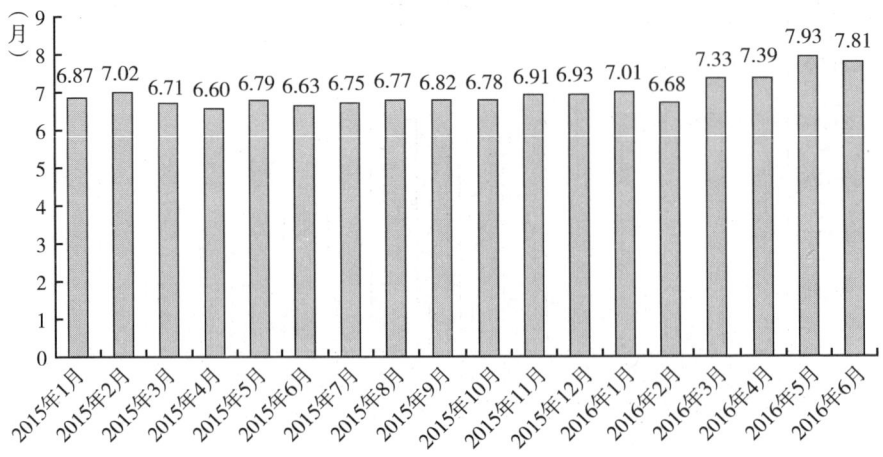

图10　2015年1月至2016年6月借款期限月度变化

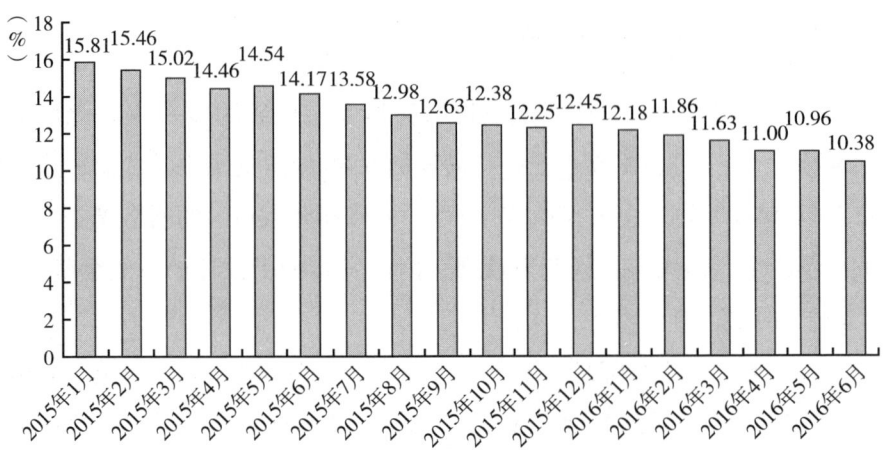

图11　2015年1月至2016年6月综合利率月度变化

年12月底，累计问题平台数量达1263家，其中全年新增问题平台为896家，是2014年的3.26倍。进入2016年，问题平台进一步上升，2016年上半年，全国新增问题平台515家。截至2016年6月，累计问题平台达1778家。问题平台分布，主要集中在山东、广东、浙江、上海、北京五省（市），它们占全国问题平台总数比例超过60%。问题平台中，"跑路"、停业类型的问题平台数量占比分别为55%和15%，而提现、经侦等其他问题平台数量占比为30%（见图12）。

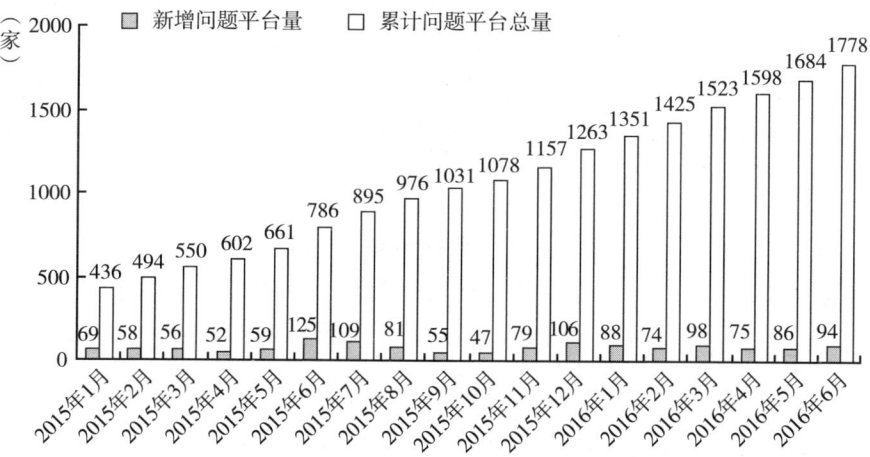

图12　2015年1月至2016年6月问题平台月度变化

二　行业态势与特征

（一）平台绝对数量下降，行业分化愈益明显

我国网络借贷正常运营平台2015年11月达到最大数量2612家之后，2016年以来，绝对数量呈现下降走势。截至2016年6月底，正常运营平台数量为2349家，比2015年底减少246家。2015年6月，单月停业平台为17家，2015年12月为42家。2016年以来，尽管停业平台月环比有所下降，但单月停业平台数量基本都在30家以上。2015年停业平台在问题平台中的占比仅仅10%左右，而到2016年6月，停业转型类平台数量占问题平台总数的一半。

可以预见，在未来的一段时间内，面对监管压力和行业竞争，我国网络借贷运营平台的数量会进一步下降。停业作为一种良性退出方式既能够保障

投资人权益也有利于维护网贷行业稳定发展,是一种可行的退出机制。正如中国人民银行副行长张涛①所强调的,制度设计的目标之一是促进金融业健康发展,维护整体金融稳定而不是保护业内每一个机构都不失败,都不出任何风险。对于经营出现风险、经营出现失败的金融机构,要建立有序的处置和退出框架,允许金融机构有序破产。该重组的重组,该倒闭的倒闭,增强市场的纪律约束。一个没有优胜劣汰机制的行业是不可能健康持续发展的。

值得一提的是,在网络借贷行业进入退出机制不断完善,大量中小平台加速退场之时,行业中的翘楚如宜人贷、陆金所、点融网、拍拍贷等要么在寒冬中坚守,逆势而上,经营得有声有色,要么重新定位,实现华丽转身。就在国内外谈"网"色变时,点融网反其道而行之,发起了为网络借贷正名活动,在京、沪、广、深等一线城市的户外频繁打出"点融网'真的,不跑路'"广告标语,试图将网络借贷拉出妖魔化的漩涡。拍拍贷作为国内第一家纯线上网络借贷平台,其模式曾被多次质疑,如它的小额分散债权,被认为成本高、坏账多;其线上风控模式,被质疑脱离国内环境;其频繁的融资,被证明模式好,亏损也多。"不盈利"是前期拍拍贷被口诛笔伐的症结所在。在行业风口浪尖之时,拍拍贷一直在沉淀用户数据,打磨风控体系,而将收获的季节,推迟到行业寒冬中,2015年6月,拍拍贷宣布实现盈利。

在大量不合规范的中小平台选择纷纷退场的行业严冬之际,拍拍贷、积木盒子、中瑞财富、开鑫贷、理财范、金融工场等多家P2P平台纷纷宣布增加注册资本。目前,"亿元俱乐部"已超百家,达111家。其中,3亿元及以上的平台共10家,5亿元及以上的平台共6家。虽然监管细则(征求意见稿)对注册资本没有硬性要求,增加注册资本也不能直接增强合规性,但彰显了平台及股东对互联网金融方向的认可。网络借贷平台增资(特别是实缴增资)从根本上讲源自平台的融资能力和盈利能力的增强,也从一

---

① 2016年7月,张涛副行长已经就任国际货币基金组织(IMF)副总裁。

个侧面反映了网络借贷行业的发展潜力。另外,平台若将增资真正用在风控建设,提升平台抗风险能力,就更具成长性,也能为投资者提供更安全的理财渠道。总之,网络借贷行业前景依旧可观,大可不必为行业洗牌过度紧张。

(二)业务模式加速分化,实力平台抢滩财管

我国网络借贷平台在 2015 年之前对接资产主要是个人和中小企业贷款。由于征信和风控体系尚不完善,多数业务采用线上线下结合方式,即线上申请加线下风控模式。2015 年以来,平台的产品和服务范围已不局限于信贷类资产,所谓综合理财、消费金融、融资租赁、供应链金融、股票配资等各种业务和产品服务在网络借贷平台上缤纷呈现,平台业务模式加速分化,行业竞争不再局限于交易规模与用户数。拥有了一定用户与流量优势的一线老牌平台,纷纷转型做起一站式综合理财平台。如陆金所联手前海征信打造"网贷版天猫",人人贷转型财富管理平台,积木盒子上线基金产品,布局综合理财平台等。但转型并非易事,不仅存在着技术和管理方面的问题,而且存在法律上的争议。① 只有金融创新能力较强的企业才能走通这条路,一般平台转型综合理财道路,仍然充满变数。

2015 年 6 月,国务院召开常务会议,提出发展消费金融的主张,鼓励符合条件的民间资本、国内外银行业机构和互联网企业发起设立消费金融公司。诚然,在数十万亿级的消费金融市场面前,基于线上消费场景的阿里、京东等电商固然有其优势,但在线上消费场景之外更为广阔的消费市场上,网贷平台作为不可忽视的重量级玩家并不惧和电商竞争。平台纷纷试水消费金融不仅在于受到政策推动,小额分散的个人消费贷款也非常符合网络借贷行业定位,充分体现了互联网金融"普惠"精神。目前,包括宜人贷、拍拍贷、玖富、积木盒子等一批行业领先的借贷平台也都在布局这块市场。然而,消费金融行业还存在信用体系不健全、

---

① 如我国监管文件中有提及"不得代销金融产品"的禁止条款。

业务开展成本高、优质借款人难找、业务同质化严重等难点，前途光明但道路曲折。

供应链金融是金融服务实体经济最直接体现的领域。我国供应链金融市场规模预计在2020年可达15万亿元左右，可能会成为网络借贷行业的一个"蓝海"。目前，网贷行业切入供应链金融业务常见的一种模式是进行商业保理资产转让，供应商产生应收账款时，将其转让给商业保理公司，由保理公司向其提供融资服务，而网贷平台为保理公司提供资金，到期后商业保理从买方处收回本息，并支付给网贷投资人。网贷平台与商业保理公司的合作节约了平台借款端项目开发成本，有利于业务产品线的拓展，带动平台量增。网贷行业切入供应链金融的另外一种主要模式则是与上市公司合作，为上市公司提供应收账款类融资、信用贷款等服务。在这块领域，不单是网贷平台在寻求与上市公司的合作，不少上市公司也有意借网络借贷平台布局供应链金融，如东方金钰、五粮液、盛达矿业等。网贷平台介入供应链金融存在应收账款真实性风险、重复抵押风险、法律保障风险等运营风险。一旦供应链融资的主要风险集中在核心企业，容易形成自融。

2015年以来，互联网"宝宝"类理财产品的收益率不断下降，而网贷平台活期理财产品却一路高歌猛进，抢占着"宝宝"类市场，号称在高收益的同时也可以实现高流动性。目前，网贷平台活期理财包括三种形式：一是平台公司与货币基金合作，平台成为基金公司代销渠道；二是平台灵活转让，让新人接盘老人，套出资金；三是平台把多种类型资产打包，对接活期的资金池。平台活期理财作为一种创新型的理财产品，在享受了活期随时存取的同时，由于加入了网贷借款项目使得收益率方面大幅超过货币基金，也正因如此，其风险也远高于货币基金。另外，对于部分有资金池和期限错配的活期类理财产品来说，在新的监管规则下，必须有进一步的创新来满足合规要求。

以网络借贷为代表的互联网金融迎来了实质上的业务分化，且分化正在加深。其中，一个不容忽视的趋势是一批颇具用户与资产规模的实力平台公司，正在分羹以前专属于传统金融机构的业务领域——财富管理。从2015

年下半年开始，互联网金融行业一个趋势正在显现。很多互联网金融业态的平台都开始为自己打上诸如"一站式理财平台""综合财富管理平台""财富管理管家"之类的标签。越来越多实力平台，在聚集了一定规模用户后，向个人和企业财富管理方向转型。甚至有个别背靠闭环生态平台，还跟券商资管合作，将用户在自身体系内产生的信贷资产打包，设计成资产证券化产品，在交易所挂牌。

互联网技术在金融领域实践，不仅催生了新的业态模式，丰富了业务内涵，提高了技术应用和投资人教育，为市场参与主体营造了良好的共享基础，也为平台彼此借力，或是与传统金融机构合作，布局财富管理业务，降低财富管理的门槛，提高资产配置效率提供了技术手段。2016年2月，宜信发起成立宜信新金融产业投资基金，宣布投米RA（Robo-Adviser，机器人理财顾问）上线，进军智能投顾。2016年7月，宜信、汉金所、开鑫贷相继宣布推出企业财富管理业务。诚然，财富管理（尤其是企业财富管理）一般单户金额较大，如果不能匹配好极易形成资金池。大单资金如何匹配并且要避免形成"资金池"，对平台资产端提出了更高的要求，需要拥有资产优势的平台才有能力做好综合性的财富管理业务。

（三）行业巨头加速布局，"草根"角色蜕变升华

纵观我国互联网金融发展历程，起于"草根"，经过爆发式"野蛮"生长，在专项治理和强势监管的环境中超越"草根"，角色正在蜕变升华。进入2016年，互联网金融行业出现了截然不同的两面性。一方面，实力平台、行业巨头招兵买马加速布局，如百度金融高调挖人打造金融豪华战队，富士康、碧桂园等大集团相继转战互联网金融业务；另一方面，大量中小"草根"平台却悄悄关门，黯然离场。

作为传统金融业务和互联网技术跨界融合载体典型代表的网络银行，以网商银行为例，网商银行仅开业一年，贷款余额就达到230亿元。在成立初，网商银行仅通过融资业务线条来提供贷款类产品，发展到现在，开发了包括现金管理、供应链金融、银行牌照项下的存汇等综合性的产品和业务。

它们还计划通过合作 ABS 项目、输出风险识别技术、输出基于云技术的科技系统等产品和服务加深与各类金融机构合作。

作为巨头平台加速布局变阵的典型代表陆金所，2015 年以来经历了业务剥离和兼并整合，"大陆金所"格局初步形成。陆金所的变阵逻辑就是把小额个人信贷业务剥离至更具经验的平安普惠事业集群，平安普惠也由此变成陆金所的个人资产供应商；原来的陆金所（即小陆金所）不设任何自营业务，做纯粹的资产交易平台，通过与重庆交易所和前海交易所合作成为机构端的资产供应方。

2016 年以来，利用智能投顾进行综合性财富管理成为互联网金融行业和大型互联网金融（简称"互金"）平台炙手可热的投资和涉足领域。目前，已经推出或拟推出智能投顾产品平台包括平安一账通、京东金融、聚爱财 Plus、钱景私人理财、小金所、蓝海财富、微量网、百度股市通、资配易、胜算在握、慧理财等，均有涉足公募或 A 股市场（见表1）。

表1 部分智能投顾概念的互联网金融平台

平台名称	产品进度	业务类型	金融产品和服务
平安一账通	已推出	混合型	货币基金、股票基金、债券基金、票据理财、网贷产品等
京东金融	已推出	混合型	固定收益理财、股票基金、债券基金、票据理财、京东小金库等
聚爱财 Plus	已推出	混合型	货币基金、股票基金、债券基金、网贷产品、衍生产品等
宜信	已推出	混合型	全球 ETF 投资组合、网贷产品、衍生产品等
钱景私人理财	已推出	独立型	货币基金、股票基金、债券基金、混合基金
小金所	已推出	独立型	货币基金、股票基金、债券基金、混合基金等
蓝海财富	已推出	独立型	国内 ETF、QDII、海外 ETF
弥财	已推出	独立型	海外 ETF
财鲸	已推出	独立型	海外 ETF
微量网	已推出	独立型	股票
百度股市通	已推出	独立型	股票

续表

平台名称	产品进度	业务类型	金融产品和服务
资配易	已推出	独立型	股票
胜算在握	已推出	独立型	股票
慧理财	已推出	独立型	股票
懒财网	已推出	一键型	信托、现金管理
钱大人	已推出	一键型	网贷产品、理财产品等
积木盒子	即将推出	—	—
PPmoney	研发阶段	—	—
挖财	研发阶段	—	—
人人贷	研发阶段	—	—
百度理财智能机器人	研发阶段	—	—

注：根据网贷之家和网贷天眼相关资料整理。

尽管智能投顾运营成本随着规模增大而下降，但风险也更集中，利用智能投顾从事财富管理的平台公司需要不断扩大资产配置的品类范围和地域分布，控制极端损失。另外，智能投顾比拼的是资产配置模型，可以稳健地获得高收益是其存在的价值，需要不断加强模型开发和迭代，积累金融和计算机人才。智能投顾平台按照业务模式可分为独立型、混合型和一键型三种。本质而言，不同平台在金融产品种类、金融产品配比、大数据运用上实力悬殊较大，并非所有宣传智能投顾概念的财富管理平台都能真正做到利用智能投顾有效地进行综合性财富管理。

（四）回归互联网金融真实本质，缩减门店已成趋势

2015年下半年以来，e租宝、大大集团、鑫琦资产、快鹿集团、中晋资产、融宜宝这些成交额动辄百亿元的平台暴雷事件的相继发生，在当地乃至全国都掀起了巨大震动，线下理财广遭诟病。2015年底发布的《网络借贷信息中介机构业务活动管理暂行办法（征求意见稿）》（以下简称《意见

稿》)中规定"除信用信息采集、核实、贷后跟踪、抵质押管理等风险管理及其他明确规定的必要经营环节外,网络借贷信息中介机构不得在互联网、固定电话、移动电话及其他电子渠道以外的物理场所开展业务"。这实际上就是明令禁止网贷平台开展线下理财业务。事实上,在《意见稿》出台禁令前,包括许多大平台在内的线下理财门店一直处于扩张状态。红岭创投原计划在全国设立30多家分公司,每家分公司下设10家体验店。陆金所原计划在全国49个大中型城市驻点。2015年,团贷网在全国开设30余家分公司,加上2015年9月收购的融金所,线下布局已近100家。政策出台后,迫于监管压力,网贷平台纷纷宣布缩减线下门店。

尽管关闭线下理财业务,平台整改转型并不轻松,不仅遭受财务损失,还可能造成客户流失。根据估算,平均关闭一家线下门店总计损失估计在100万元左右。除此之外,线下门店关闭还会对平台声誉造成不良影响,从而可能造成短期内客户大量流失。① 然而,从促进和维护互联网金融和网贷行业长期健康发展的角度,关闭线下门店势在必行,也已成趋势。如翼龙贷宣布其平台在全国7家线下理财门店已全部砍掉;楚金所在其官网发布公告称,其线下门店以及财富中心已平稳关停,并将线下业务统一回迁至总部;点融网甚至计划从线下收集贷款资料逐步转到线上,未来将会把资产端流程更多地放在比如网站、APP等上完成。另外,也有一些平台准备将原有的线下理财门店转型为高端综合财富管理机构。

事实上,从个体平台发生的暴雷和"跑路"事件来看,线下理财是问题平台一个明显的标志,涉嫌非法集资特征明显。毕竟,平台线上理财业务属于可控范围,金额也没那么大。从目前的强化监管和专项治理来看,监管部门直接干预的都是线下理财。虽然缩减线下理财门店已成大势所趋,但也有观点认为,线下理财门店有其存在的合理性:其一,消费者喜欢眼见为实;其二,线下理财门店可直观地向投资人展示品牌形象、经营模式;其

---

① 一位平台负责人表示,"我们的线下客户大多年龄在40~65岁,且集中在小城市,基本不会也不愿意使用手机APP或者电脑。告诉这些客户要关店,理财品可提前赎回也可到期赎回,但他们会有公司要'跑路'的错觉,这样可能引发声誉危机"。

三，相较于线上业务，线下门店目标客户群体更加明确，用户转化率更高，线下获取客户性价比也更高。诚然，线下业务在互联网金融行业发展初期有其存在的合理性和比较优势，但其与行业发展趋势背道而驰，长期来说，无论是运营效率、获客成本还是风险控制都不能和成熟的线上业务相提并论。

三 风险管理与监管

我国网络借贷衍变异化出多种所谓"中国特色"的运营模式，致使内部风险管理和外部监管变得更加复杂。随着行业加速进入"优胜劣汰"的洗牌期，行业竞争日益激烈，整体风险逐步显现，平台分化也日趋明显。一方面，伴随着网络借贷行业的快速发展，诸多行业领先平台加快引进风险信用分析及决策管理技术，旨在提升平台风控能力，节省人工审阅成本，提升审批效率；另一方面，问题平台情况逐月越演越烈，每况愈下。由于"草根"创业者居多，缺乏专业的经营管理经验和必要的风险控制手段，平台倒闭事件频发。更有居心叵测者，借助概念炒作，利用监管缺位，以此作为敛财手段，圈钱"跑路"。尤其"e租宝"、"大大集团"和"中晋资产"等事件出现，牵涉投资人数达百万之多，涉案金额规模达千亿元之巨。严重影响市场信心和行业声誉，促使政府和社会要求对该行业实施严格规范监管。

（一）网络借贷的风险管理与控制

相比于传统金融业的风险管理和控制系统，互联网金融的风控体系无论在合法性、规范性还是科学性等层面仍存有诸多缺陷，这些缺陷势必增大其本身的金融风险。我国网络借贷发展具有典型"异化"特征，风险也更加复杂，既有征信体系和市场环境不完善，也有组织结构和交易机制上的缺陷与漏洞，还有内控机制的不足和简单化，以及IT和信息安全方面的不可靠与无保障。另外，监管主体不到位和法律体系不完备更是广遭诟病。网络借

贷等互联网金融参与主体角色不同,其参与平台借贷和交易过程所面临风险类型和特征亦各有差异。金融风险无论其风险来源还是表现形式,都可以归结为信用风险、市场风险、操作风险、流动性风险以及法律合规风险(见表2)。

表2 网络借贷平台风险成因及来源

风险类型	风险来源	风险成因	风险承担主体	备注
信用风险	借款人	①借款人破产(能力风险) ②借款人骗贷(意愿风险)	平台; 投资者	借款人因能力和意愿方面原因违约而导致网贷平台损失
市场风险	宏观政策和市场环境	①利率变动 ②其他价格变动	平台; 投资者	因利率等宏观经济变量的变动导致债权(贷款)价值下跌使网贷平台遭受损失
操作风险	P2P平台	①平台操作失误 ②平台技术和系统遭受外部攻击 ③结算过程可能存在的风险	平台; 投资者	—
流动性风险	P2P平台	①平台期限和金额错配 ②平台权益凭证转让范围较小,流动性不强 ③行业竞争导致产品异化产生流动性风险	平台; 投资者	—
法律合规风险	政策制度	①非法集资 ②涉嫌高利贷 ③涉嫌非法泄露平台会员信息 ④涉嫌洗钱	平台; 投资者; 借款人	—

对于我国网络借贷发展现状而言,信用风险、操作风险、法律合规风险尤其需要高度重视,甚至关乎互联网金融这一新的金融业态的生存发展问题。

无论哪种金融产品与服务都存在信用风险，不管现今的互联网金融产品和服务具备怎样的虚拟特性和科技含量，终究都是围绕金融这一中心议题展开的。互联网金融创新无非是利用和借助互联网技术、手段、网络和平台更加有效地从事金融业务和活动，绝非金融自身。传统金融活动中因信息不对称等问题所产生的诚信或信用方面的风险（包括偿还能力风险和偿还意愿风险）在互联网金融中依然存在，甚至，在其发展初期，比成熟的传统金融更加严重。当前，我国网络借贷行业所频繁发生的各种欺诈和"跑路"行为就是典型的例证。

互联网金融是基于互联网技术和平台产生的。这也决定了互联网金融在享受高技术所带来的高效率的同时，也必然要承担因技术复杂性或系统脆弱性等问题所产生的操作风险。开放程度较高的网络体系，尚不健全的密钥监管和加密科技，TCP/IP合约存在的安全风险，以及计算机病毒和电脑黑客进攻等都很容易给互联网金融平台和参与者带来巨大损失。当前，国内的互联网金融技术和平台核心软硬件技术大多从国外引进，具有完全自主知识产权的互联网金融技术和设施尚属空白，一旦出现技术决策错误，可能会带来巨大的技术和安全风险。另外，由于技术的复杂性和脆弱性增加，投资者、平台等参与主体也可能因没有充分理解技术的操控规则与标准，造成诸如交易进程中的流动性失误或因支付结算的中断错误所引起的损失（不管有意还是无意，对用户和网络金融部门来说，都会增大互联网金融发展进程中的操作风险），为此，必须扩大信息披露的范围，创建相关参与者和操作者的资料诚信系统，建造更具人性化的计算机网络安全系统，加强网络金融操控规则和程序的普及力。

目前，我国有关金融机构、证券、保险方面的金融相关法律都是以传统金融业为基础来制定的，不能满足互联网金融发展需求，导致互联网金融行业参与者交易主体间权责不明，阻碍了互联网金融市场发展和业态提升，为此，必须加快健全互联网金融风险预防的法制体系建设步伐，确定市场准入、退出和资产流动机制，设立标准统一的互联网金融交易管理系统，完善互联网金融信息服务和征信体系的管理机制，健全

互联网金融消费者隐私信息维护、电子合约法制性和交易证明材料认证规则。

随着我国互联网金融从无序走向有序,平台分化日趋明显,行业搅局和投机者加速离场,行业翘楚作为行业砥柱和坚守者,实力和规模也必将获得进一步的提高和壮大,风险管理的技术、手段和理念也必将随着互联网金融行业的不断发展而提升。

(二)网络借贷的金融监管、行业自律及相关政策

2015年新年伊始,银监会机构调整中,明确了网贷行业将由普惠金融部进行管辖,至此,监管主体正式就位。2015年7月18日,《关于促进互联网金融健康发展的指导意见》出台,为管控平台风险、实施具体监管、促进行业健康发展指明了方向。12月28日,《网络借贷信息中介机构业务活动管理暂行办法(征求意见稿)》颁布,为促进网络借贷健康和规范发展,实施行业监管提供了具体的手段和依据。进入2016年,中央和地方层面上的系列监管政策和法规文件仍然频出(见表3和表4)。同时,以互联网金融专项治理为重要内容的监管行动在全国各地陆续展开,充分显示了政府和监管当局治理和促进互联网金融领域健康发展的态度和决心。

表3 2015年以来中央部门出台的互联网金融政策文件一览

时间	部门	名称	内容
2015年7月	中国人民银行等十部门①	《关于促进互联网金融健康发展的指导意见》	按照"鼓励创新、防范风险、趋利避害、健康发展"的总体要求,提出了一系列政策鼓励创新、支持互联网金融稳步发展;按照"依法监管、适度监管、分类监管、协同监管、创新监管"的原则,确立了互联网支付、网络借贷、股权众筹融资、互联网基金销售、互联网保险、互联网信托和互联网消费金融等互联网金融主要业态的监管职责分工,落实了监管责任,明确了业务边界

续表

时间	部门	名称	内容
2015年7月	国务院	《国务院关于积极推动"互联网+"的指导意见》	促进互联网金融健康发展,全面提升互联网金融服务能力和普惠水平,鼓励互联网与银行、证券、保险、基金的融合创新,为大众提供丰富、安全、便捷的金融产品和服务,更好满足不同层次实体经济的投融资需求,培育一批具有行业影响力的互联网金融创新型企业
2015年8月	最高人民法院	《最高人民法院关于审理民间借贷案件适用法律若干问题的规定》	网络贷款平台的提供者仅提供媒介服务,当事人请求其承担担保责任的,人民法院不予支持; 网络贷款平台的提供者通过网页、广告或者其他媒介明示或者有其他证据证明其为借贷提供担保,出借人请求网络贷款平台的提供者承担担保责任的,人民法院应予支持
2015年9月	国务院	《国务院关于加快构建大众创业万众创新支撑平台的指导意见》	稳步推进股权众筹,充分发挥股权众筹作为传统股权融资方式有益补充的作用,增强金融服务小微企业和创业创新者的能力,稳步推进股权众筹融资试点,鼓励小微企业和创业者通过股权众筹融资方式募集早期股本; 规范发展网络借贷,鼓励互联网企业依法合规设立网络借贷平台,为投融资双方提供借贷信息交互、撮合、资信评估等服务
2015年12月	中国人民银行	《非银行支付机构网络支付业务管理办法》	规范非银行支付机构网络支付业务,防范支付风险,保护当事人合法权益
2015年12月	银监会	《网络借贷信息中介机构业务活动管理暂行办法(征求意见稿)》	一是以市场自律为主,行政监管为辅;二是以行为监管为主,机构监管为辅;三是坚持底线思维,实行负面清单管理;四是实行分工协作,协同监管
2015年12月	国务院	《推进普惠金融发展规划(2016~2020年)》	健全机制、持续发展;机会平等、惠及民生;市场主导、政府引导;防范风险、推进创新

续表

时间	部门	名称	内容
2016年1月	保监会	《关于加强互联网平台保证保险业务管理的通知》	一是要求保险公司严格遵守偿付能力监管要求,确保业务规模与资本实力相匹配;二是要求保险公司审慎选择合作的互联网平台;三是规范保险条款设计及费率厘定,明确保险条款在合作的互联网平台相关业务界面进行信息披露的要求;四是要求保险公司建立严格的风险管控机制,加强内控管理及系统管控制度建设;五是要求保险公司定期开展压力测试,不断完善应急预案;六是建立互联网平台保证保险业务经营情况季度报送制度
2016年2月	国务院	《关于进一步做好防范和处置非法集资工作的意见》	一要以防为主,及时化解;二要依法打击,稳妥处置;三要广泛宣传,加强教育;四要健全制度,疏堵并举
2016年4月	教育部、银监会	《关于加强校园不良网络借贷风险防范和教育引导工作的通知》	加大不良网络借贷监管力度;加大学生消费观教育力度;加大金融、网络安全知识普及力度;加大学生资助信贷体系建设力度
2016年4月	中国人民银行	《互联网金融风险专项整治工作实施方案》	打击非法,保护合法;积极稳妥,有序化解;明确分工,强化协作;远近结合,边整边改
2016年4月	中国人民银行等十四部门②	《非银行支付机构风险专项整治工作实施方案》	高度重视、加强协调;突出重点、着眼长远;依法依规、维护稳定;落实责任、信用约束
2016年4月	工商总局	《关于开展互联网金融广告及以投资理财名义从事金融活动风险专项整治工作实施方案》	部署开展互联网金融广告专项整治工作,并划出九条"红线",其中包括夸大或者片面宣传金融服务及产品、对未来效果收益作保证性承诺等
2016年4月	国务院	《关于建立完善守信联合激励和失信联合惩戒制度加快推进社会诚信建设的指导意见》	健全褒扬和激励诚信行为机制;健全约束和惩戒失信行为机制;构建守信联合激励和失信联合惩戒协同机制
2016年5月	中国人民银行征信管理局	《征信业务管理办法(草稿)》	对征信机构的信息采集、整理、保存、加工、对外提供、征信产品、异议和投诉及信息安全等征信业务的各个环节做出规范
2016年6月	保监会	《互联网保险风险专项整治保险中介领域工作方案》	内容包括保险专业中介机构与其他企业在财务、业务、场所、人员方面是否实行隔离,通过互联网销售保险是否有夸大宣传、违规承诺收益承诺损失的行为等

续表

时间	部门	名称	内容
2016年7月	中共中央、国务院	《国家信息化发展纲要》	引导和规范互联网金融发展,有效防范和化解金融风险
2016年8月	银监会	《网络借贷资金存管业务指引(征求意见稿)》	银行业金融机构作为存管人接受网络借贷信息中介机构的委托,按照法律法规规定和合同约定,履行网络借贷资金专用账户的开立与销户、资金保管、资金清算、账务核对、信息披露等职责
2016年8月	银监会、工业和信息化部、公安部、国家互联网信息办公室	《网络借贷信息中介机构业务活动管理暂行办法》	界定了网贷内涵,明确了适用范围及网贷活动基本原则,重申了从业机构作为信息中介的法律地位; 确立了网贷监管体制,明确了网贷监管各相关主体的责任,促进各方依法履职,加强沟通、协作,形成监管合力,增强监管效力; 明确了网贷业务规则,坚持底线思维,加强事中事后行为监管; 对业务管理和风险控制提出了具体要求; 注重加强消费者权益保护,明确对出借人进行风险揭示及纠纷解决途径等要求,明确出借人应当具备的条件; 强化信息披露监管,发挥市场自律作用,创造透明、公开、公平的网贷经营环境

注:①十部门包括中国人民银行、工业和信息化部、公安部、财政部、工商总局、法制办、银监会、证监会、保监会、国家互联网信息办公室。②包括:中国人民银行、中央宣传部、中央维稳办、国家发改委、工业和信息化部、公安部、财政部、住房和城乡建设部、工商总局、国务院法制办、国家网信办、国家信访局、最高人民法院、最高人民检察院。

资料来源:根据相关资料整理。

表4 2015年以来互联网金融部分地方性政策文件一览

时间	部门	名称
2015年1月	浙江省金融办	《浙江省促进互联网金融持续健康发展暂行办法》
2015年1月	广州市人民政府办公厅	《关于推进互联网金融产业发展的实施意见》
2015年3月	吉林省人民政府	《关于促进互联网经济发展的指导意见》
2015年7月	山东省人民政府	《山东省"互联网+"发展意见》
2015年8月	上海市人民政府	《关于促进金融服务创新支持上海科技创新中心建设的实施意见》
2015年9月	安徽省人民政府	《关于金融支持服务实体经济发展的意见》

续表

时间	部门	名称
2015年9月	福建省人民政府	《关于金融支持产业转型升级的实施意见》
2015年9月	广东省人民政府	《广东省"互联网+"行动计划(2015~2020年)》
2015年9月	中共陕西省委,山西省人民政府	《关于促进山西金融振兴的意见》
2015年10月	河南省人民政府	《河南省"互联网+"行动实施方案》
2015年11月	海南省人民政府	《海南省人民政府关于加快现代金融服务业的若干意见》
2015年11月	黑龙江省人民政府	《"互联网+普惠金融"行动计划》
2015年11月	辽宁省人民政府	《关于发展产业金融的若干意见》
2015年11月	宁夏回族自治区人民政府	《关于改善金融发展环境支持金融业健康发展的若干意见》
2015年11月	天津市人民政府	《天津市金融改革创新三年行动计划(2016~2018年)》
2015年12月	深圳市人民政府	《深圳市人民政府关于支持互联网金融创新发展的指导意见》
2015年12月	甘肃省人民政府	《甘肃省深入推进"互联网+"行动实施方案》
2016年1月	北京市人民政府	《北京市进一步做好防范和处置非法集资工作的管理办法》
2016年6月	北京市互联网金融风险专项整治工作领导小组办公室	《关于加强北京市网贷行业自律管理的通知》

资料来源:根据相关资料整理。

2016年3月25日,中国互联网金融协会正式成立,这对互联网金融行业规范发展具有里程碑式意义。中国互联网金融协会甫一成立,随即展开了以央行牵头,以互联网金融协会作为行业协调和辅助,从资金存管和信息披露两个方面针对我国互联网金融领域的专项整治活动,这也意味着中国互联网金融协会角色吃重,必将在我国互联网金融的行业自律、信息共享和辅助监管方面发挥重要作用。此前,中国互联网金融协会筹建工作组为深入了解互联网金融发展存在的问题和风险,就已经赴北京、上海、天津、广州、杭州、深圳等互联网金融发展较快地区进行调研,通过座谈、实地调研,邀请了100多家互联网金融从业机构进行面对面的交流,详细了解其业务模式、经营情况、存在的问题以及潜在风险,力争全面了解客观实际,把握行业发展规律。

协会一成立就着手积极研究搭建互联网金融行业服务平台，努力实现对互联网行业风险和业务信息的统一采集处理，逐步形成既能服务于监管，又能服务于行业和社会的基础数据库。目前，平台一期功能已初步建成，包括金融统计监测和风险预警、信息共享等内容。2016年8月1日，中国互联网金融协会发布《互联网金融信息披露标准——P2P网贷（征求意见稿）》和《中国互联网金融协会互联网金融信息披露自律管理规范（征求意见稿）》，为网络借贷平台的信息披露提供了标准，要求披露的指标共有86项，其中强制性指标65项。

进入2016年以来，随着《网络借贷信息中介机构业务活动管理暂行办法》出台和中国互联网金融协会的成立，全国各地网络借贷等互联网金融相关协会也开始发挥行业自律和辅助监管作用，纷纷出台相关行业标准，约束协会平台成员行为（见表5）。地方协会上通下达，自律措施落到实处，对监管推进起到了重要作用。如上海互联网金融行业协会正式公示了会员单位落实《上海市网络借贷平台信息披露指引》的情况；广州互联网金融协会为解决中小平台资金存管难题，携手科技金融公司、银行等探索创新出互联网金融专项整治过渡性产品"网贷风险监控与资金存管系统"，帮助尚不能接入银行资金存管系统的平台实现资金存管功能。

表5 2016年以来中国互联网金融协会及部分地方相关协会出台的行业政策和规范

时间	部门	主题
2016年8月	中国互联网金融协会	《互联网金融信息披露标准——P2P网贷（征求意见稿）》
2016年8月	中国互联网金融协会	《中国互联网金融协会互联网金融信息披露自律管理规范（征求意见稿）》
2016年4月	广州市融资担保协会	《关于禁止我市融资担保公司参与P2P网络平台相关业务的通知》
2016年4月	广州金融业协会、广州互联网金融协会、广州市房地产中介协会	《关于停止开展首付贷、众筹购房等金融业务的通知》
2016年4月	江苏省互联网金融协会	《关于对网络借贷平台高管人员的管理指引办法(暂行)》
2016年3月	江苏省互联网金融协会	《关于加强对互联网金融消费者权益保护的指导意见》

续表

时间	部门	主题
2016年4月	江苏省互联网金融协会	《江苏省网贷平台产品模式备案管理办法（征求意见稿）》
2016年4月	北京市网贷行业协会	《关于清理"首付贷"类业务的通知》
2016年7月	上海互联网金融行业协会	《上海市网络借贷平台信息披露指引》

资料来源：根据相关资料整理。

四 国际发展与启示

（一）网络借贷国际发展及主要平台发展状况

过去一年来，网络借贷在国际上的发展也是惊喜交加，忧乐参半，既有创新发展的诸多突破，亦有意想不到的"惊雷"事件的发生，致使在世界范围内对网络借贷等互联网金融未来发展如雾里看花，欲爱还怕。

第一，行业发展不断创新，产品服务诸多突破。如著名平台Prosper不仅投资2000多万美元收购美国医疗借贷公司（American Healthcare Lending）投身医疗贷款业务，而且还通过花旗银行完成了3.77亿美元的项目资产证券化。Lending Club一方面通过与美国社区银行Titan Bank和Congressional Bank合作向银行客户销售网贷产品，另一方面还通过业务和产品创新，推出新型网贷贷款。① 美国摩根大通银行借助OnDeck平台的技术实力，通过流程再造，缩短小企业客户的贷款流程，达到隔天甚至当天放款。英国网贷平台Funding Circle和Assetz Capital与苏格兰皇家银行合作，对接不符合银行贷款要求的中小微企业业务。另外，全球最大的资产管理公司贝莱德集团（BlackRock）也计划对自己购买的网贷产品进行资产证券化。爱沙尼亚Bondora平台利用欧洲国家密集的地域优势，推出网络借贷跨国经营业务，

---

① 比如Lending Club的共同贷款，即两个人共同申请贷款，并共同还款。其意义在于通过考虑共同借款人的两份收入来增加承担债务的能力，既充分满足了顾客的资金需求，也为平台带来更多的业务流量。

不仅有利于客户体验的便捷性，同时也获得了客户黏性。

第二，行业影响日渐扩大，第三方服务蓬勃发展。随着世界范围内的互联网金融行业发展和人气影响的不断壮大，针对网络借贷等互联网金融发展的第三方服务也日渐兴起，蓬勃发展。例如，著名评级机构穆迪首次为网贷平台的消费借贷项目进行了评级，此举将推动诸如退休基金、保险公司等机构投资者进入网贷行业。Zest Financing、Lenddo 等基于大数据理念开发的信用评分模型，通过 Facebook、Linkedin、Twitter 等所有可能的数据点来分析客户风险，给予互联网金融平台信用评分和风险评级新的思路和范式。在行业指数服务上。AltFi Data 通过追踪英国 4 家最大的网贷平台（Zopa、Funding Circle、RateSetter 和 MarketInvoice）的贷款现金流，制作出英国第一个网贷指数（Liberum AltFi Returns Index，LARI）供出借人参考，意味网络借贷有了行业指数的第三方服务。另外，中国网贷行业第三方门户网站网贷之家、网贷天眼等伴随着中国网络借贷行业不断发展，其本身也获得了迅速壮大，为中国互联网金融行业发展做出了重要贡献。尽管国外还没有类似国内这样功能齐全的门户网站，但是类似于具有回测和筛选功能的 NSRPlatform、构建自动投资策略的 BlueVestment 等第三方投资工具非常丰富。

第三，周期调整资金承压，行业发展短期萎缩。2016 年 5 月作为世界网贷行业标杆的 Lending Club 平台的"信息欺诈事件"的暴露，使得网络借贷乃至整个互联网金融行业的发展倍受打击，更导致曾经被视为行业乐土的美国网络借贷行业本来就很紧张的资金撤离、裁员扎堆。不仅事件主角 Lending Club 裁员 12%，其他主流平台也做出类似决策，如 Prosper 裁员 28%，Avant 裁员 7% 等。纵观 Lending Club 欺诈事件来龙去脉，主要原因是欧美国家经济周期下行调整导致市场上对网贷平台资产质量判定负面，使得机构资金大面积撤离，从而造成网贷行业和平台试图通过诸如资产证券化方式减少和消化信贷资产。2016 年 Lending Club 第二季度放贷额比第一季度的 27.5 亿美元减少 1/3。Prosper 在 2016 年第一季度的贷款发放量较 2015 年第四季度下降了 12%。Avant 2016 年第一季度贷款发放量较 2015 年第四季度

下降27%。事实上,网络借贷发源地英国也不容乐观,据 AltFi Data 统计,2016年以来,包括 Zopa、LendInvest、Funding Circle 在内的英国五大网贷平台业务量增长处于停滞,而规模相对较小的平台放贷量则和18个月前相当。总之,未来的网络借贷市场可能会出现强者更强状况,但高歌猛进时代已经落幕。

第四,金融风险逐渐显现,行业监管日益趋严。就在中国网络借贷从"野蛮"生长无序发展向规范发展的转变期间,欧美国家的网络借贷行业发展已告别了它们的高增长时代,同时,潜在的风险也日渐显现和暴露。2015年10月,世界第一家上市的网贷平台,瑞典的 TrustBuddy 平台因挪用客户资金等不当行为而被关闭,①这对世界网贷行业来说是重大负面风险事件,沉重打击了出借人的信心。2016年5月 Lending Club 向杰富瑞(Jefferies LLC)出售了2200万美元贷款存在信息欺诈事件的暴露不啻是震动网贷乃至整个互联网行业的一颗惊雷,同时,也向市场和监管层警示了该行业可能存在巨大风险。随即,纽约州金融监管机构"纽约金融服务管理局"就着手对包括 Lending Club 在内的主要网贷平台的贷款交易展开调查,评估它们是否具有运营资质。事实上,2015年以来,正对网络借贷超常规的高速发展现状,市场和法律监管部门就已经警觉,并采取相关措施。② 2016年5月10日,美国财政部首次对外公布了第一部网贷行业白皮书——《网络借贷中的机遇与挑战》(Opportunities and Challenges in Online Marketplace Lending)。白皮书在肯定网络借贷行业的很多创新的积极作用同时,认为网络借贷行业大量平台没有经历过"完整的信贷周期",它们向个人和机构投资者出售的贷款资产质量存在恶化可能。这是美国监管机构首次就网络借贷行业监管制定框架,预示着世界范围内的严格监管时代来临。

---

① 造成这个后果的原因是该平台向出借人许诺与其风险完全不对等的高收益,还把资金借给了资金使用不当的企业。
② 如美国部分地方政府针对网贷行业可能存在的风险和保护消费者与投资者利益做出"借贷额度限制"。美国司法部在欺诈事件暴露之前就已经对 Lending Club 的贷款行为展开了调查。

（二）对国内启示

2015年以来，伴随着世界经济增长趋缓，信贷周期下行调整，包括英美等网络借贷发达市场在内世界范围的网络借贷行业持续发展创新的同时，也告别了高增长的突飞猛进时代，此间，各类问题与风险日渐显现，行业监管也愈加严格。这也说明目前国内网络借贷行业在成长期所出现的各类问题和缺陷是国际通病，我们不应妄自菲薄。事实上，自2015年以来，我国互联网金融业已突破了金融变革的临界点，无论技术开发还是规模已经超越美英等发达市场。根据花旗银行2016年3月发布的《数字化颠覆——金融技术如何迫使传统银行到达临界点》报告，目前，中国是全球拥有P2P网络借贷平台最多的国家，交易规模约为美国4倍。促成中国P2P网络借贷的繁荣主要有以下驱动因素：一是中国的银行体系主要由国有银行主导，贷款主要流向国有企业；二是散户投资者迫切寻求高额回报率，寻求投资于P2P网络借贷平台提供的高收益产品；三是中国银行业受到了严格的监管，而对网贷行业的监管几乎为零，导致了中国遍地开花的网贷平台。为此，我们要在吸收和借鉴国际经验和教训的基础上，脚踏实地，进取创新，努力使我国成为互联网金融市场和技术发展壮大的沃土。

首先，在加强金融监管，规范行业发展的同时，仍然采取宽容和开放的态度鼓励网络借贷等互联网金融行业积极创新，锐意进取。中国互联网金融之所以得到快速发展，取得令人瞩目的成绩，得益于开放和包容的监管环境支持创新。尽管在发展过程中产生了非理性的个体行为、欺诈和产品设计缺陷以及监管环境演变等所引致的各种问题，这也是行业成长发展过程中普遍性问题。实际上，即使是强如Lending Club、TrustBuddy等国际著名的大牌平台，也可能存在违规操作和信息欺诈等问题。鉴于我国正规金融体系在服务实体经济方面还存在着很大的局限和不足，非竞争环境使得长尾"草根"客户的金融服务长期缺位，从而就造成了旺盛的普惠金融需求未被满足，而网络借贷等互联网金融在促进普惠金融发展方面的得天独厚的条件和冲击力，我们在治理规范行业健康发展的同时，应继续给予这一新的金融业态探

索和试错空间，取得强化监管与鼓励创新间的有效平衡。

其次，促进业务模式合理转型，同时做好应对信贷周期变化可能爆发的行业风险。2015年来各项政策和监管措施的陆续出台，以及2016年以来针对互联网金融领域展开的各类专项整顿治理活动，目的都是针对我国互联网金融行业无序发展乱象，促进平台业务转型和行业规范发展，化解行业潜在风险和问题。随着监管趋严，治理活动深入，实力不济平台和投机者加速离场，行业领先和标杆平台经营不断规范，业务模式日趋科学合理，实力也不断加强。然而，随着行业领先平台业务转型和实力加强，它们与传统金融机构的合作也日益紧密，参与传统金融市场活动也不断深入，也致使这一新兴行业同宏观经济和信贷周期有着更加紧密和敏感的联系。即便如Lending Club这样世界性标杆平台都没有建立起对资本市场和宏观经济的适应能力，一般平台就更没有这方面的能力和觉悟，需要政府和行业监管部门加强应对，帮助行业和平台及时规避和化解宏观和系统性风险。

再次，支持网络借贷行业与传统金融机构合作，推动行业有效融合。互联网金融利用互联网技术、手段和理念从事金融活动，其本质仍然还是金融。如果我们谈互联网金融和传统金融的本质差异，则可能表现在经营效率和经营理念方面。互联网金融机构利用互联网平台降低了获得顾客成本，提高了信息透明度，使得这些机构发展得比传统金融机构更为迅速，并对传统金融机构形成了较大冲击。从这个意义上讲，以网络借贷为代表的互联网金融可能代表着金融业的未来发展方向，加强互联网金融平台与传统金融机构积极合作，推动互联网金融与传统金融行业有效融合是实现我国金融业跨越发展和提升服务实体经济水平的重要方向。

最后，积极开拓国际市场，全球视角布局谋篇。随着互联网金融领域领先平台实力的不断扩大，业务的跨国经营和国际布局也日渐平常。如爱沙尼亚的Bondora平台在欧洲开展的跨国经营业务因提供便利，方便客户，不仅扩大了业务规模，而且提高了客户忠诚度。在国内经济发展放缓，优质资产争夺激烈的环境下，带着中国经验走出国门，开发海外资产和出借人不失为一个明智的选择。

五 未来展望和趋势

随着监管主体到位，监管政策逐步落地，以及互联网金融领域专项治理的不断深入，我国网络借贷行业将会进一步从"野蛮生长"无序发展朝着健康稳定、竞争有序的规范化方向发展。

其一，在政策和监管方面，随着《关于促进互联网金融健康发展的指导意见》《网络借贷信息中介机构业务活动管理暂行办法》两份重磅文件出台，在进一步加强对包括准入机制、监管底线、行业协会等方面的监管、指导和规范基础上，监管政策更加细分、具体和规范，也更具有实际操作性，以本着按照"鼓励创新、防范风险、趋利避害、健康发展"的总体要求，按照"依法监管、适度监管、分类监管、协同监管、创新监管"的原则，落实了监管责任，明确了业务边界。在行业准入方面，进一步提高门槛；在监管底线上，明确信息中介定位、完善资金托管机制；在行业自律上，以中国互联网金融协会为中心，形成针对不同地域、不同子行业、不同运营模式的多维度自律监管体系。

其二，在业务模式上，将向综合化、证券化、差异化和国际化方向发展。在资产端，主流和实力平台进一步针对人群、行业和地域差异进行差异化发展，同时，针对自身的优势和特点加强与同类业务的传统金融机构合作与融合，部分领先平台着手全球布局，涉足国际业务和投资。值得关注的是，供应链金融也是网络借贷资金端业务重点发展领域。[①] 对于网络借贷平台来说，供应链金融风险可控，获得优质资产的可持续性也更有保证。投资端（资金端）向专业化、机构化和线上化方向发展。网贷平台在进一步稳定和提升个人理财的同时，开始关注和开发企业理财，强化与保险、基金、银行等传统行业的对接与合作，可以预见，企业和机构投资者将是网络借贷

---

① 目前，我国供应链金融市场规模已经超过10万亿元规模，互联网在导致产业扁平化、减少贸易层级的同时，也提高了供应链金融需求，预计2020年可达近20万亿元。

平台资金端的主要供应者。

其三，在行业发展方面，平台更加分化，竞争愈益激烈。2016年以来，随着监管趋严，治理深化，一方面平台数量呈现绝对下降趋势，另一方面行业交易规模和贷款余额依然快速增长。这也意味着平台分化更加明显，行业竞争将在领先实力平台之间展开。价格战、差别营销战全面打响，更加考验平台风控、运营等核心竞争力。

其四，在风险管理和控制方面，在明晰的监管政策和原则的指引下进一步地转变和提升。网络借贷平台在明确自身的业务发展和模式定位的前提下，风险控制将根据自身发展特点，充分发挥对风险预备金、第三方担保模式、"有限"保障模式、分散投资、保险承保等模式综合权变运用。

其五，在征信建设和信息披露方面，健全和提升互联网金融信息管理和征信服务机制。充分运用互联网技术和金融科技的最新成果，通过建立以客户体验为导向、以数据技术为驱动、以互联网低成本扩张为手段的业务模式来打破传统征信行业垄断局面，覆盖被银行等传统金融忽视的"草根"客户。同时，推进网络借贷等互联网金融征信平台与中国人民银行征信中心等传统征信系统的对接和融合，增强互联网金融平台防范信贷风险的能力。

信息管理与风险评级篇

Information Management and Risk Rating

B.2
金融信息服务（征信）及管理

黄国平 杨克泉 方龙 孙健*

摘 要： 互联网金融信息服务和征信体系建设是一项基础性的系统工程，也是互联网环境下经济社会发展过程的必然。我国互联网金融信息服务和征信体系都取得了令人瞩目的成绩，互联网行业中一些领头羊也在该领域进行了卓有成效的实践，互联网金融信息服务和征信管理与监管体制也得了进一步改善。互联网金融信息服务和征信毕竟还是处于新生阶段的行业，必然存在着诸如金融信息安全、隐私保护和标准化建设等不足和问题。应健全互联网金融信息服务和征信管理与监管体制，完善互联网金融信息服务和征信发展宏观环境，以法律体系和微观市场为现实支撑，在进一步巩固现有政府主导征

---

* 黄国平，博士，中国社会科学院金融研究所研究员；杨克泉，博士，上海立信会计学院副教授；方龙，博士，方正证券研究员；孙健，供职于中国银行软件中心。

信体系的基础上,积极培育若干经营实力较强的大数据和互联网环境下的新型市场化征信机构,构建我国互联网金融模式下的征信体系。

关键词: 金融信息 互联网金融 大数据征信 信息安全 征信管理

一 背景及目的

我国互联网金融在"野蛮式"生长发展初期产生了花样繁多的矛盾和缺陷,但这些矛盾和不足只是我国互联网金融行业走向健康发展过程的匆匆过客,并不能掩盖我国互联网金融在促进民间投资和消费、缓解中小企业融资难等方面发挥的至关重要的作用。事实上,互联网金融与生俱有的"普惠金融"和"民主金融"属性在完善我国金融体系、填补信贷缺口、支持创业创新、促使民间金融阳光化等方面所具有的战略性意义也已经在国家层面上得到肯定和重视。自从2014年政府工作报告中首次提出发展互联网金融以来,2015年11月3日,中国共产党第十八届五中全会通过的《中共中央关于制定国民经济和社会发展第十三个五年规划的建议》中也提出规范发展互联网金融,这是互联网金融首次被写入中央五年规划。2016年7月27日,中共中央办公厅、国务院办公厅印发《国家信息化发展战略纲要》再次提到"引导和规范互联网金融发展,有效防范和化解金融风险",这充分说明了国家在战略层面上积极推动和支持互联网金融健康发展。

互联网金融巨大的技术优势和信息优势,让金融市场的基本问题直接面向金融市场不稳定性的关键要素——信息与风险的关系问题。要发挥互联网金融化解和规避金融风险、降低交易成本、提高金融效率、促进和实现金融功能的优势,就需要建立以信息工具为核心的互联网金融信息管理机制和体系,发挥基于投资者保护目的、防范系统性金融风险、完善信息披露机制的大数据信息管理和征信体系作用。大数据信息管理和征信体系是互联网金融信息工具应用的基础，也凸显了互联网金融的信息优势。现代征信建立在完善、科学的现代化信息管理体制机制之上，利用互联网、大数据等先进手段、技术和理念，通过依法收集、保存和加工自然人、法人及其他组织的信用信息，提供信用报告，进行信用评级（评分），帮助客户管理和控制金融风险，进行信用管理活动。征信体系是降低信息不对称及规制信用风险的重要金融市场基础设施。互联网金融大数据征信系统是交易型征信体系，应在系统化、完善化、组织化和协调化的公共基础数据和信息系统基础上，以商业机构建立和运用大数据为主，利用云计算、智能化等数据挖掘技术，综合集成互联网平台和线下调查数据、客户资信、成本效益和经营风险等信息，进行合理的风险评估和客观的信息披露。

2014年6月14日，国务院发布《社会信用体系建设规划纲要（2014~2020年）》（以下简称《纲要》），加上之前颁布的《征信业管理条例》[①] 和《征信机构管理办法》[②]，这些法律法规初步形成了我国征信与信息服务行业的法律规范，使得业务主体有法可依，正当权益得到了保护。《纲要》提出要对合格的互联网公司颁发征信牌照,[③] 互联网金融平台可积累交易数据，构建信用数据库，利用互联网上企业和个人的信息分析和定价功能，开发企业信用量化工具和个人信用评估工具，并与我国现有信用信息和征信体系对接。但是，随着互联网金融行业的不断发展以及大数字征信系统出现，传统的信息管理体制和法律法规条文明显不能满足新的发展形势需要。[④]

因此，要发挥互联网金融降低交易成本、提高金融效率、促进和实现金融功能的优势，就需要建立和完善以信息工具为核心的互联网金融信用管理

---

① 2013年1月21日中华人民共和国国务院令〔2013〕第631号发布。
② 2013年11月15日中国人民银行令〔2013〕第1号发布。
③ 2016年1月，央行印发《关于做好个人征信业务准备工作的通知》，要求芝麻信用、腾讯征信、前海征信、鹏元征信、中诚信征信、中智诚征信、考拉征信、华道征信等八家民营征信机构做好个人征信业务的准备工作。
④ 例如，目前的法律规范对于大数据征信数据处理的各个环节尚未作出定义，明确界限，对于大数据征信中重点关注的个人隐私保护等问题尚未作出法律形式的规定。

体制和法律体系,从规范市场准入、明确市场主体法律地位、促进竞争的市场环境条件下,建立互联网金融大数据信息管理和征信系统。

二 互联网金融信息管理基本原则和理论依据

(一)基础信息的公共性与私人信息市场化原则

互联网金融信息大数据资源的效益发挥,关键在于解决好不同来源的信息和数据资源之间共享问题。这既需要市场以私人信息产品作为商品进行市场化配置,也需要政府以公共基础信息产品为抓手进行宏观调控。根据公共产品理论,互联网金融信息按照公用程度的不同,可分为私人金融信息产品和基础公共金融信息产品。私人金融信息产品能够满足个体社会成员特定的金融信息服务需求(如个人信用评分和个人征信调查),而基础公共金融信息产品则是指能够满足全体社会成员的基本的金融信息服务需求(如中国人民银行征信中心之类的基础公共金融信息数据库)。

基础公共金融信息产品不同于私人金融信息产品,具有如下特征:受益的非排他性,即信息产品的效用为全体社会成员共享,而不宜分割分别归属于某些个人或组织;消费的非竞争性,即成员在使用公共信息产品时不影响其他社会成员对信息产品的享用。在现代市场经济条件下,私人金融信息需求应由市场提供个性化和定制化的私人产品和服务来满足,否则既不公平也无效率。基础公共金融信息产品由于消费的非竞争性和收益的非排他性则应由政府提供。政府提供基础公共金融信息产品具有规约性和稳定性,公共金融信息服务和产品供给所需资金也需要得到可靠保障。

互联网大数据时代下的金融信息资源配置中,基础性和公共性金融信息服务的政府供给应发挥杠杆效应,通过政府基础公共金融信息产品供应来调节供求关系,提高信息资源在全社会的配置效率。鉴于成本和资源的约束,政府对金融信息产品和服务的供给应根据信息"公共性纯度"进行安排,对于诸如基本的金融信息归集、整理、存储和交互等纯公共性的基础数据和信息系统的建设与管理应由政府提供,对于定制化和加工化的准公共性信息服务(如信用评估、征信调查等)应当本着"谁受益、谁负担"的原则,由私人、民间和政府共同解决其资金来源。对于投资咨询、金融交易等纯私人性质的产品和服务则完全交由市场配置。

大数据时代,公共信息产品将成为一种重要的生产要素供全民共享,政府应将公共信息产品的供给纳入公共服务的范畴。通过这项基本的公共服务,打破数据资源垄断,扶持信息弱势群体,满足各类人群最迫切的信息需求,调动人们使用和加工大数据的积极性,创造更多的社会财富。

(二)公共信息安全性和私人信息保密性原则

基于信息网络开放性与互联性结构特点,以及网络信息服务提供者在整体系统中所处地位,互联网环境下的金融信息服务的安全保障应以公共秩序与公共安全为价值目标,同时,尊重他人的隐私权,对私人信息进行保密;而以维护纯粹的个人私益捆绑金融信息服务提供者应负有信息安全保障义务。

互联网信息的虚拟性并不排斥公共性,信息产生和传播背后反映的是人际关系发生互动的基本事实。不论信息互动和互联网空间表现形态如何,只要人们以言行方式聚集,展现的公共空间就得以形成,甚至某种程度上,虚拟性成就了网络信息空间特有的公共性。网络信息空间具有公共性意味着作为信息守护者和看门人地位的信息和网络服务提供者需为空间中所有用户承担信息安全保障义务,维护网络信息的公共秩序与公共安全。秩序关注的是网络信息空间内各类信息流的有序顺畅的运行,安全强调的是不被破坏搅扰,自由流动的状态。秩序维持有助于确保安全,而安全保障也有利于秩序实现。公共秩序与公共安全这两项价值内生于网络信息社会,伴随其永久存在和发展。

互联网信息对公共秩序与公共安全的渴求,是由其特有的技术特征和信息服务提供者所处的法律地位决定的。信息和互联网社会一切活动都需借助于信息和网络平台进行,人与人之间的行为表现为各种信息流动,因而从技

术上确保信息流有序、安全地产生、存储和传输,显得尤为迫切和重要。实践中许多危害公共秩序与公共安全的行为均是由于网络和信息技术存在缺陷所导致。① 针对这些问题,信息服务提供者既有能力也有条件进行预防和应对。随着大数据技术发展,互联网金融信息越来越成为各类信息和网络服务提供者争相攫取的新型资源,信息服务提供者作为受益者,理应对这一资源的有序流动和安全承担保障义务。

信息服务提供者以公共秩序和公共安全为价值目标承担信息安全保障义务,并非忽略对私人信息保护。在互联网和大数据时代,信息服务提供者被赋予强大的信息资源管控能力,帮助人们实现各种各样的愿望和梦想。然而,信息服务提供者在信息产品与服务的生产、供应和消费各环节中都不应假借维护公共秩序和公共安全忽视私人信息保密性原则,侵犯个人隐私权益。当今世界各国,保护私人信息,尊重公民隐私权已得到公认,既是对人性自由的尊重,也是基本的社会道德要求。公共秩序与公共安全着眼于不特定多数人利益,对其维护恰恰是最大限度地保护私人信息。②

(三)信息供给的真实性与弱势对手定规性原则

相对于现实物理世界而言,互联网世界中信息不对称问题更加严重。社会个体之间的信赖与互联网技术结合,使得信息服务和交易得以展开,同时,陌生人之间无法控制的信赖,又可能成为信息不对称问题产生的温床。

诚然,在完全竞争市场环境下,市场通过对提供虚假信息的信息优势方的驱逐效应保证市场主体能自发提供或获得真实信息。这时,自发解决个体之间脆弱的信任而引起信息不对称问题,可通过在大数据环境中规范市场准入、完善征信体系等路径展开。但在现行立法格局下,依赖互联网和信息平

---

① 如 2011 年,程序员网站 CSDN、天涯社区、美团网等网站数据库遭到黑客攻击,网络个人信息泄露事件曾集中爆发,上亿用户的注册信息被公之于众,其中,广东省出入境政务服务网泄露了包括真实姓名、护照号码等信息在内的约 400 万用户资料。
② 许多个体的私权受到侵犯往往是由于网络服务提供者未尽到信息安全保障义务所致。如家、汉庭等大批酒店的开房记录泄露事件,正是因酒店 WiFi 管理、认证管理系统存在信息安全加密等级较低问题,以致这些信息被黑客窃取、泄露,危及开房人的实际权益。

台的信息服务和交易从其诞生伊始就存在信息不对称方面的先天不足。

互联网大数据时代下，信息和数据资源如同资金和其他实物经济资源一样，成为促进社会发展的生产要素。不同社会个体和组织在信息和数据控制与使用上存在"强弱"之分。[①] 当信息和数据资产成为大家追逐的对象时，这种已有的对数据和信息控制及使用的"强势"和"弱势"之分不仅会加重信息不对称问题，而且会严重影响信息内容和供给真实性，甚至可能造成人们对数据资产所有权不公平的担忧，造成强者更强，弱者更弱。当强者成为数据资源的垄断寡头时，数据和信息变成了受少数人垄断和操纵的资源工具。

为此，为减缓信息控制和占用上的不公平，保证信息交易和供给的内容真实性，最有效的办法就是赋予信息弱势方信息交易和信息供给规则的设定权。现实中，为保证信息弱势方规则设定权的顺利实施，需要政府站在信息弱势方立场，代表广大而又分散的弱势方的社会群体通过制度和立法手段来实现和实施。否则，如果让信息"强势"方享有信息披露主动权，则可能遁入道德风险的窠臼而加剧信息不对称。毕竟，在没有合适的制度约束和利益激励之下，信息"强势"方披露真实信息是具有偶然性的。

（四）信息工具的风险转换和资产定价的内化性原则

互联网金融信息不对称与金融风险问题的解决，应遵循与问题实质相匹配的范式，在以金融风险为介质的不完全竞争市场中，内化信息不对称成本，以资产定价模型的逻辑过程为参照，通过风险定价，实现从风险到信息的转化，进而将信息与风险问题，内置于以完全信息市场为依托的风险-收益逻辑中，其核心是金融风险定价及其信息转换，起源于金融本质问题中信息与风险之关联结构。

现行金融法制环境下，互联网金融在信息供给不足时，只能利用信息工

[①] 一些有政治背景和经济实力的组织或个人控制着大部分数据信息的使用权，而其他一些弱小的组织或个人对大数据的使用能力和范围非常有限。

具之外的手段，自发解决因信息不对称问题所导致的金融风险问题。例如，融资者和平台倾向于通过抵押、保证金、信用违约保险和回购等方式，来解决投资者畏惧信用风险而观望市场的问题。然而，以刚性兑付和担保来替代信息披露，不但加剧了信息供给的不足，而且诱导市场主体更依赖信息之外的投资保障手段。如此往复，于监管层面，呈现为监管主体去刚性兑付和市场主体不断创造新的刚性兑付和担保方式的恶性循环。

通过"风险定价及其信息工具转换"解决信息与风险这一金融本质问题，当金融风险被定价后，道德风险和逆向选择等风险难题可转化为信息，内化于金融资产价格之中。互联网金融的内生信息，作为一项自发的、维系其交易运行的制度安排，符合互联网金融本质要求，也能实现其交易目标。信息工具的风险转换范式不仅是内生于互联网金融本质，而且也是最优的。在更加依赖价格机制来观察信息的金融市场中，信息优势方的道德风险和逆向选择，已经作为交易成本，被内化和分散在信息优势方的交易行为中。这也决定了以信息工具来规制金融风险这一金融市场内生的、解决金融风险与信息问题的路径，亦是最为有效的挤出市场中存在的非对称信息的路径。①

互联网金融巨大的技术优势和信息优势，让金融市场的基本问题，从自由与管制的制度博弈，回归为直接面向金融市场不稳定性的关键要素——信息与风险关系问题。这也让互联网金融的法律规制问题，凝聚在以信用工具为核心规制互联网金融信用风险这一根本性问题上。因此，要发挥互联网金融降低交易成本、提高金融效率、促进和实现金融功能的优势，就需要建立以信息工具为核心规制互联网金融信用风险的法律进路，即在一个规范市场准入、明确市场主体法律地位和促进竞争的市场环境的构建中，强化信息披露机制，提升系统性风险防范功能。

---

① 事实上，2014年3月出台的"英国众筹监管规则"就通过信用风险定价解决平台流动性问题，规定P2P网络借贷型众筹的最低资本金和风险资本金，其中风险资本金比例按照平台规模的扩大而递减，这也符合2008年金融危机后，巴塞尔协议Ⅲ确定的风险吸收原则。

三 互联网金融信息特征及服务（征信）模式

（一）互联网金融信息和数据基本特征

互联网金融信息是通过抓取、采集和整理个人以及企业在使用互联网时所留下的数据信息，数据和信息类型主要包括两类：一是传统组织和个人财务和金融信息，例如贷款规模、信用额度、存款额度、金融资产等账单流水等；二是所谓的社交数据，即用户在互联网上的"痕迹"，包括个人消费信息、日常工作和生活信息、互联网检索行为信息等。互联网金融信息不仅为金融信息服务（征信）发展提供了丰富的数据信息来源，拓展了数据和信息获取渠道，也改变了金融信息服务的创新观念和风险评估模式，势必成为包括我国在内世界金融信息服务和征信业发展的重要推动力。

与传统金融数据和信息式不同，互联网金融信息和数据具有自身独特特点。如果说传统征信模式的数据是"少而精"，那么互联网征信模式的数据就是"多而杂"。互联网金融信息和数据是基于大数据时代背景产生的，因而，同样也有大数据的基本特征，即规模体量大（volume）、复杂多样性（variety）、高速时效性（velocity）和价值密度低（value）。在互联网时代，互联网企业（腾讯、阿里、百度等）、电商平台（京东、苏宁易购、亚马逊等）、支付平台（支付宝、微信等第三方支付系统）及公共事业和缴费平台（如个人手机话费、打车软件、水电煤气费、物业费等）等收集和掌握了组织和个人用户日常生活、经营和社交的信息和数据，使得传统的以银行为主的金融信息和数据有着无限丰富可能性。

1. 规模体量大

互联网金融信息和数据规模体量是指网络金融数据数量到达一定的程度，不能利用当前主要分析工具在第一时间进行处理。互联网金融信息和数据规模体量增大主要体现在信息数据使用和交易两个方面：一是互联网金融普惠性和平民化致使其效率高、门槛低，从而使得互联网金融的参加者拥有

更多广泛性和规模性；二是互联网金融的网络特性使其拥有平台、客户和大数据优势，从而使得其客户和交易规模快速增加。

2013年以来，信息和数据的大爆炸，驱动众多行业、企业和团体关注大数据。我国作为全球人口和计算设备保有量世界大国，时刻都产生庞大数据量。目前，中国存储市场出货容量已达到EB级①，可存储数据容量在10EB左右。其中，阿里、腾讯等互联网金融巨头拥有的信息和数据总量已达到百PB以上。互联网金融企业应以开放心态，面向用户开放服务。为充分挖掘和利用这些巨大的数据和信息资源，这些互联网金融企业和平台，构建自己的IT架构和处理海量数据的服务平台。例如，阿里集团不仅自主研发构建能够处理海量数据的OceanBase架构，而且还建立了服务器规模达到5000台的云计算平台向用户提供云端服务和大数据产品，同时，它们在向用户提供云端服务过程中又能进一步获取用户、第三方网站、应用和硬件的数据信息。

2. 复杂多样性

互联网金融信息和数据类型的复杂多样性不仅体现在互联网金融信息和数据种类既有结构化也有半结构化及非结构化方面，而且还表现在互联网金融行为多样性上。根据中国互联网络信息中心（CNNIC）提供的《第38次中国互联网络发展状况统计报告》，截至2016年6月，中国网民②达7.10亿，超过全球网民人数的一半，其中，2016年上半年新增网民2132万，增长率为3.1%。中国互联网普及率达到51.7%，超过全球平均水平3.1个百分点，超过亚洲平均水平8.1个百分点。截至2016年6月，中国手机网民规模达6.56亿，网民中使用手机上网的人群比例由2015年底的90.1%提升至92.5%，仅通过手机上网的网民比例达到24.5%，随着移动通信网络环境的不断完善，网民上网设备进一步向移动端集中。这意味着，移动数据成

---

① 据IDC报告，2015年全球存储市场增长率为2.2%，但中国存储市场增长率为14.8%，贡献了全球11%的市场份额。1EB是1024^4MB，数据单位从小到大依次为KB、MB、GB、TB、PB、EB、ZB、YB等，每两个数量单位之间都为1024倍数。

② 所谓网民的概念，是指过去六个月间最少上网一次的人。

为互联网数据的重要来源。

网民数量上的持续增长、上网方式的多样化必然带来互联网信息和数据的增多和多样性,同时,也产生形式多样复杂的互联网金融行为方式。网络金融产生了在线支付、还贷借贷、理财、保险等业务。常见的网络金融行为包含:在线支付、网络借贷、网络股权众筹、B2B 和 B2C 电商金融、互联网基金、互联网保险、电子银行和虚拟货币等。这既充实了互联网金融方式,也扩大了互联网金融信息和数据的获取渠道。由于互联网金融信息和数据以开放的互联网为载体,通过抓取、采集和整理个人以及组织在互联网所留下的数据信息,同时,辅以线下渠道或者其他渠道获取的数据信息为补充,通过利用大数据、云计算等高科技开展互联网金融信息和数据服务工作,因此,互联网金融信息和数据尽管形式复杂多样,但获取成本(尤其是边际成本)相较于传统的金融信息和数据可能更低。

3. 高速时效性

互联网金融信息和数据的高速时效性是指互联网金融信息和数据汇总、处置和分析评估一定要及时高效,不能有长期延误,否则会带来重要损失,利用互联网平台从事金融服务,客户规模体量大,交互速度快,因此,信息和数据提升速度亦呈现指数增长。以"BAT"三大巨头[①]为代表的互联网平台,通过搜索引擎、电子商务平台和社交平台等运用互联网、移动互联网技术和手段在提供服务的同时,也积累了包括通信信息、水电煤气缴纳信息、工商信息等多范围的数据信息。这也致使互联网金融信息服务与传统金融信息服务(征信)在应用方式上存在较大差异。传统金融信息的应用服务一般采取事先采集数据信息,分类清洗归档,并在数据库系统内贮存,需要时再提取的方式,即"数据采集—数据贮存—数据应用"模式。而互联网金融信息和数据服务一般是在客户发起服务要求并确认授权之后开始进行,信息和数据服务具有特定性和唯一性。客户首次使用大数据信息服务时,需要

---

① 即百度公司(Baidu)、阿里巴巴集团(Alibaba)和腾讯公司(Tencent)三家公司首字母缩写。

提交各种账户信息，互联网金融信息服务平台会在较短的时间内就能完成信息的检索、过滤和有效整合。因此，互联网金融信息和数据服务路径为"用户申请—数据采集—数据评估—数据应用"，这显然比传统金融信息和数据服务所要求的速度时效高。

4. 价值密度低

目前，我国诸如银行金融机构等质量较高的金融信息数据是直接接入央行征信中心的金融基础数据库的，互联网金融平台较难获得。互联网金融信息服务企业虽然在自身的产品和服务过程中获取了各种多元化的数据信息，但是数据信息来源渠道众多（例如客户的通信缴费记录，水电煤气等公用事业缴费，网上购物等交易信息等），数据结构复杂多样，对这些价值密度较低的数据信息进行有效整合难度较大。由于互联网中有关社交、言论、粉丝以及交易等数据细碎，在通常情况下对于评判互联网金融客户风险大小和诚信品质等方面没有较强的说服力。互联网金融信息服务平台只有通过强大的数据积累，利用大数据和云计算等先进手段进行数据挖掘，对价值密度较低的复杂数据进行深度分析，"去伪存真"，才能开发出高质量的金融信息服务产品。

传统征信模式作为我国征信体系的根基，具有无可撼动的地位，而互联网征信模式由于其独特的优势，将逐渐发展成传统征信模式的补充，两种模式各具特点和优势（参见表1）。

表1 互联网征信模式与传统征信模式对比

内容	互联网金融信息服务和征信	传统金融信息服务和征信
数据源	互联网平台和企业	商业银行等传统金融机构
数据获取方式	网络获取	调查和报告
数据质量	庞杂	精准
数据规模	PB级	TB级
核心价值数据	支付数据	信贷数据
数据属性	强交易性	强金融性
数据挖掘和分析	已展开	未展开或刚开始
发展阶段	初生阶段	成熟阶段

续表

内容	互联网金融信息服务和征信	传统金融信息服务和征信
商业模式	市场化	(准)公共性和有限市场化
目标定位	未明	金融行业
信息服务和征信内容	商业调查和商业信用评估	金融信息调查、信用评级(评分)
服务对象	互联网金融从业机构,互联网商业平台	商业银行,监管部门和政府

(二)互联网金融信息服务和征信发展现状和典型模式

我国长期以来存在"金融抑制"为互联网金融产生提供土壤,同时,金融改革加速推进也为互联网金融发展提供制度空间。自互联网金融在我国诞生和发展以来,中国人民银行、银监会、证监会等行业监管机构一直在坚持原则监管和"底线式"监管的宽松监管原则,在坚守不发生系统性金融风险基础上,以开放性、包容性态度维护这一新的金融业态的创新与发展,这也为我国互联网金融信息服务和征信的发展奠定了良好基础。

互联网金融行业的健康发展,互联网金融市场的稳健运行,外部金融监管和内部风险管理是核心,而以互联网征信为代表的互联网金融信息服务体系则是当前我国互联网金融风险管理和监管体系中的基础环节。提高互联网金融信息服务及健全管理体制,最大限度地减缓互联网金融市场信息不对称,可以减少道德风险与逆向选择发生。当前,我国金融信息服务和征信市场是政府主导的体制,大量企业和个人征信数据被以中国人民银行征信中心为代表的官方机构所掌握,新兴互联网金融平台和企业短期内无法与中国人民银行征信系统对接,这就倒逼互联网金融从业主体通过其他市场化的渠道获取急需的金融信息和征信数据资源,从而为互联网金融信息服务和征信应用提供市场需求。另外,鉴于央行征信系统信息信数据来源窄,覆盖率低,数据结构与市场需求不匹配且具有一定的滞后性等问题,这也在一定程度上影响互联网金融市场和平台对接的积极性。

从数据来源方面,传统金融信息服务和征信数据主要来源于从事借贷业务、担保业务的金融从业机构,数据结构简单,价值密度较高。互联网金融信息服务和征信数据不仅涵盖金融、财务等传统征信数据，还包括消费、社交，乃至日常活动、特定场景下行为等反映征信对象性格、习惯、心理等更加内化和真实的数据信息等。

在应用领域方面，以中国人民银行征信中心为代表的传统征信和金融信息服务主要集中于借贷领域，表现为对征信主体进行偿还意愿和还款能力预测。互联网征信和金融信息服务领域更加开阔，应用场景也更加多元，既包括传统的信用借贷业务，也包括短期赊账、金融租赁、酒店预定、办理会员、购物折扣等各种生活化场景。

在覆盖范围方面，传统金融信息服务和征信的对象主体覆盖范围相对有限，而互联网金融信息数据载体是开放式的，能够将传统金融信息服务和征信系统内没有信用记录的人囊括其中，并利用他们在互联网留下的信息数据做出相应评估和预测。因此，相较于传统金融信息服务和征信业务而言，互联网金融信息服务和征信业务的覆盖范围更广，对象主体覆盖率也更高。

针对我国金融信息服务和征信体系建设相对落后现实局面，应在金融信息化和互联网金融发展不断深入的时代背景下，鼓励民间金融信息服务和征信系统与政府主导的信息服务和征信体系相互促进和协调发展。中国人民银行在2014年10月和2015年1月相继公布了21家首批企业征信（北京地区）和8家首批个人征信（全国范围）从业机构名单。宜信和网信等互联网金融企业获得了北京地区从事企业征信的牌照，而互联网金融巨头阿里集团旗下的芝麻信用管理有限公司、腾讯集团旗下的腾讯征信有限公司以及拉卡拉旗下的考拉信用管理有限公司获得了个人征信牌照。从首批获得征信牌照的机构名单看，互联网（金融）公司占据了相当比例，说明监管机构对互联网金融信息服务和征信的支持和肯定态度，也预示着我国互联网金融信息服务和征信业发展即将进入快速发展道路。

根据互联网金融信息服务和征信业务基础、数据来源、服务方式等，我国互联网金融信息服务和征信大概可分为以下几种模式：互联网金融平台信息中介服务模式，互联网金融平台信息共享服务模式，互联网金融信息大数据征信服务模式（见表2）。

表2 互联网金融信息服务和征信模式比较

运营模式	服务内容	应用范围	服务形态	典型代表	数据和信息来源
互联网金融平台信息中介服务模式	金融信息咨询中介;金融投资服务中介	互联网金融平台融资者信用评估	自征信	网络借贷P2P平台;互联网金融众筹平台	线下征信;第三方金融信息和征信服务机构;中国人民银行征信中心
互联网金融平台信息共享服务模式	信息查询;信用评分	互联网金融平台融资者信用风险评估	信息共享和第三方服务	网络金融征信系统(NFCS);小额信贷行业信用信息共享平台(MSP);中关村互联网金融信息服务平台	中国人民银行征信中心;互联网金融平台
互联网金融信息大数据征信服务模式	信息咨询服务;信用评分和风险评估	互联网系统中客户各种金融、财务和消费行为等风险评估	自征信;第三方服务	宜信,网信等;芝麻信用,腾讯征信,考拉信用等;京东,苏宁等电商平台	中国人民银行征信中心;互联网中客户消费、社交,乃至日常活动,特定场景下行为信息和数据;线下征信

目前,中国人民银行征信系统已经与包括商业银行、小额贷款公司以及融资性担保公司等大部分金融机构实现互联互通,数据来源广泛,沉淀量大,在我国金融信息服务和征信体系中处于绝对主导地位。互联网金融信息服务对象和征信主体则相对市场化、多元化。开展互联网金融信息服务和征信业务关键是对于高度非结构化和多元化的海量信息数据具有深度挖掘、整合和分析的手段和能力,这是开展互联网征信和互联网金融信息服务的前提和基础条件。现有的市场化征信公司(如中诚信、上海资信)、新兴电子商务企业(如京东、苏宁)及互联网公司(如阿里、腾讯、宜信、网信等)具有较大优势,势必将成为我国互联网金融信息服务和征信行业主力军。

四 互联网金融信息服务和征信管理体制现状分析

2014年6月27日国务院发布《社会信用体系建设规划纲要(2014~

2020年)》，2015年7月，中国人民银行等十部门发布《关于促进互联网金融健康发展的指导意见》，加之以前颁布的《征信业管理条例》和《征信机构管理办法》，这些法律法规和政策文件初步形成了我国互联网金融信息服务和征信行业的法律规范，强化了我国金融信息服务和征信行业管理体系的法律基础，使得管理和监管部门有法可依，企业和行业正当权益得到保护。然而随着互联网金融行业的不断发展以及大数据背景下互联网金融信息服务和征信系统出现，传统的管理体制和法律规范明显不能满足新的发展形势需要，对当前我国互联网金融信息服务和征信管理体制既有信息安全、隐私保护以及制度实施等结构性的问题形成挑战，数据共享、标准化建设等行业运行机制和监管方面也存在缺失。

（一）互联网金融信息服务和征信管理与监管体制信息安全和隐私保护问题及现状

相较于传统金融信息服务和征信方式，互联网金融信息服务和征信更加依赖于开放式的互联网平台和技术，服务提供和信息获取都涉及数据检索、权限控制、身份认证、活动跟踪、数据传输加压加密等内容，互联网和大数据环境下的金融信息服务和征信管理体系所面临的信息安全风险也更加突出。[①] 互联网金融行业准入门槛低，互联网金融信息服务提供商因内控措施缺陷等原因，易使客户相关信息和隐私数据非法泄露。同时，我国涉及个人信息隐私保护方面的法律、法规不够完善，没有明确机制进行监管和处罚，也造成了互联网企业对用户信息安全的漠视。互联网金融信息服务和征信管理体制中的信息安全环境不稳定，对我国互联网金融信息和征信服务的普及和发展造成了不利影响。

---

① 《中国互联网站发展状况及其安全报告（2015）》显示，我国信息安全环境不容乐观，针对我国境内网站的仿冒钓鱼站点成倍增长，境外攻击、控制事件不断增加，中国网站安全问题形势依然严峻；中国互联网协会2016年6月23日发布的《2016中国网民权益保护调查报告》显示，从2015年下半年到2016年上半年，我国网民因垃圾信息、诈骗信息、个人信息泄露等遭受的经济损失高达915亿元。

尽管我国《征信业管理条例》对金融信息服务和征信机构的相关活动划定了严格的边界和具体的操作秩序，但是大数据和云计算背景下互联网金融信息服务和征信业务一个重要特征就是数据信息采集的成本低，这可能导致从业机构在信息采集和征信活动中不能严格遵循相关法律规范。[①] 便捷的信息获取渠道、较低的信息获取和违法成本导致互联网金融信息服务和征信行业违法违规与道德风险事件成为易发事件，同时，也损害金融消费者和征信用户合法权益。如何提高和健全互联网金融信息服务和征信管理体制，促进从业机构和人员在经营过程中自觉遵守相关法律法规，是我国互联网金融信息服务和征信行业管理及监管部门必须面对的重要问题。只有从制度上进行严格规范，在机制上让法律规范严格落地，才能保证互联网金融信息服务和征信行业健康、稳定和持续发展。

（二）互联网金融信息服务和征信数据共享和标准化建设问题和现状

自 2005 年以来，央行相继制定和发布了《征信数据元信用评级数据元》和《征信数据交换格式信用评级违约率数据采集格式》等几项金融行业标准，促进了征信业评级机构的规范执业。但现实中仍存在较多问题：一是缺乏统一的金融信息统筹协调机构，信息跨区域、跨系统调配与交流较为混乱；二是行业标准体系还不尽完善，在具体操作层面上，缺乏量化、标准

---

① 例如，互联网金融信息服务和征信机构一般具有庞大的客户和信息资源，可能在客户不知情情况下轻易地获取客户保密性数据信息，这违反了《征信业管理条例》第 13 条之规定"采集个人信息应当经信息主体本人同意，未经本人同意不得采集"；又如，《征信业管理条例》第 14 条明确规定"禁止征信机构采集个人的宗教信仰、基因、指纹、血型、疾病和病史信息以及法律、行政法规规定禁止采集的其他个人信息"，然而，互联网金融信息服务和征信机构可能基于大数据技术对信息进行深度挖掘和整合，从而不可避免地会采集到部分人群的敏感信息（例如病史、指纹、基因）和个人隐私（比如不动产登记信息、缴纳税款记录及金融账户交易信息），在没有履行事先告知义务或者征得被征信人同意的情况下将这部分信息纳入金融信息数据库，或者提供给相关合作方，作为其信用评估的重要依据。

化的要求与规范;① 三是各征信机构的信用数据仍处于相对封闭的状态，其系统设计也较标准化相去甚远，不仅标准缺项太多，信息采集范围较小，而且征信机构依托自有系统建立的信息标准体系之间互相不兼容。另外，尤其值得关注的是，互联网金融从业机构的基础信息标准化工作还处于空白状态，尚未纳入我国金融标准化管理体制，互联网金融从业机构主体识别缺乏统一标准。

其一，互联网金融平台电信备案不齐全，工商注册缺乏标准。目前，互联网金融平台和企业在工商注册登记环节缺乏规范和标准，注册名称五花八门，② 不能直观反映互联网金融从业机构行业属性。同时，互联网金融企业和平台注册经营范围上也界定不清，③ 与实际经营范围存在不一致和越界现象。随着互联网金融业态交叉渗透，从业机构业务范围也在不断扩大，工商部门未能及时跟踪更新。

其二，互联网金融平台未能完全依规向电信部门履行网站备案手续。目前运营的 2000 多家网络借贷平台中，多数平台只具备非经营性互联网信息服务 ICP 备案证书（甚至没有备案），且备案内容与实际业务不符，拥有 ICP 许可证的屈指可数，因此，无法通过电信部门 ICP 备案渠道全面采集互联网金融从业机构信息。

其三，互联网金融平台和企业未纳入金融机构编码规范。2014 年 9 月，中国人民银行正式发布已成为我国金融行业标准的《金融机构编码规范》（简称《规范》），《规范》统一了我国金融机构分类标准，明确我国金融机构涵盖范围，对金融机构的编码对象、编码方式、机构分类标准、编码规则进行标准化，旨在实现金融体系跨行业信息共享，提升协同监管水平等目标。金融从业机构信息是我国实施金融标准化战略的重要基础资源，是

---

① 例如，征信工作缺乏接口交换标准、征信服务标准等核心标准，这直接增加了征信机构信息采集、整合和利用的时间成本，降低了运作效率，同时也为传统金融与互联网金融、线上与线下之间信息的共享和传播制造了无形的壁垒。
② 如"投资咨询公司""网络科技公司""金融信息服务公司"等。
③ 如存在咨询、投资、互联网信息服务、金融信息服务、电信业务等各种不规范表述。

加强金融业管理、维护金融安全的基础,也是构建金融信息系统、促进金融信息共享的前提。然而,目前《规范》中尚未将第三方支付、网络借贷、金融众筹、互联网信托、互联网基金、互联网保险等互联网金融企业和平台纳入其中,阻碍了互联网金融信息服务和征信信息共享机制建设和完善。

互联网发展改进和提升了社会基础信息收集和信息共享机制,但尚不能支撑真正意义上大数据征信和云计算服务需求和应用。从我国金融信息和征信体系开放性和统一性上看,我国现有金融信息管理和征信体系呈现高度分割与封闭特点,企业和个人的征信数据散布于以商业银行为代表的金融机构、海关、质检、税务、司法、社会保障、教育、医疗、财政等职能部门,信息条块分割,部门垄断突出,阻碍了构建统一完整、覆盖面广泛的基础信息和数据系统。目前,在政府主导的金融信息服务和征信模式下,中国人民银行征信系统对我国金融信息服务和征信业发展起到了巨大支撑作用。但是,中国人民银行征信体系并没有囊括企业和个人在金融系统以外的金融和信用信息,信息来源渠道较为狭窄。同时,允许接入中国人民银行征信系统的机构也相对有限,征信系统目前也没有向大部分互联网金融从业机构等开放。

对于互联网金融行业而言,短期内与传统金融业和其他公共事业行业及单位实现信用和金融数据信息的共享和融合还存在障碍,至于在行业内数据信息共享和融合上,包括阿里、宜信等行业领先者确实在致力于这方面的推动和建设工作,[①] 但也不是一蹴而就的,既需要行业管理和监管体制上创新,也需要从业者之间的思维和心态上的开放和包容。诚然,平台间的数据共享,需要有稳定的合作关系和合作模式,毕竟,平台间数据融合和共享一旦出现问题,势必会给整个互联网金融行业发展和互联网金融信息服务和征信体系建设带来严重打击。

---

① 如阿里金融信贷平台已经向金融机构开放,为小微企业提供金融服务。另外,阿里也向政府开放了大数据产品和服务——阿里经济云图,各级政府可自主查询多维度的电子商务经济数据,这为全社会的互联网数据融合和共享提供了榜样。

（三）互联网金融信息服务和征信管理与监管体制中的问题和现状

随着互联网金融行业的不断发展，行业参与者人数急速增加，互联网金融信息服务和征信管理及监管体制也面临新的发展机遇与挑战。目前，监管当局尚未对互联网金融信息服务和征信行业采取有效措施，大数据征信行业的监管法律体系尚未完善，监管策略和管理手段难以适应新形势下行业发展要求，监管人员大数据理念也有待进一步提高。

在监管法律和制度规范上，互联网金融信息服务和征信机构尚无明确的准入限制和标准。尽管《征信业管理条例》规定"征信机构是指依法设立、主要经营征信业务的机构。征信业务是对企事业单位信用信息和个人信用信息进行采集、整理、保存、加工，并向信息使用者提供的活动"。原则上，互联网金融信息服务和征信机构应和传统征信机构一样，属于《征信业管理条例》约束与规范范畴，但在具体措施上，监管部门缺少针对互联网征信机构的准入限制。互联网金融企业都在不同经营环节公开或私下采集用户信息，部分大数据机构在提供信用信息服务的同时，尚未得到征信业监管部门的批准或未在监管部门备案，其合规性存在风险。

在监管体系建设上，可能存在监管主体的缺位和监管范围出现真空。互联网金融虚拟性和无边界特征，导致部分从事信息服务和征信业务的互联网企业及大数据平台游离于监管之外。当前，由于各类机构自身发展参差不齐，不仅其提供的信息产品和服务的真实性和质量无法保证，还可能出现因监管主体缺位和监管范围真空而导致采集信息的泄露和滥用。

在监管方法和管理手段上，当前的监管策略和管理方法难以适应互联网大数据形势下对征信行业监管要求。例如，现场检查和非现场监管是对征信业监管的传统的两种方式，但在互联网环境中，面对虚拟化信息搜索和整合，现场检查这一基本监管手段似乎缺乏监管着力点；而非现场监管手段在以大数据征信为代表的互联网征信环境中，则缺乏时效性和连续性，难达到监管机构预期效果。

中国人民银行作为金融信息服务和征信行业主管机构，需要紧跟互联网金融发展潮流，洞察大数据背景下金融信息服务和征信的常态与基本规律，完善互联网金融信息服务和征信管理体制机制，对以互联网征信为代表的互联网金融信息服务模式实行审慎的动态监管和有效规范。

五 对策建议

互联网金融信息服务和征信体系建设是一项基础性的系统工程，也是互联网环境下经济社会发展过程的必然。近年来，我国互联网金融信息服务和征信体系都取得了令人瞩目的成绩，互联网行业中一些领头羊也在该领域进行了卓有成效的实践，互联网金融信息服务和征信管理与监管体制也得到了进一步改善。然而，互联网金融信息服务和互联网征信毕竟还是处于新生阶段的行业，必然存在诸如金融信息安全、隐私保护和标准化建设等不足和问题。健全互联网金融信息服务和征信管理与监管体制，完善互联网金融和互联网征信发展宏观环境，以法律体系和微观市场为现实支撑，通过中国人民银行依据法律法规进行管理，财政部、证监会、银监会和保监会等其他监管部门积极协调，通过行业协会进行自律合作和市场化约束，在进一步巩固现有政府主导征信体系的基础上，积极培育若干经营实力较强的大数据和互联网环境下的新型市场化征信机构，构建我国互联网金融模式下的征信体系。

为此，在战略层面上，其一，加强信用文化建设，提升互联网环境下的金融生态环境。一个国家和社会信用状况如何，其根本在于社会信用文化和金融生态环境。良好的信用文化不仅容易形成普遍认可的价值观，更能营造良好的市场信用环境氛围。信用文化之所以是信用制度的精神基础，是因为它与信用中包含的履约承诺有着直接的关系，是形成自我约束的内在机制。在一个具有良好信用文化的社会中，信用贯穿于社会经济生活的各个方面，诚实守信成为经济交易的基本准则。我国目前信用缺失问题凸显，都可以把它归结为包括法律、文化、经济和社会等一系列的信用制度不健全等因素的作用，但从深层次上说更是一个文化问题。诚然，中华几千年灿烂文化中不乏丰富的诚信文化，它甚至被认为是社会个体处世立身的基本原则，但这些

诚信文化应该说是一种在采邑经济条件下与人格化交易相适应的信用文化,基本局限在社会个体的道德修炼范围内,更多的是作为修身美德来倡导的,而没有与社会经济生活挂钩,往往表现为个人的道德目标而不是社会的行为规范。正因为这种朴素的信用文化是与经济生活脱节的,一旦遇到外界经济利益的诱惑,这种缺乏社会规范、仅靠道德约束的个人"美德"就会很容易瓦解。我国现阶段出现的社会信用缺失问题有着深刻的时代背景,甚至从一定意义上说,是历史发展的客观必然。既然这是历史必然,并且在短期内不能解决,那么我们在认真正视和对待它的同时,不应妄自菲薄,要从具体的法律和制度建设入手进行规范和培育信用体系赖以存在的金融生态环境,使现代信用意识成为一种习惯,深入人们的骨髓。

其二,明晰金融信息服务和征信体系的发展思路,构建互联网大数据背景下合理发展模式。政府主导的金融信息服务和征信体系与市场化征信体系是相辅相成的两套模式,两种模式同时存在既可满足信息充分性的需要,又能有效提升市场的资源配置水平。目前,我国经济仍处于转型关键时期,市场的完善程度不高,个体和企业的失信情况仍较为严重,信用建设仍非常落后,使得我国政府在市场中的供给地位仍比较突出。未来相当长时期内,我国政府还将是金融信息服务和征信体系的核心力量,这也是当前我国建设市场化的互联网金融信息服务和征信体系的物质依靠和优势所在。这种优势既表现在立法以及行业的监管方面,同时也体现在大数据背景下互联网金融信息服务和征信体系所要求的信息共享、信息安全等制度建设方面。

在政策层面上,其一,加强互联网金融信息服务和征信行业监管,转变传统监管方式和思路。中国人民银行应依法履行监管职责,完善大数据背景下金融信息服务和征信监管体系,采取有力措施清理、打击以"征信"为名非法采集信用信息的行为,充分体现对信息主体权益和个人隐私的保护。探索建立符合互联网征信特性的监管方式,监管理念应从机构监管转向功能监管,监管重点要放在维护信息安全和保护个人隐私上,确保信息采集、信息提供的合法性。推进互联网金融信息服务和征信行业监管的技术升级(如应用云计算、大数据和区块链技术)和人才队伍建设,增强监管手段,充实监管力量,提高监管效能。

其二，推进金融和信用信息共享机制建设，提高征信行业标准化体系水平。金融和信用信息共享是互联网金融信息服务和大数据征信的前提和基础。针对目前互联网金融和互联网征信发展现状，推进征信行业自律性组织建设，发挥行业自律组织的引导、协调和规范作用，促进互联网金融信息服务和征信机构资源、信息共享，保障从业机构依法依规经营。着手将网络借贷等互联网金融从业机构纳入中国人民银行征信系统中，探索建立与央行征信系统的金融信用信息基础数据库存在互联互通和映射关系的互联网征信新体系。充分发挥中国人民银行金融和信用信息主管机关的作用，严格按照《政府信息公开条例》等政策规定，确定信用数据、信息公开的范围、内容、格式，在保护信息安全和私人信息保密性的条件下为征信机构合理采集信用信息提供必要的条件。同时，建立统一的信息主体标识规范、征信基本术语规范，制定层级清晰、结构完善的征信业总体标准和基础类标体系，提高征信标准化工作的适用性与科学性。

其三，强化信息安全和个人隐私保护，完善法律保障体系。推动互联网金融信息服务和征信机构按照《征信机构管理办法》的要求落实信息安全等级测评制度，[1] 守好信息安全边界，保障征信系统的安全、可控。完善企业和个人信用信息基础数据库的用户管理制度，对用户实行分级管理、权限控制、身份认证、活动跟踪。加强对金融机构、征信机构的宣传教育和业务培训，增强其业务能力和守法规范经营意识。结合我国基本国情，借鉴英美等国的立法经验和手段，[2] 立法加强对个人信息隐私权的保护，限制征信机

---

[1] 我国《征信机构管理办法》第三十条明确规定：征信机构应当按照国家信息安全保护等级测评标准，对信用信息系统的安全情况进行测评。

[2] 例如，美国于1970年制定的《公平信用报告法》（Fair Credit Reporting Act）是美国保护个人信用信息重要的法律之一。它的立法原则是准确性、公平性以及对隐私的尊重与保护。《公平信用报告法》以上述三项基本原则为指导，合理确定征信的范围、信用报告的使用范围及对个人商业信用信息共享的限制。同时，还禁止采取欺骗、侵扰、不公正的方式采集信用信息，禁止以私人访问的形式取得对当事人不利的信用信息，上述规范有效地保护了金融消费者的个人信息隐私权。又如，英国于1974年颁布的《消费者信用法》（Consumption Credit Act）和1998颁布的《数据保护法》（Data Protection Act）也都体现了保护消费者的立法原则，充分维护消费者的个人信息知情权，减少征信机构与消费者个人之间的信息不对称。特别是《数据保护法》还确立了个人数据保护的八项基本原则，为个人的信息和数据保护提供了基础性法律规范和纠纷解决参照系。

构对个人征信主体信用信息的垄断以及合法权益的侵害，保护个人信息隐私权。

其四，完善正向激励机制，提高失信惩戒手段。所谓完善正向激励机制就是提高互联网和大数据环境下的信息披露质量和水平，减缓和消除因信息不对称所引起的逆向选择和道德风险，同时，在社会信用制度和金融生态环境建设过程中，坚持以培养和营造良好的社会信用文化作为核心和重点，形成诚实守信的社会氛围，显著降低守信者信用成本。同时，提高失信惩戒的手段和方法，通过建立诸如失信者"黑名单"系统，禁止失信者投融资参与等手段，提高其违约成本，使得失信者在市场中无立足之地。完善的失信惩戒机制是互联网征信体系发展的有力保障和是否健全的重要标志。

其五，加强互联网征信制度和立法建设，提升管理和执行力度。相较于欧美国家成熟的征信体系和完善的法律规范，[1] 我国征信体系及其立法方面的建设由于起步较晚相对落后。加强和完善互联网和大数据环境下的征信立法和制度体系建设，是我们建立领先互联网金融信息服务和征信体系的基础条件，这不仅表现在需要构建宏观战略、前瞻性管理体制机制，更应细化到诸如人员管理、制度管理和标准化管理等具体操作层面。首先，在宏观法律层级上，加快推进立法建设，以便在战略层面为信息采集、报告以及征信行业管理提供依据，同时，为政策法规等层级提供指导框架；其次，在行政法规层级上，基于法律准则和指导精神，制定专门的行政法规，并根据市场发展适时调整，当前，我国已经发布的《征信业管理条例》就属于这一层级的政策法规；再次，在部门规章层级上，制定具体、细化和易操作的业务手册和标准规范，以保证法律政策的具体落地，目前，我国已经颁布的诸如《个人信用管理办法》等系列部门规章就能保证法律和政策精神得到落实；最后，在地方性法规层级上，主要是根据地方具体条件和发展现状，制定地方性具体管理办法，然而，在大数据和互联网环境下，金融信息服务和征信

---

[1] 例如，美国共有16部相关的法律制度，与其他国家相比，美国的每部法律都非常详尽，对所有可能的情况进行规定，并且在执行层面，具备很高的现实操作性。另外，在隐私保护方面，也具备体系化的法律法规，作为法律规定范围内的执行手册。

业务愈加依赖线上平台和模式，区域性亦愈益不明显。

其六，扩大互联网和大数据征信数据来源，提高互联网大数据征信模型准确性。互联网大数据金融信息服务和征信体系核心来源于基于大数据技术的数据收集、整理、建模、提炼过程，这也意味着提高互联网大数据信息服务质量和征信模型准确性必须扩大其基础性数据和信息来源。根据当前经济、社会和信息化发展现状，我国基础性社会信息数据既包括个人以水、电、煤、气为代表基础信息，也包括个人教育、住房、司法、公共交通以及社保公积金等信息。目前，这些信息和数据散布于不同政府和公共事业部门的信息系统中，政府应推动各个政府内部信息系统的数据共享，从而为大数据征信风控系统提供最基础的数据来源。

B.3
中国网贷（互金）平台风险评级与分析

黄国平　方　龙　潘瑾健*

摘　要： 根据进入本次评级的100家P2P网络借贷平台分项评估结果，反映平台合法和合规经营的法律合规风险项得分和评级最好，全部平台的该项得分都在A级及以上。说明我国网络借贷行业主流平台是合规守法经营的，法律合规风险得到有效控制。反映偿还意愿和偿还能力的信用风险总体情况仍然令人不甚满意。其中，A-级以上仅有两家，而B-级以下达35家。以网络借贷为代表的互联网金融，无论是承担"风险"的能力，还是经营"风险"的理念，其与正规金融相比仍然存在显著差距。反映包含资金流动、期限、平台人气和可转让性内容的流动性风险评估结果具有分化趋势，说明我国网络借贷行业竞争日益激烈，分化日趋严重，行业洗牌已进入快车道。至于反映集中度、业务风险、透明度以及IT建设的操作风险分项评估结果，A-级以上仅有5家，而B-级高达16家。这说明从操作层面上来说，无论是平台的硬件和软件技术系统还是业务经营的集中度和透明度，相对于行业发展规模，业务安全模式和信息披露要求需要进一步地加强和提高。《关于促进互联网金融健康发展的指导意见》的出台，为管控平台风险、实施具体监管、促进行业健康发展指明了方向。《网络借贷信息中介机构业务活动管理暂行办法》的颁布，

---

* 黄国平，博士，中国社会科学院金融研究所研究员；方龙，博士，方正证券研究员；潘瑾健，网贷天眼副总裁，行业研究员。

为促进网络借贷健康和规范发展,实施行业监管提供了具体的手段和依据。中国互联网金融协会正式成立后,随即从资金存管和信息披露等方面对我国互联网金融领域展开整治活动,这势必对提升行业风险防御能力,营造良好的互联网金融生态环境具有重要促进作用。

关键词: 网贷平台　风险评级　信用风险　操作风险　法律合规风险　流动性风险

一　中国主要P2P网络借贷平台金融风险综合及分类评级结果

(一)评级结果及排名

本次评级共选取国内100家具有代表性的P2P网络借贷平台(简称"P2P平台")作为评级对象。数据长度为2015年1月至2016年6月。其中,评级分数根据2015年数据得出,评级展望根据2016年数据对原评级进行调整。综合及分类评级结果如表1和表2。

表1　中国主要P2P网络借贷平台综合评级及展望

平台名称	排序	平台风险评分	平台风险评级	评级展望	所在地区
陆金所	1	83	AA-	正面	上海
宜人贷	2	77	A+	正面	北京
玖富	3	76	A	不变	北京
拍拍贷	4	74	A	不变	上海
麻袋理财	5	74	A	不变	上海
小牛在线	6	74	A	不变	深圳
网信理财	7	74	A	初评	北京

续表

平台名称	排序	平台风险评分	平台风险评级	评级展望	所在地区
积木盒子	8	73	A-	不变	北京
开鑫贷	9	73	A-	不变	江苏
点融网	10	72	A-	正面	上海
易贷网	11	70	A-	不变	四川
人人贷	12	70	A-	不变	北京
爱钱进	13	70	A-	不变	北京
你我贷	14	70	A-	负面	上海
合拍在线	15	70	A-	负面	深圳
红岭创投	16	69	BBB	不变	深圳
投哪网	17	69	BBB	不变	广东
链家理财	18	68	BBB	不变	北京
鑫合汇	19	68	BBB	负面	浙江
金开贷	20	67	BBB	不变	北京
PPmoney	21	67	BBB	不变	广东
翼龙贷	22	67	BBB	不变	北京
凤凰金融	23	67	BBB	初评	北京
诺诺镑客	24	67	BBB	不变	上海
有利网	25	67	BBB	不变	北京
瑞钱宝	26	66	BBB	不变	北京
抱财网	27	66	BBB	不变	北京
人人聚财	28	65	BBB	不变	深圳
团贷网	29	65	BBB	正面	广东
温州贷	30	65	BBB	不变	上海
银豆网	31	65	BBB	不变	北京
和信贷	32	64	BB+	不变	北京
金联储	33	64	BB+	不变	北京
信融财富	34	64	BB+	不变	深圳
银湖网	35	64	BB+	正面	北京
E微贷	36	64	BB+	不变	深圳
九斗鱼	37	64	BB+	不变	北京
汇通易贷	38	63	BB+	不变	深圳
新新贷	39	63	BB+	不变	上海
银客网	40	63	BB+	正面	北京
微贷网	41	63	BB+	不变	浙江

续表

平台名称	排序	平台风险评分	平台风险评级	评级展望	所在地区
鹏金所	42	63	BB+	不变	深圳
爱投资	43	62	BB+	不变	北京
88财富网	44	62	BB+	不变	深圳
金融工厂	45	62	BB+	不变	北京
珠宝贷	46	62	BB+	不变	深圳
永利宝	47	61	BB	不变	上海
国诚金融	48	61	BB	不变	上海
温商贷	49	61	BB	不变	浙江
众金在线	50	61	BB	不变	深圳
金e贷	51	61	BB	不变	广东
合时代	52	61	BB	不变	深圳
合盘贷	53	61	BB	不变	上海
一起好	54	61	BB	不变	湖北
金信网	55	61	BB	不变	北京
德众金融	56	61	BB	不变	安徽
融金宝	57	61	BB	不变	深圳
金宝保	58	60	BB	不变	重庆
楚金所	59	60	BB	不变	湖北
钱吧	60	60	BB	不变	山东
钱爸爸	61	60	BB	不变	深圳
玖融网	62	60	BB	不变	湖北
房金所	63	60	BB	不变	深圳
三信贷	64	59	BB	不变	浙江
微金所	65	59	BB	不变	北京
众信金融(京)	66	59	BB	不变	北京
中瑞财富	67	59	BB	不变	北京
付融宝	68	58	BB	不变	江苏
收获宝	69	58	BB	不变	深圳
财富中国	70	58	BB	不变	深圳
恒信易贷	71	58	BB	不变	广东
生菜金融	72	58	BB	不变	上海
后河财富	73	57	BB	不变	深圳
诚汇通	74	57	BB	不变	深圳
理财范	75	57	BB	不变	北京
贷贷兴隆	76	57	BB	不变	重庆

续表

平台名称	排序	平台风险评分	平台风险评级	评级展望	所在地区
好帮贷	77	57	BB	不变	深圳
91旺财	78	57	BB	不变	北京
短融网	79	57	BB	不变	北京
黄河金融	80	57	BB	不变	浙江
石投金融	81	56	BB	不变	上海
口贷网	82	56	BB	不变	四川
龙贷	83	56	BB	不变	北京
多多智富	84	55	BB	不变	深圳
网利宝	85	55	BB	不变	北京
招商贷	86	55	BB	不变	贵州
礼德财富	87	55	BB	不变	广东
金银猫	88	55	BB	不变	上海
今日捷财	89	55	BB	不变	上海
粤商贷	90	55	BB	不变	深圳
小油菜	91	54	BB	不变	北京
友金所	92	54	BB	不变	陕西
易九金融	93	53	BB	不变	重庆
四达投资	94	53	BB	不变	四川
广信贷	95	52	B	不变	北京
腾邦创投	96	51	B	不变	深圳
迷你贷	97	51	B	不变	深圳
点滴身边	98	51	B	不变	北京
钱多多	99	51	B	不变	上海
聚有财	100	50	B	不变	浙江

表2 中国主要P2P网络借贷平台分项评级结果

平台名称	信用评级	流动性评级	操作风险评级	法律合规评级	所在地区
陆金所	A	A	AAA	AA+	上海
宜人贷	BBB	AA-	BBB	AAA	北京
玖富	BBB	AA-	A	AA-	北京
拍拍贷	BB+	AA+	BBB	AA-	上海
麻袋理财	BB	AAA	BB	AAA	上海

续表

平台名称	信用评级	流动性评级	操作风险评级	法律合规评级	所在地区
小牛在线	BB+	A	A−	AA+	深圳
网信	BB+	A	BBB	AA+	北京
积木盒子	BB	A	BBB	AA+	北京
开鑫贷	A−	BB	BBB	AA+	江苏
点融网	BB	AA−	BB+	AA−	上海
易贷网	BB	A−	BBB	AA−	四川
人人贷	BB	A−	BBB	AA−	北京
爱钱进	BBB	A−	BB	AA−	北京
你我贷	BB	A+	BBB	A+	上海
合拍在线	BB+	A	BB	AA−	深圳
红岭创投	BB+	A−	BB	A	深圳
投哪网	BB	A	BB	AA−	广东
链家理财	BB	BBB	BB+	AA+	北京
鑫合汇	BB	AAA	B−	A	浙江
金开贷	BB	A−	BBB	A	陕西
PPmoney	BB	AA−	BB	A	广东
翼龙贷	B	A+	BB	AA−	北京
凤凰金融	BB	A−	BBB	A	北京
诺诺镑客	BB	A	BB+	A	上海
有利网	B	A+	BB	AA−	北京
瑞钱宝	BB	BB+	BBB	A	北京
抱财网	BB+	B−	AA−	A	北京
人人聚财	B−	A	BB+	AA−	深圳
团贷网	B−	AA	B	AA−	广东
温州贷	B−	AA	B−	AA−	上海
银豆网	B−	A+	BB	AA−	北京
和信贷	BB	BBB	BB	A	北京
金联储	B	A	BB	A	北京
信融财富	BB	BBB	BB	A	深圳
银湖网	B	A−	BB	A	北京
E微贷	BB	BB+	BB	A	深圳
九斗鱼	B−	AA	B	AA−	北京

续表

平台名称	信用评级	流动性评级	操作风险评级	法律合规评级	所在地区
汇通易贷	BB	BB	BB	A	深圳
新新贷	BB	BB	BB	A	上海
银客网	B-	BBB	BB	AA-	北京
微贷网	BB+	B	BB+	A	浙江
鹏金所	B	BBB	B	AA-	深圳
爱投资	B-	A-	B-	AA-	北京
88财富网	BB+	B-	BBB	A	深圳
金融工厂	BB+	BB+	B-	AA-	北京
珠宝贷	BB	B-	BBB	A	深圳
永利宝	B	BB+	BB	A	上海
国诚金融	B	BB	BB	A	上海
温商贷	BB	BB	BB	A	浙江
众金在线	B	A-	B-	A	深圳
金e贷	BB	BB	BB	A	广东
合时代	BB	BB	BB	A	深圳
合盘贷	B	BB+	BB	A	上海
一起好	B-	BBB	B	A	湖北
金信网	B-	B	BBB	A	北京
德众金融	B-	BB+	B-	AA-	安徽
融金宝	B-	A	B-	A	深圳
金宝保	B-	BBB	BB	AA-	重庆
楚金所	B-	BB	BB	AA-	湖北
钱吧	B-	BBB	BB	A	山东
钱爸爸	BB	B-	BB	A	深圳
玖融网	B	BB+	BB	A	湖北
房金所	B-	BB+	B	A	深圳
三信贷	B	BB	BB	A	浙江
微金所	B	BB	BB	A	北京
众信金融(京)	C	BBB	B-	AA-	北京
中瑞财富	BB	C	BB+	A	北京
付融宝	B-	BB+	B	A	南京

续表

平台名称	信用评级	流动性评级	操作风险评级	法律合规评级	所在地区
收获宝	B-	BB	BB	A	深圳
财富中国	BB	C	A-	A	深圳
恒信易贷	B-	BB	B	A	广东
生菜金融	B-	BB	BB	AA-	上海
后河财富	B-	BB	B	A	深圳
诚汇通	B	B-	BB	A	深圳
理财范	B-	BB	B	AA-	北京
贷贷兴隆	B	C	BB	AA+	重庆
好帮贷	BB	B-	B-	A	深圳
91旺财	BB	B-	BB	A	北京
短融网	B-	B-	BB	AA-	北京
黄河金融	BB	C	BB	A	浙江
石投金融	B-	BB	B	A	上海
口贷网	BB	C	BB	AA-	四川
龙贷	B-	BB	B-	A	北京
多多智富	B-	BB	B-	A	深圳
网利宝	B-	B-	BB	A	北京
招商贷	B	C	BB	A	贵州
礼德财富	B	C	BB	A	广东
金银猫	BB	C	BB	A	上海
今日捷财	BB	C	BB	A	上海
粤商贷	BB	C	BB	A	深圳
小油菜	B-	BB	B-	A	北京
友金所	B-	C	B	AA+	深圳
易九金融	BB	C	BB	A	重庆
四达投资	B-	C	B	A	四川
广信贷	B-	C	B-	A	北京
腾邦创投	C	C	B	AA-	深圳
迷你贷	B	C	B-	A	深圳
点滴身边	B-	B-	B-	A	北京
钱多多	B-	C	B-	AA-	上海
聚有财	B-	C	B	A	浙江

（二）评级结果的统计性说明

利用本研究的评级方法及指标体系对如上所选取的100家P2P网络借贷平台进行风险评级，综合风险评级得分分布见图1。

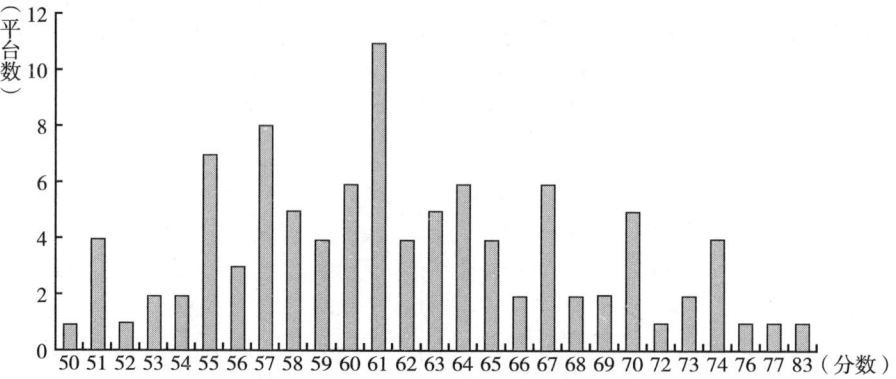

图1　主要P2P网络借贷平台综合风险得分分布

可以看出，所有P2P网络借贷平台综合风险评级得分基本处于区间（49，83］，分布明显呈左偏状态。其中，得分≥70的P2P平台有15家，我们定义为A级平台；50≤得分<70的P2P平台有85家，我们定义为B级平台（评级为B级的P2P平台可认为是投资级平台）（见图2）。30≤得分<50的C级平台和得分<30的D级平台没有。

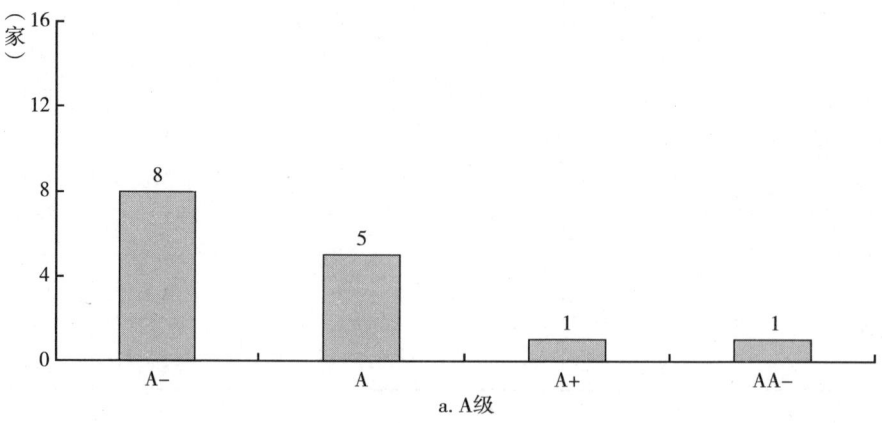

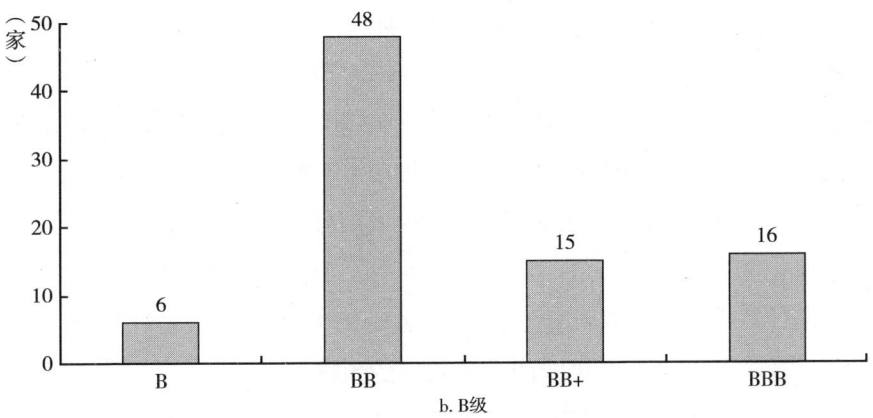

图2　P2P平台综合风险评级与平台数量对应分布

二　评级方法和过程

（一）数据来源和处理说明

本次评级分析所涉及的平台数据和信息，既包括P2P网络借贷平台经营数据和信息，又包括需要反映企业竞争以及诚信文化等基础性数据和指标；既有定量性的数据，又包括定性的指标。在数据采取方面，整个评价体系原始数据主要来自以下三个方面。

其一，主要平台客观指标数据由网贷天眼提供，部分数据由平台自身提供。同时，参考网贷之家发布的相关数据。如果平台自身提供的数据与第三方机构数据不一致，以第三方机构数据为准。

其二，我们对北京、深圳、浙江、山东等地的具有代表性平台进行了实地的考察和分析，获得了大量的第一手资料和数据。其中，进入本评价范围的玖富、网信等平台数据就是直接通过现场调研获得的。调查问卷的设计、调查对象的选择、样本的选取、数据的收集和处理都力求客观真实，同时，我们援用了一切可以辅证问卷结果的客观替代性指标、先前相关研究所获取的一些数据指标，对最终处理结果进行合理的修正和补充。

其三，本团队及国内一些信息咨询和研究单位先前所从事的相关研究的一些数据成果。例如，盈灿咨询、网贷之家发布的《2015年度网贷平台发展指数评级报告》；网贷天眼2015年以来发布的月度、季度和年度研究报告；中国网络借贷评价与分析课题组发布和出版的《中国网络借贷平台风险评级与分析（2015~2016）》；《中国网络信贷行业发展报告（2014~2015）》等。

数据长度为2015年1月至2016年6月。其中评级结果是基于2015年全年数据计算得出；评级展望结果是根据2016年上半年数据对基于2015年数据获得的结果对其未来可能的变化做出的预测估计。

在对原始数据和信息尽可能多地采集之后，然后对其进行整理和清洗，使之形成统一的数据格式。由于数据来源不同、统计口径不一致以及记录上的失误等多方面的原因，对原始数据进行整理和清洗是保证数据真实、可靠和有效的核心和关键。

首先，我们在对原始数据质量进行初步分析的基础上，对原始数据进行了统一转换，以便使得同类数据在计量单位、记录形式和统计口径上一致，具有可比性。

其次，对诸如平台合规性、透明度等定性指标统一采用灰色白化函数法进行量化，以减少和降低定性指标量化过程中的随意性。

再次，对于时间序列数据中的异常和缺漏，我们根据不同的数据性质采用等比或等差数列方法进行内插或外推，对于无序数据则直接采用均值替代。

最后，指标数据标准化方法中，我们根据所采集指标的性质（正指标、逆指标或适度性指标）、分布特性（离散度）等差异，采用不同的处理方式，如取标准化、指数化、阈值法以及分段分布打分等，主要目的是尽可能减少原始数据在标准化过程中的信息损失。

本报告主要针对P2P平台风险进行评级，评级结果只反映平台的金融风险状况。本报告在选择评价对象的过程中遵循以下几个主要标准。

其一，注册资金在1000万元人民币以上。

其二，平台上线时间长度1年以上，且目前仍然在正常运营。

其三，平台具有典型代表性，满足普惠金融原则。

根据我们的遴选原则，我们在全国范围内选择了100家P2P网络借贷平台进入我们的评级范围。

（二）方法体系和过程说明

本次评级所采用的方法和过程与之前的评估保持一致，主要分析框架基于突变级数法和层次分析法构建。在方法体系的设计和选择中，遵行如下原则。

其一，立足于现有条件，所采用的技术力求简单、实用而不失其灵活性。

其二，评价方法在技术上符合客户价值的结构和性质。

第三，所采用的评价方法力求保证其评价结果在经济和金融学意义上的可解释性。

评估内容包括四个方面：信用风险（包括偿还能力风险和偿还意愿风险）、流动性风险、操作风险和法律合规风险。至此，我们的评价过程可概述如下。

第一，收集原始指标数据，并进行清洗，对于其中的定性指标，采用灰色白化函数法进行量化。

第二，根据第一步收集和初步处理的数据，进行数据和指标遴选。针对遴选出的指标数据，根据各项指标所反映风险的内涵意义进行归并。其中反映信用风险的原始指标6项[①]，反映操作风险的原始指标4项，反映法律合规风险的原始指标2项，反映流动性风险的原始指标4项。具体情况参见表3。

第三，根据突变理论的技术要求，构建本评价的指标体系层次结构，以便于利用突变级数法对各层次指标进行综合测度评估。

第四，采用层次分析法，对各方案（上一级指标）下的各评价（子）指标相对重要性进行排序，以便在对各指标进行归一化处理时，与相应控制变量对应。

---

① 本次评级的指标体系与《中国网络信贷行业发展报告（2014~2015）》中设计的体系有稍许不同，信用风险评价项中由原来的7个指标标为6个指标，剔除了偿还意愿风险中总标的/（天标+秒标）指标，同时，将流动性风险项中期限错配指标项改为借款期限，旨在根据监管原则和网贷行业发展现状做出相应调整。

表3 P2P平台风险评级指标体系

总风险指标		一级指标		二级指标		三级指标
指标名称	计算原则	指标名称	计算原则	指标名称	计算原则	指标名称
P2P平台风险评级	平均值	信用风险	平均值	偿还能力风险	平均值	成交量/累计待还资金
						注册资金
						保障模式
				偿还意愿风险	平均值	上线时间
						投标保障
						利率水平（平均利率倒数）
		操作风险	平均值	集中度	—	借款人数/投资人数
				IT建设	—	建设费用
				业务风险	—	业务模式（纯中介，复合中介，证券化模式，债权转让模式）
				透明度	—	数据信息全面可得性
		法律合规风险	平均值	业务合法性	—	业务合法性程度（是否符合四条红线，十大原则）
				交易合规性	—	合同完备程度
		流动性风险	平均值	资金流动性	—	成交量/未来60日待还金额
				期限	—	借款期限
				平台人气	—	交易人数（借款人数+投资人数）
				可转让性	—	债权转让难易程度

第五，对原始指标进行标准化处理。处理形式包括两种：一是直接标准化处理［参见公式（1）］，用于相对排名之用；二是在规定上下限基础上的标准化处理［参见公式（2）］，用于平台的风险评级之用。

$$y_{ij} = \frac{x_{ij} - \min\limits_{1 \leq j \leq N} x_{ij}}{\max\limits_{1 \leq j \leq N} x_{ij} - \min\limits_{1 \leq j \leq N} x_{ij}} \quad (i = 1, 2 \cdots, M; j = 1, 2 \cdots, N) \tag{1}$$

其中：x_{ij} 表示 i 指标第 j 个评价对象的原始数值，y_{ij} 为相应标准化值，M

表示原始指标个数，N 为评价对象个数。

$$y_{ij} = \frac{x_{ij} - \inf(x_i)}{\sup(x_i) - \inf(x_i)} \ (i = 1,2\cdots,M; j = 1,2\cdots,N) \tag{2}$$

其中，$\sup(x_i)$ 表示第 i 指标上限值，$\inf(x_i)$ 表示第 i 指标下限值。

第六，计算各指标得分，然后根据得分转化为相应的风险评级等级。得分越高意味着风险越小，评级等级越高。得分与风险等级之间的对应关系与《中国网络信贷行业发展报告（2014~2015）》中保持一致。具体情况参见表4。

表4 P2P平台风险评级指标分值与评级等级对照

分值（以S表示）	评级等级符号	分值（以S表示）	评级等级符号
100≥S≥90	AAA	70＞S≥65	BBB
90＞S≥87	AA+	65＞S≥62	BB+
87＞S≥84	AA	62＞S≥53	BB
84＞S≥80	AA-	53＞S≥50	B
80＞S≥77	A+	50＞S≥40	B-
77＞S≥74	A	40＞S≥30	C
74＞S≥70	A-	30＞S	D

三　P2P网络借贷平台风险结构及其影响因素分析

（一）综合风险结构分析

本报告对P2P网络借贷平台的综合风险评级重点纳入如下四类风险：①信用风险（信用风险的衡量包括债务人偿还能力风险与偿还意愿风险）；②操作风险；③法律合规风险；④流动性风险。

我们给出了所有100家P2P平台综合风险的各分项风险评级得分状况，如图3所示。

总体上来看，构成综合风险的各分项风险中，信用风险得分＜操作风险得分＜流动性风险得分＜法律合规风险得分（多数情形下）。因此，P2P平

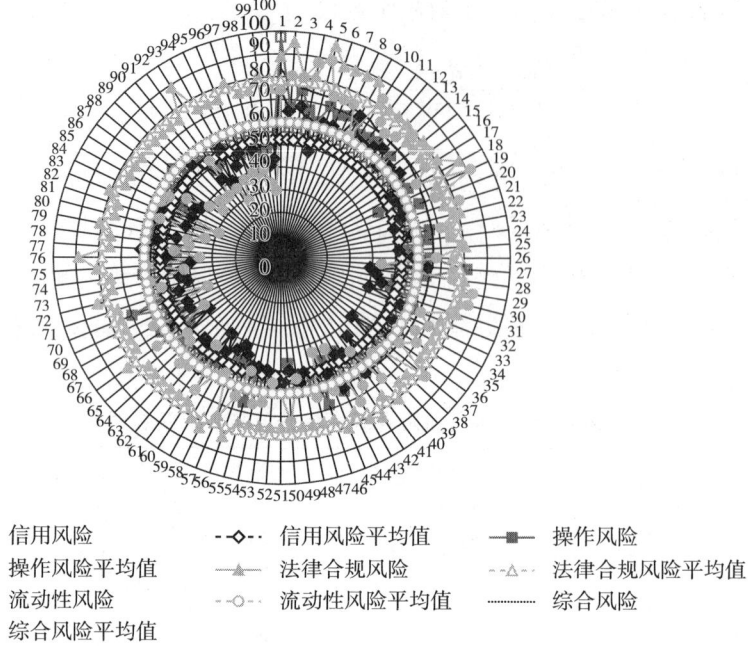

图3 P2P平台分项风险评级得分（按得分高低顺时针排列）

台风险控制应以信用风险为第一位，其次是操作风险，再次是流动性风险，最后才是法律合规风险。这里，我们进一步对信用风险分解得到偿还能力、偿还意愿两类分项风险评级得分（见图4）。

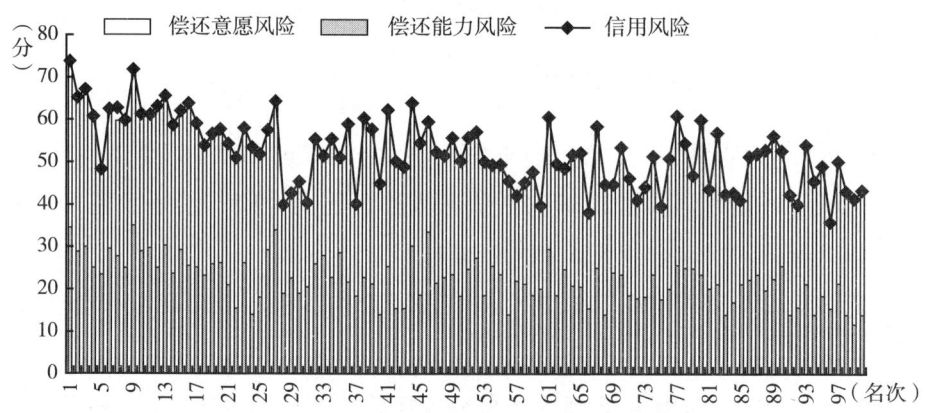

图4 信用风险分项评级得分

可以看出，信用风险大小主要取决于偿还能力，偿还能力较高的P2P平台通常信用风险得分较高，即信用风险较小，反之亦然。各P2P平台偿还意愿风险之间的差异相对较小，不是决定P2P平台信用风险相对大小的主要因素（除个别外）。

（二）信用风险及其影响因素分析

1. 偿还能力风险与三级指标关系

我们对P2P平台偿还能力风险的衡量主要包括成交量/累计待还资金、注册资金、保障模式三个指标。从图5A～5C可以看出，偿还能力大小主要取决于P2P平台的成交量/累计待还资金、注册资金，当成交量/累计待还资金或注册资金较高时，偿还能力得分也较高，即风险相对较小，而各P2P平台的保障模式之间差异相对较小，不是决定偿还能力的主要因素。

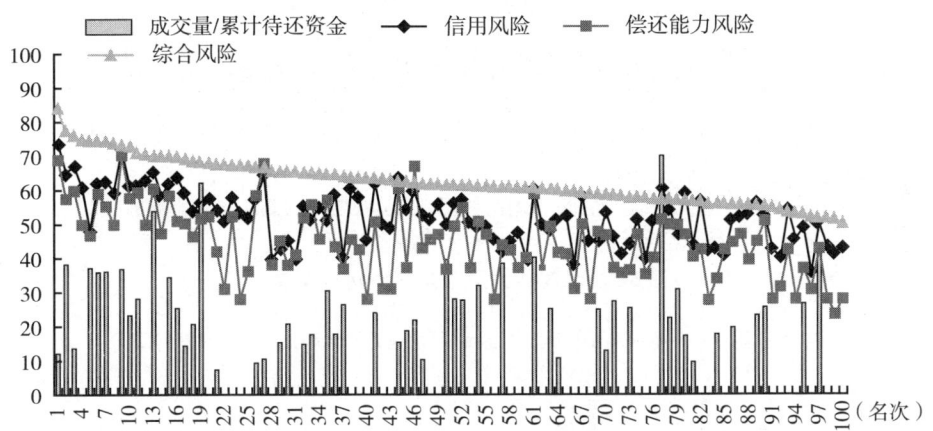

图5A 偿还能力风险与三级指标关系

2. 偿还意愿风险与三级指标关系

我们对P2P平台偿还意愿风险的衡量主要包括利率水平、上线时间、投标保障3个指标。从图6A～6C可以看出，偿还意愿影响主要取决于P2P平台的上线时间，其次是利率水平，而投标保障不是决定偿还意愿风险的主要因素。

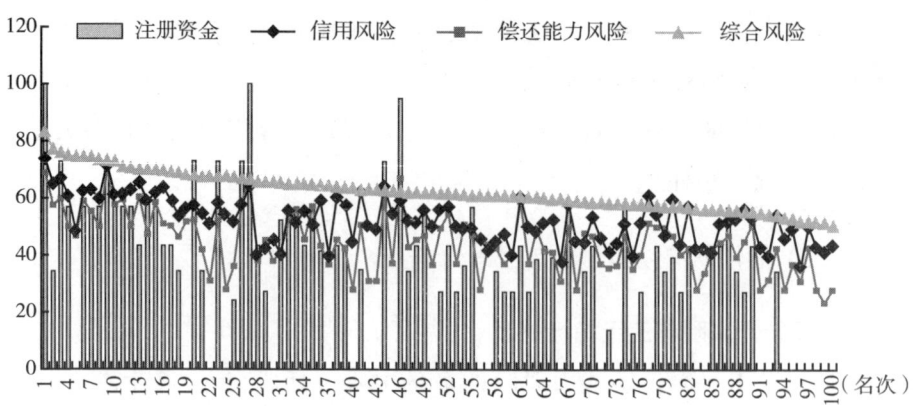

图 5B 偿还能力风险与三级指标关系

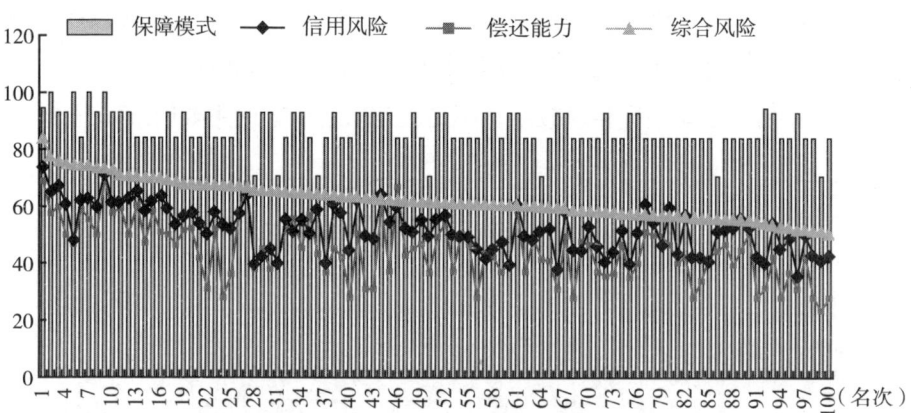

图 5C 偿还能力风险与三级指标关系

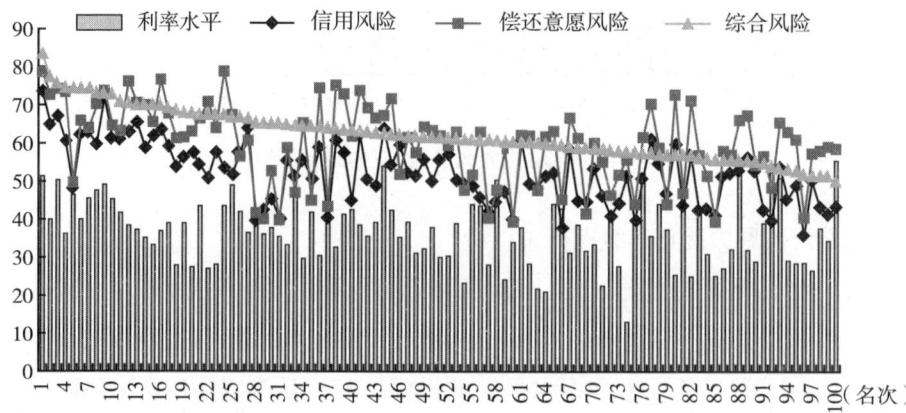

图 6A 偿还意愿风险与三级指标关系

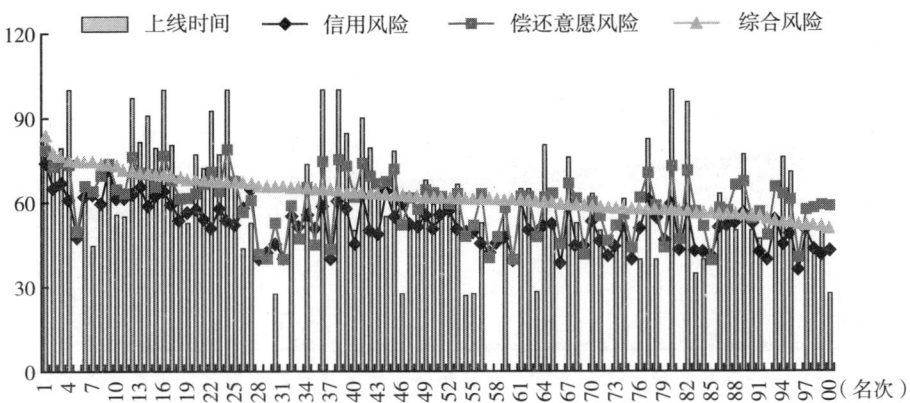

图6B 偿还意愿风险与三级指标关系

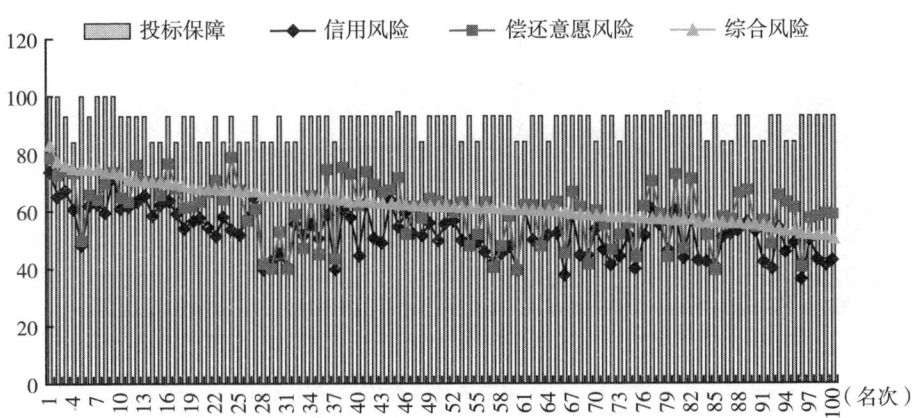

图6C 偿还意愿风险与三级指标关系

（三）操作风险及其影响因素分析

我们对P2P平台操作风险的衡量主要包括借款人数/投资人数、建设费用、业务模式、数据信息全面可得性四个指标。从图7A～7D可以看出，操作风险影响主要取决于P2P平台的建设费用，其次是借款人数/投资人数，而业务模式、数据信息全面可得性不是决定操作风险的主要因素。

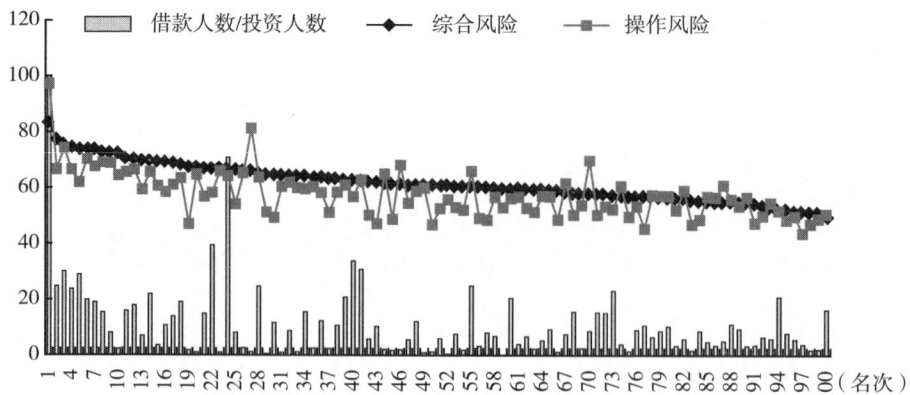

图7A 操作风险与三级指标关系

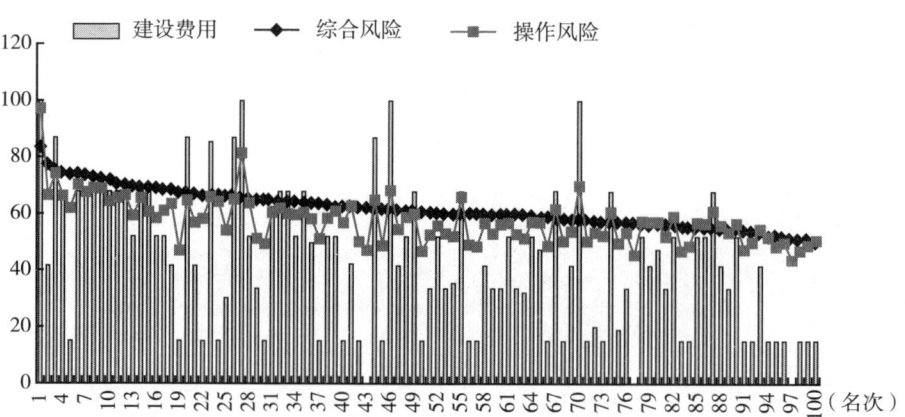

图7B 操作风险与三级指标关系

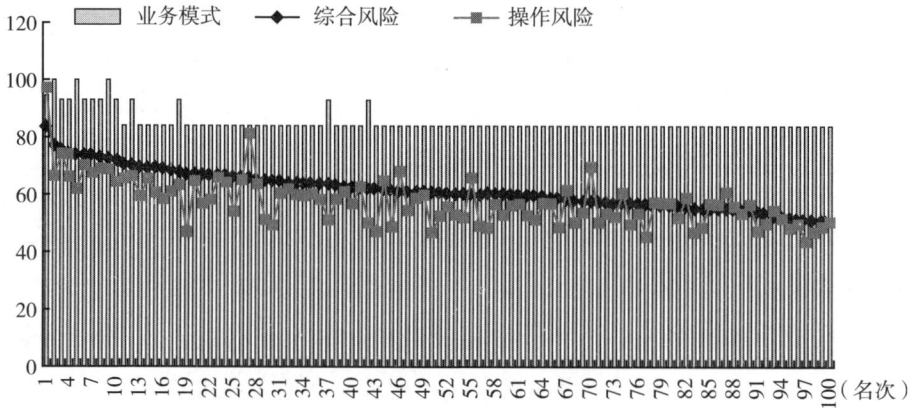

图7C 操作风险与三级指标关系

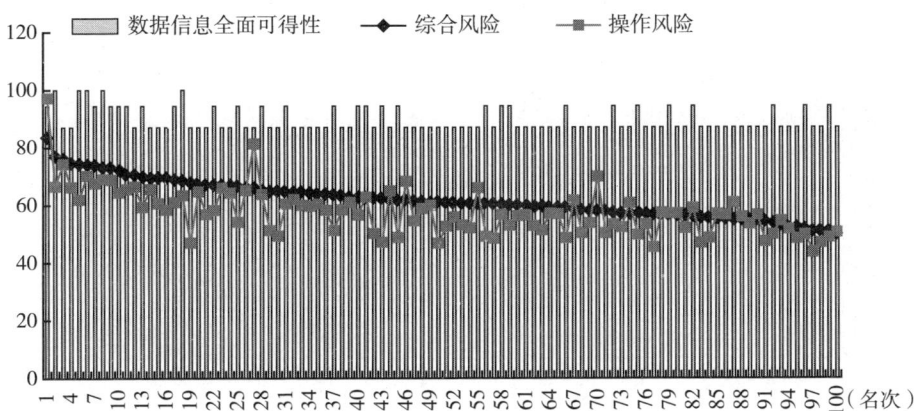

图7D 操作风险与三级指标关系

(四)法律合规风险及其影响因素分析

我们对P2P平台法律合规风险的衡量主要包括业务合法性程度、合同完备程度两个指标。从图8A~8B可以看出,大部分P2P平台的业务合法性程度与合同完备程度之间没有太大差异,且两者对平台法律合规风险的影响也基本相当。

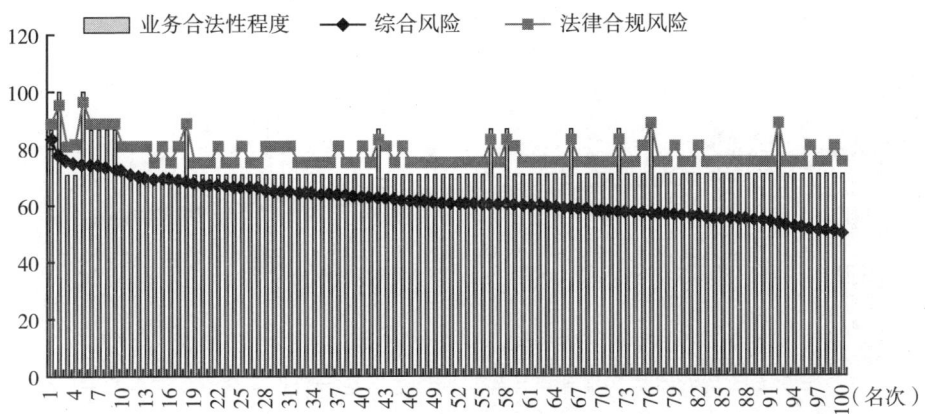

图8A 法律合规风险与三级指标关系

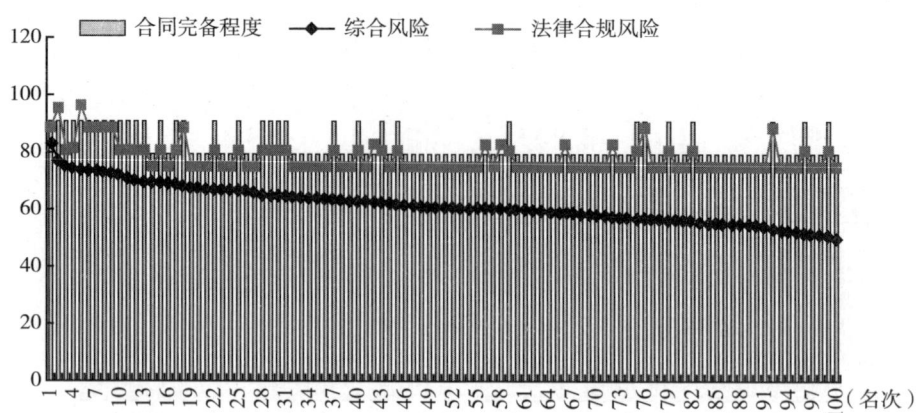

图 8B 法律合规风险与三级指标关系

（五）流动性风险及其影响因素分析

我们对 P2P 平台流动性风险的衡量主要包括成交量/未来 60 日待还金额、借款期限、交易人数、债权转让难易程度四个指标。从图 9A～9D 可以看出，P2P 平台流动性风险影响最主要取决于交易人数，其次是成交量/未来 60 日待还金额，而借款期限、债权转让难易程度对平台流动性风险影响则相对较小。

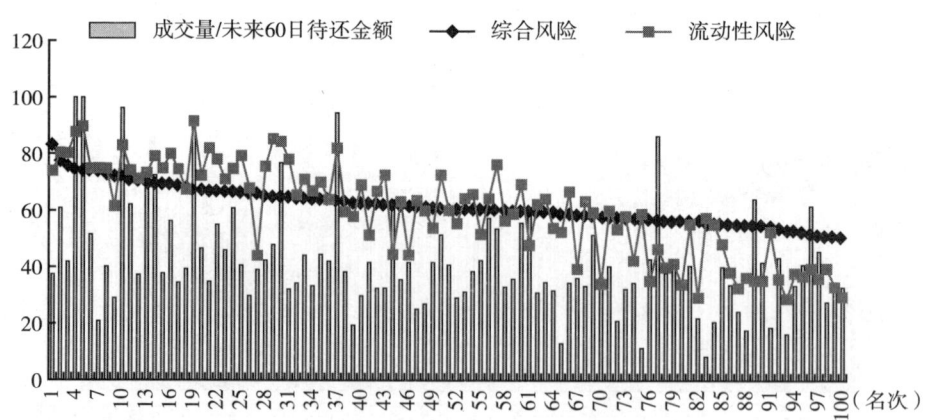

图 9A 流动性风险与三级指标关系

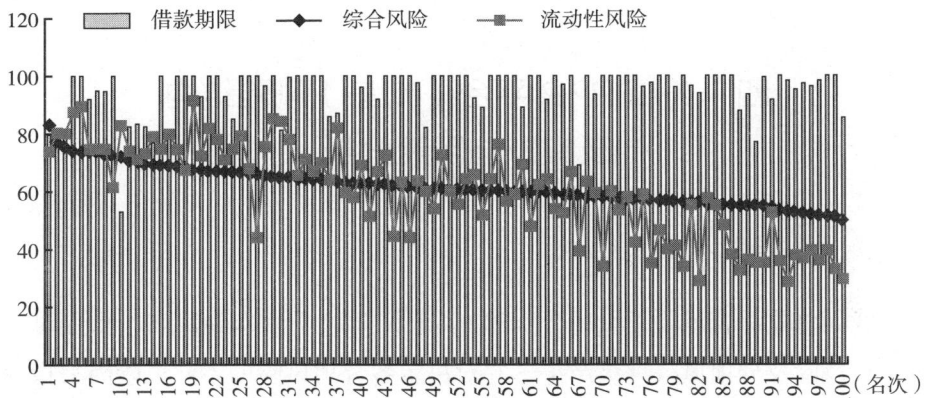

图 9B 流动性风险与三级指标关系

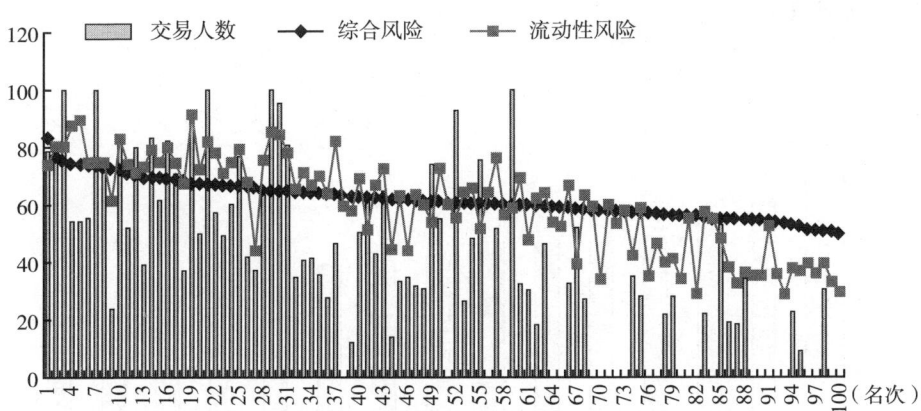

图 9C 流动性风险与三级指标关系

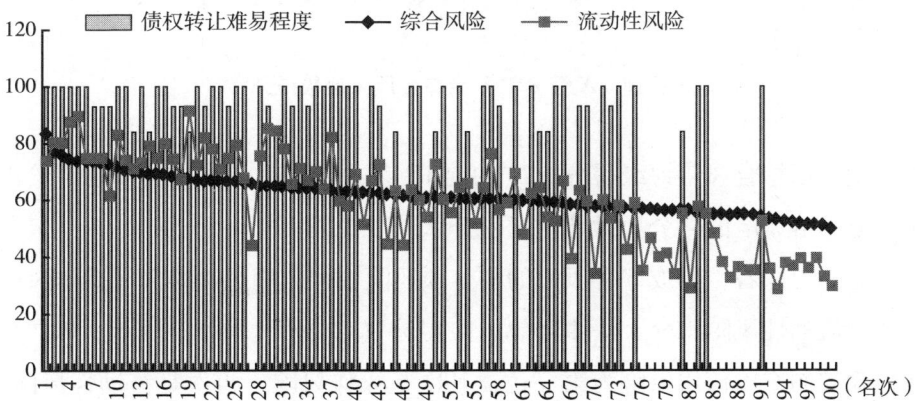

图 9D 流动性风险与三级指标关系

四 A级P2P平台（15家）风险结构及其影响因素分析

（一）综合风险结构分析

我们将取综合风险评级得分≥70的15家P2P平台作为代表，重点讨论其综合风险及分项风险评级结果，并对决定各分项风险的不同风险因素指标进行统计性描述分析，以期对我国P2P平台风险成分及构成达到更深入认识（见图10）。

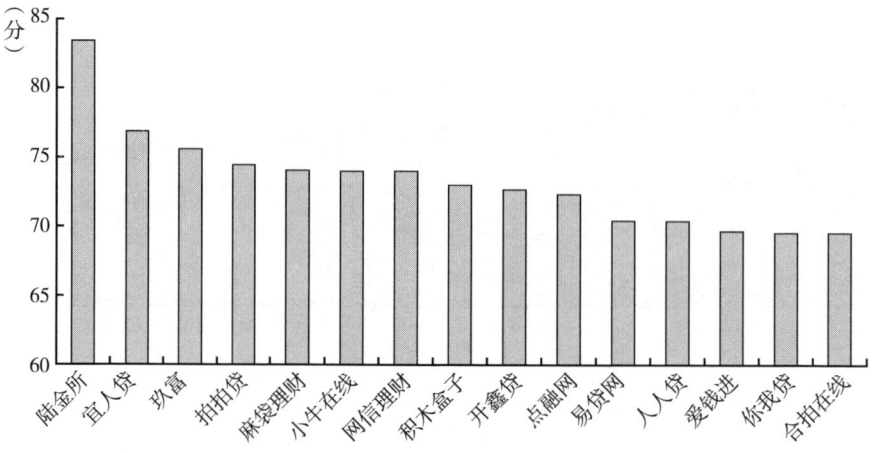

图10 A级P2P平台综合风险评级得分

我们以综合风险评级得分≥70的前15家A级P2P平台作为样本，给出了构成综合风险的各分项风险评级得分状况（见图11）。

总体上来看，构成综合风险的各分项风险中，信用风险得分＜操作风险得分＜流动性风险得分＜法律合规风险得分（多数情形下）。因此，P2P平台风险控制应以信用风险为第一位，其次是操作风险，再次是流动性风险，最后才是法律合规风险（监管力度不严，法律合规风险小）。这里，我们进

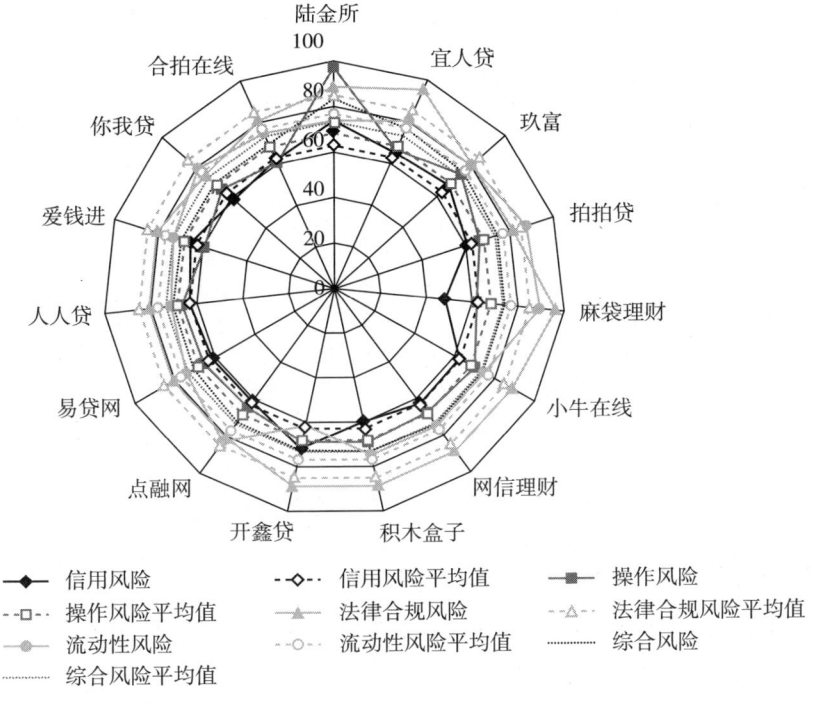

图 11　P2P 平台分项风险评级得分

一步对信用风险分解得到偿还能力、偿还意愿两类分项风险评级得分（见图 12）。

可以看出，信用风险大小主要取决于偿还能力，偿还能力较高的 P2P 平台通常信用风险得分较高，即信用风险较小，反之亦然。各 P2P 平台偿还意愿风险之间的差异相对较小，不是决定 P2P 平台信用风险相对大小的主要因素。

（二）信用风险及其影响因素分析

1. 偿还能力风险与三级指标关系

我们对 P2P 平台偿还能力风险的衡量主要包括成交量/累计待还资金、注册资金、保障模式三个指标。从图 13 可以看出，偿还能力大小主要取决于 P2P 平台的成交量/累计待还资金、注册资金，当成交量/累计待还资金

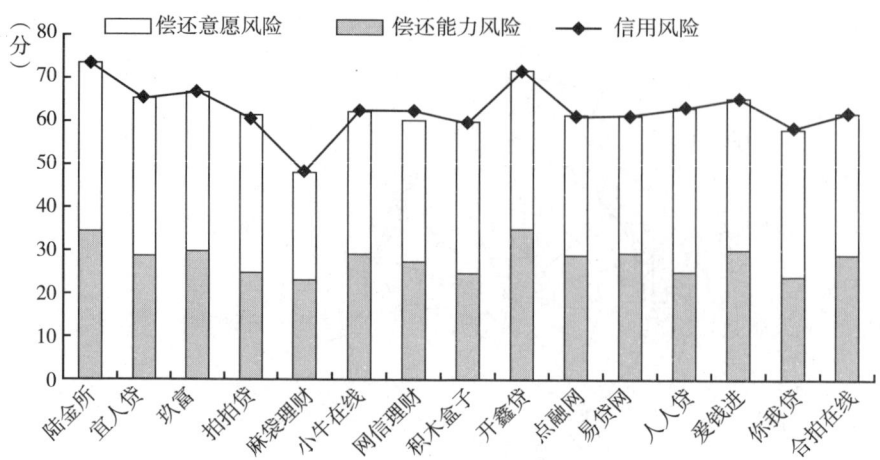

图12 信用风险分项风险评级得分

或注册资金较高时,偿还能力得分也较高,即风险相对较小,而各P2P平台的保障模式之间差异相对较小,不是决定偿还能力的主要因素。

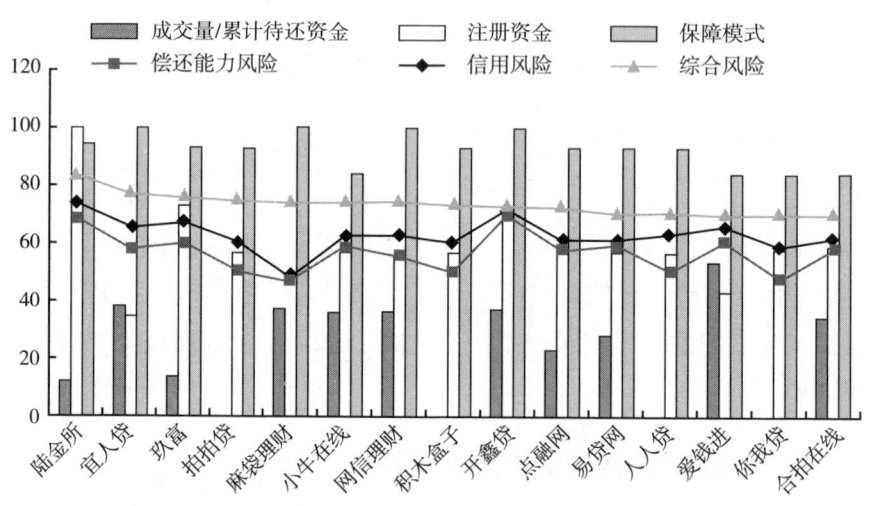

图13 偿还能力风险与三级指标关系

2. 偿还意愿风险与三级指标关系

我们对P2P平台偿还意愿风险的衡量主要包括利率水平、上线时间、投标保障3个指标。从图14可以看出,偿还意愿影响主要取决于P2P平台的上线时间,其次是利率水平,而投标保障不是决定偿还意愿风险的主要因素。

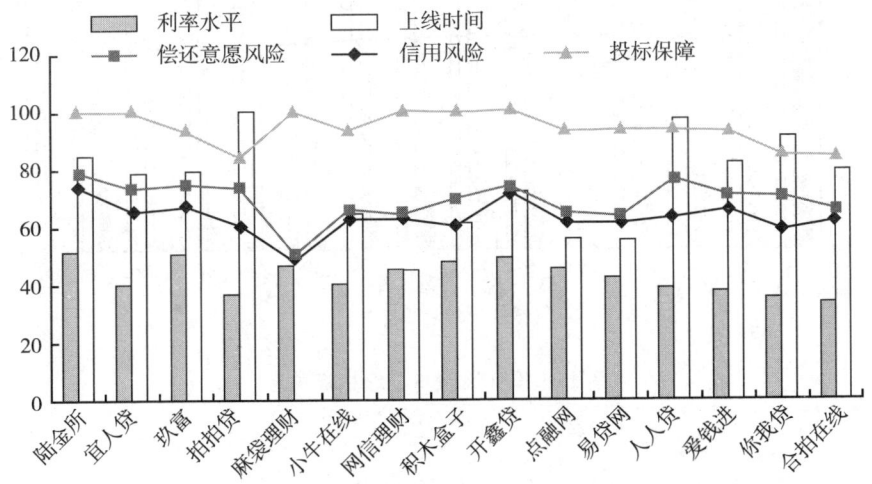

图14　偿还意愿风险与三级指标关系

(三)操作风险及其影响因素分析

我们对P2P平台操作风险的衡量主要包括借款人数/投资人数、建设费用、业务模式、数据信息全面可得性四个指标。从图15可以看出,操作风险影响主要取决于P2P平台的建设费用,其次是借款人数/投资人数,而业务模式、数据信息全面可得性不是决定操作风险的主要因素。

(四)法律合规风险及其影响因素分析

我们对P2P平台法律合规风险的衡量主要包业务合法性程度、合同完备程度两个指标。从图16可以看出,大部分P2P平台的业务合法性程度与合同完备程度之间没有太大差异,且两者对平台法律合规风险的影响也基本相当。

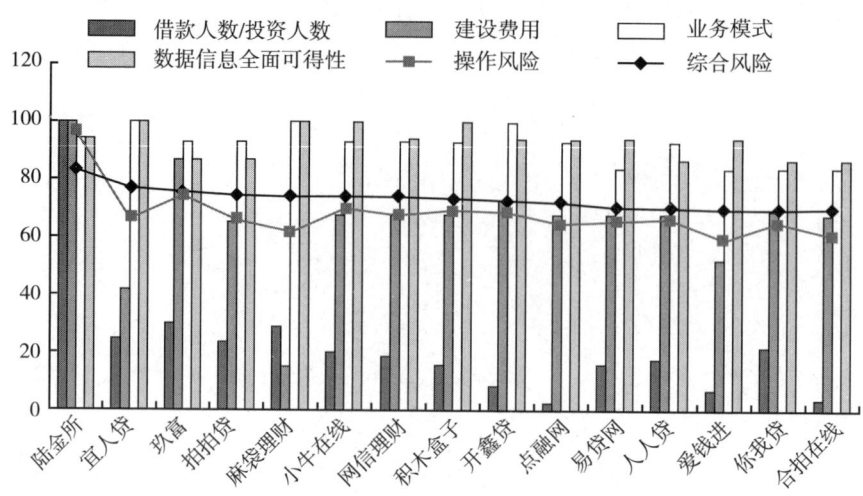

图15 操作风险与三级指标关系

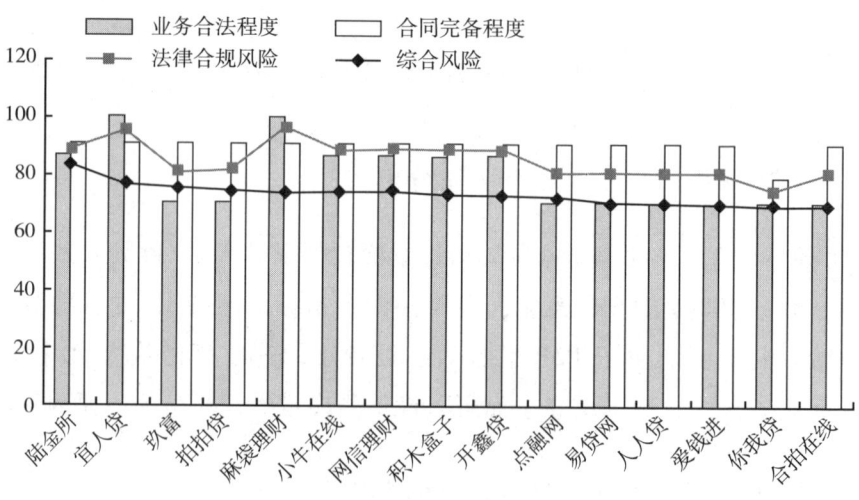

图16 法律合规风险与三级指标关系

(五)流动性风险及其影响因素分析

我们对P2P平台流动性风险的衡量主要包括成交量/未来60日待还金

额、借款期限、交易人数、债权转让难易程度四个指标。从图 17 可以看出，P2P 平台流动性风险影响最主要取决于交易人数，其次是成交量/未来 60 日待还金额，而借款期限、债权转让难易程度对平台流动性风险影响则相对较小。

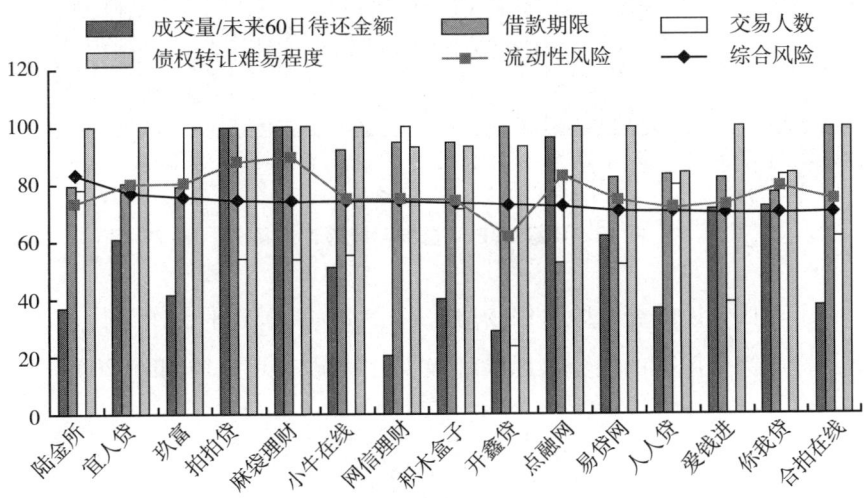

图 17　流动性风险与三级指标关系

五　B 级 P2P 平台（85家）风险结构及其影响因素分析

（一）综合风险结构分析

为了对比，以综合风险评级得分＜70 的 85 家 B 级 P2P 平台作为样本，重点讨论其综合风险及分项风险评级结果，并对决定各分项风险的不同风险因素指标进行统计性描述分析。下面给出了后 85 家 P2P 平台综合风险评级得分状况（见图 18）。

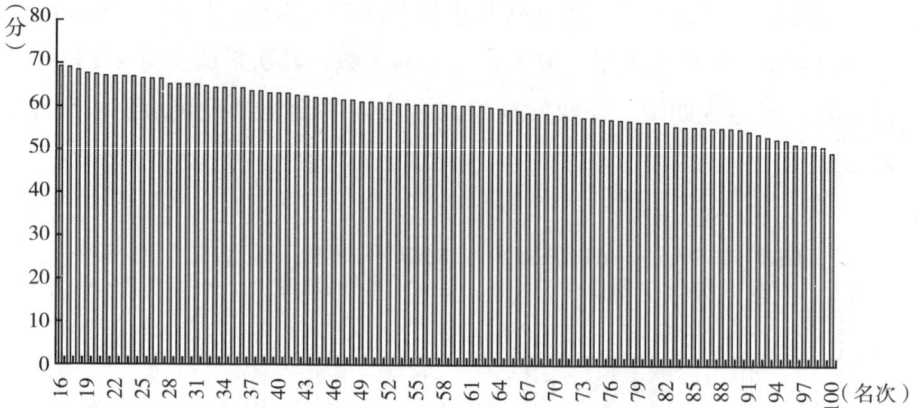

图 18　B 级 P2P 平台综合风险评级得分

为了对比，以综合风险评级得分 <70 的 85 家 P2P 平台作为代表，我们给出了构成综合风险的各分项风险评级得分状况（见图 19 和图 20）。

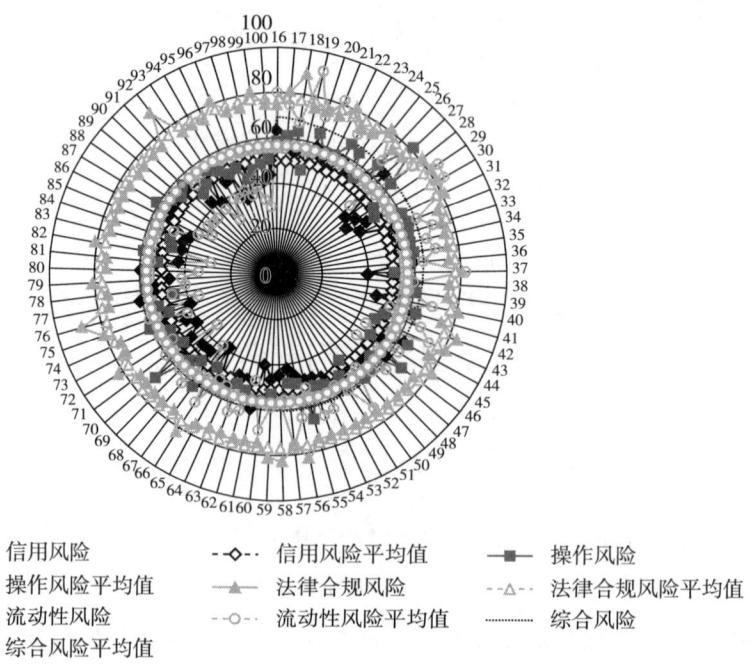

图 19　P2P 平台分项风险评级得分（按得分高低顺时针排列）

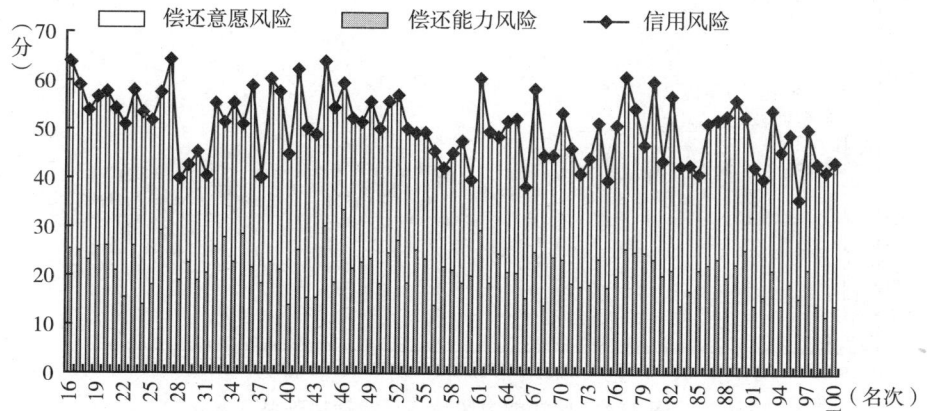

图20　P2P平台信用风险分项评级得分

可以看出，信用风险大小主要取决于偿还能力，偿还能力较高的P2P平台通常信用风险得分较高，即信用风险较小，反之亦然。各P2P平台偿还意愿风险之间的差异相对较小，不是决定P2P平台信用风险相对大小的主要因素。

（二）信用风险及其影响因素分析

1. 偿还能力风险与三级指标关系

我们对P2P平台偿还能力风险的衡量主要包括成交量/累计待还资金、注册资金、保障模式三个指标。从图21A～21C可以看出，偿还能力大小主要取决于P2P平台的成交量/累计待还资金、注册资金，当成交量/累计待还资金或注册资金较高时，偿还能力得分也较高，即风险相对较小。而各P2P平台的保障模式之间差异相对较小，不是决定偿还能力的主要因素。

2. 偿还意愿风险与三级指标关系

我们对P2P平台偿还意愿风险的衡量主要包括利率水平、上线时间、投标保障三个指标。从图22A～22C可以看出，偿还意愿影响主要取决于

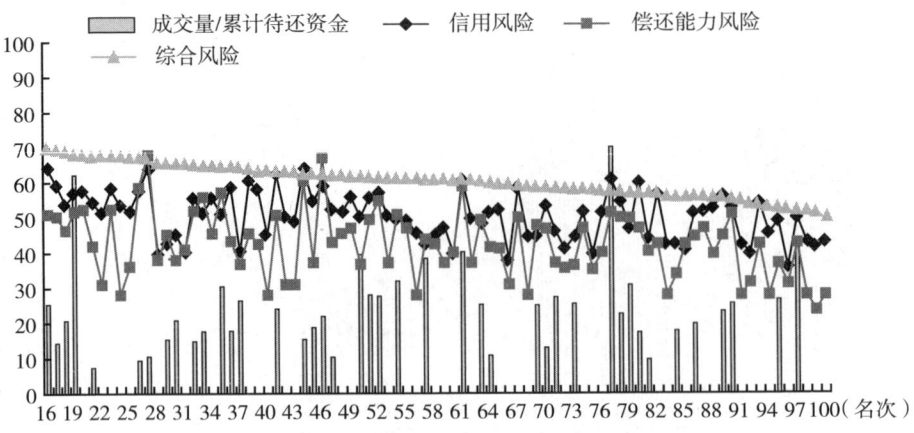

图21A　偿还能力风险与三级指标关系

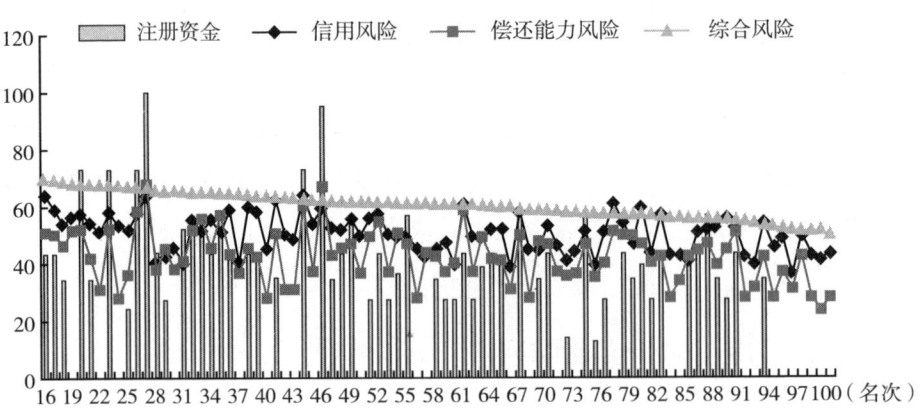

图21B　偿还能力风险与三级指标关系

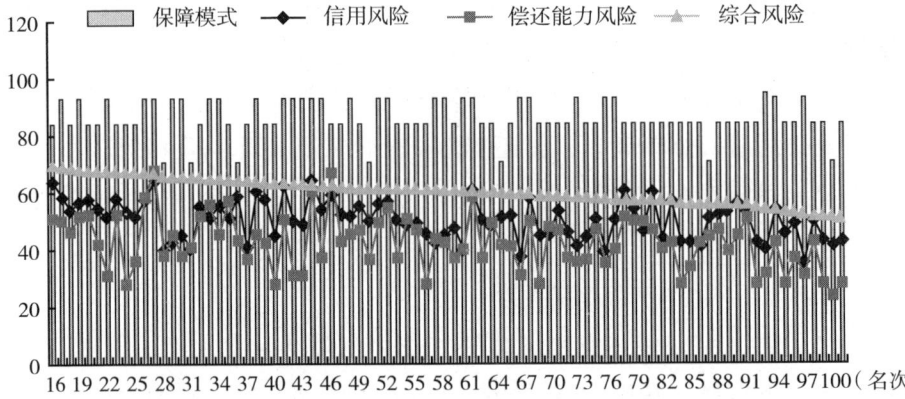

图21C　偿还能力风险与三级指标关系

P2P平台的上线时间指标，其次是利率水平，而投标保障不是决定偿还意愿风险的主要因素。

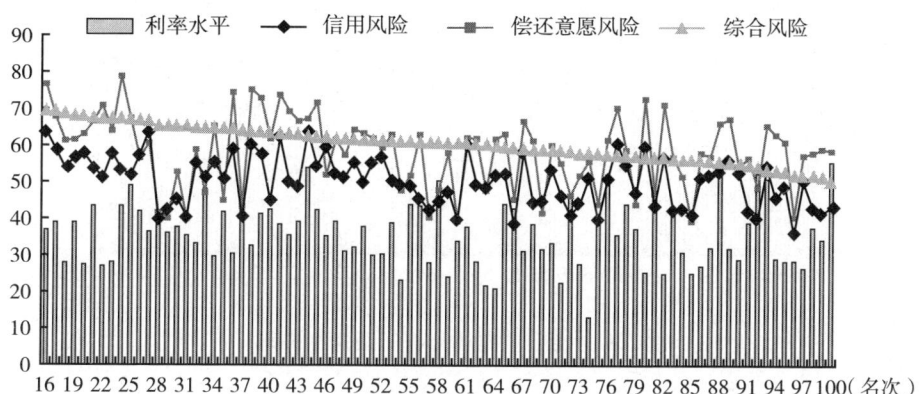

图22A 偿还意愿风险与三级指标关系

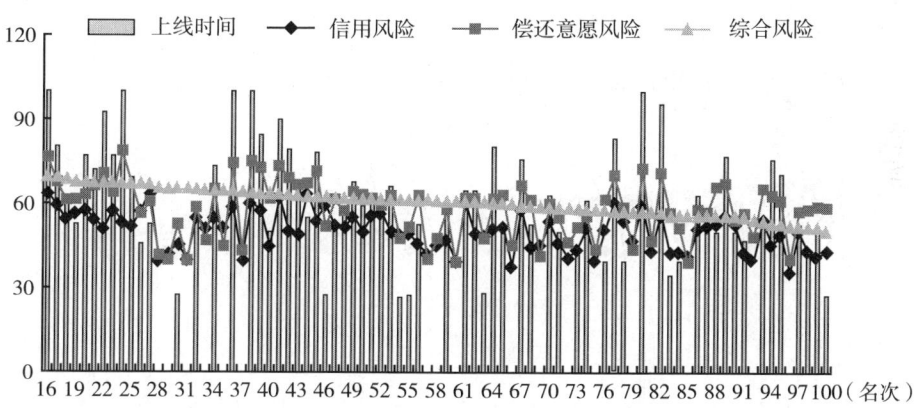

图22B 偿还意愿风险与三级指标关系

（三）操作风险及其影响因素分析

我们对P2P平台操作风险的衡量主要包括借款人数/投资人数、建设费用、业务模式、数据信息全面可得性四个指标。从图23A～23D可以看

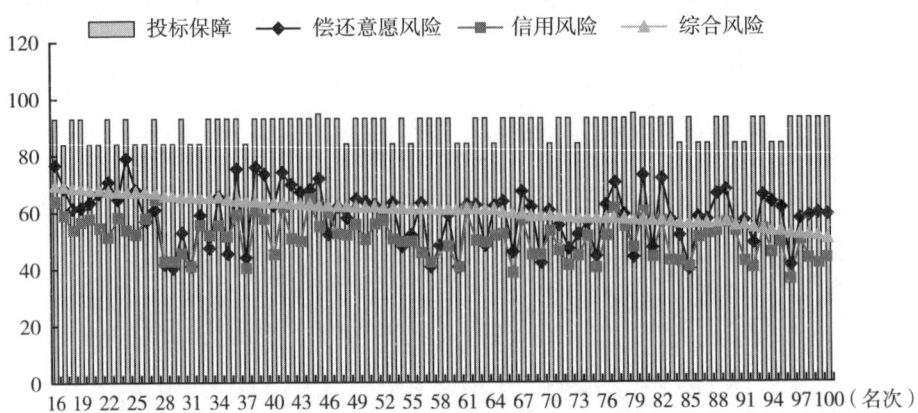

图 22C 偿还意愿风险与三级指标关系

出,操作风险影响主要取决于 P2P 平台的建设费用,其次是借款人数/投资人数,而业务模式、数据信息全面可得性不是决定操作风险的主要因素。

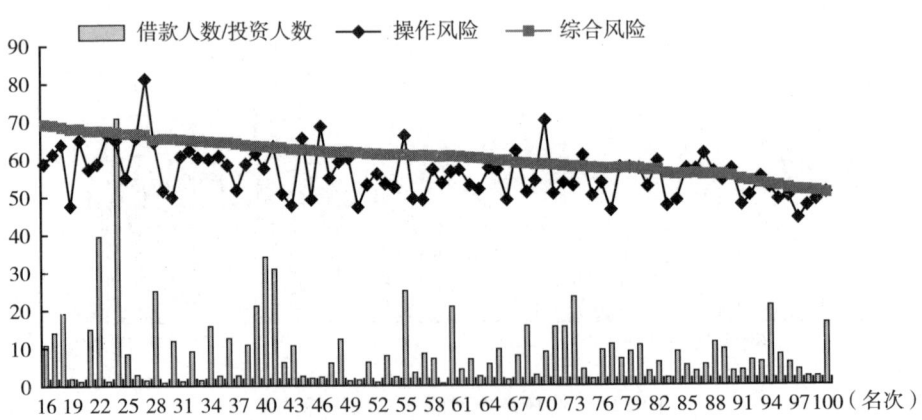

图 23A 操作风险与三级指标关系

(四)法律合规风险及其影响因素分析

我们对 P2P 平台法律合规风险的衡量主要包括业务合法性程度、合同

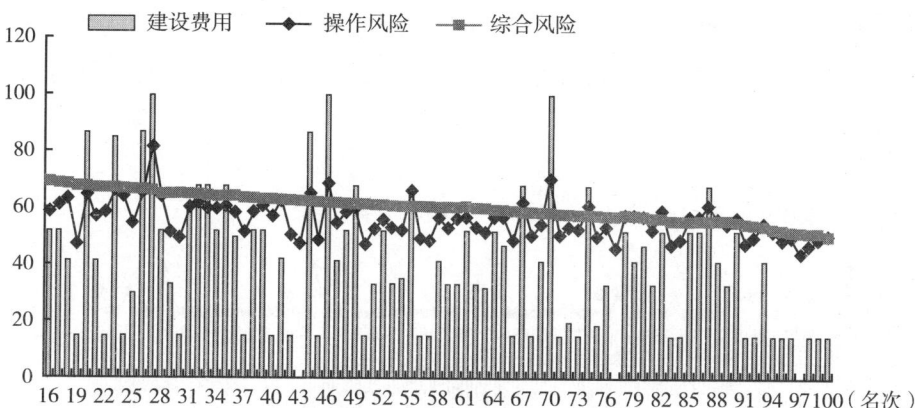

图 23B　操作风险与三级指标关系

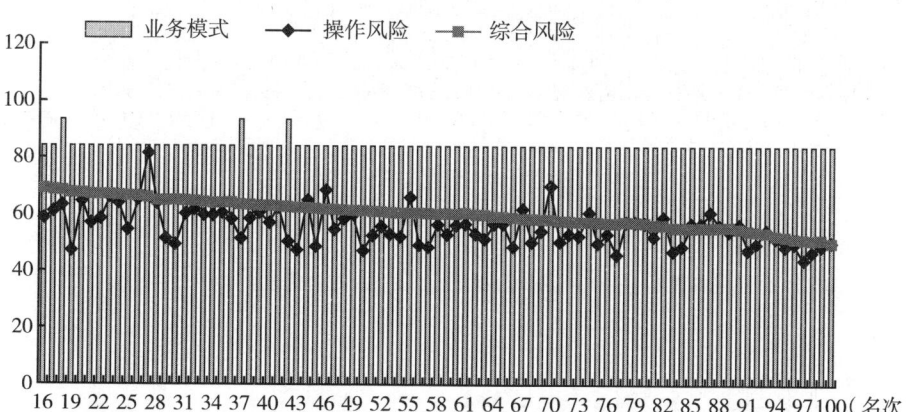

图 23C　操作风险与三级指标关系

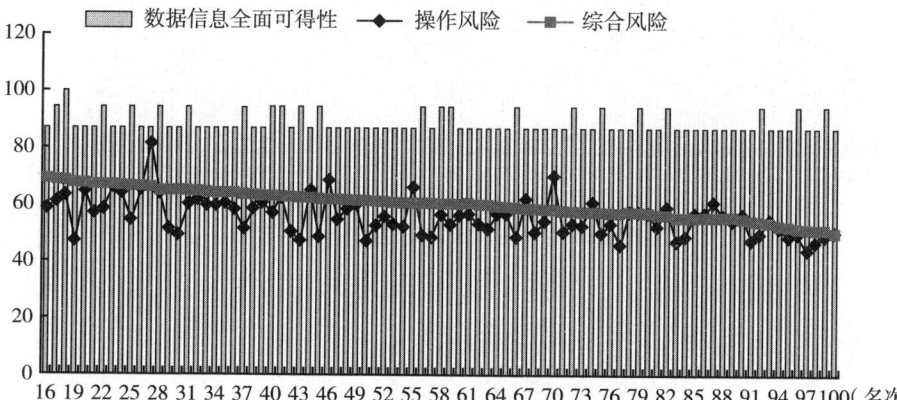

图 23D　操作风险与三级指标关系

完备程度两个指标。从图24A~24B可以看出，大部分P2P平台的法律合规性与合同完备性之间没有太大差异，且两者对平台法律合规风险的影响也基本相当。

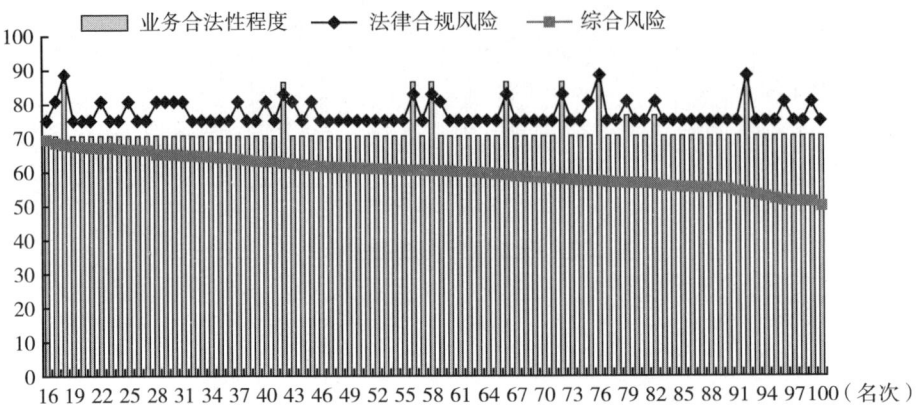

图24A 法律合规风险与三级指标关系

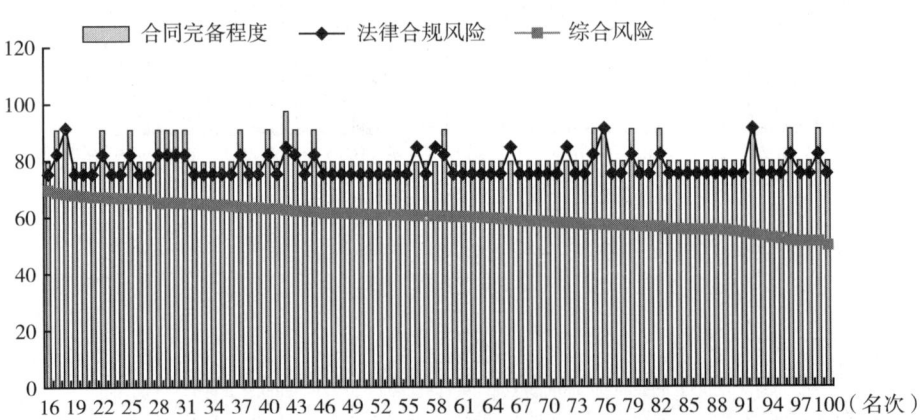

图24B 法律合规风险与三级指标关系

（五）流动性风险及其影响因素分析

我们对P2P平台流动性风险的衡量主要包括成交量/未来60日待还金

额、借款期限、交易人数、债权转让难易程度四个指标。从图25A～25D可以看出，P2P平台流动性风险影响最主要取决于交易人数，其次是成交量/未来60日待还金额，而借款期限、债权转让难易程度对平台流动性风险影响则相对较小。

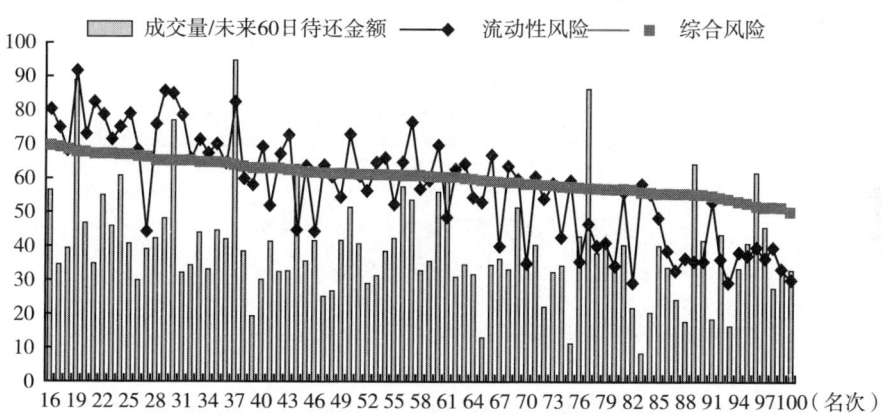

图25A 流动性风险与三级指标关系

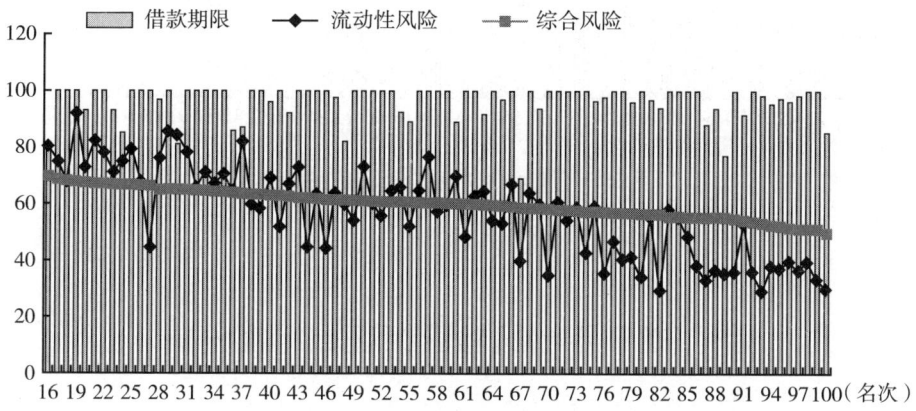

图25B 流动性风险与三级指标关系

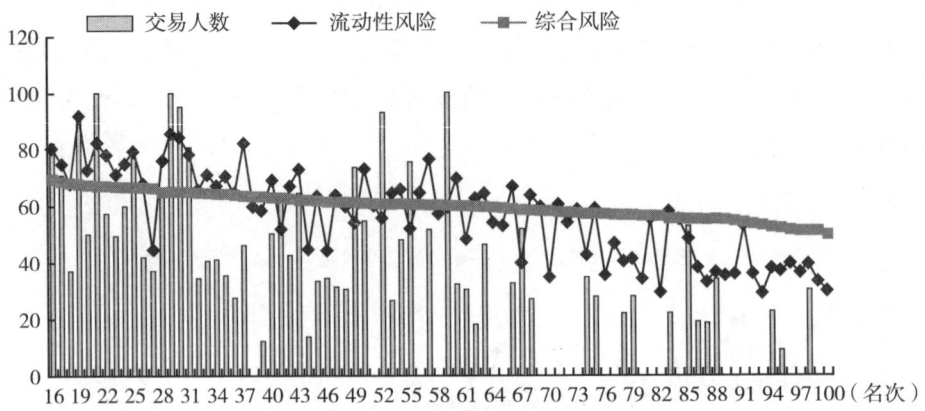

图 25C 流动性风险与三级指标关系

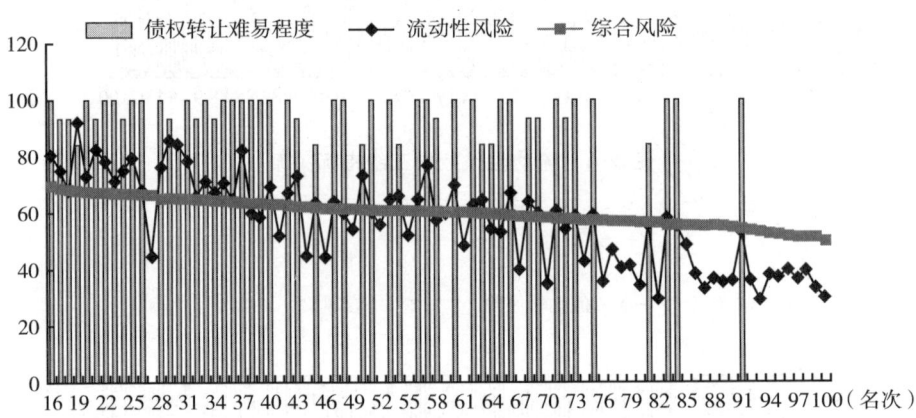

图 25D 流动性风险与三级指标关系

六 P2P 平台风险评级区域特征分析

(一)评级对象平台的区域分布

本次评级对象,按平台所处地域不同划分,北京 33 家,深圳 24 家,上海16家，浙江、广东（除深圳外）各6家，四川、重庆、湖北各3家，江苏2家，安徽、陕西、山东、贵州各1家（见图26）。

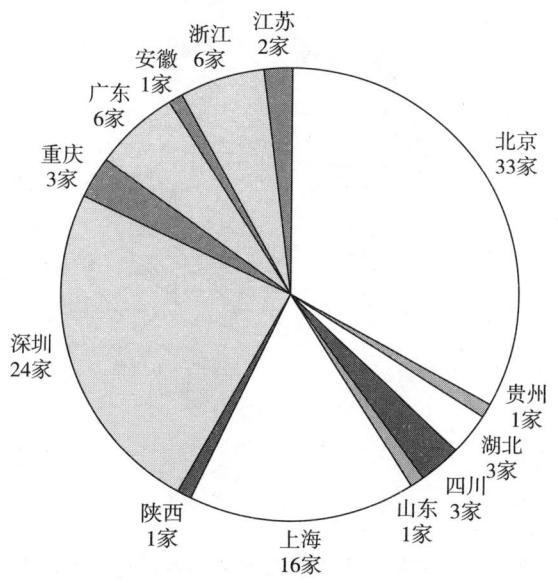

图26 评级对象平台区域分布

（二）北京地区评级结果分析

在进入这次评级范围的P2P平台中，北京有33家，其中进入前10名的有4家。无论是进入本次评价的平台数量还是单个平台评价结果，都明显好于上一年。北京作为全国的政治、文化、教育、科技和信息中心，在互联网和大数据金融方面拥有诸多得天独厚的优势。同时，中介服务发展充分、社会保障健全以及优秀的人文环境，构成了良好的社会诚信文化，也为互联网金融发展提供了制度、环境、技术和人才支持。北京地区各项风险评级及与三级指标的关系见图27至图33。

（三）上海地区评级结果分析

在进入这次评级范围的P2P平台中，上海占有16家，其中进入前10名

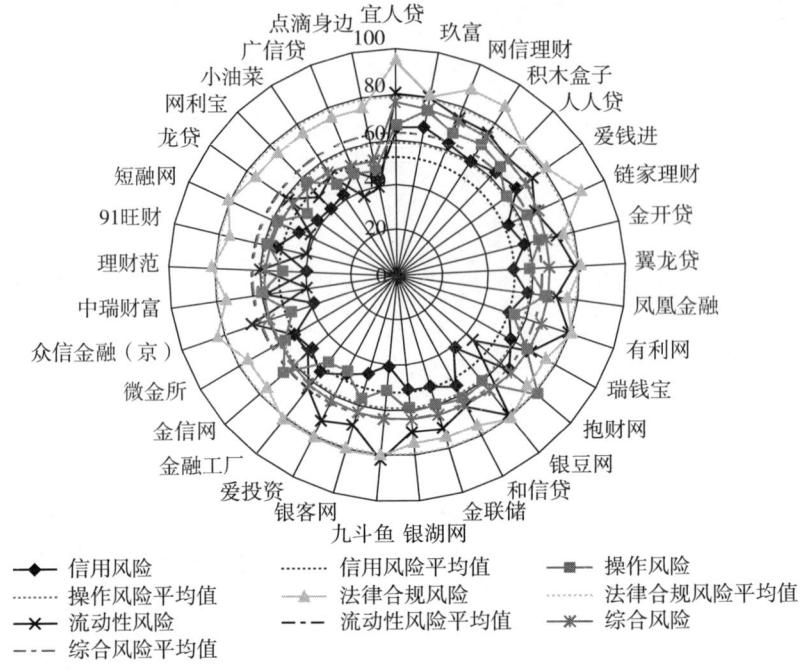

图 27 北京地区 P2P 平台分项风险评级得分比较

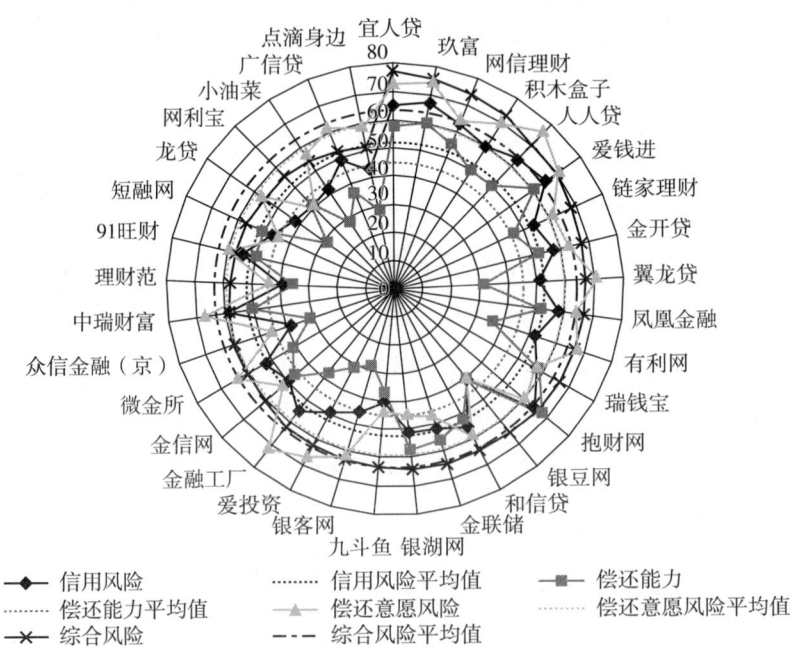

图 28 北京地区 P2P 平台信用风险分项评级得分比较

中国网贷（互金）平台风险评级与分析

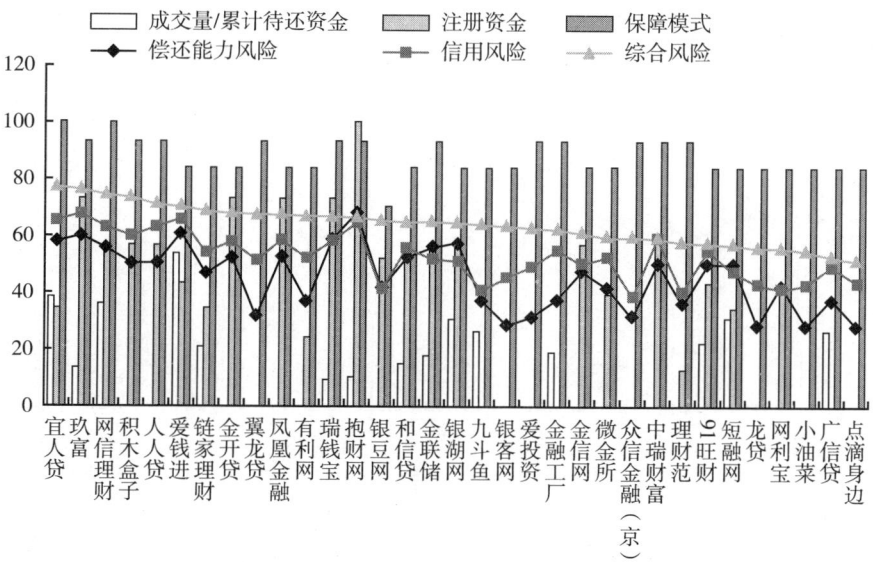

图29　北京地区偿还能力风险与三级指标关系

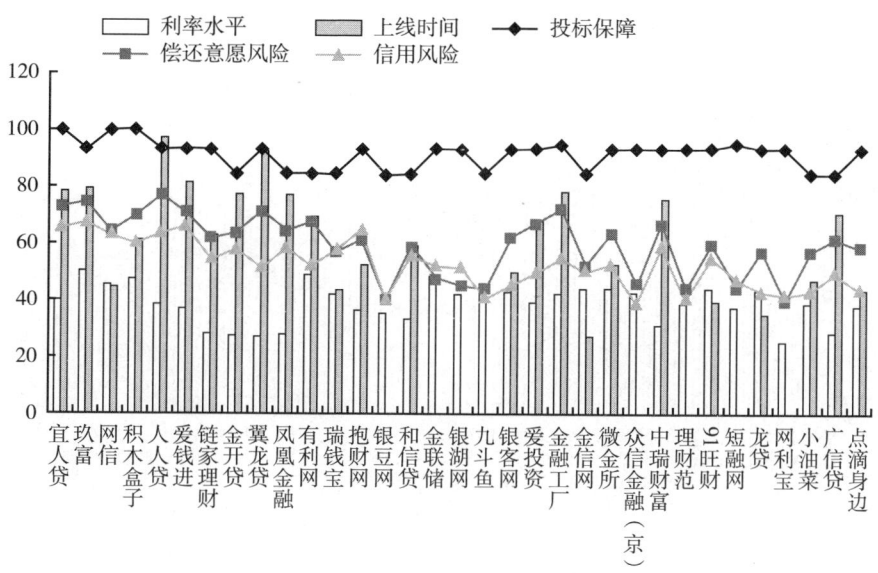

图30　北京地区偿还意愿风险与三级指标关系

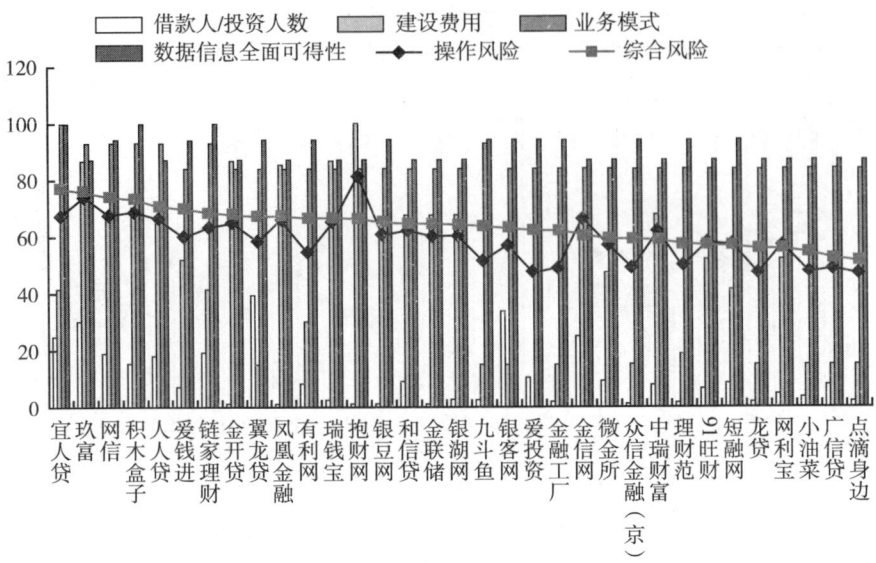

图31 北京地区操作风险与三级指标关系

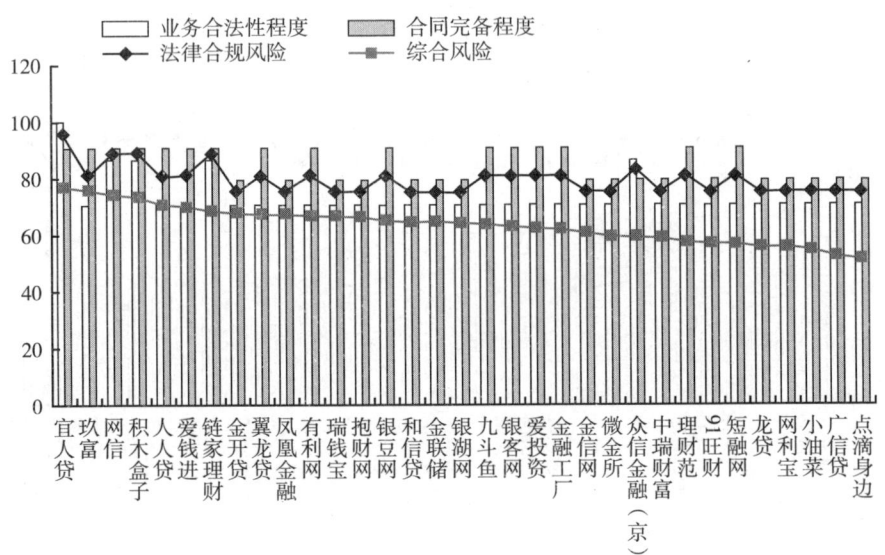

图32 北京地区法律合规风险与三级指标关系

中国网贷（互金）平台风险评级与分析

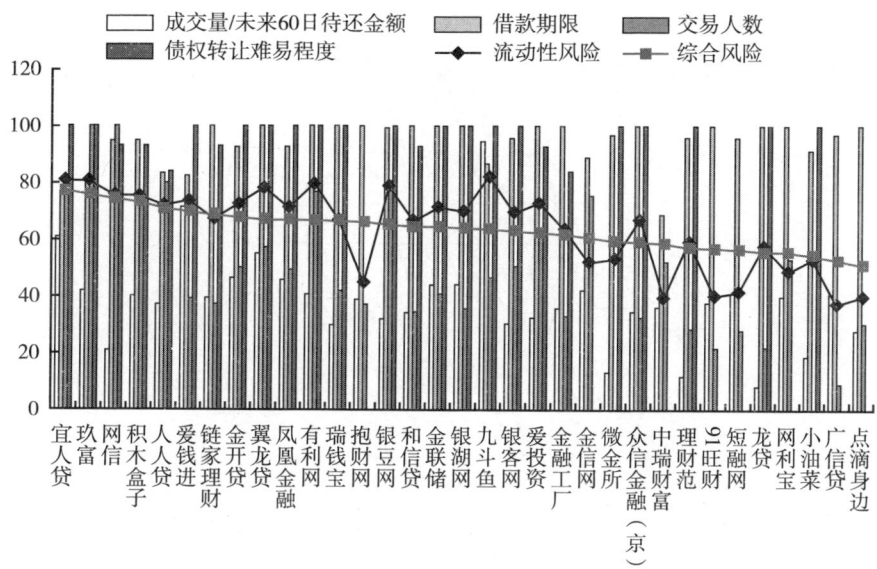

图33 北京地区流动性风险与三级指标关系

的有4家。上海无论是进入本次评价的平台数量还是单个平台评价结果，也都明显好于上一年。上海作为中国的经济、金融、贸易中心和国际化大都市，在法制健全、产权保护方面也是全国标杆和榜样。上海作为全国经济金融中心，互联网环境下的金融生态中的各要素可以形成良性互动。目前，上海互联网金融信息服务、互联网征信以及社会信用体系日趋完善，给中国互联网金融的发展提供了良好的外部环境。上海地区各项风险评级及与三级指标的关系见图34至图40。

（三）华南地区评级结果分析

在进入这次评级范围的P2P平台中，华南地区为30家，其中，深圳24家（1家进入前10名），广州6家，仍然沿袭以前"多"而不"强"特征。目前，广东社会信用和征信体系还有待进一步完善，互联网金融发展环境还有待进一步提升。区域法治环境欠佳，金融债权没有得到充分、

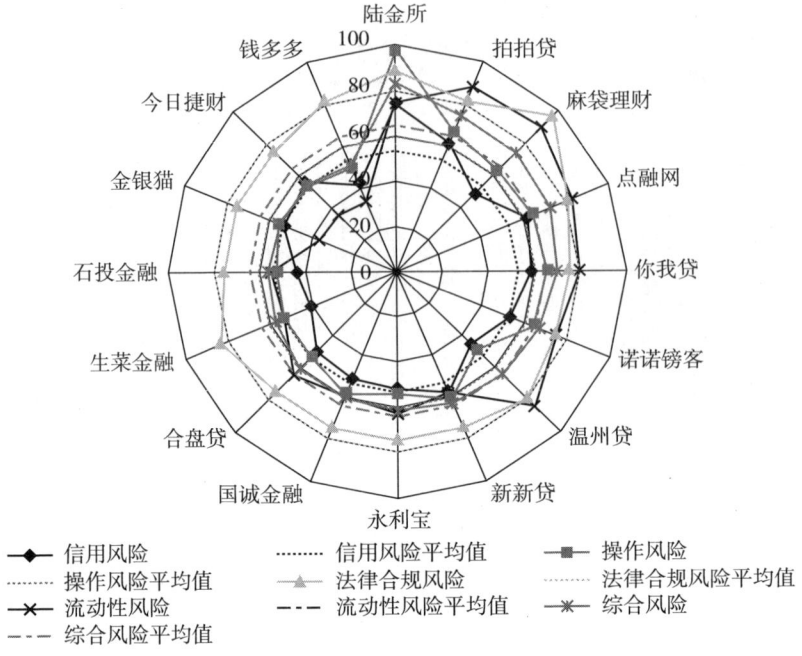

图34 上海地区P2P平台分项风险评级得分比较

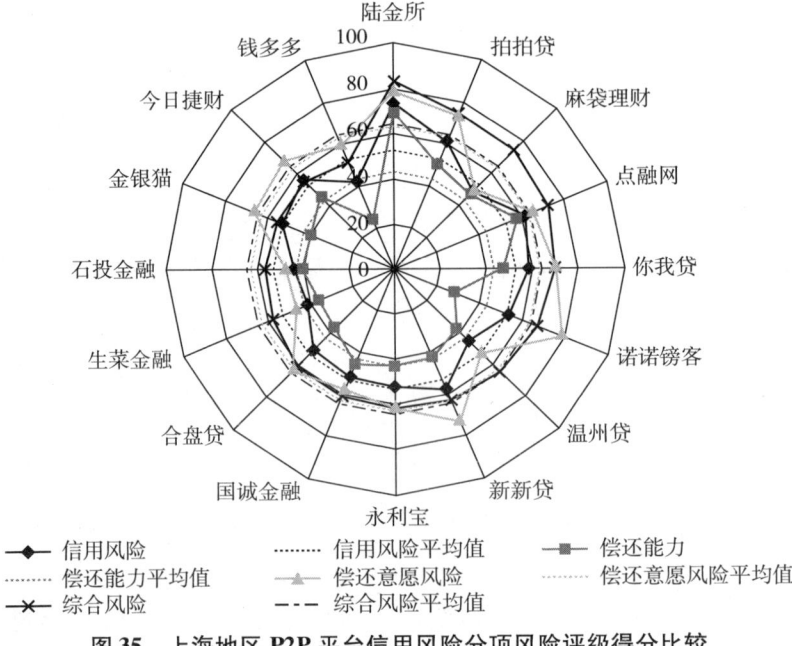

图35 上海地区P2P平台信用风险分项风险评级得分比较

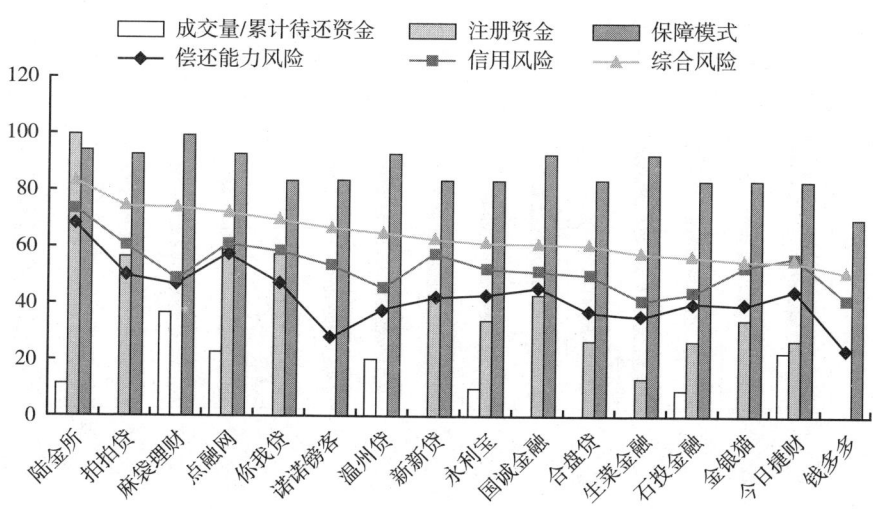

图 36 上海地区偿还能力风险与三级指标关系

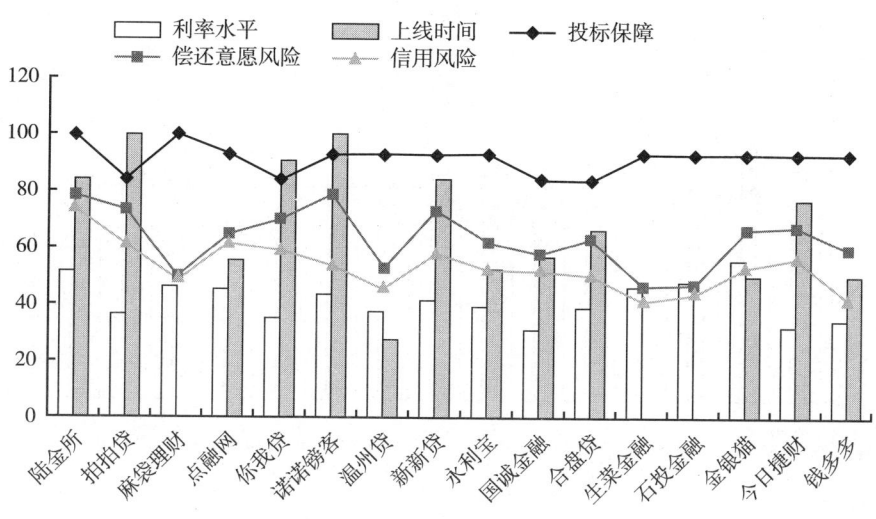

图 37 上海地区偿还意愿风险与三级指标关系

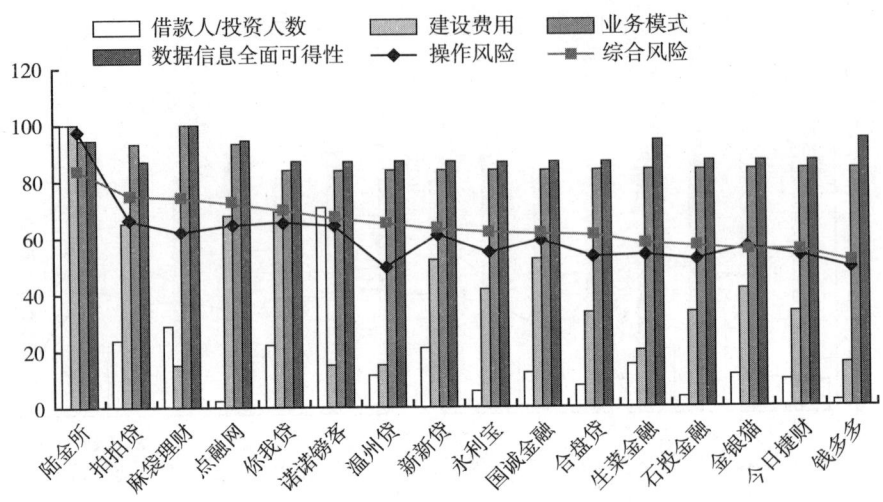

图38 上海地区操作风险与三级指标关系

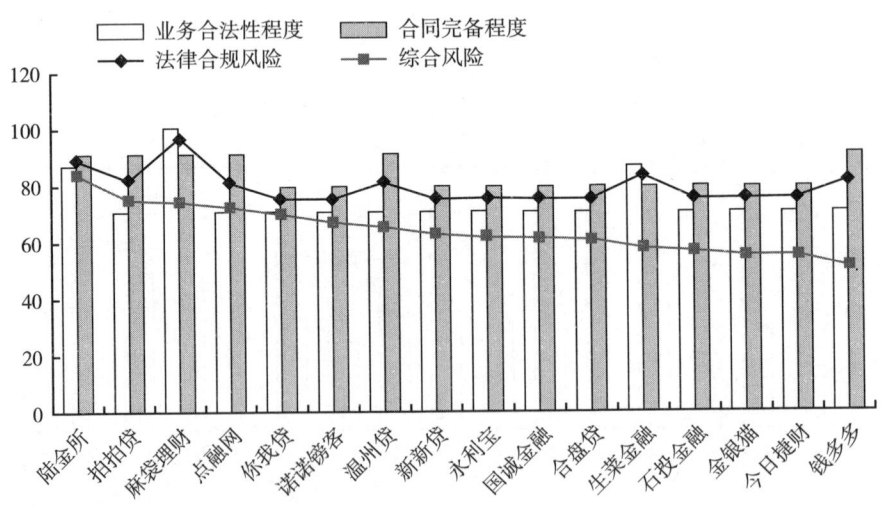

图39 上海地区法律合规风险与三级指标关系

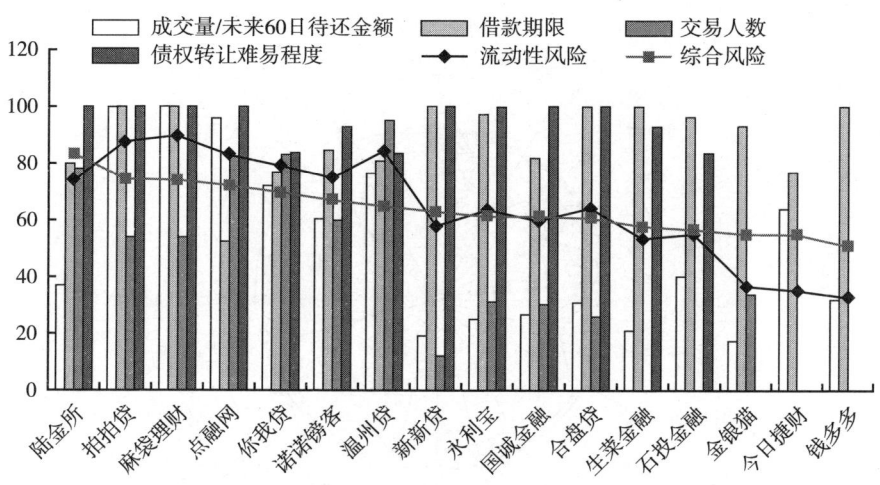

图 40　上海地区流动性风险与三级指标关系

有效的法律保护，破坏了金融资本的正常循环，也阻碍了互联网金融健康、有序发展。华南地区各项风险评级及与三级指标的关系见图 41 至图 54。

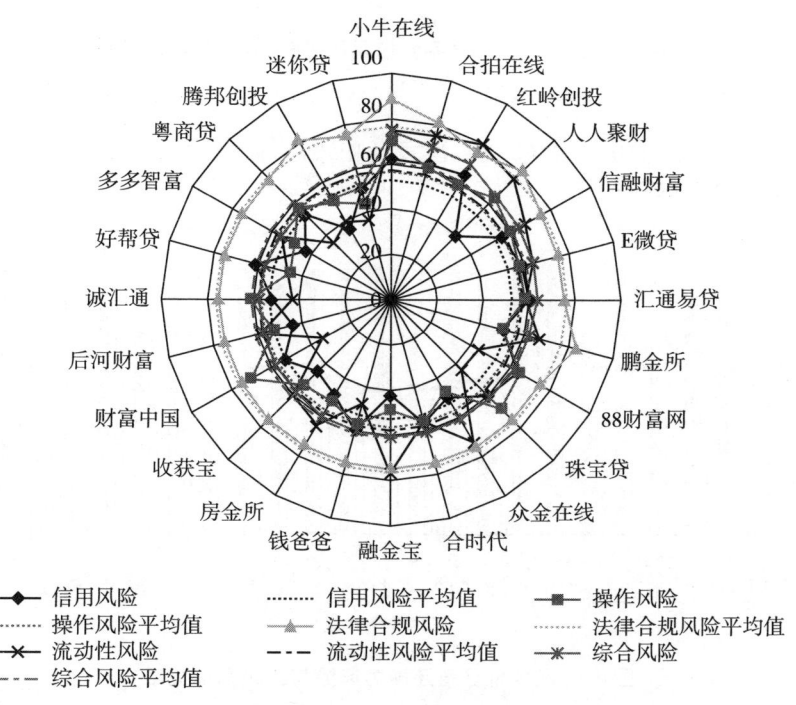

图 41　深圳地区 P2P 平台分项风险评级得分比较

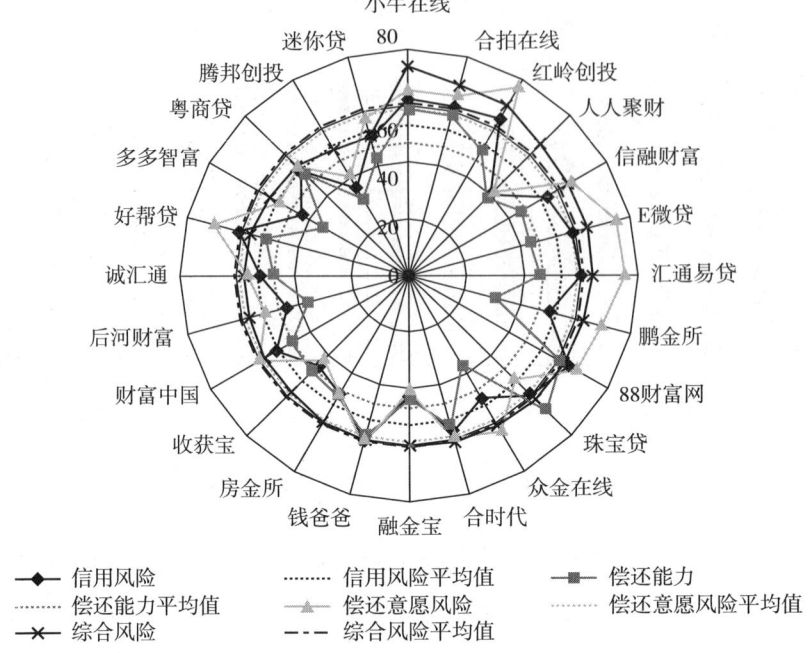

图 42 深圳地区 P2P 平台信用风险分项评级得分比较

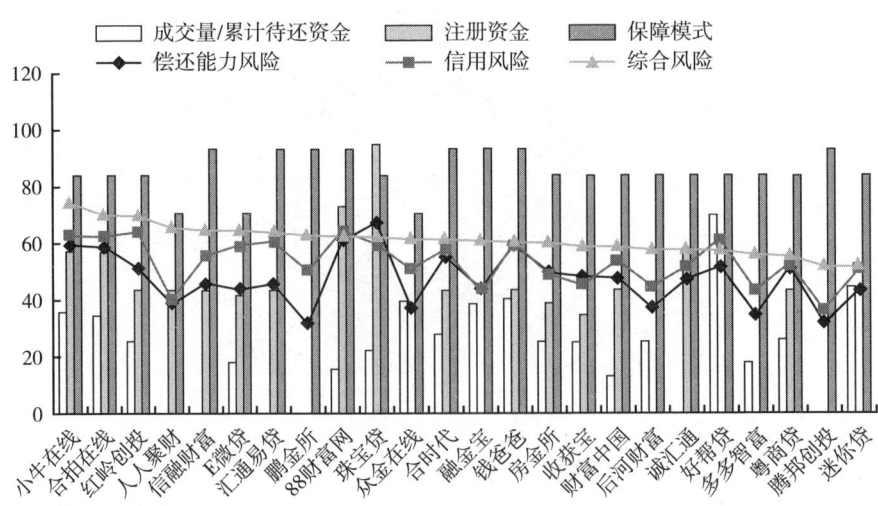

图 43 深圳地区偿还能力风险与三级指标关系

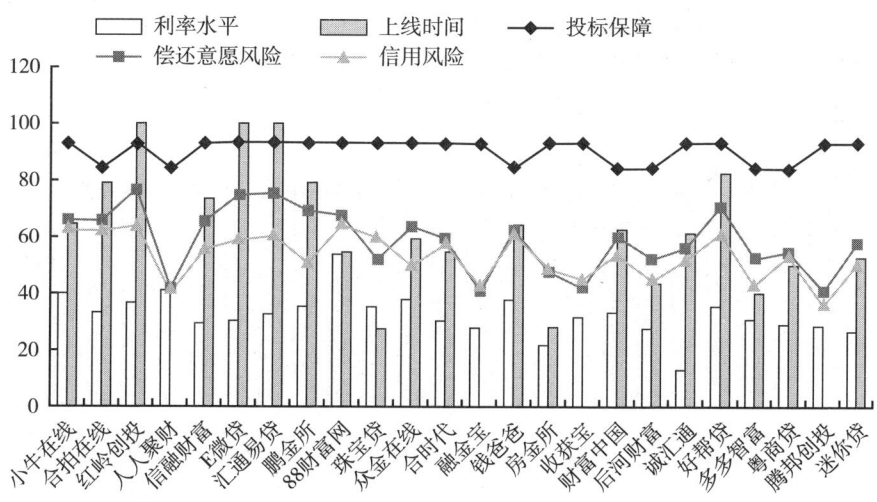

图 44　深圳地区偿还意愿风险与三级指标关系

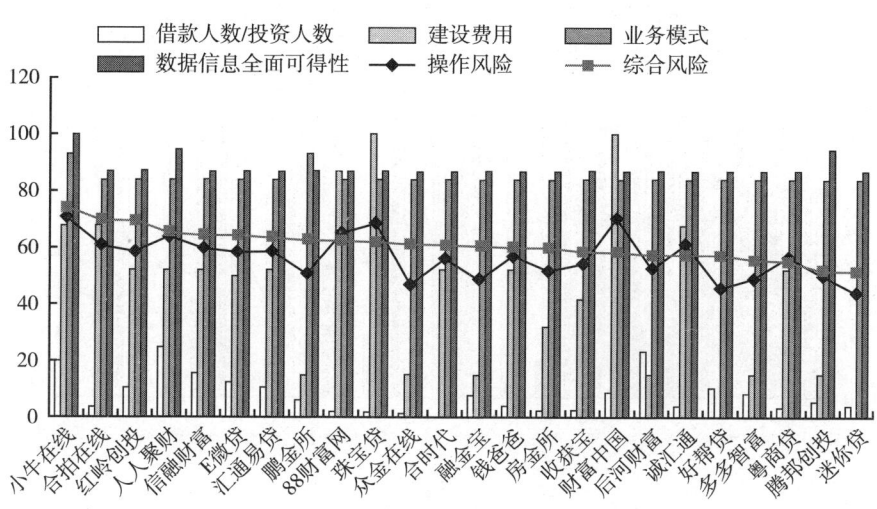

图 45　深圳地区操作风险与三级指标关系

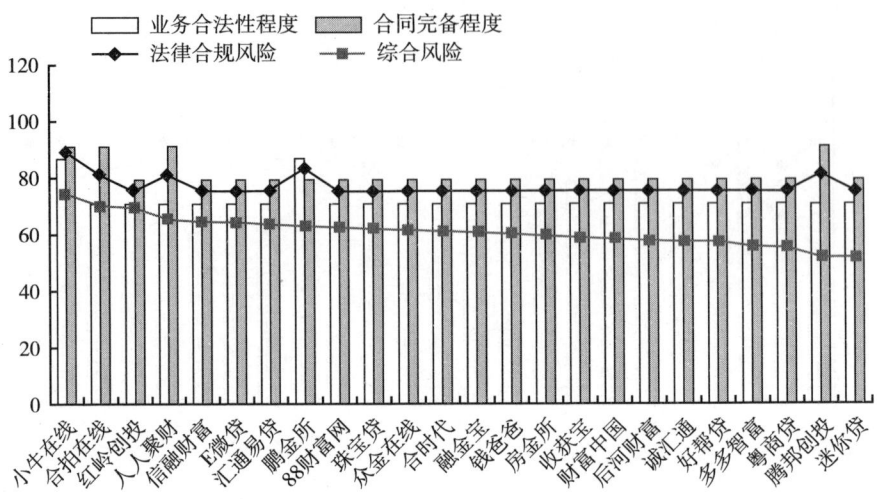

图46 深圳地区法律合规风险与三级指标关系

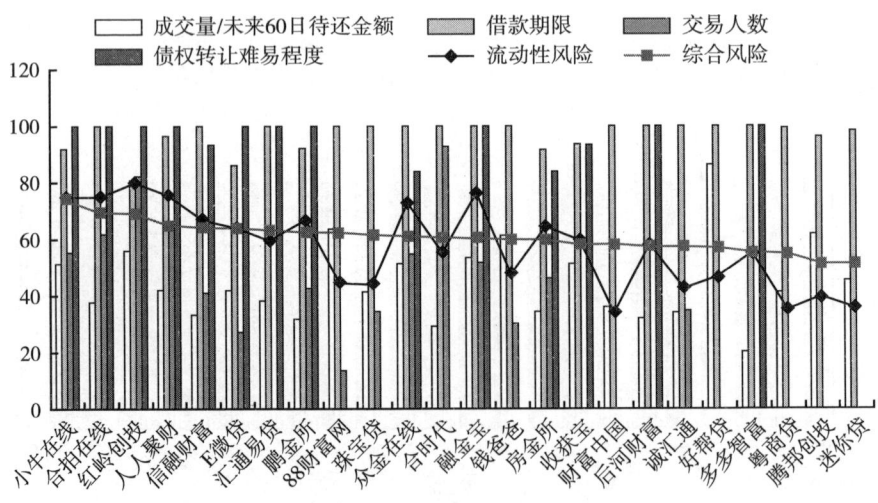

图47 深圳地区流动性风险与三级指标关系

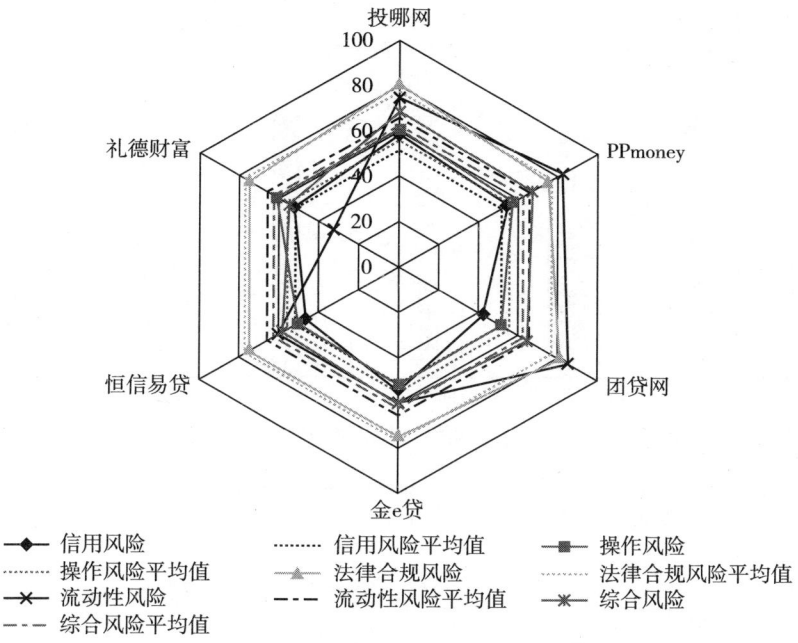

图48 广东地区（除深圳外）P2P平台分项风险评级得分比较

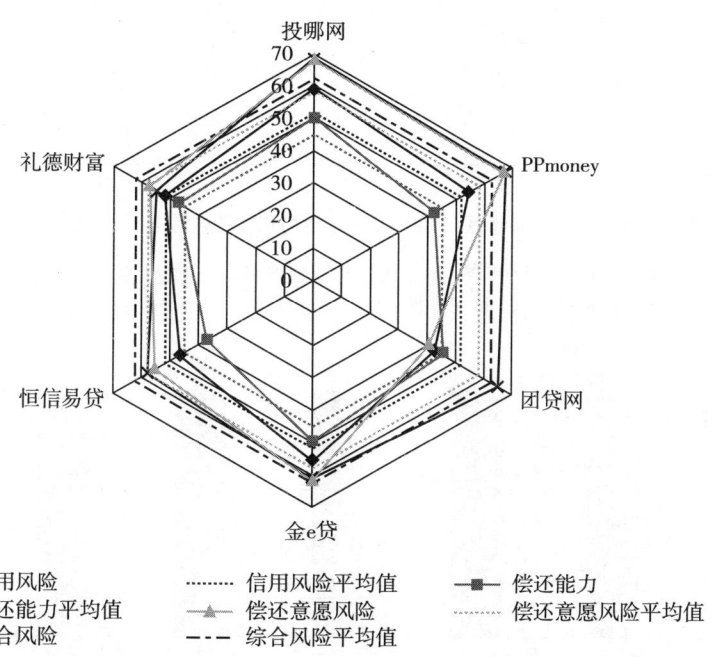

图49 广东地区（除深圳外）P2P平台信用风险分项评级得分比较

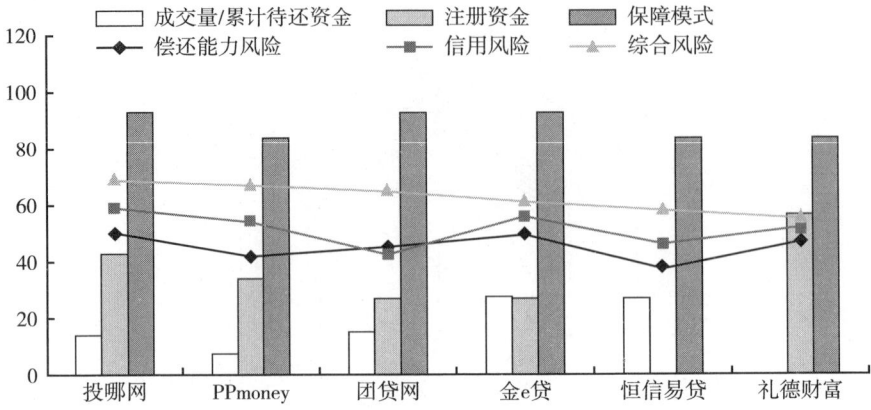

图 50 广东地区（除深圳外）偿还能力风险与三级指标关系

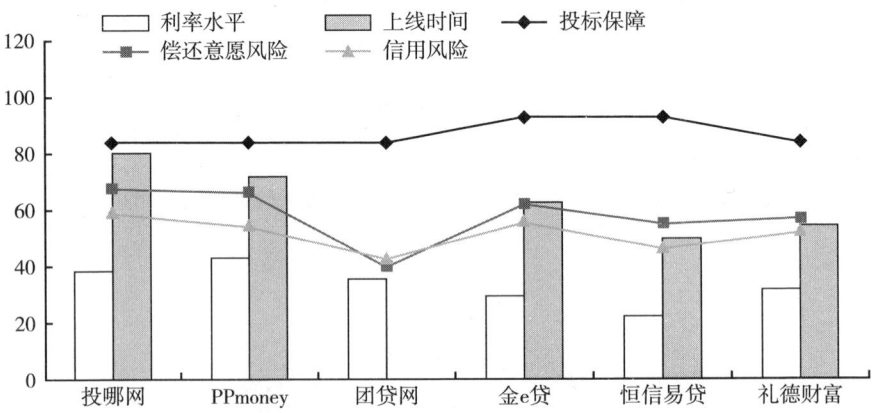

图 51 广东地区（除深圳外）偿还意愿风险与三级指标关系

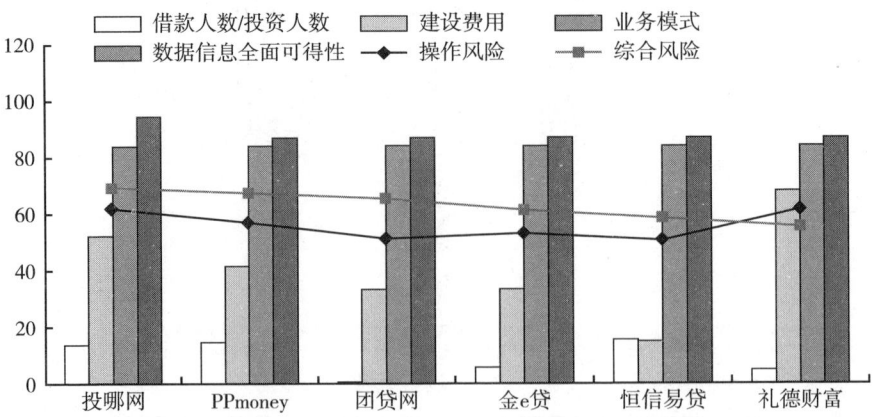

图 52 广东地区（除深圳外）操作风险与三级指标关系

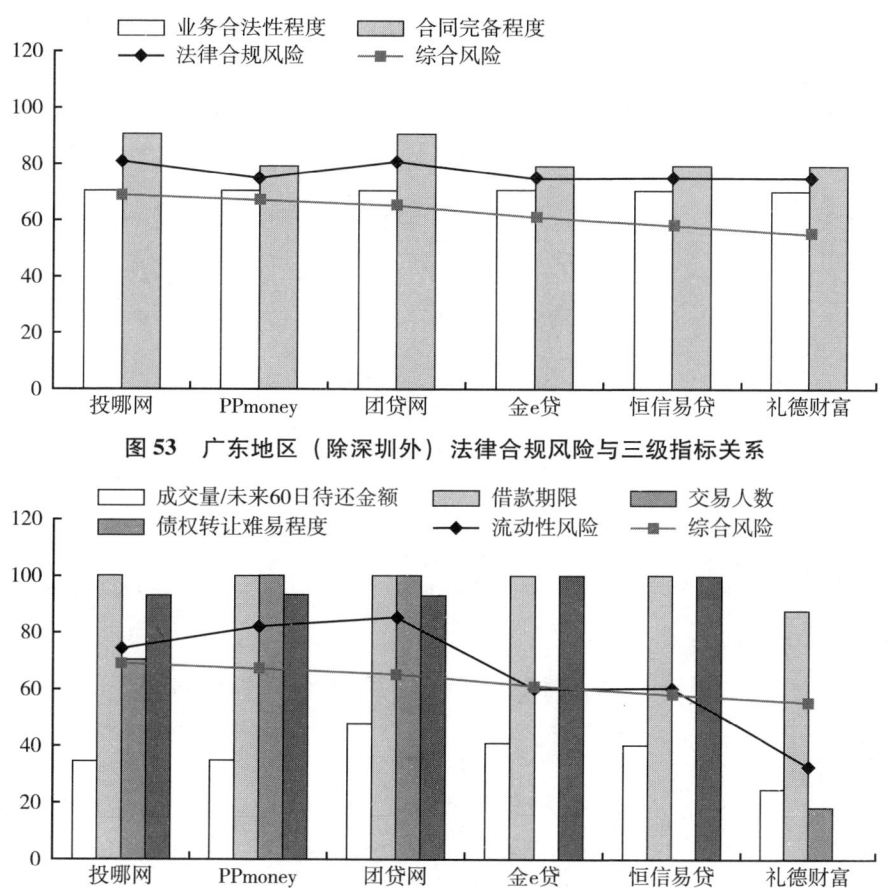

图53 广东地区（除深圳外）法律合规风险与三级指标关系

图54 广东地区（除深圳外）流动性风险与三级指标关系

（四）江浙闽地区评级结果分析

进入这次评级范围的 P2P 平台中，江浙闽地区有 8 家，其中浙江 6 家，江苏 2 家（1 家进入前 10 名）。江浙闽地区无论是平台数量还是评级结果的质量，相较于上一年都有退步。这与江浙闽经济区金融生态比较优良，经济快速增长、司法公正、重商主义的人文传统支撑起良好的社会诚信文化不相称。以民营经济为主体的江浙闽地区，近年来受中国经济转型影响冲击较大，无论是经济发展还是金融环境都差强人意，可能需要在发展理念和政策制度方面进一步改革和完善。江浙闽地区各项风险评级及与三级指标的关系见图 55 至图 61。

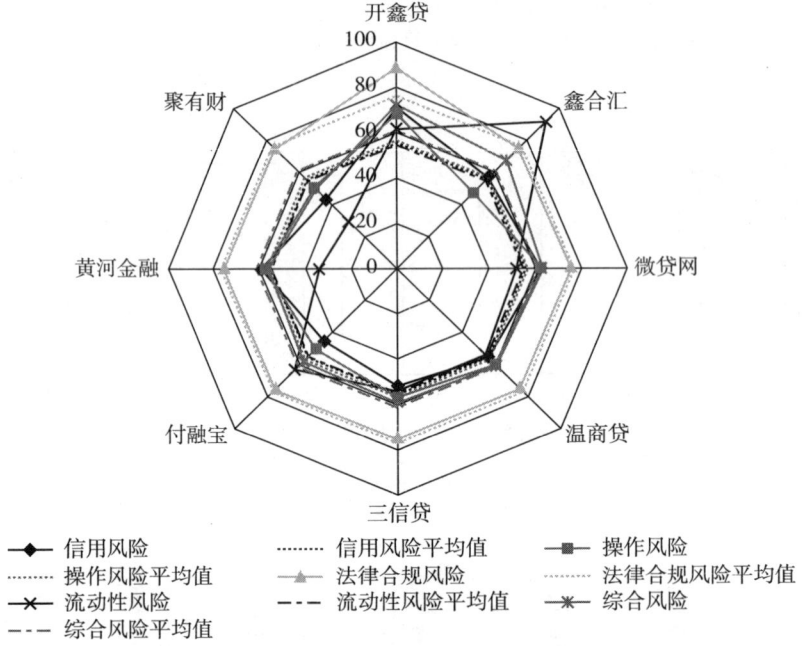

图55 江浙闽地区P2P平台分项风险评级得分比较

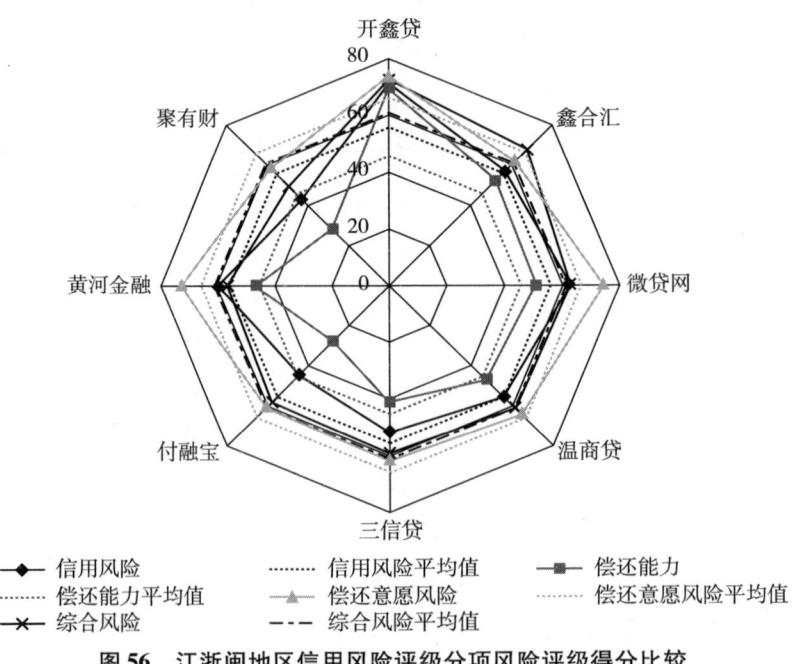

图56 江浙闽地区信用风险评级分项风险评级得分比较

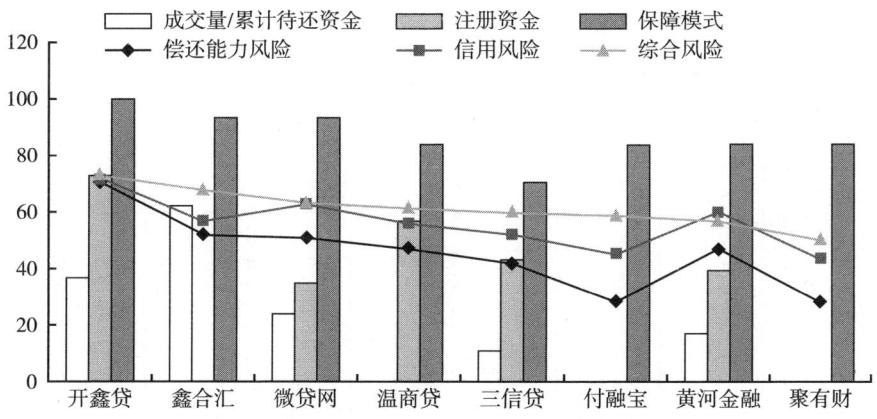

图57 江浙闽地区偿还能力风险与三级指标关系

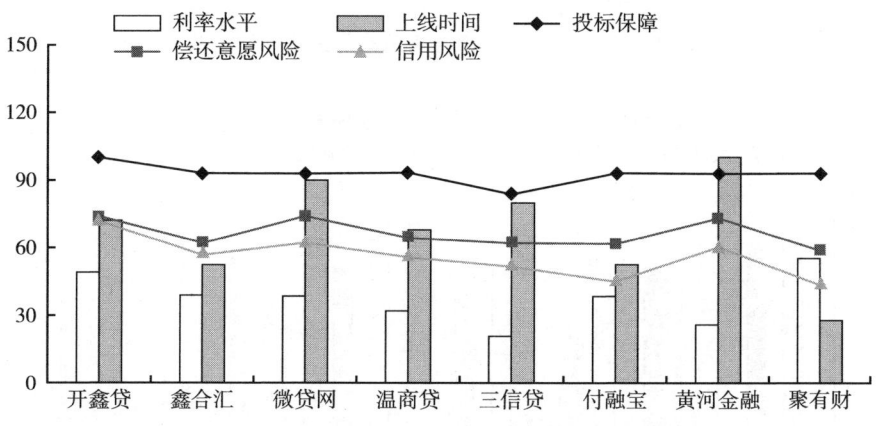

图58 江浙闽地区偿还意愿风险与三级指标关系

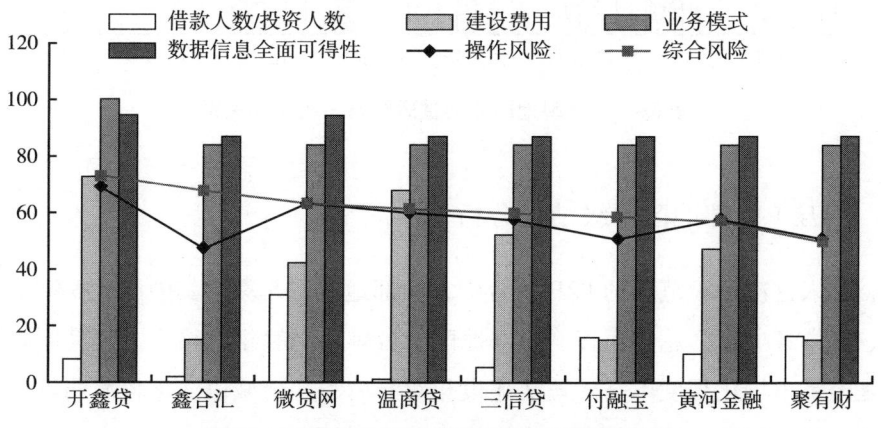

图59 江浙闽地区操作风险与三级指标关系

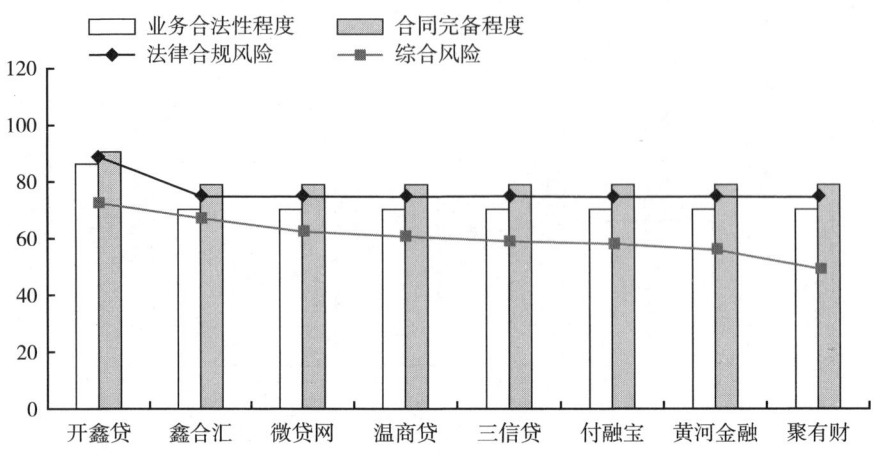

图60 江浙闽地区法律合规风险与三级指标关系

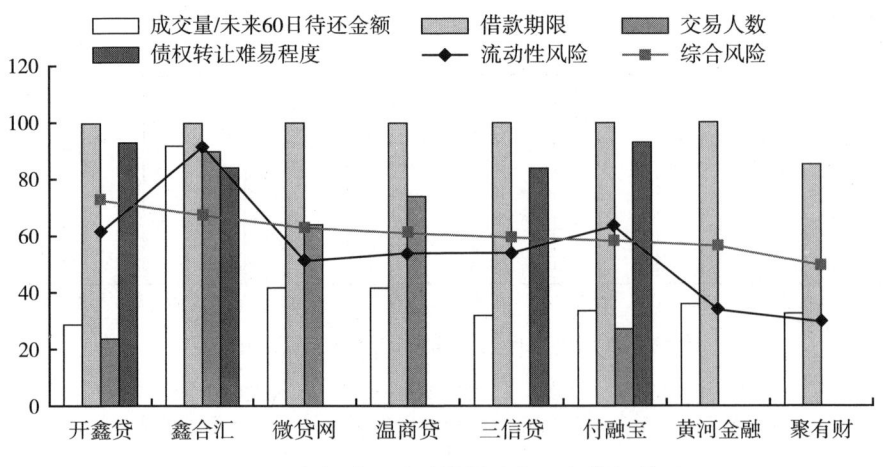

图61 江浙闽地区流动性风险与三级指标关系

（五）中部地区评级结果分析

进入这次评级范围的 P2P 平台中，中部地区有 5 家，其中湖北 3 家，山东、安徽各 1 家。总体而言，中部地区平台排名仍然相对靠后，究其原因仍然是经济市场化程度不高、司法建设相对滞后和社会诚信文化较薄弱等。中部地区各项风险评级及与三级指标的关系见图 62 至图 68。

中国网贷（互金）平台风险评级与分析

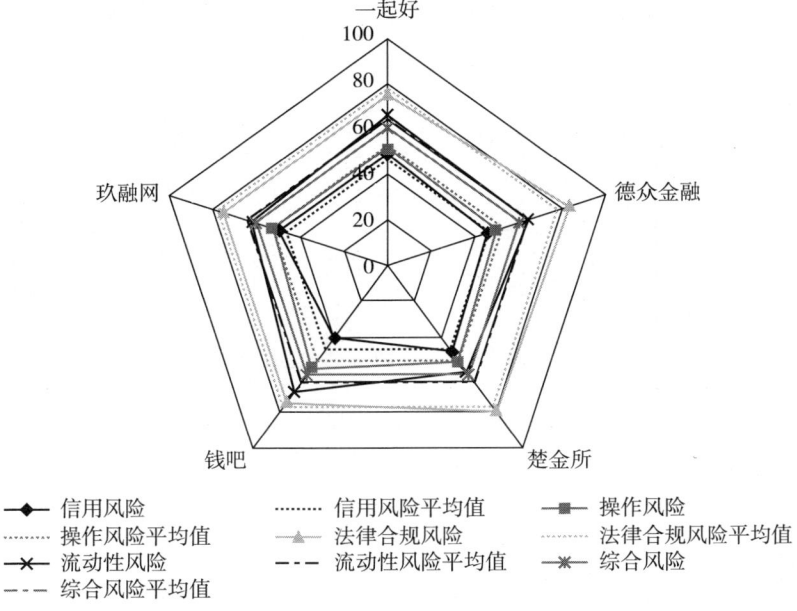

图62 中部地区P2P平台分项风险评级得分比较

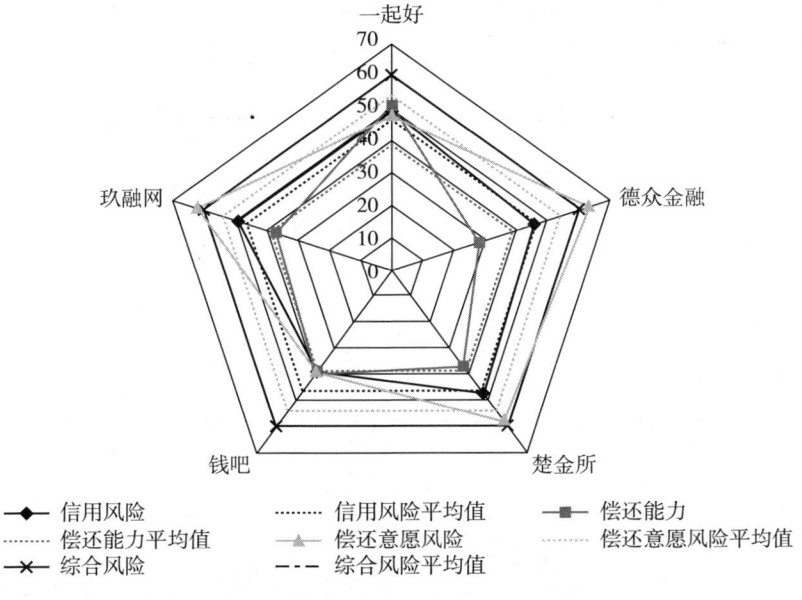

图63 中部地区P2P平台信用风险分项评级得分比较

115

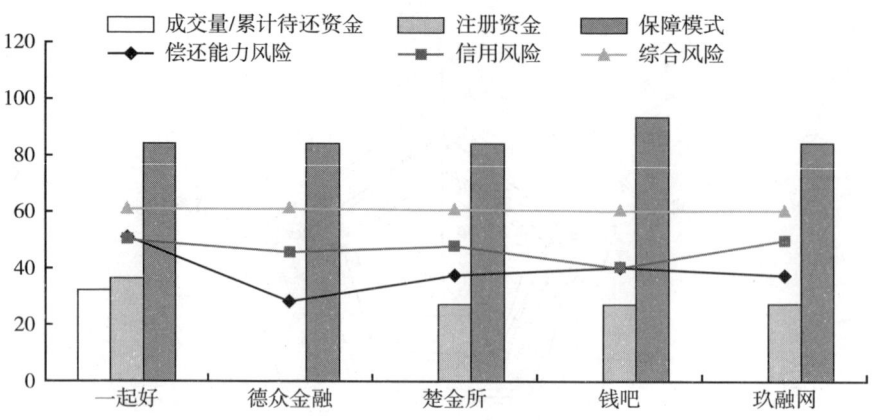

图64 中部地区偿还能力风险与三级指标关系

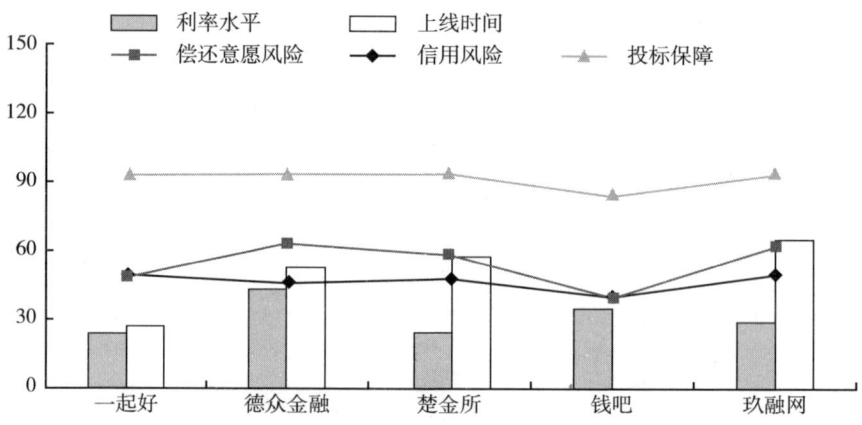

图65 中部地区偿还意愿风险与三级指标关系

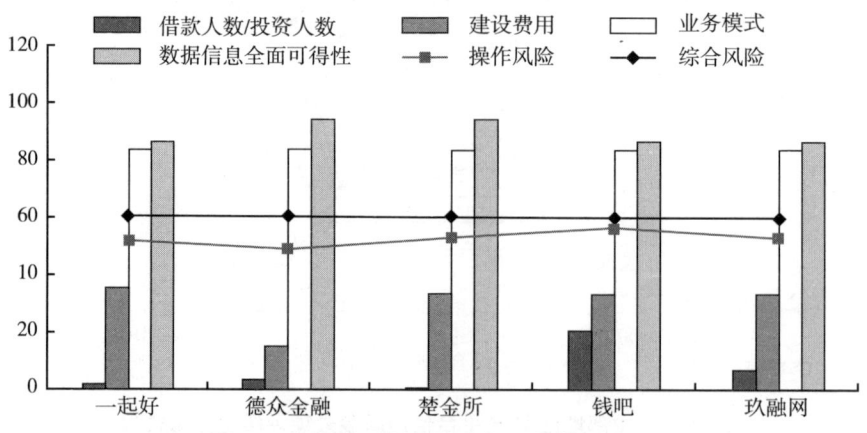

图66 中部地区操作风险与三级指标关系

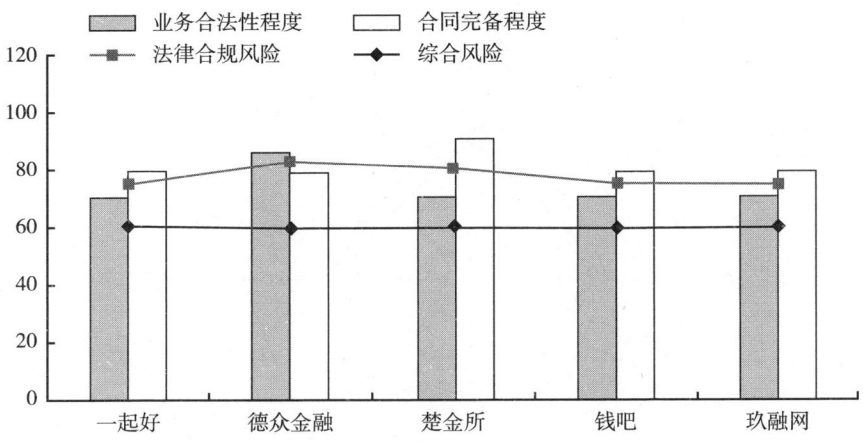

图67 中部地区法律合规风险与三级指标关系

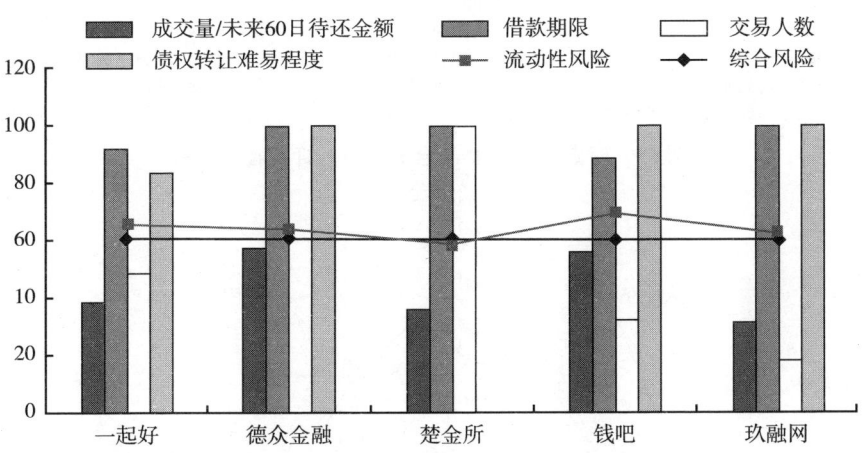

图68 中部地区流动性风险与三级指标关系

（六）西南地区评级结果分析

进入这次评级范围的P2P平台中，西南地区有8家，其中重庆、四川各3家，陕西、贵州各1家。总体而言，西南地区同中部地区一样，平台排名相对靠后，原因也与中部地区相似，即地区市场化程度不高，司法建设相对滞后，且社会诚信体制建设有待进一步加强。西南地区各项风险评级及与三级指标的关系见图69至图75。

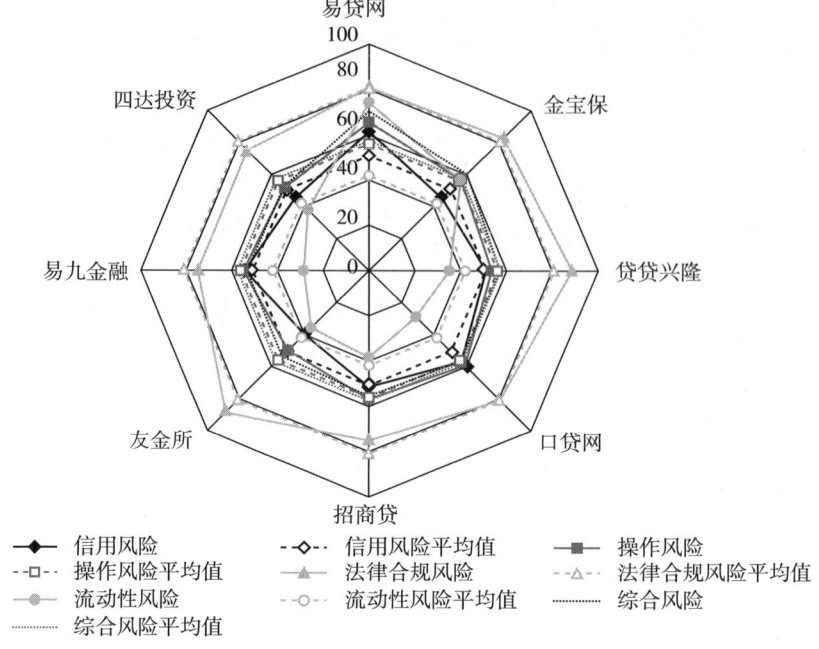

图 69 西南地区 P2P 平台分项风险评级得分比较

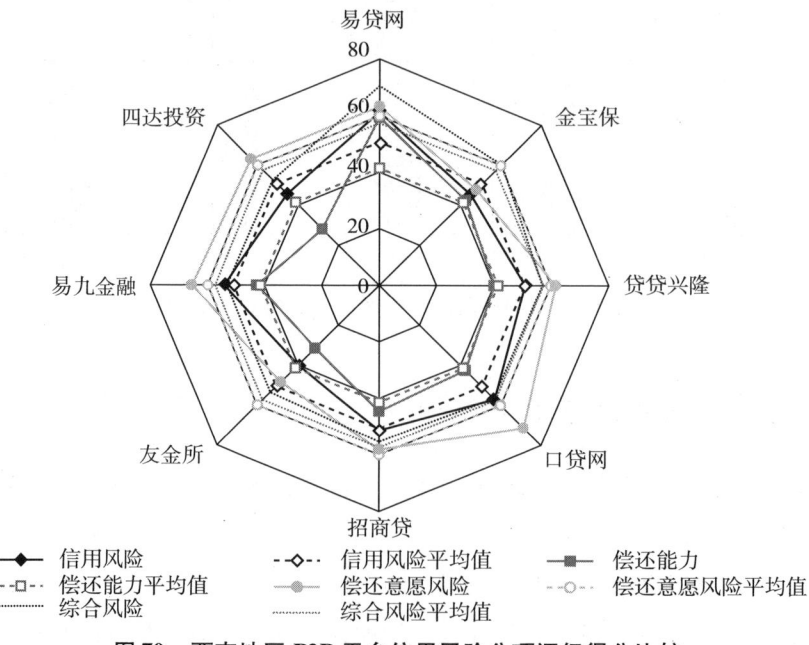

图 70 西南地区 P2P 平台信用风险分项评级得分比较

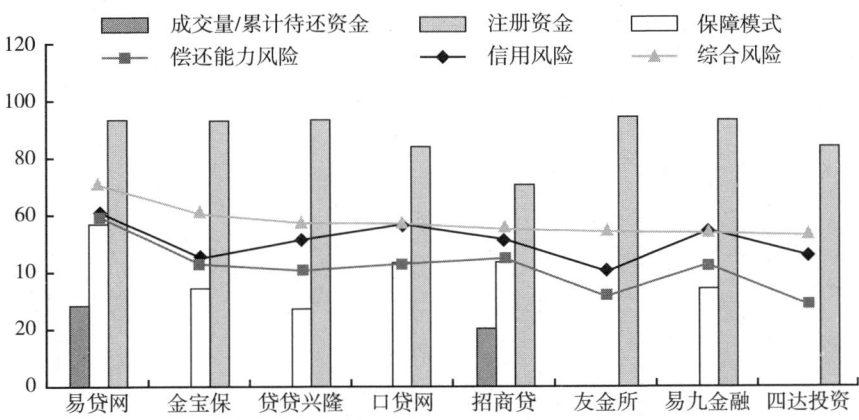

图 71　西南地区偿还能力风险与三级指标关系

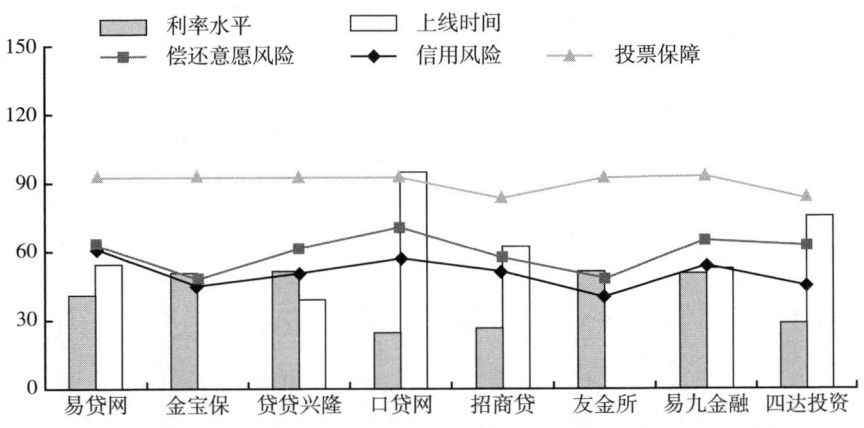

图 72　西南地区偿还意愿风险与三级指标关系

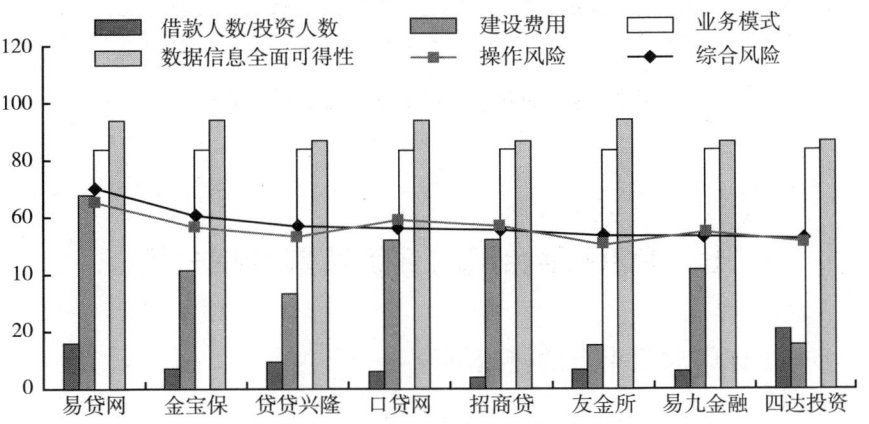

图 73　西南地区操作风险与三级指标关系

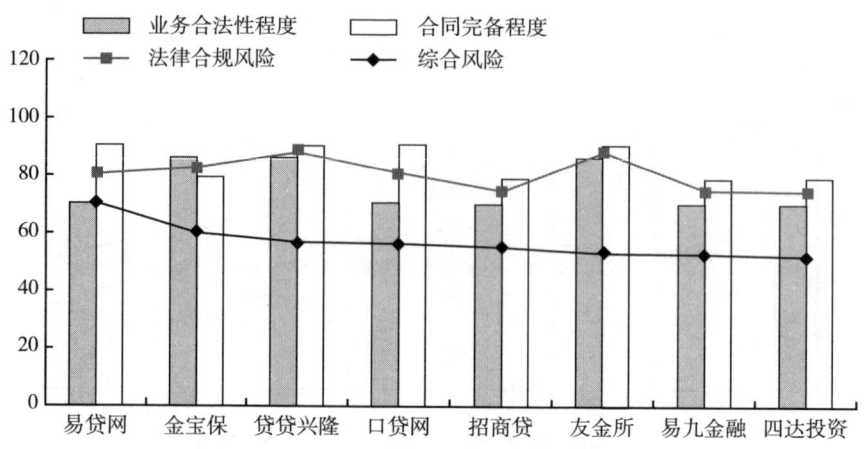

图74 西南地区法律合规风险与三级指标关系

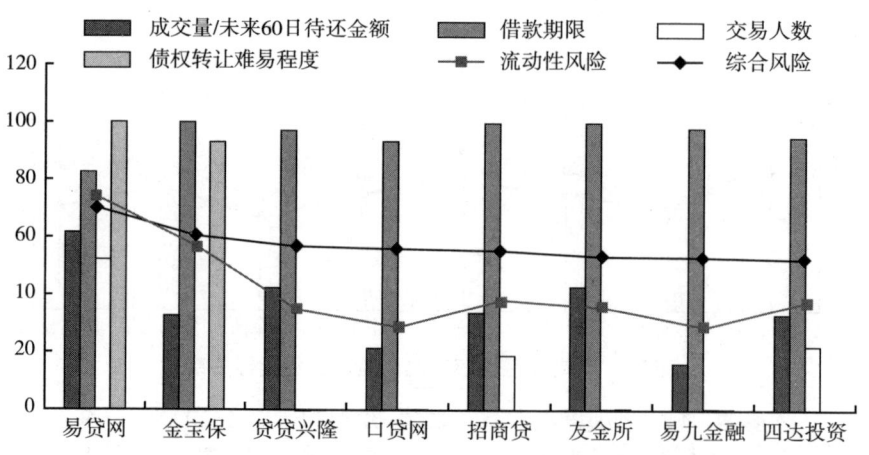

图75 西南地区流动性风险与三级指标关系

七 P2P平台风险评级背景特征分析

(一)评级对象平台的背景划分

本次评级对象,按平台背景不同划分,民营系63家,占比最大;其次是风投系 21 家；再次是国资系 9 家，上市公司系 4 家；最后，风投 & 银行系 2 家，国资 & 银行系仅 1 家（见图 76 和图 77）。

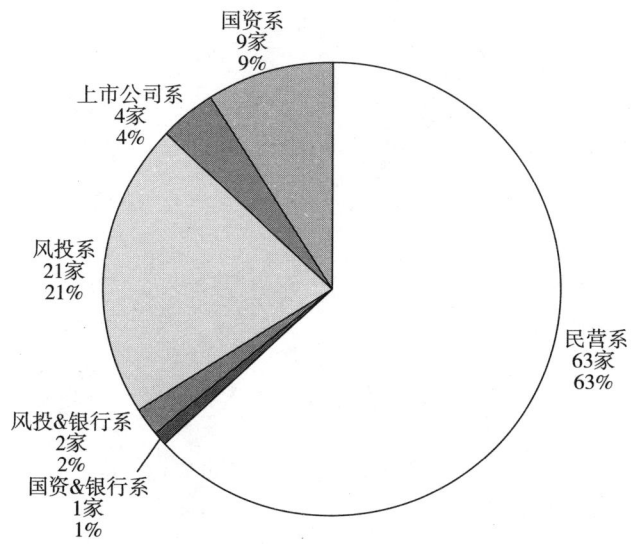

图 76　评级对象平台背景分布

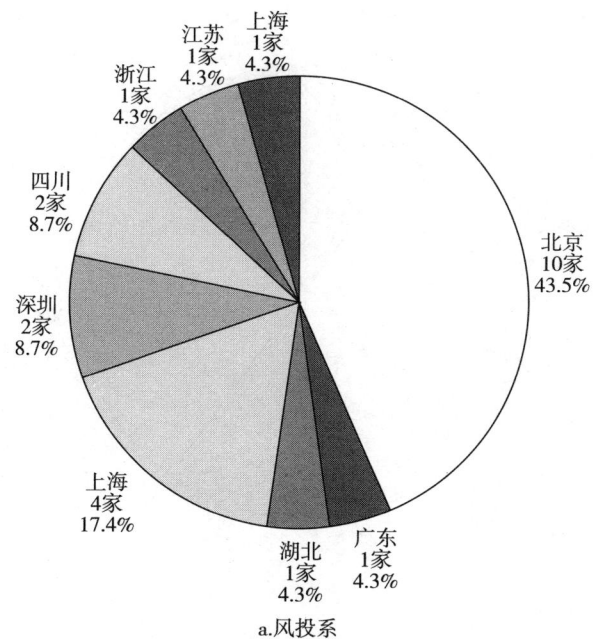

a. 风投系

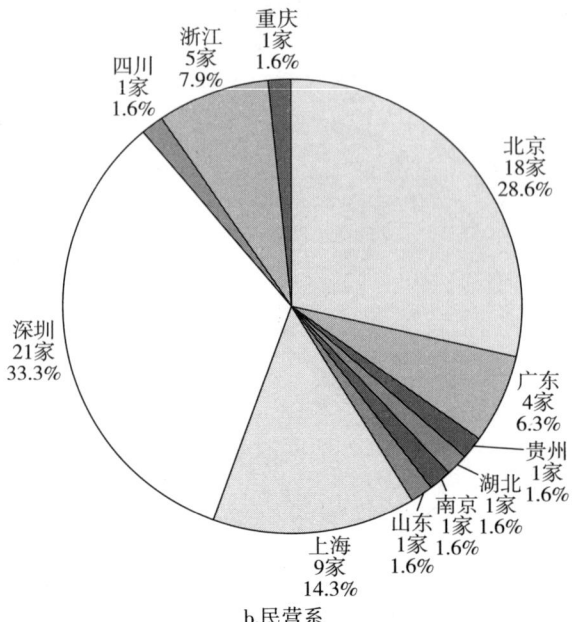

b.民营系

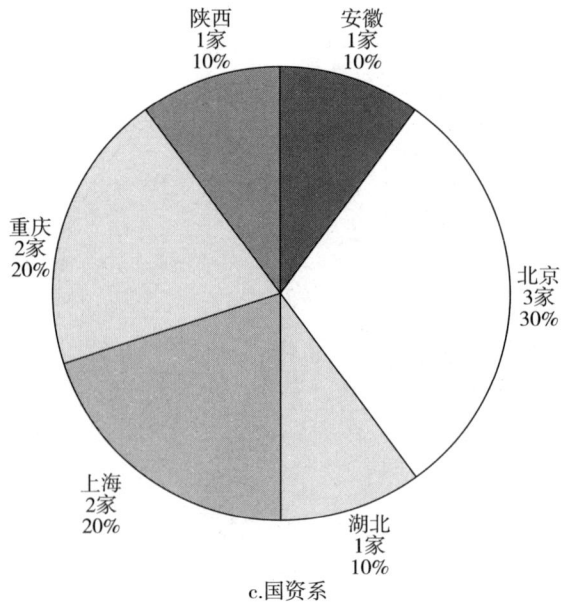

c.国资系

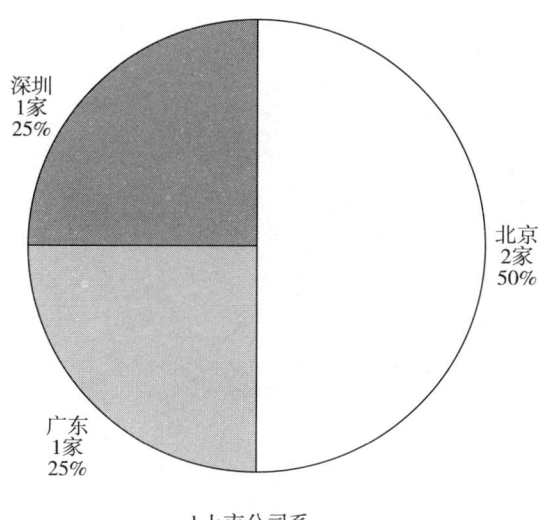

d.上市公司系

图77 不同背景P2P平台的区域分布

注：此图中风投系含风投&银行系，国资系含国资&银行系。

（二）民营系评级结果分析

在进入这次评级范围的P2P平台中，民营系有63家，其中进入前10名的仅有2家。从整体来看，民营系P2P平台大部分风险评级得分较低，反映其综合风险水平偏高。一直以来，由于P2P网络借贷行业准入门槛低、政府部门缺少监管及法律法规不完善，民营系P2P平台不仅经历了爆发式蔓延发展阶段，而且已经占据整个网络借贷行业的主导地位。但是，民营系P2P平台规模扩张与火热发展的态势却难以掩盖民营系P2P平台运营背后的高风险。最近几年来，一批资质不健全、违规建立资金池、使用虚假债务欺骗投资人、风险管理水平低下的民营系P2P平台（如淘金贷、优易网、安泰卓越等）的倒闭"跑路"事件时有发生。随着政府监管力度的加强，民营系P2P平台将逐渐走向规范化发展，这也将加剧整个网络借贷行业的竞争力度，使得其中运营不合规、风险控制水平低下的平台逐步被淘汰或兼并。民营系P2P平台各项风险评级及与三级指标的关系见图78至图84。

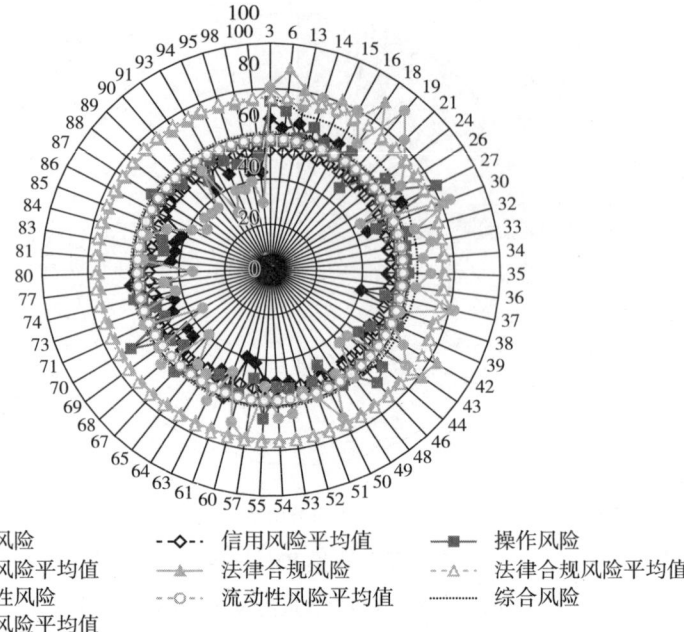

图 78 民营系 P2P 平台分项风险评级得分比较（按序号顺时针排序）

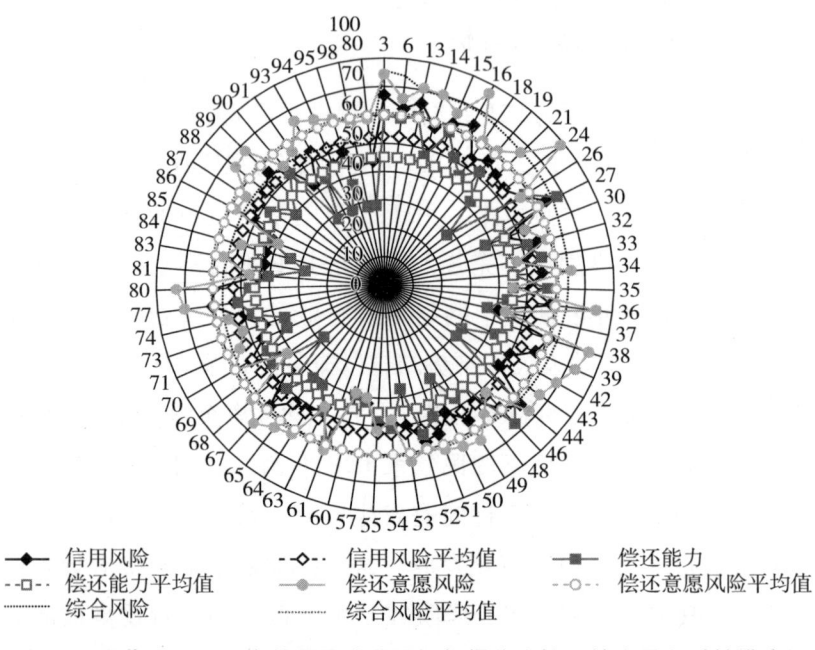

图 79 民营系 P2P 平台信用风险分项评级得分比较（按序号顺时针排序）

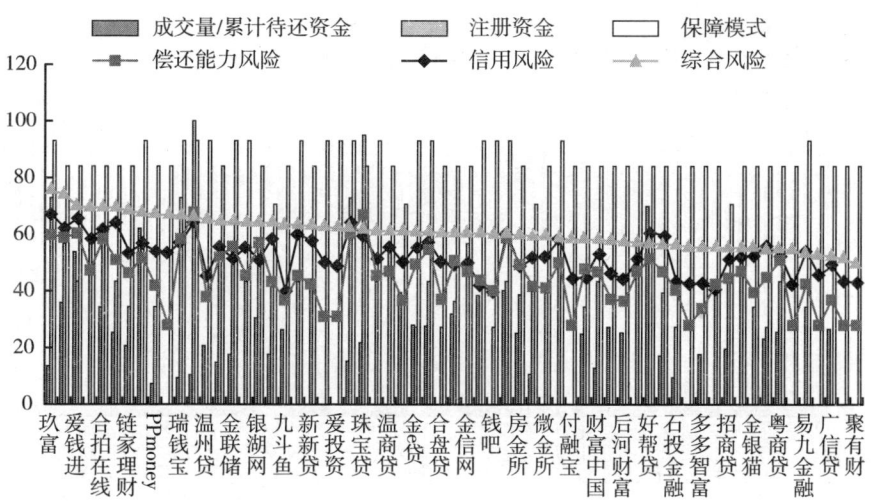

图 80　民营系偿还能力风险与三级指标关系

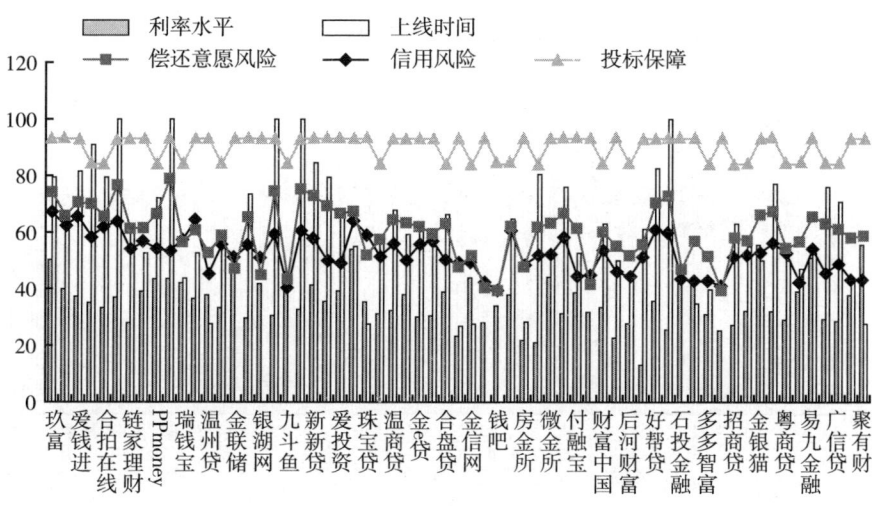

图 81　民营系偿还意愿风险与三级指标关系

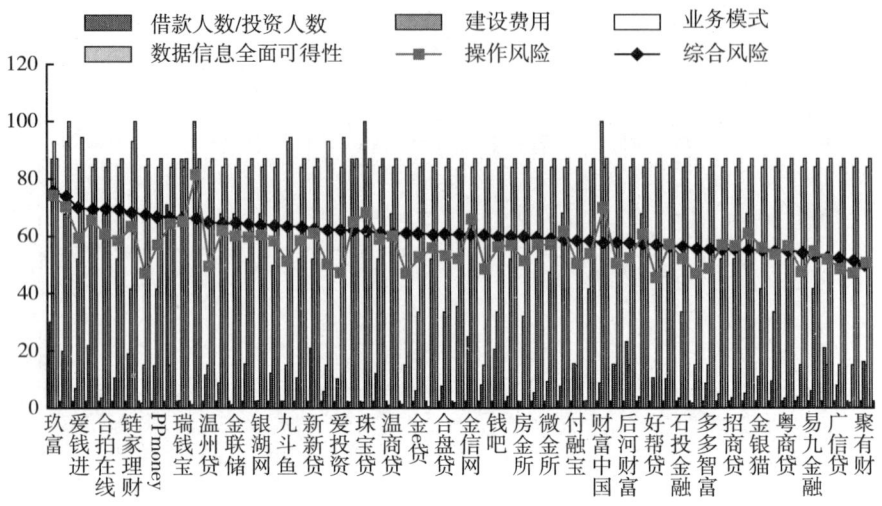

图 82　民营系操作风险与三级指标关系

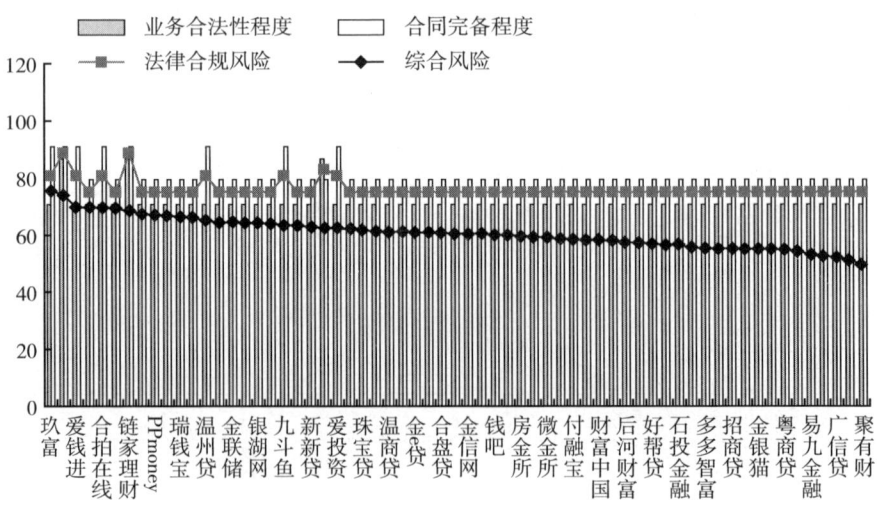

图 83　民营系法律合规风险与三级指标关系

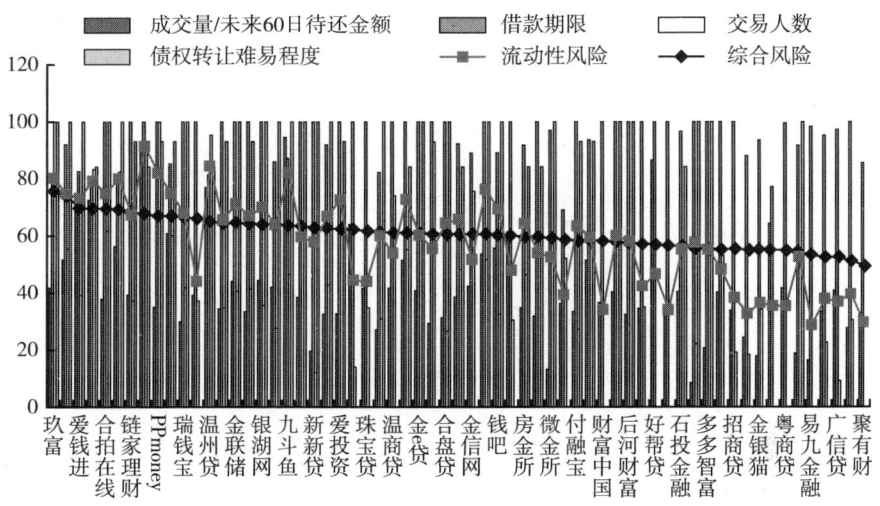

图 84　民营系流动性风险与三级指标关系

（三）风投系评级结果分析

在进入这次评级范围的 P2P 平台中，风投系（含风投 & 银行系）占有 23 家，其中进入前 10 名的高达 6 家。风投系 P2P 平台数量、规模等仅次于占行业主导地位的民营系，且部分经历了较长时间的发展阶段，因而拥有较高的风险控制水平及较强的业务创新能力，代表了整个 P2P 网贷行业的精英。总体来看，风投系 P2P 平台风险评级得分较高，反映其综合风险水平较低，而未来风投系 P2P 平台也将向成熟平稳的规范化发展阶段进一步迈进。风投系 P2P 平台各项风险评级及与三级指标的关系见图 85 至图 91。

（四）国资系评级结果分析

在进入这次评级范围的 P2P 平台中，国资系（含国资 & 银行系）为 10 家，其中，1 家进入前 10 名。国资系 P2P 平台中有一部分拥有实力雄厚的股东，业务运营规范且风险控制水平较高，所以其综合风险相对较低，反映在它们的评级得分较高。但总体来看，国资系 P2P 平台的风险评级得

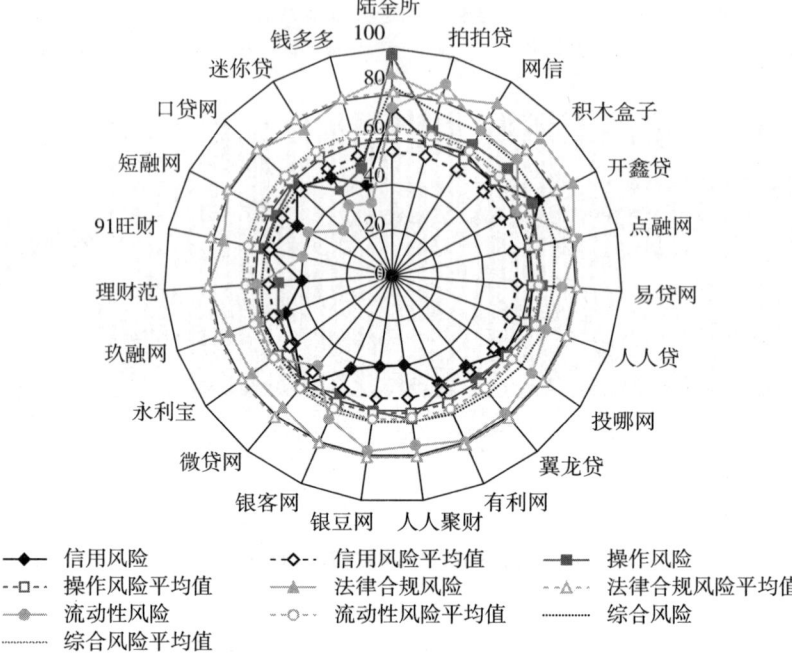

图85 风投系P2P平台分项风险评级得分比较

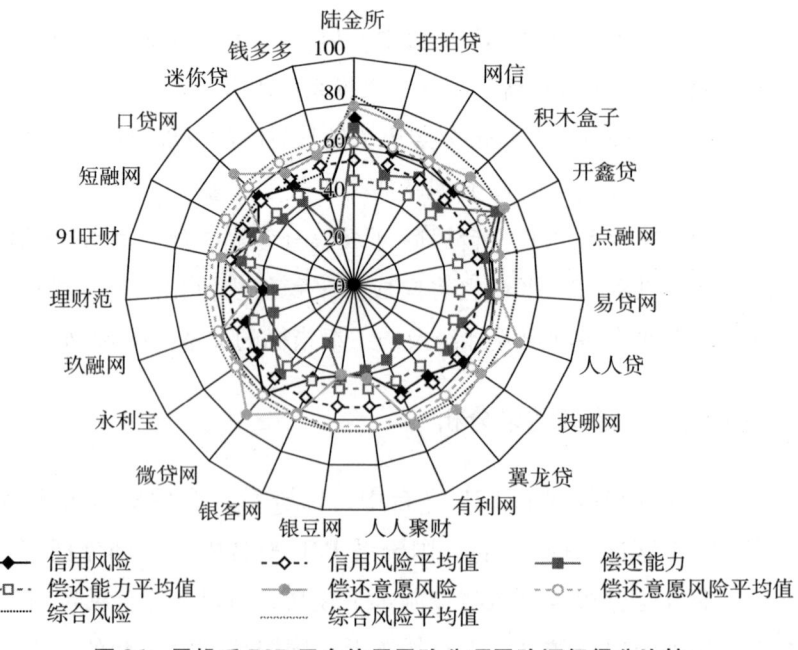

图86 风投系P2P平台信用风险分项风险评级得分比较

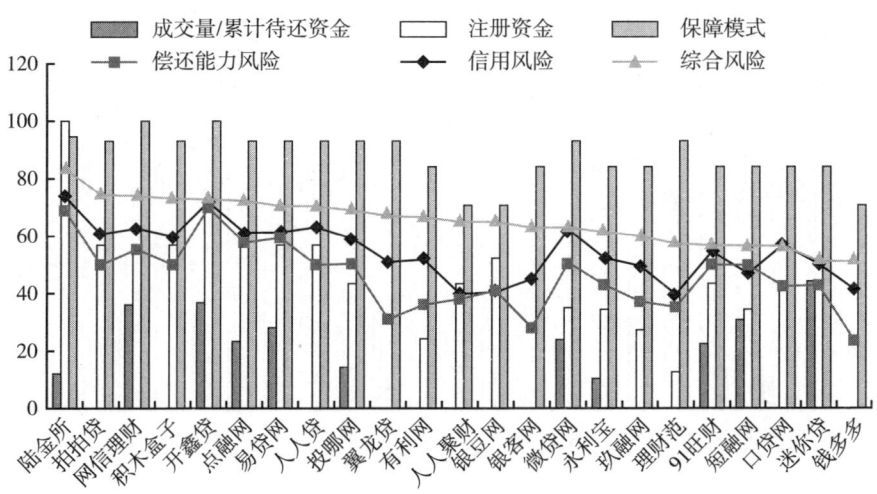

图 87　风投系偿还能力风险与三级指标关系

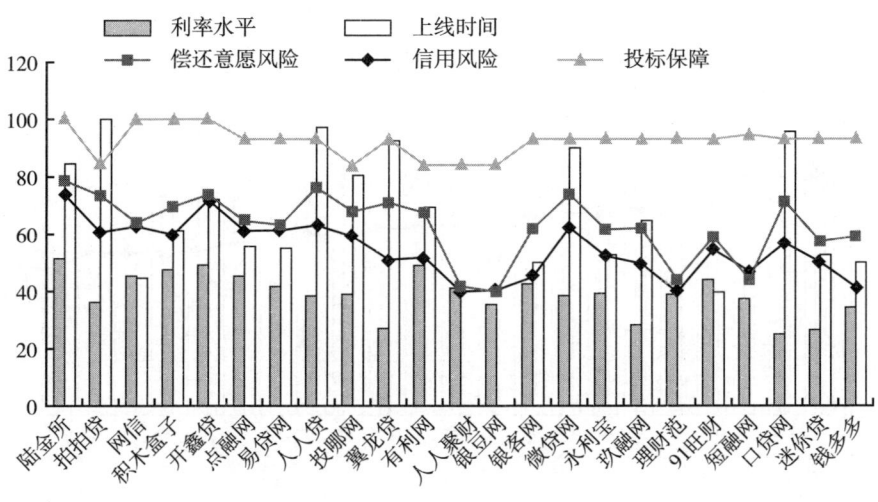

图 88　风投系偿还意愿风险与三级指标关系

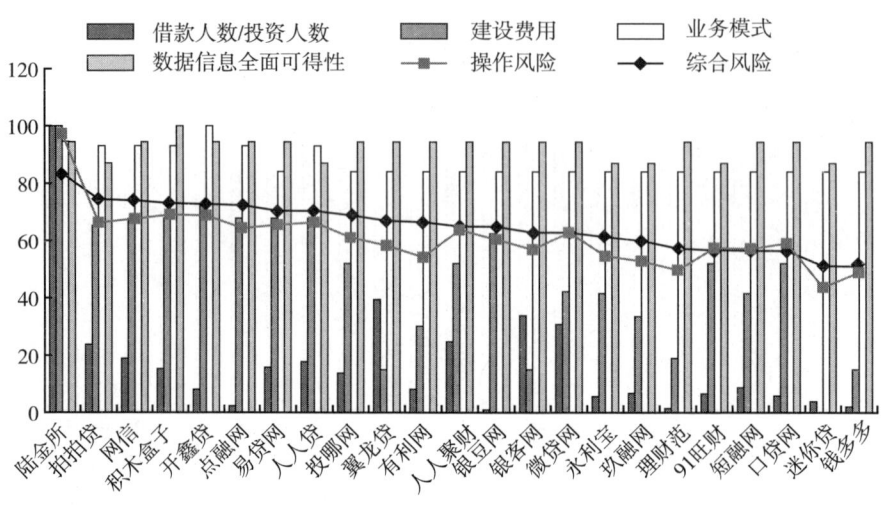

图89 风投系操作风险与三级指标关系

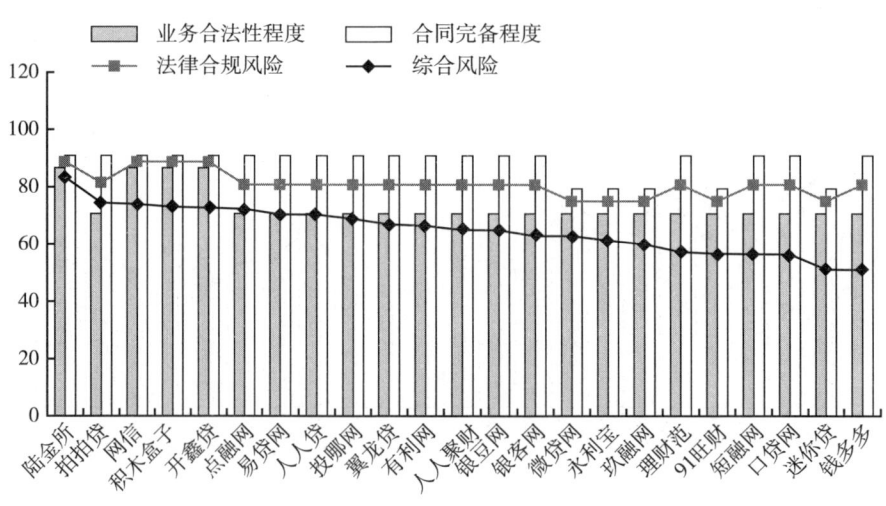

图90 风投系法律合规风险与三级指标关系

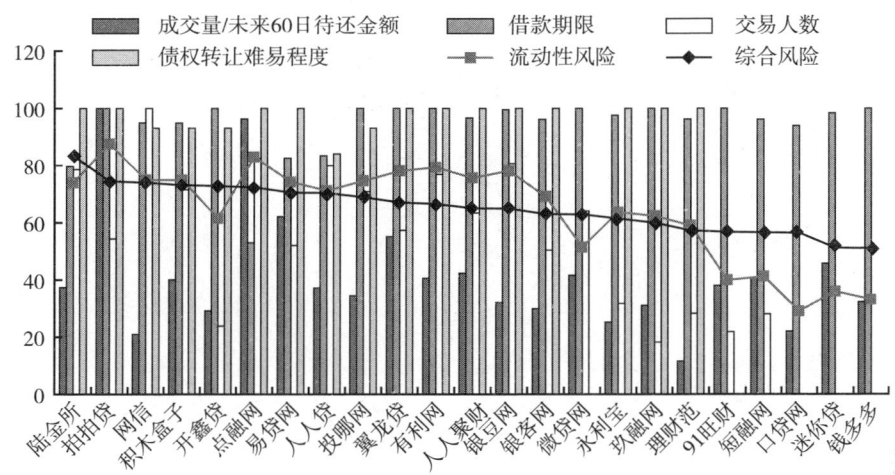

图 91 风投系流动性风险与三级指标关系

分相对较低，其综合风险应值得关注。国资系 P2P 平台各项风险评级及与三级指标的关系见图 92 至图 98。

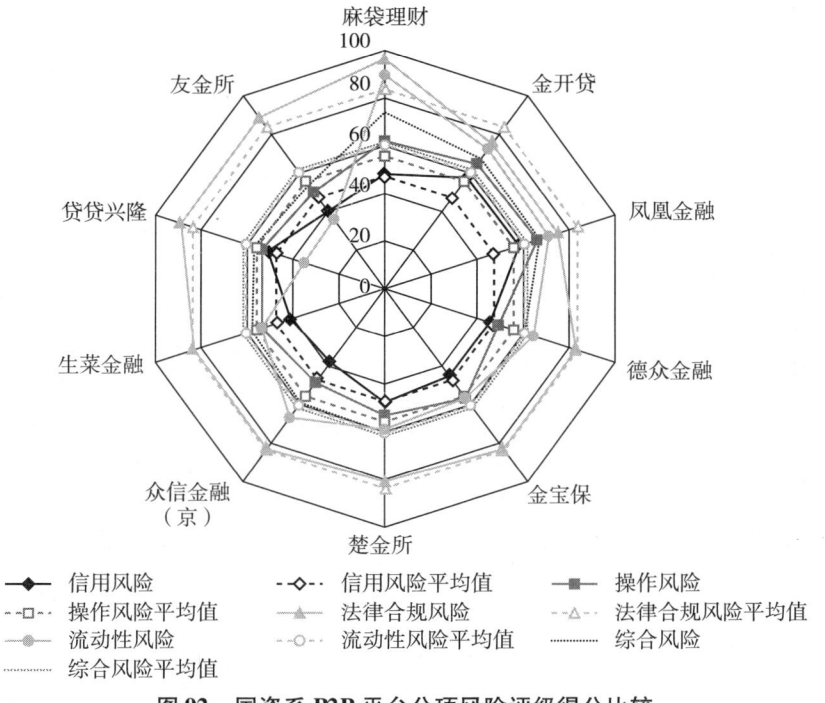

图 92 国资系 P2P 平台分项风险评级得分比较

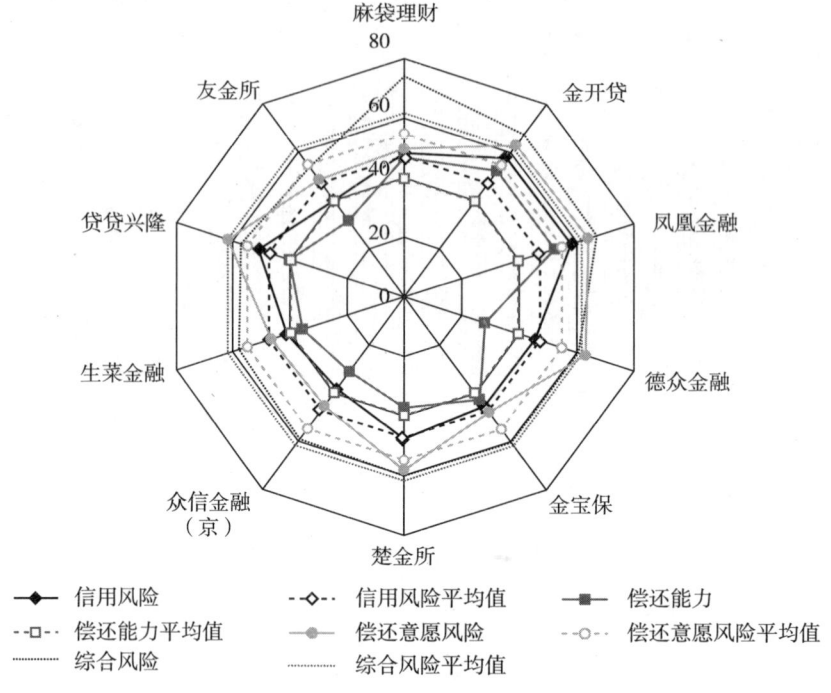

图93 国资系P2P平台信用风险分项评级得分比较

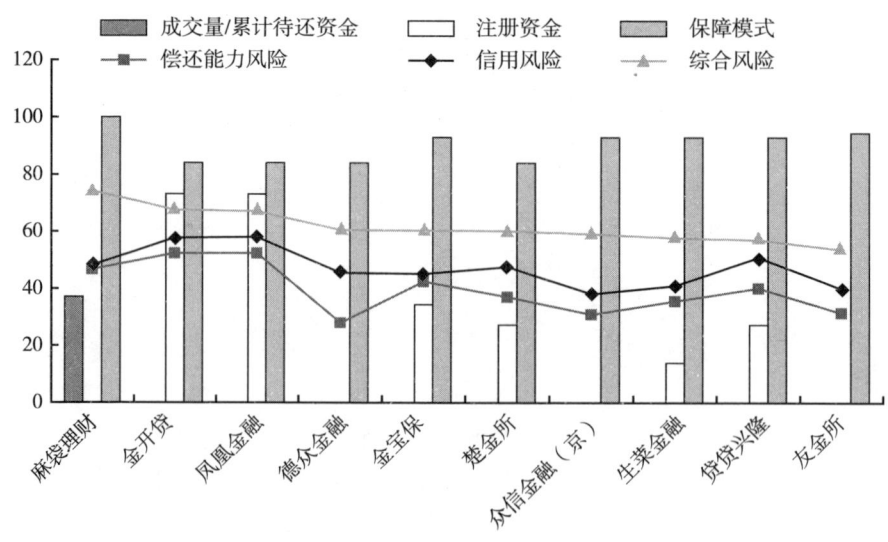

图94 国资系偿还能力风险与三级指标关系

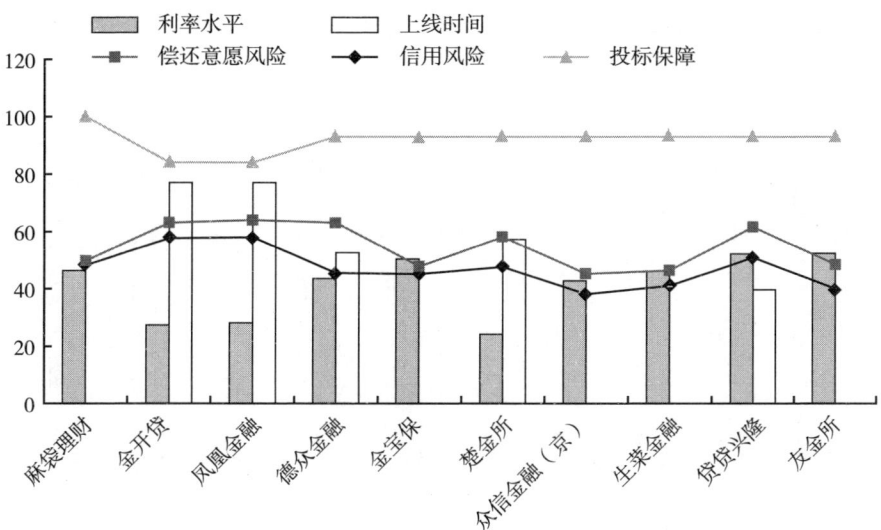

图95 国资系偿还意愿风险与三级指标关系

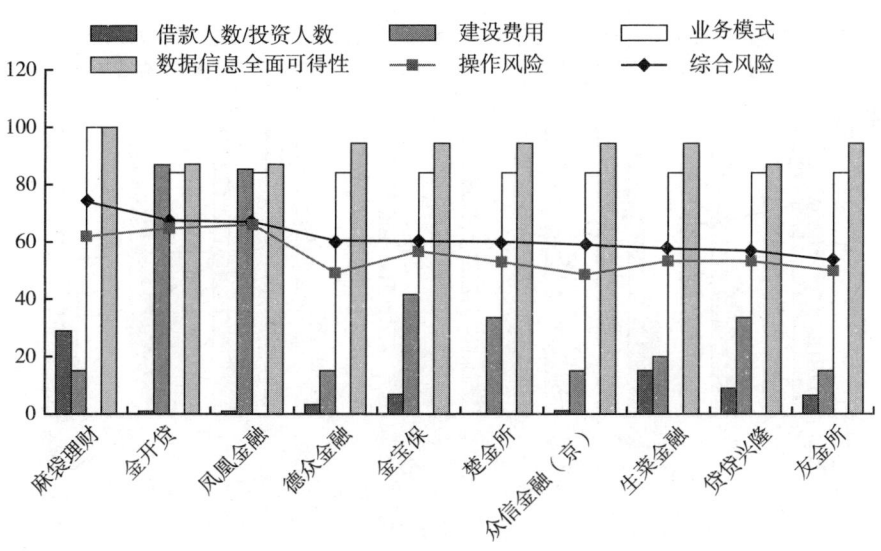

图96 国资系操作风险与三级指标关系

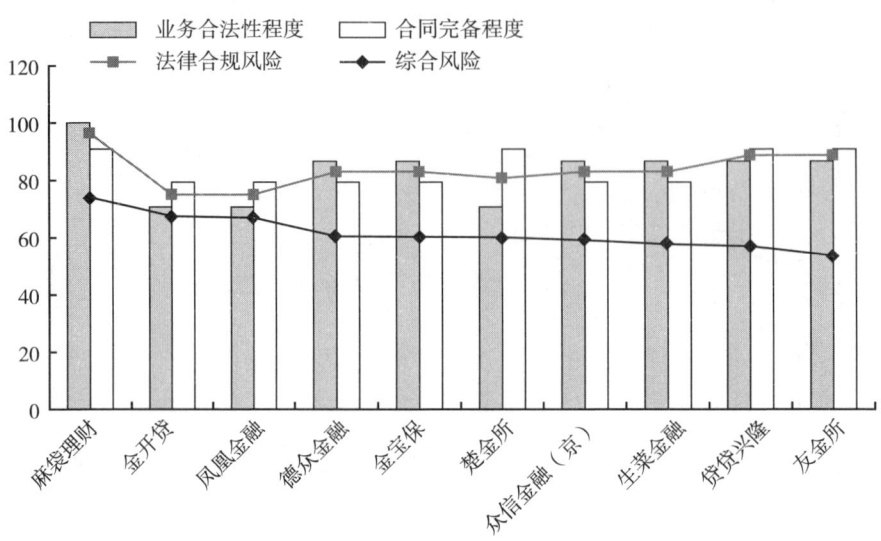

图97 国资系法律合规风险与三级指标关系

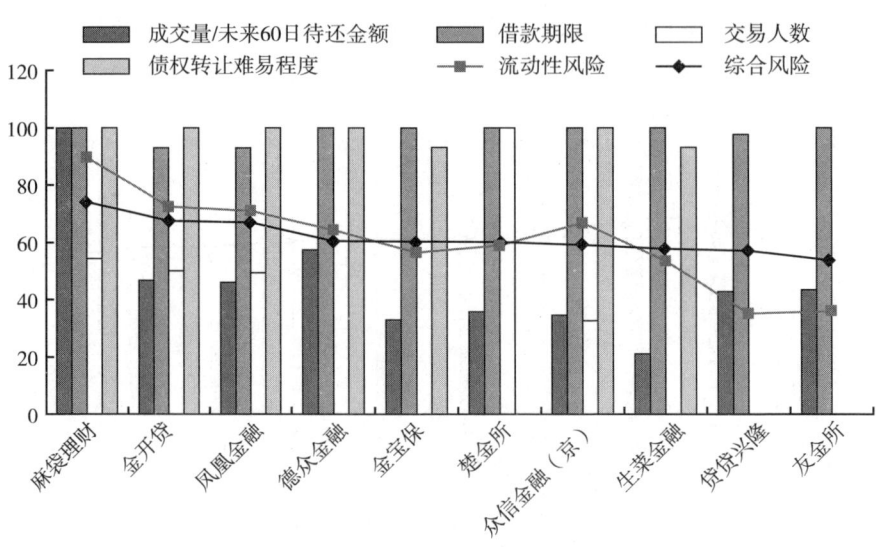

图98 国资系流动性风险与三级指标关系

（五）上市公司系评级结果分析

进入这次评级范围 P2P 平台中，上市公司系有 4 家，其中 1 家进入前 10 名。目前，上市公司系 P2P 平台数量、规模相对较小，除宜人贷外，其他 3 家总体风险评级得分较低，反映其综合风险较高。上市公司系 P2P 平台的设立与发展符合其股东企业的利益，相信未来将会有更多的上市公司企业参股设立 P2P 网贷平台。上市公司系 P2P 平台各项风险评级及与三级指标的关系见图 99 至图 105。

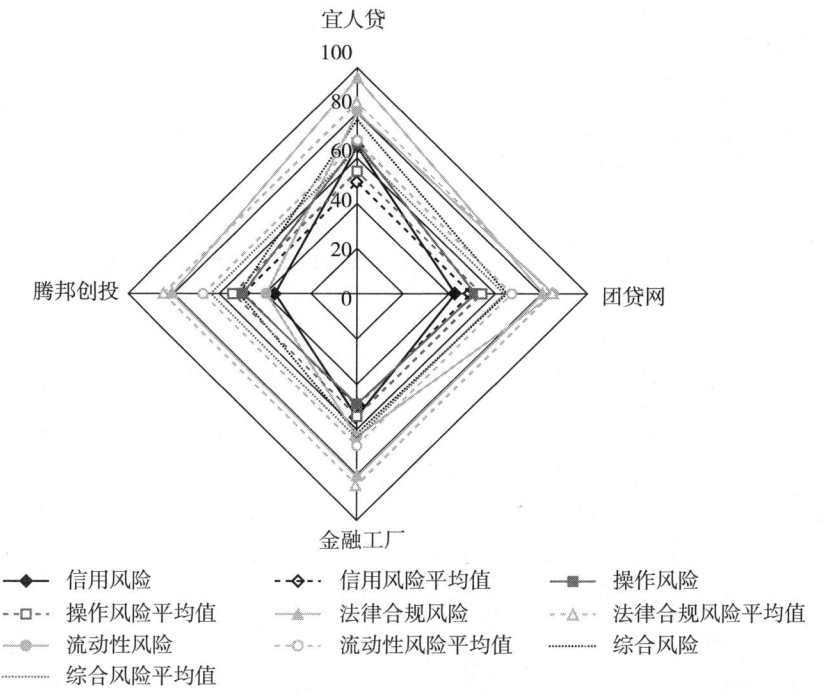

图 99 上市公司系 P2P 平台分项风险评级得分比较

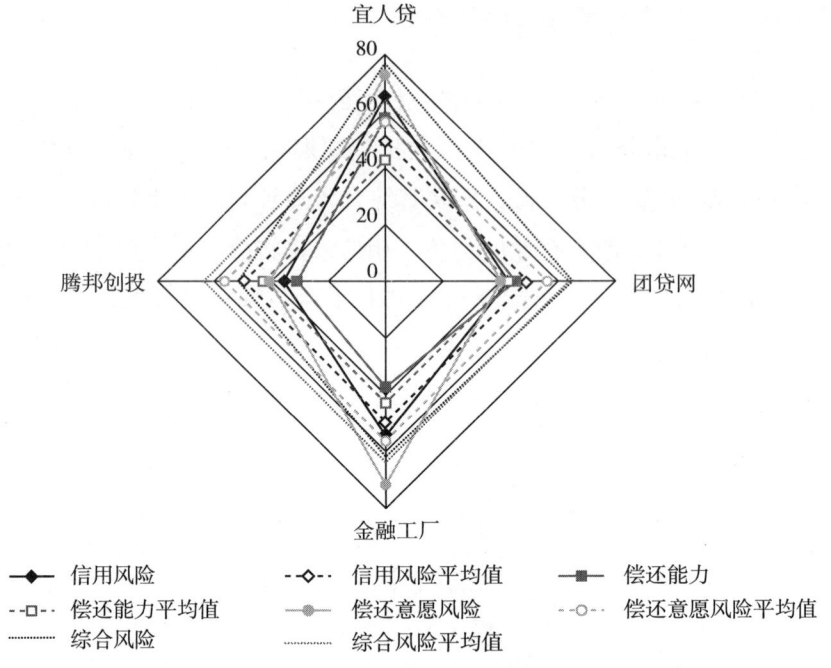

图 100 上市公司系信用风险评级分项风险评级得分比较

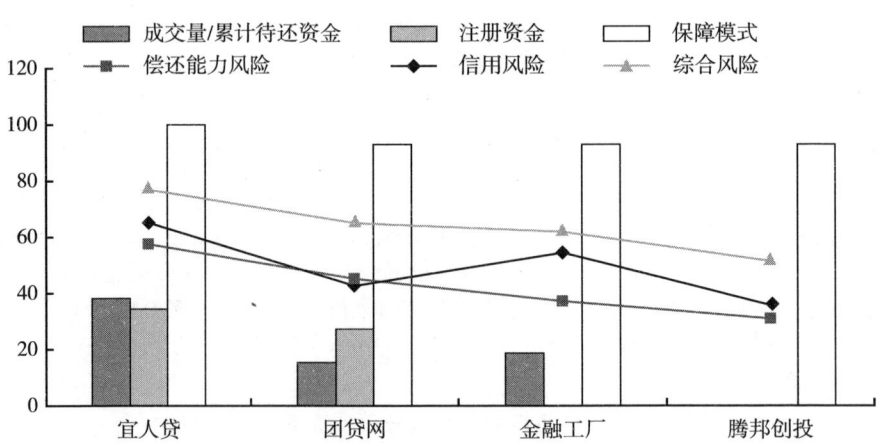

图 101 上市公司系偿还能力风险与三级指标关系

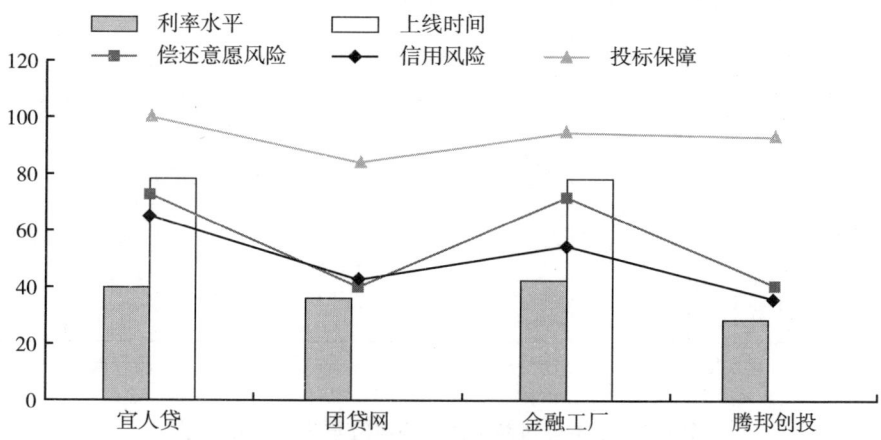

图102 上市公司系偿还意愿风险与三级指标关系

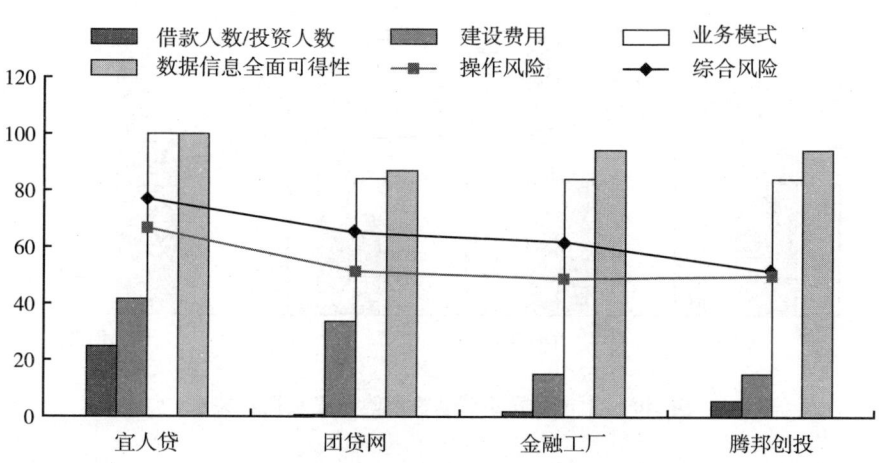

图103 上市公司系操作风险与三级指标关系

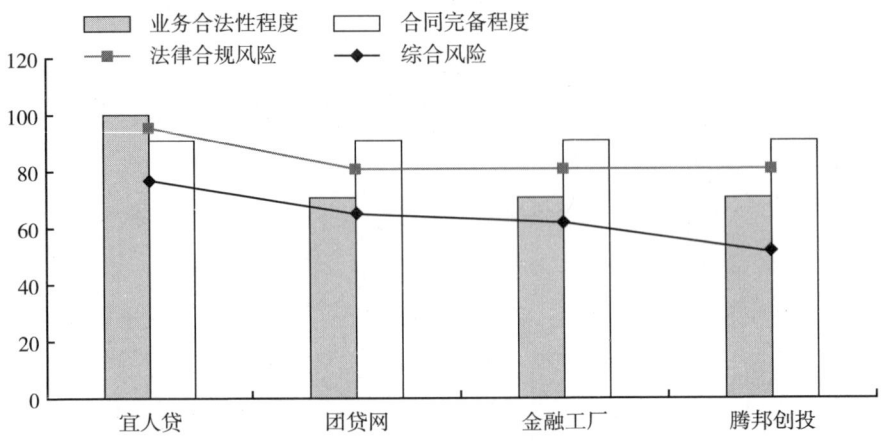

图 104 上市公司系法律合规风险与三级指标关系

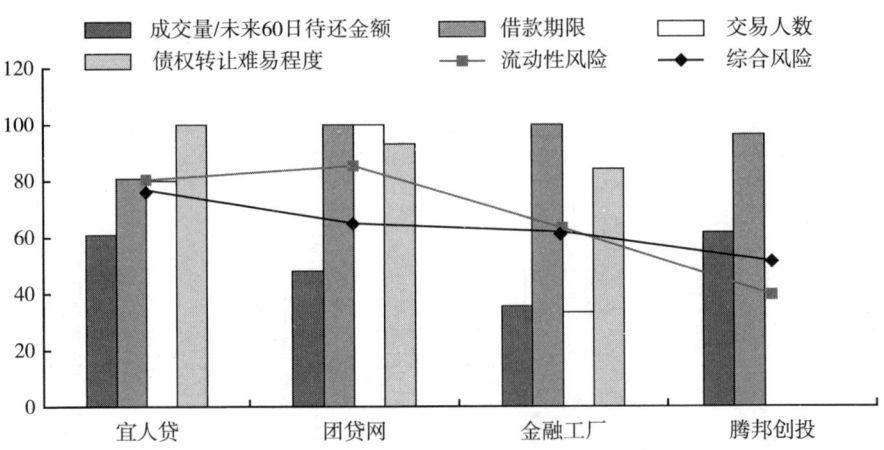

图 105 上市公司系流动性风险与三级指标关系

国际发展与比较篇

International Development and Comparison

B.4
网络借贷国际发展与比较

李 根 黄国平*

摘 要： 美国的P2P网络借贷行业因其证券化模式及监管的早期介入，使得行业发展集中。目前已经出现几家独大的垄断市场局面。但是仍然有新的创新模式不断涌现，从垂直细分市场挑战几家大机构的垄断地位。目前，仅Lending Club和Prosper两家平台就占据了约80%的市场份额。2014年以来，专注于大学生贷款市场的SoFi、CommonBond异军突起，同时，诸如LendingHome、Avant等平台发展引人注目。英国诞生了全球第一家P2P网络借贷平台Zopa。作为全球主要金融中心，英国金融市场高度发达。但是，英国长期存在着中小企业及社会大众难以参与传统金融市场的问题，金融服务长期偏斜向

---

* 李根，宜信研究院高级研究员；黄国平，博士，中国社会科学院金融研究所研究员。

大型机构，而中小企业却难以从传统金融机构借到资金。因此，P2P网络借贷、众筹、票据融资等作为替代性金融（Alternative Finance）才能应运而生并取得快速的发展。目前，英国P2P网络借贷行业累计成交量突破50亿英镑。受益于欧洲各国政府对P2P借贷开放与包容的态度，以及对新金融和中小微企业发展的大力支持，P2P借贷在欧洲有着良好的发展，产生了不少极具创新并对世界P2P网络借贷行业有影响力的平台。相较于网络借贷在中国和欧美的蓬勃发展而言，网络借贷在世界其他国家和地区则显得相对平静。

关键词： 网络借贷　众筹　替代性金融　普惠金融　国际发展

一　总体概况

在欧洲，P2P借贷被划归入替代金融（Alternative Finance）的范畴，即在传统金融体系（如受到监管的银行业和资本市场）之外的金融渠道和工具。替代金融的内容十分宽泛，如众筹、P2P借贷和第三方支付都属于替代金融。随着P2P借贷行业的发展与演进，借贷主体也从个人拓展到包括机构投资人、企业借款人，P2P借贷突破原先限制向更广的方向拓展这一现象已经全球化。在美国市场借贷（Marketplace Lending）这一称呼已经替代过去的P2P借贷，在线网络平台扮演过去的交易柜台，担任沟通信息撮合交易的功能，参与者自愿通过互联网完成借贷交易。

美国财政部在2016年5月10日发布了针对网络借贷平台的白皮书《网络借贷市场的机遇与挑战》（Opportunities and Challenges in Online Marketplace Lending），白皮书分析了美国网络借贷行业面临的市场环境和监管环境，并对网络借贷平台的定义作了如下界定。

网络借贷（简称"网贷"）市场是金融服务行业的一部分，它利用投资资金和数据驱动的在线平台直接或间接地借款给消费者和小微企业。网贷最初是以 P2P 形式出现的，P2P 是个人投资者和个人借款者的桥梁，使个人投资者可以直接借钱给个人借款者。随着产品形式和商业模型的演进，网贷的投资者基础已扩张到机构投资者、对冲基金和金融机构。随着投资者群体的外延与变化，严格来说，整个市场已不再仅包括 P2P，相应地我们称这些公司为"网贷平台"。

网贷平台有几个主要的相似点。第一，比起传统的面对面借贷申请过程，网络借贷公司通常能够提供给借款人更加快捷的融资服务体验，贷款决定一般是在 48～72 小时内做出的。第二，大多数网贷平台能够提供小额短期贷款，每天的资金汇款通常都是在银行账户中直接处理的。第三，网贷平台提供自动化的线上贷款申请流程且没有线下分支机构。第四，网贷平台依赖大量的资金渠道，包括机构投资者、对冲基金、个人投资者、风险资本和存款性金融机构。第五，网贷平台使用电子数据源和技术驱动的承销模式使诸如确定借款人身份、审核信用风险等流程自动化。例如，这些被用来确定借款人信用风险的数据源，通常不仅包括传统的承销统计数据（收入和债务情况），也包括实时的商务记账、支付和交易历史、小企业的线上舆情和其他非传统信息。网贷公司主要分为以下两种基本的商业模式。

（1）直接借贷，一般称为资产负债表网贷，这类平台发行贷款，并持有贷款作为公司投资组合的一部分（见图 1）。

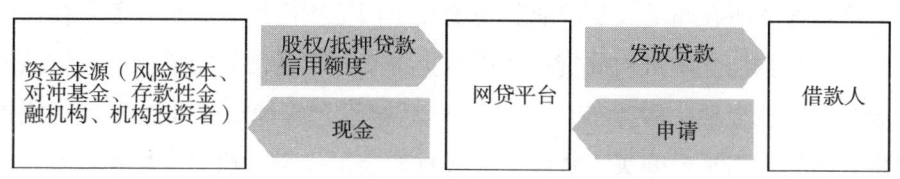

图 1　直接借贷模式

资料来源：美国财政部，《网络借贷市场的机遇与挑战》。

(2)平台借贷(类似中国的P2N模式),这类平台与发放贷款的存款性金融机构合作,它们购买这些贷款,然后将整笔贷款卖给投资者,或者通过发行证券产品(例如会员偿付支持票据)的方式转售给投资者(见图2)。

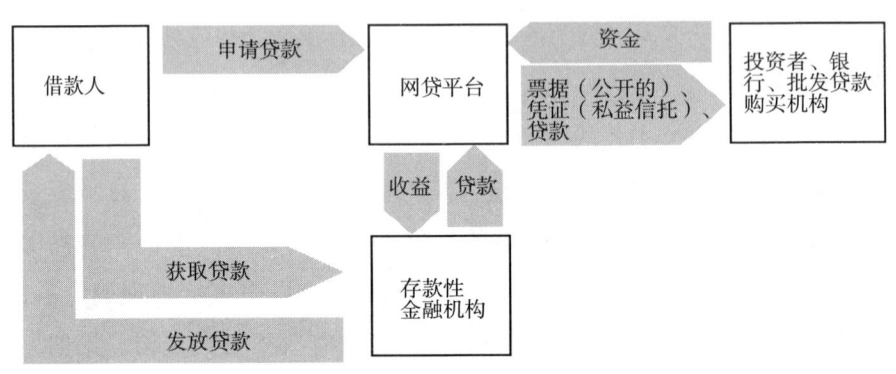

图2 平台借贷模式

资料来源:美国财政部,《网络借贷市场的机遇与挑战》。

直接借贷经常把贷款放在它们的资产负债表中,虽然行业一直在发展,但它们越来越依赖资金渠道,包括信用工具、贷款整笔出售和资产证券化等措施来为贷款募集资金。直接借贷的大多数收益来自从贷款上获得的利息收入和服务费。其他收入则可能包括将贷款卖给第三方团体的费用。

与存款性金融机构合作的平台,可以利用这类机构的放贷执照而不需要获取贷款业务所在州的放贷牌照,便能在全国范围内经营放贷业务。在这种模式中,存款性金融机构放贷给在平台上提交过申请信息的借款人。贷款随后会被存款性金融机构持有1~2天,然后被平台卖掉或是通过平台直接被投资者购买。当平台购买了贷款,这些贷款会被投资者购买,投资者将获得与贷款表现直接挂钩的一连串付款。这类工具被称为会员偿付支持票据。在这种网贷模式中,尽管个人投资者能够选择购买平台提供的多种贷款中的一部分,但是这类贷款不会形成资金池。因此,如果借款人违约,平台不用承担信用风险。随着市场的发展,网贷平台对于资金需求的客观要求以及便利机构投资人的目的,当前的平台也开始进入资产证券化市场来拓宽资金渠道(见图3和图4)。

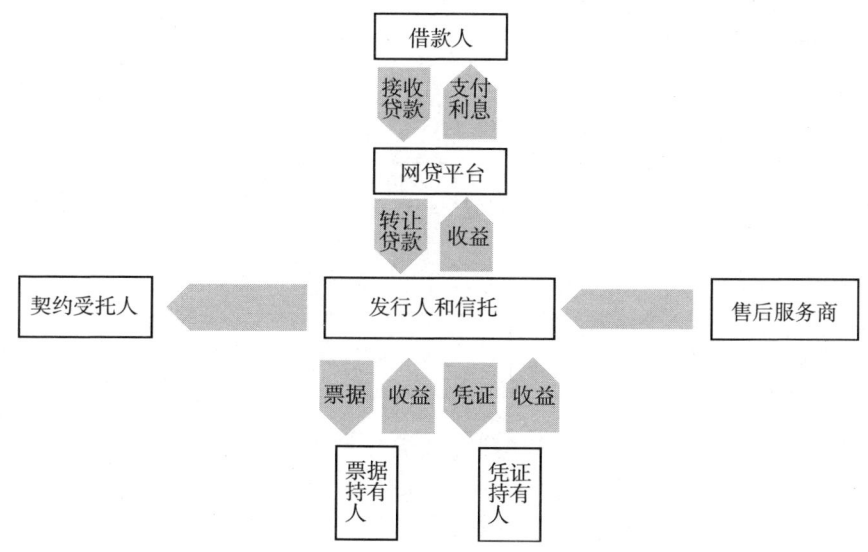

图3 直接借贷模式的资产证券化

资料来源:美国财政部,《网络借贷市场的机遇与挑战》。

二 美国网络借贷行业发展分析

美国的P2P网络借贷行业因其证券化模式及监管的早期介入,使得行业发展集中。目前已经出现几家独大的垄断市场局面,但是仍然有新的创新模式不断涌现,从垂直细分市场挑战几家大机构的垄断地位。目前,仅Lending Club和Prosper两家平台就占据了约80%的市场份额,但是在2014年,专注于大学生贷款市场的SoFi、CommonBond异军突起,同时,诸如LendingHome、Avant等平台都引人注目。

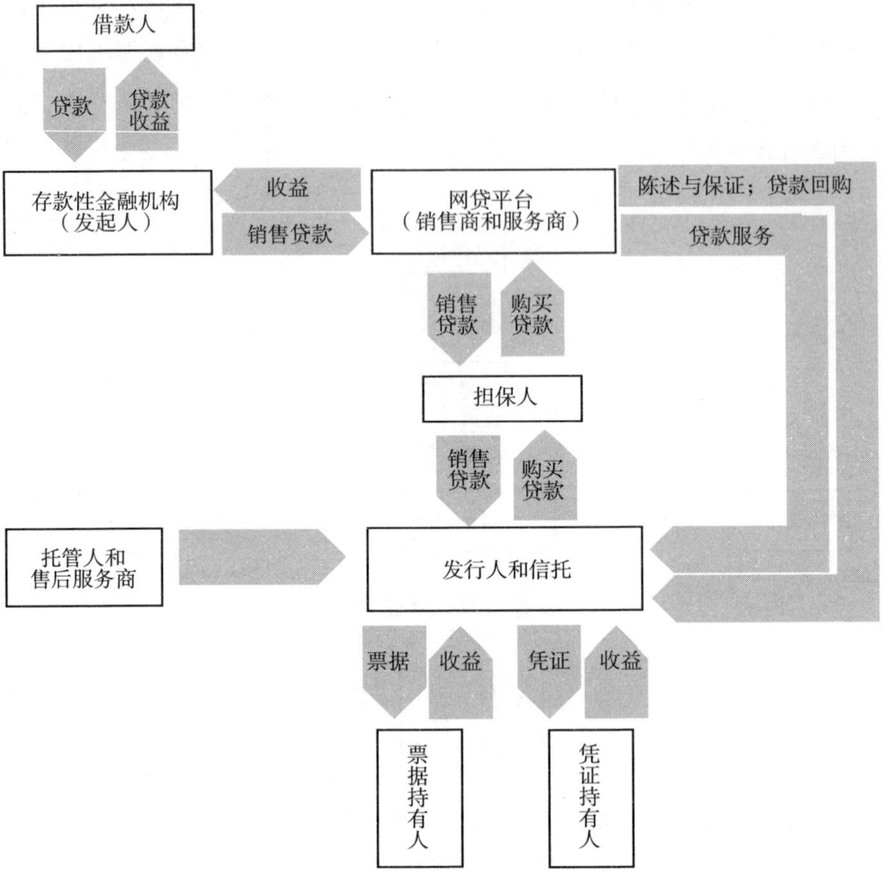

图 4　平台借贷模式的资产证券化

资料来源：美国财政部，《网络借贷市场的机遇与挑战》。

根据剑桥大学 2016 年发布的《美洲替代金融基准报告》数据，美国 P2P 消费借贷 2013～2015 年成交量达到 361.4 亿美元，3 年平均年增速 202.4%，增长极快。资产负债表消费借贷 2013～2015 年成交量达到 38.02 亿美元，虽然总量较小，但实际年增速到达 470.9%，2015 年已经总量已经增长很明显。P2P 房地产借贷 2013～2015 年成交量达到 9.41 亿美元，年增速 471%（见图 5）。

P2P 消费借贷 2015 年的平均借款规模为 24683 美元，相较于企业借贷

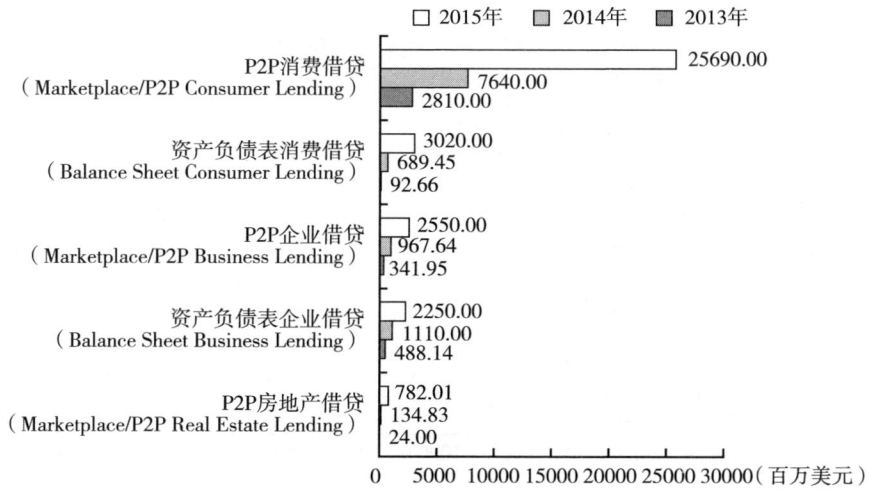

图 5　各模式年度成交量

资料来源：剑桥大学，《美洲替代金融基准报告》。

和房地产借贷，规模小很多，能支撑倍数于其他模式的交易总量，反映了 P2P 消费借贷的客户数量规模相当庞大。P2P 企业借贷 2015 年的平均借款规模为 85902 美元，是消费借贷的约 4 倍，个人投资者往往不能一次提供相当规模的资金，所以反映的就是每个借款项目平均需要 16 个投资人出借。资产负债表企业借贷 2015 年的平均借款规模为 48432 美元，房地产借贷 2015 年的平均借款规模为 404077 美元（见图 6）。

虽然网络借贷仍然是整个借贷市场中的一小部分，诸如银行贷款、信用卡、小额贷款等各类金融机构提供的借贷服务仍然是市场的主要供给，但是网络借贷市场发展得很快而且正在不断演变。当前的美国市场中主要有优先级、近优级消费者无抵押贷款，然后是小企业贷款和学生贷。市场分析师认为网络借贷的潜在市场规模（不考虑抵押贷款）会达到 1 万亿美元，并且到 2020 年贷款发行规模估计能达到 900 亿美元。网贷平台也开始涉足房地产抵押贷款和汽车抵押贷款，虽然两种类型的贷款规模只占到整个市场的一小部分。网贷平台的目标客户有为偿还信用卡欠款的用户、传统金融机构无法覆盖的小企业、偿还学生贷欠款的学生和用非银行贷款购车的借款人。

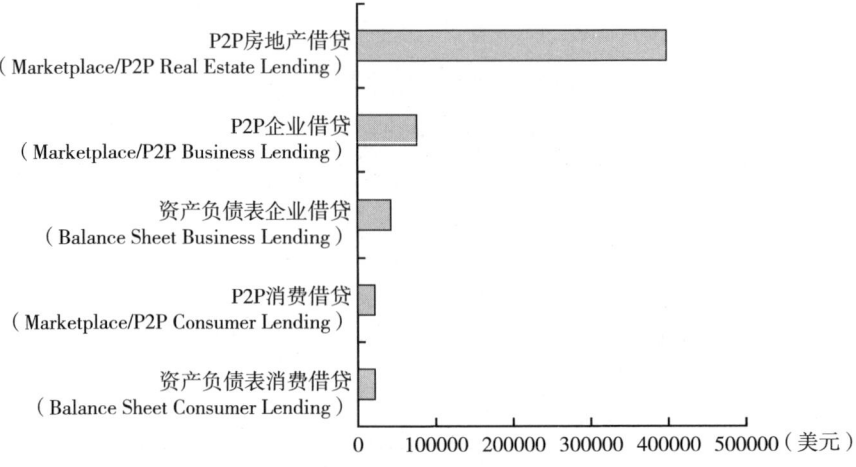

图6 2015年各模式平均借款额度

资料来源：剑桥大学，《美洲替代金融基准报告》。

机构投资者、风险资本、金融机构和对冲基金对网络借贷市场的强烈关注助推了这一行业的迅速发展。从股权融资的角度看，从2014年第四季度到2015年第四季度，以风险资本为背景的网贷平台在美国整个36项交易中共募集了27亿美元的资金。在2014年，投资者的关注使得网络借贷行业中的Lending Club 和 OnDeck 的首次公开发行股票双双取得成功，分别募集资金达到10亿美元和2.3亿美元。而且，机构投资者的进入引发一种生态系统的兴起，该系统由聚焦网络借贷的信息服务、风险分析和交易技术等类型的公司组成。

从债务的角度看，对于那些寻求分散投资和高收益的投资者来说，网络借贷成为一个具有吸引力的投资渠道。投资者需求的增强刺激了网贷平台对发行的整笔贷款进行资产证券化这一市场的发展，2013年诞生了第一份未评级的证券化交易定价，2014年则出现了第一份评级的证券化交易定价。直接借贷和平台借贷，消费贷平台和小企业贷款平台，它们正在对贷款组合进行资产证券化从而获取融资。截至2015年底，资产证券化的总规模已经超过70亿美元，2013年以来有超过40项的交易。

为了分散融资渠道，有些网贷平台要么正在成立内部对冲基金，要么正在登记注册附属公司作为投资咨询机构，从而购买一个公司的贷款或者参与资产证券化过程。例如 Lending Club 和 SoFi 已经各自发起成立了基金来扩充贷款的融资渠道。

网贷平台为融资者提供的产品包括消费者贷款、学生贷、小企业定期贷款、设备融资贷和信用额度。表1对网贷平台的产品情况进行了比较。整体来看，网贷机构较传统金融机构的区别不大。同时，一些网贷平台收取的利息水平明显高于传统金融机构和信用卡的利息水平。

表1 直接借贷模式

平台类型	平台名称	产品类型	利率范围	期限	金额范围（美元）	信用平均分	贷款发放费
消费借贷	Avant	定期贷款	9.95%~36.00% APR	2~5年	1000~35000	650	0.00%
	Lending Club	定期贷款	5.99%~35.96% APR	3~5年	<40000	699	1.00%~6.00%
	Prosper	定期贷款	5.99%~36.00% APR	3~5年	2000~35000	698	1.00%~5.00%
企业借贷	Funding Circle	定期贷款	6.98%~32.78% APR	1~5年	25000~500000	—	1.49%~4.49%
	OnDeck	定期贷款	7.30%~98.40% APR	3~36月	5000~500000	>500	2.50%
学生借贷	SoFi	定期贷款	3.50%~7.74% APR（固定）；2.14%~5.94% APR（可变）	5~20年	>5000	—	0.00%

资料来源：美国财政部，《网络借贷市场的机遇与挑战》。

三 英国网络借贷发展现状与分析

2005年，英国诞生了全球第一家 P2P 网络借贷平台 Zopa。作为全球金融中心之一,英国金融市场高度发达。20世纪80年代以来,英国的金融服务市场快速发展,传统的商业银行不断发生兼并收购,截至2005年,英国前5大商业银行已经占据零售银行业务70%市场份额。苏格兰皇家银行是英国最大的零售银行,在英国拥有2274家分支机构,服务1400万个人客户,包括储蓄账户、信用卡、投资产品、个人贷款、抵押贷款和保险等总共70多种服务。

虽然传统商业银行势力强大,但以乐购为代表的大型零售商和以Egg为代表的网络银行纷纷进入金融服务市场,市场份额不断上升。带来这种变化的两个原因是:首先,人们不再像以前那样只选择一家银行,而是对价格更加敏感,会选择在多个机构开立账户;其次,通过采用新技术、增加客户互动、提供有竞争力的利率和更好的客户服务,网络银行和提供金融服务的零售商越来越吸引年轻一代。同时英国长期存在着中小企业及社会大众难以参与传统金融市场的问题,金融服务长期偏向大型机构,而中小企业却难以从传统金融机构借到资金。基于这些原因,P2P网络借贷、众筹、票据融资等作为替代性金融才能应运而生并取得快速的发展。

根据英国P2P网络借贷行业专业协会P2P金融协会(Peer to Peer Finance Association,简称P2PFA)统计数据,截至2016年第一季度结束,英国P2P网络借贷行业累计成交量突破51.14亿英镑,本季度新增贷款7.15亿英镑。相较3年前,行业有了爆发式发展,行业成交量从5亿英镑增长到了约10倍的规模(见表2)。

表2 英国P2P网络借贷行业数据

单位:英镑,人

P2PFA成员数据统计	2015Q1	2016Q1
累计出借金额	4399000000	5114000000
贷款余额金额	2155000000	2446000000
新增贷款金额	660000000	715000000
偿还本金金额	364000000	414000000
净出借金额	291000000	304000000
出借人数	128637	141321
借款人数	273587	306885

资料来源:P2PFA披露信息。

根据《英国替代金融行业报告 2014》数据，2014 年英国中小企业借贷、个人借贷、票据融资的成交量分别是 7.49 亿英镑、5.47 亿英镑和 2.7 亿英镑，增长速度分别为 250%、108% 和 174%（见图 7）。这种增长速度在很大程度上可以归因于现有平台的强劲扩张和新鲜血液的不断创新。与此同时，虽然 2014 年英国 P2P 借贷市场交易额增长极快，但其贷款违约率仅有 0.19%，相较 2013 年的 0.44% 而言，下降了 0.25 个百分点。

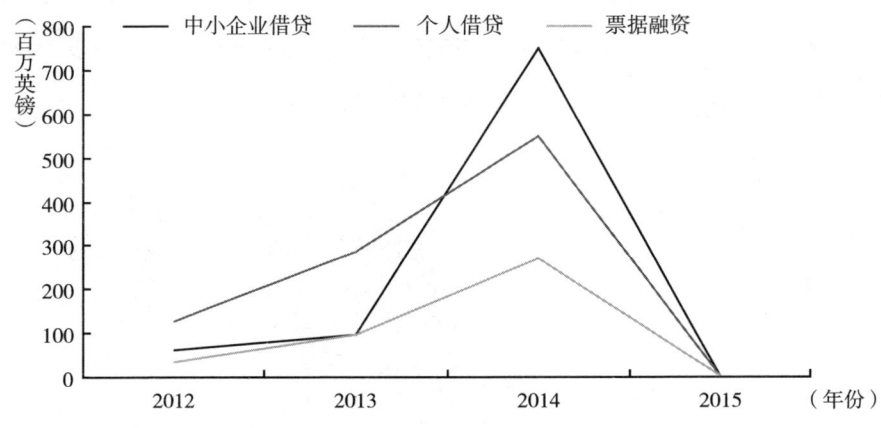

图 7　英国 P2P 借贷交易规模

资料来源：《英国替代金融行业报告 2014》。

四　欧洲大陆网络借贷发展分析

2005 年 2 月英国第一家 P2P 网络借贷平台 Zopa 在伦敦成立，开拓了世界 P2P 网络借贷发展的道路。在英吉利海峡隔海相望的对岸，欧洲大陆继英国 Zopa 诞生之后也如雨后春笋般产生了许多 P2P 借贷平台。受益于欧洲各国政府对 P2P 借贷开放与包容的态度，以及对新金融和中小微企业发展的大力支持，P2P 借贷在欧洲有着良好的发展，产生了不少极具创新并对世界 P2P 网络借贷行业有影响力的案例。

英国剑桥大学对欧洲替代金融市场整体情况进行调研，并于 2015 年发

布了《欧洲替代金融基准报告》。报告统计了 2012~2014 年欧洲 27 个国家的 255 家替代金融平台数据，囊括了股权众筹（Equity Crowdfunding）、奖励众筹（Reward – Based Crowdfunding）、公益众筹（Donation-based Crowdfunding）、P2P 消费者借贷（P2P Consumer Lending）、P2P 企业借贷（P2P Business Lending）、票据交易（Invoice Trading）、债权类证券（Debt-based Securities）、社区股票和小额贷款（Community Shares/Microfinance）等业务形态。根据剑桥大学的调研数据，替代金融机构成立最多的欧洲国家分别是英国、西班牙、法国、德国和荷兰。这 5 个国家分别现在或曾经是世界经济强国，一定程度上反映了替代金融的繁荣受到国家经济活跃度的影响（见图 8）。

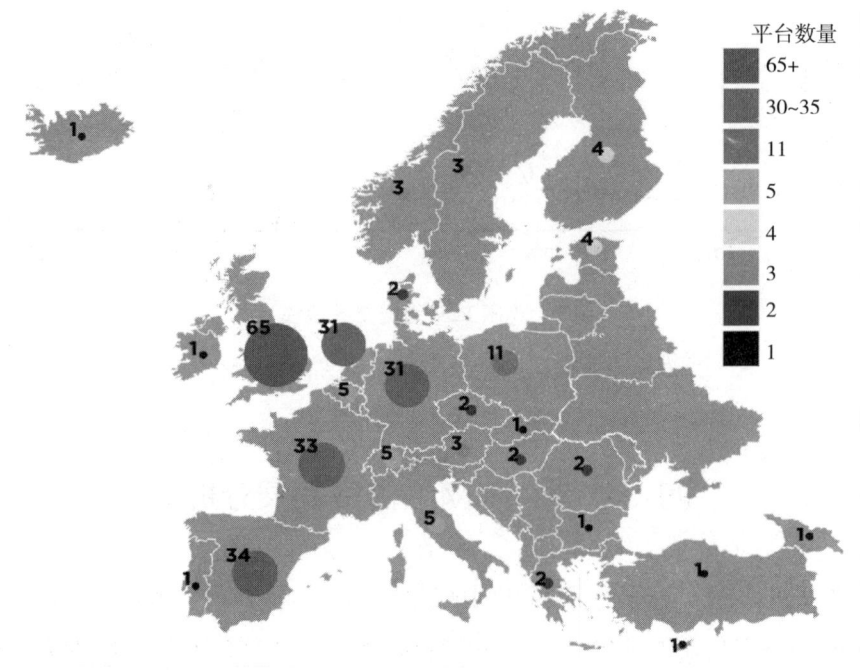

图 8 2014 年欧洲各国替代金融机构地理分布

资料来源：剑桥大学，《欧洲替代金融基准报告》。

而从成交量来看，2012~2014 年统计数据显示，最多的为英国、法国、德国、瑞典、荷兰和西班牙（见图 9）。2012~2014 年，替代金融为欧洲的个人、企业、社区、慈善等提供了共计46.55亿欧元的融资。庞大的规模是由高速的发展支撑起来的，自2012年起，欧洲替代金融市场就保持着平均146%的年增长率，从4.87亿欧元增长至12.11亿欧元，2014年飙升至29.57亿欧元，达到5倍以上的增长（见图10）。

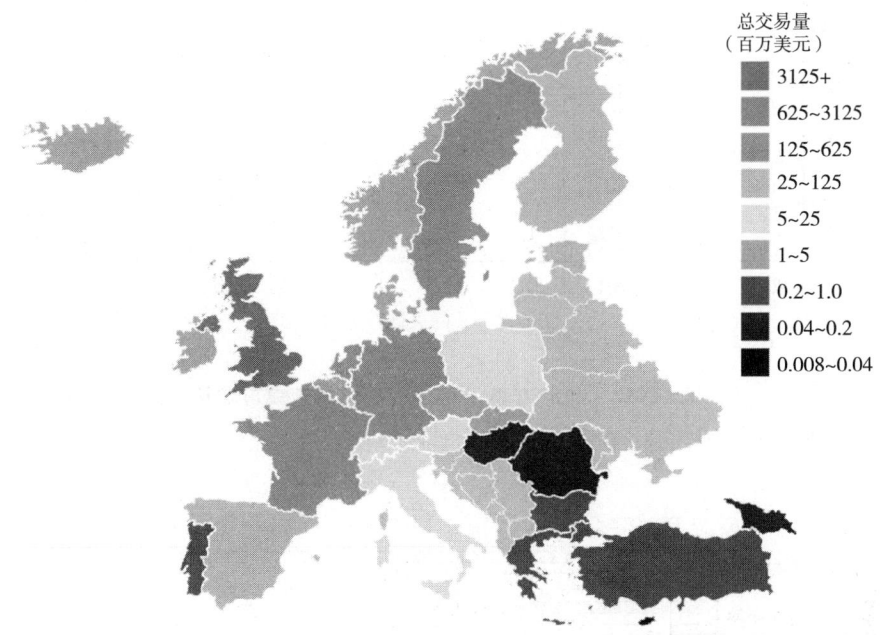

图9　2012～2014年欧洲各国替代金融总计交易金额分布

资料来源：剑桥大学，《欧洲替代金融基准报告》。

各替代金融模式的发展速度相差很大，2014年欧洲大陆（不包括英国）P2P消费者借贷达2.7462亿欧元，奖励众筹达1.2033亿欧元，P2P企业借贷达0.931亿欧元，股权众筹达0.826亿欧元。这四种业务形态发展最快，同时规模也最大。2012～2014年，P2P企业借贷的平均增长率为272%，奖励众筹的平均增长率为127%，股权众筹的平均增长率为116%，P2P消费者借贷的平均增长率为113%（见图11）。

根据英国替代金融媒体AltFi的最新统计数据，截至2016年4月6日，欧洲大陆的替代金融历史累计总成交金额已经超过15亿欧元。而在2015年

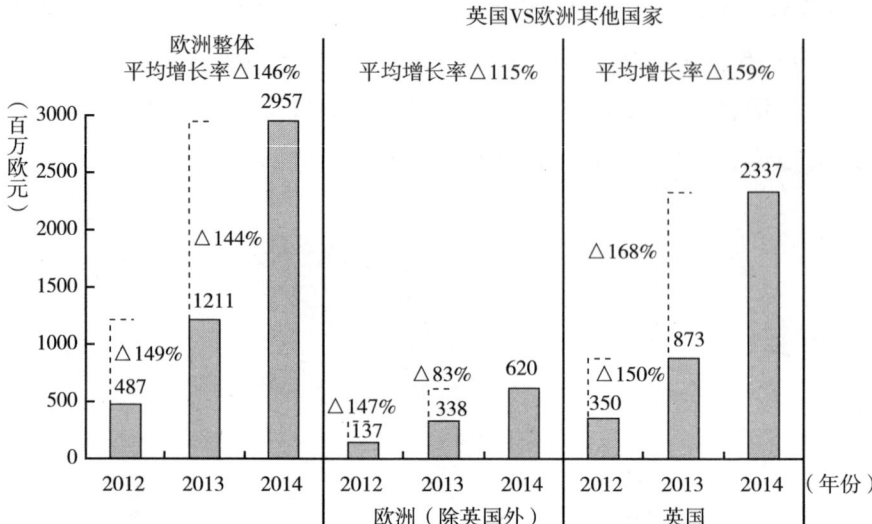

图10 2012～2014年欧洲替代金融市场规模与增长率

资料来源：剑桥大学，《欧洲替代金融基准报告》。

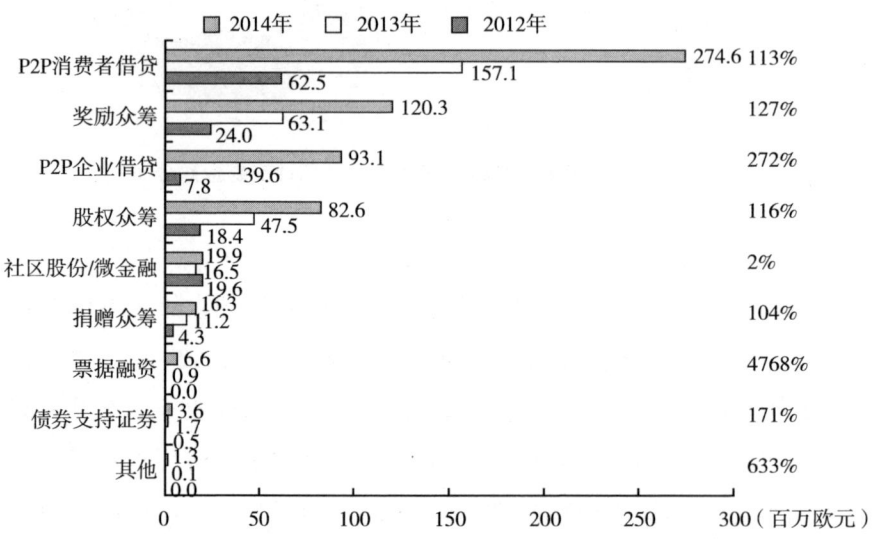

图11 2012～2014年欧洲大陆各替代金融市场规模

资料来源：剑桥大学，《欧洲替代金融基准报告》。

底,历史累计总成交金额还仅是13.4亿欧元,2016年不到4个月便完成了超过1.6亿欧元成交量。反观2015年,全年成交量为6.74亿欧元,2015年较上年的增速仅为102%。替代金融在欧洲大陆于2015年似是遭遇发展瓶颈,但在2016年之初便重回高速发展之路。从交易对象和业务形态来看,面向小企业的企业借贷占市场主体,占2015年总成交量的81%,复合年增长率为112.9%;面向个人的消费者借贷则仅占市场整体规模的17%,复合年增长率为91.1%。

五 其他国家和地区网络借贷发展状况

相较于网络借贷在中国和欧美的蓬勃发展而言,网络借贷在世界其他国家和地区则显得相对平静。

日本网络借贷平台数量到目前为止仍然是个位数,其中,Maneo股份有限公司和Exchange Corporation KK公司是日本网络借贷平台最早运营商。Maneo公司成立于2007年,2008年正式推出Maneo平台。随后,Exchange Corporation于2009年推出AQUSH网络借贷平台,SBI集团于2011年正式推出SBI平台。Crowd Securities Japan公司(以前为Midori Securities)2013年底推出日本的第四个网络借贷平台Crowd Bank。Crowdcredit公司2014年6月推出日本第五个网络借贷平台。Maneo最初侧重于消费借贷,之后转向中小企业借贷。AQUSH早期也是侧重消费借贷,后来拓展到房地产抵押贷款和海外消费贷款。SBI则专注于证券抵押消费贷款。Crowd Bank提供中小企业贷款和房地产抵押贷款,也向亚洲的小额信贷机构提供海外小额贷款。Crowdcredit是日本首个专注于跨境网络的借贷平台。目前,已经投资了秘鲁的信贷市场,这是进入拉美市场的开端。相较于英国或美国快速增长的P2P借贷市场,日本的P2P借贷市场增速相对缓慢,这可能是因为日本的借款人更容易通过传统的金融体系获得贷款。

韩国网络借贷行业被归类为贷款业,既不易获得国内风险投资,也很难

金融蓝皮书

上市,这是因为网络借贷和相关法律明确的互联网金融企业条件相违背。依据《中小企业创业支援法》,网络借贷被政府对金融、保险业、不动产等创业支援堵住了出路。为此,针对迅速崛起的互联网金融企业拿不到风险投资的争论,2016年3月韩国修订此类法案,让互联网金融业也能获得风险投资。自此多数只能从国外风险投资获得一定数额资金的互联网金融企业也成功地获得了国内的风险投资。然而,即使是根据修订的《中小企业创业支援法》,网络借贷企业还是不可能拿得到风险投资,这是因为在韩国法律规定的标准产业分类里,互联网金融企业不仅属于其他金融服务,而且还要求企业IT有关业务所产生的销售额占所属企业总销售的一半以上。目前,韩国网络借贷可注册为贷款业务,这实际上就属于传统金融服务范畴,也可以注册为网络企业,因为实际销售来自贷款业务,所以也不被承认是互联网金融企业。目前,唯一上市的贷款平台企业LeadCorp是通过上市公司收购的方式迂回上市的。

印度网络借贷平台充当的是贷款人和借款人的联系平台,即帮助建立借贷双方的匹配。通常,借款人和贷款人在网贷平台上注册自己的账号之后,网贷平台会进行征信调查,并评判注册客户是否能够被允许参加贷款和借款活动。这些平台往往遵循逆向拍卖模式,即贷款人起草借款人的贷款提议,借款人可以自由地选择接受或拒绝该要约。一些平台同时提供信用评估等附加服务。印度网络借贷贷款总额目前没有可靠的数据,但是,网络借贷平台数量一直在增加,目前,印度大约有30家网络借贷平台企业,其中一些的主要目标是向小企业提供信贷业务。

六 网络借贷监管政策与体系国际比较与分析

(一)美国监管政策与体系

美国政府没有对网络借贷出台专门的法律法规,而是采用在现有体制下进行多层监管。自2008年起,美国证券交易委员会就认定通过P2P贷款机构发行的票据是证券,必须在该机构进行登记。由此,美国政府正式开启对 P2P 借贷行业的监管。根据法规要求,P2P 借贷公司运营必须遵循一系列关于透明度和消费者保护的联邦和州证券法。公开发行证券需要取得各州的许可证,联邦机构(例如联邦贸易委员会,联邦存款保险公司)及各州政府都会对 P2P 借贷行业进行监管。此外,P2P 借贷行业还涉及消费金融,消费者金融保护局(CFPB)也会对 P2P 借贷平台进行行为监管。美国网络借贷监管架构和内容参见表 3。

表 3 美国网络借贷监管构架、监管内容及具体措施

监管部门	监管职责	P2P 借贷监管具体措施
美国证券交易委员会(SEC)	是 P2P 网贷平台的主要监管者,其实施业务准入监管	网贷平台在 SEC 注册证券经纪商资格和证券收益权凭证产品; 强制信息披露提高网贷平台产品的透明度和标准化
联邦贸易委员会(FTC)	确保国家市场行为具有竞争性,不受不合理的约束	监督并制止平台不公平、欺骗性的行为和做法; 对消费者投诉案例负有执法责任
消费者金融保护局(CFPB)	对提供消费者金融产品及服务的金融机构实施监管,保护金融消费者权益	收集和建立网络借贷金融消费者投诉的数据库; 制定网络借贷消费者保护法规; 对消费者投诉案例负监管责任
联邦存款保险公司(FDIC)	为存款提供保险、检查和监督,维护美国金融体系稳定性和公众信心	对网络借贷公司关联银行承保,并对 P2P 借贷公司流经银行的款项进行检查和监督; 要求关联银行遵守金融消费者隐私条例
金融稳定监管委员会(FSOC)	识别、预防系统性金融风险,维护金融稳定	有权要求美联储对网贷平台进行检查; 可授权美联储对网络借贷平台公司拥有正式监管权
美联储(the Fed)	履行中央银行职责	检查 P2P 借贷公司; 特许直接监管 P2P 借贷公司

网贷平台与传统金融机构发放的贷款均处在许多联邦法律相同条文的监管之下。就《联邦消费者保护法》来说,这项法律适用于双方。《多德弗兰克法案》授予金融消费者保护局监管非银行金融机构的权力,这能使该机构的监管权力范围扩大至符合更宽泛监管规定的实体企业。但是,《联邦消费者保护法》有适用限制,它仅仅适用于消费者贷款,而消费者贷款的通常定义是为个人、家人和家庭用途而发放的贷款。一般而言,《联邦消费者

保护法》不适用于小企业贷款，但是《平等信用机会法案》以及《联邦贸易委员会法案》第5节中关于禁止不公平行为或欺诈行为的法律条文适用于小企业贷款。

在美国，关于P2P借贷监管的架构十分复杂，根据Chapman&CutlerLLP 2014年4月的白皮书，这一监管架构包括很多方面。一定程度上，下述的所有美国法律、法案、法规在P2P借贷监管中都发挥一定作用：《证券法》、作为新的私募规则的《506规则》、《蓝天法案》、《证券交易法》、《投资公司法》、《投资顾问法》、风险保留要求、与证券化相关的法律、借款法及贷款人注册和获取执照、高利贷法、银行秘密法案监管、与第三方使用银行许可证相关的事项、州执照要求、消费者保护法、借贷真实法案、联邦贸易委员会法案、公平借贷法及其他法律、与债务清收程序相关的法规、隐私法、电子消费法、多德弗兰克法案以及其他的破产及税务考虑。另外，美国证券交易委员会在2015年10月通过的《JOBS法案》，其中补充添加了许多P2P借贷行业监管细则。

（二）英国监管政策与体系

英国1979年建立了投资和存款保护制度，根据2000年的《金融市场与服务法案》，英国金融服务监管局（Financial Service Authority，简称FSA）在2001年建立了金融服务补偿计划（Financial Services Compensation Scheme，简称FSCS），该计划规定：任何英国公司一旦被FSA批准在英国运营时，将自动成为FSCS成员。FSCS的成员出现问题面临倒闭时，金融服务补偿计划便会对符合条件的存款人、投资人或投保人按固定比例支付赔偿，最大上限为8.5万英镑（约合14万美元，于2015年由审慎监管局下调至7.5万英镑）。由于RateSetter等P2P网络借贷机构并不是银行等被纳入补偿计划的目标机构，因而只能通过其他方式为借贷双方提供风险保障，Zopa采取的是商业投保，RateSetter则采用了准备金的方式。

2013年之前，英国金融行业的主要监管机构是金融服务监管局，彼时RateSetter已经成立3年，然而由于P2P网络借贷行业被定义为新兴借贷中介业务，不适用于当时的任何一种监管类别的范畴，未被纳入英国的金融监管体系，未能接受金融服务监管局的监管。2013年，英国开启了新一轮的金融监管体系改革，将金融服务监管局拆分为了审慎监管局（Prudential Regulation Authority，简称PRA）与金融行为局（Financial Conduct Authority，简称FCA）。其中审慎监管局负责对金融活动的审慎监管，金融行为局负责监管各类金融机构的业务行为，促进金融市场竞争，保护金融消费者，但因为P2P网络借贷机构的监管归属问题仍未解决，P2P网络借贷机构依然被排除在监管体系之外，仅是将其划归由英国公平交易办公室（Office of Fair Trading）管理，负责保护借款人免受违规贷款人的损害。2014年，随着公平交易办公室被撤销，P2P网络借贷机构的监管终于转移到了英国金融行为局。

英国改革后的金融监管体制属于一种"双峰"金融监管体制，即英格兰银行之下设审慎监管局和金融行为局这两个金融监管局，直接监管英国约2.7万个各类金融机构。两局职能有别，前者主要监管银行、存款、保险、信贷和大型投资机构；后者监管对象为其他金融企业，例如中小型投资机构、保险经纪、基金等。两局之上是英格兰银行的金融政策委员会，负责识别和采取行动，消除或降低系统性金融风险，并负责对两局提供指导和建议。"双峰"金融监管架构针对之前英国金融监管机制缺乏协调的弊端，废除了原先由英格兰银行、金融服务局和财政部三方监管的体制，使英格兰银行除了负有货币政策职能，还负起了全面监管金融机构的职责。

英国P2P网络借贷行业很早就认识到了行业监管的重要性。2011年8月，三家英国创立较早且知名度较高的机构Zopa、RateSetter和Funding Circle自发联合成立了自律性协会P2P金融协会（Peer to Peer Finance Association，简称P2PFA），这是英国第一家P2P网络借贷行业专业协会，旨在推动高标准的行业准则和对消费者的保护。目前，P2PFA协会发展了很多新成员，其中包括Landbay、Lendingworks、LendInvest、MarketInvoice、ThinCat等比较有影响力的平台，P2PFA协会已经代表了占有英国P2P网络

借贷市场90%份额的机构。P2P金融协会制定了适用于所有会员的行业行为准则,重点在于对交易参与者的保护和对平台风险的管控。在维护借贷双方权益方面,准则规定,平台需披露自身坏账率及近5年的信贷状况、公开收益率计算模型及近5年收益率等关键信息;需让借贷双方了解涉及收费项目的具体细节,以及一旦发生纠纷后的投诉解决流。风险控制方面,准则对防范可能出现的洗钱、诈骗等潜在风险作出了规定:贷款人资金需与平台资本及资产相隔离,单独进入开设在银行的存管账户,并每年接受专业机构的独立审计。平台方面,还需要为停止运营后的借贷合约处理做好预案。准则中的不少内容,填补了金融行为局后期推出的监管法案中的空白,是P2P网贷行业监管的重要组成部分。

为保护金融消费者权益,维护行业声誉,特别是为小微企业和社区提供创新性融资手段,2013年10月英国金融行为局发布了《关于众筹及类似行为的监管方法》的监管征求意见报告,在此基础上2014年3月英国金融行为局正式对外发布了《关于通过互联网众筹及通过其他媒介发行非易于变现证券的监管方法:对于CP13/13的反馈说明及最终规则》(以下简称《最终规则》),该监管方法被视为全球首部针对P2P网络借贷制定的监管法规。新规则已于2014年4月1日起实施,FCA计划在2016年对监管规则实施情况进行评估,并视情况决定是否对其进行修订。在这部监管规则中,P2P网贷与P2B网贷(Peer-to-Business Lending,即个人对企业借贷)被共同界定为"借贷型众筹",和"投资型众筹"一起,被金融行为局正式纳入专业监管。《最终规则》中,对P2P网贷平台的准入与退出、信息披露以及纠纷解决处理作出了明文规定,不少内容与P2P金融协会准则一脉相承。行业准入方面,为保证平台万一倒闭时仍具有一定抗风险能力,规定将5万英镑,或按平台余额分段乘以固定百分比后累加得出的金额,两者取高值作为平台审慎资本。退出方面,为防范平台出现倒闭,危及投资者利益,规定平台需事先制定计划,以便倒闭后平台内的借贷关系仍能继续得到管理,借款人的资金不至于血本无归。信息披露方面,规定平台需披露自身信息及提供服务信息,尤其是风险披露,使参与者能如实、全面了解情况,做出投资决策。平台还需按时向金融行为局提交动态报告。纠纷解决方面，规定鼓励平台建立符合自身实际情况的争端解决机制，以避免不必要的花费。同时确保交易参与者在必要时，能向金融监管机构提出申诉，具体分为以下几方面。

（1）最低资本要求。监管规则在最低资本要求中设立两个指标，取两个指标中的较高值作为最低资本。一是固定资本，在2017年4月1日前为2万英镑，在2017年4月1日之后为5万英镑；二是浮动资本，P2P网络借贷平台要根据平台借贷资产总规模的情况，采取差额累计制补充资本金。

最低资本金额的要求出于控制平台的发展速度，一方面保证从业机构的质量，另一方面保证投资人的权益。确保平台在出现风险事件时能够有充足的资金应对。

（2）客户资金保护制度。平台应分类管理客户资金，并须每年向监管机构报告其资金分类结果。P2P网络借贷平台的客户资金必须托管于银行，并且对第三方托管进行尽职调查。平台为客户开立银行账户时，需得到银行的签章，该账户资金为平台客户所持有，平台不得使用客户银行账户资金抵消平台自身债务。建立资金处置程序处理平台倒闭或银行倒闭时客户的资金，包括客户尚未出借的资金应立即返还给客户，平台因倒闭注销后不得继续接受借款人归还的借贷本息。

（3）信息披露制度。FCA要求的信息披露主要涉及两个方面：一是关于平台业务的信息，主要包括过去和未来投资情况的实际违约率和预期违约率、概述计算预期违约率过程中使用的假设、借贷风险情况评估描述、担保情况、可能的实际收益率、有关税收计算的信息、平台处理延迟支付和违约的程序等；二是关于平台提供的服务信息，包括联系方式、FCA的授权文件披露、运营报告、费用说明、计提风险备付金。

（4）信息报告制度。为便于监管机构了解借贷平台的运营情况，借贷平台需每个季度向FCA报告相关审计数据，包括财务状况报告、客户资金报告、投资情况报告等。

（5）合同解除。主要规定了消费者单方面解除合同的规则，即投资冷静期或反悔期，包括两种情况：一是P2P借贷平台有二级市场，投资者可

以转让其债权则不享受解除权;二是P2P借贷平台没有二级市场,投资者在14天内可以取消投资且不承担任何限制和责任,但在这14天内不允许再次投资。

(6)平台破产后借贷管理安排规则。平台如果破产,应当继续对合同期限内的借贷合同继续管理,对贷款管理作出合理安排。平台需制定有关管理未到期贷款、向出借人分配偿还资金、追踪延迟支付或违约支付的适当规则,具体应当包括:未到期的借贷可以由其他网络借贷型众筹平台或债务管理人管理,由未到期借贷收益支付管理费用;客户资金应当按照《客户资金规则》分配给出借人,但是破产清算过程中产生的破产管理人向出借人分配资金的费用由出借人按照比例负担;为客户设立新的银行账户以接受未到期借贷的本息还款;不得发生新的借贷,但已有的借贷合同初始条件继续有效。

(7)争议解决机制。当投资者对平台的服务不满意时,可先向平台投诉,平台收到投诉之后,必须尽职、公平调查,及时解决投诉问题,在八周时间内进行初步审查并给予投诉者回应。之后,投诉者如果对处理结果不满意,可向金融申诉专员(FOS)投诉解决纠纷,该机构在职责范围内参考相关法律、监管规定、行业守则等进行处理。

(三)法国监管政策与体系①

法国P2P借贷和众筹都属于"参与融资"的范畴,法国金融审慎监管局(ACPR)对行业中的机构准入、个体行为等进行监管,法国金融市场监管局(AMF)对行业规范和涉及金融市场和产品的部分进行监管。2013年5月,ACPR和AMF联合发布了业务指引,对于该行业中某类具体的业务是否属于信贷机构的范畴、是否需向ACPR申请信贷机构牌照、是否需遵守AMF的市场规定等,进行了较为详细具体的规定。

---

① 本部分主要内容引自张晓艳著《P2P网络信贷监管制度国际经验的研究》(载于《中国网络信贷行业发展报告(2014~2015)》);郑联盛、王寿菊著《法国是如何保护网络借贷投资者权益》(载于《中国证券报》,2016年7月26日)。

法国财政与经济部是法国金融服务业的主管部门，主要负责起草、修改和完善相关法律。经过一系列的整合，法国监管机构被合并成两家：法国金融审慎监管局和法国金融市场监管局，分别负责对信贷机构及保险公司的审慎监管和对金融市场的监管。法国金融审慎监管局负责对信贷机构和保险业进行监管，关注金融机构的履约能力和资格，拥有监管、处罚的职能和危机时的处置权，该机构隶属于法兰西央行，局长由央行行长兼任。法国金融市场监管局负责对金融市场进行监管，关注的是投资者整体和众多的金融产品，旨在确保市场透明度和公众信息知情权，监督市场参与者，注重金融机构同投资者的关系。对于两者监管重叠的部分，则由两个监管部门共同监管。

法国网络借贷和股权众筹等统称为众筹，不管是网络借贷平台还是股权众筹平台都统称为众筹平台。法国网络借贷业务主要由法国金融审慎监管局（ACPR）和法国金融市场监管局（AMF）进行相关的监管。如果某家众筹机构的业务包括支付、发放贷款等业务，需要向 ACPR 申请信贷机构牌照；但是，如果某众筹机构仅是中介机构，贷款由另一家具有资质的信贷机构发放，则该机构不需要申请信贷机构牌照，也不接受 ACPR 的监管，而主要接受 AMF 的监管。

法国是第一个制定了众筹监管规范的发达国家。2014 年 2 月 14 日法国财政与经济部公布了针对包括网络借贷在内的众筹业务专门监管法律草案，征求意见后已于 2014 年 10 月 1 日正式施行。包括 P2P 网络借贷在内的众筹机构作为一个中介机构必须在监管部门进行注册。另外，监管部门要求，从 2016 年 7 月 1 日起，众筹机构必须由专业性的债务保险机制覆盖，并向客户公布其保险能否覆盖其投资范围。

对于借贷型众筹（即 P2P 网络借贷）的规范主要涉及一个基本原则和四个重要规范。基本原则实际上是整个制度规范的总体要求，总体要求主要涉及三个要点。一是准入及分类。要求 P2P 平台要在政府进行相关的注册程序，即存在一个准入过程；同时根据业务类型的差异接受不同程度的监管，即分类监管。二是透明度。要求所有的众筹平台遵循透明度原则，需要

坚持动态的信息披露机制，在重大事项发生之后应该在两个工作日内进行披露，否则视为违法。三是消费者保护原则。包括 P2P 在内的众筹平台需要坚持以公平对待消费者保护为基本原则，不能以众筹人或平台的利益而损害消费者利益。

借贷型众筹的四个重要规范，一是必须设立一个符合相关标准和规范的平台。这个平台作为独立法人是没有资本金要求的，但是，需要在相关的监管部门进行注册，根据业务实行差异化的监管。二是信息披露。平台应该对其的运作流程、相关成本、借款人信息、借款资金用途、风险情况等进行"终身"的信息披露，且不可以有欺诈、隐瞒或扭曲信息的情况。三是备案。P2P 平台的产品采取备案制的方式进行注册，对于交易金额不高于 100 万欧元的众筹简化报备程序，对于 100 万欧元以上的项目则需要履行更多的报备义务。四是融资主体。主要是鼓励中小微企业特别是创业型企业及个人进行融资。

（四）德国监管政策与体系

P2P 网络借贷在德国处于起步阶段。德国 P2P 网络借贷市场主要由 Smava 与 Auxmoney 两公司垄断，它们均从 2007 年开始运营。Smava 委托德国信用评级公司 Schufa 对借款人进行强制评级，并根据评级优劣将借款人分为 A 至 H 级不等。Auxmoney 不强制对借款人进行评级，但要求借款人须满足一些必要条件①。贷款需通过公开拍卖方式达成②。拍卖需在规定期限内结束。拍卖结束前，贷款人可自由更改原有报价。拍卖一经结束，借款人将按报价优劣对贷款人进行排序，直至筹足所有资金。德国 Smava 和 Auxmoney 平台都不承担信用风险。在 Auxmoney 中，由贷款人承担所有风险；在 Smava 中，贷款人可采用两种方法规避风险，一是委托 Smava 将不良贷款

---

① 必要条件包括：年龄在 18～70 岁；德国居民；拥有一个储蓄账户。借款人可根据意愿公开自己的其他信用信息，也可委托 Auxmoney 对其进行评估。Auxmoney 将审查借款人就业记录、银行账户及征信状况等。

② P2P 网络借贷公司要求借款人将资金需求挂在网络平台上，内容包括借款金额及最高可承受利率，贷款人展开竞标。

出售给专业收账公司，二是利用"同类贷款人共同分担"（Anlegerpools）原则分担损失。

根据《德国银行法》的规定，任何吸收存款或进行放贷的机构，均应从 BaFin（德国联邦金融监管局）处申领银行牌照。为规避监管，德国网络借贷平台一般委托银行办理资金收取、支付及放贷①。德国网络借贷潜在风险：一是贷款人可能低估信贷风险，毕竟许多贷款人之所以选择网络借贷，主要是因为回报率高；二是可能出现道德风险，比如，贷款损失分担模式虽有助于降低单个贷款人风险，但是单个贷款人也可能会将"同类贷款人共同分担"原则纳入贷款决策中，更愿意向"高风险、高收益"项目提供资金；三是贷款人利用电脑减少自身审贷责任。目前，德国网络借贷网站多数都引入自动筛选功能，可按照贷款人意愿，对借款需求进行筛选，无须贷款人自己判断。

由于德国网络借贷资金归集、支付及放贷均通过银行进行，而后者受 BaFin 严格监管，因此，尽管德国网络借贷存在多种风险，但不会对金融稳定产生太大影响。2016 年，德国议会通过了《小投资者保护法案》，并于 2016 年 7 月分阶段正式实行，旨在加强对诸如众筹（也应包括网络借贷）类投资者保护。

（五）印度监管政策与体系

网络借贷通常是印度储备银行（RBI）的管辖范围，但网络借贷公司在印度也是属于新型非银行金融机构（NBFC），因此，亦受到印度证券交易委员会（SEBI）制约。目前，印度网络借贷尚未明确规定由印度储备银行抑或印度证券交易委员会监管。2014 年，印度证券交易委员会出台有关众筹草案，其中包括对 P2P 网络借贷的相关指导意见。2016 年 4 月，印度中

---

① 例如，Smava 与德国 Fidor 银行开展合作，所有贷款人均将资金首先存入该银行；贷款协议一经达成，Fidor 银行会将贷款人资金划转至借款人账户；对未放出资金，银行将支付 0.5% 的利息。Auxmoney 是与德国 SwK 银行合作，基本程序与 Smava 无异，但银行不对未放出资金支付利息。

央银行就 P2P 网络借贷行业的发展征询社会各方的意见,并公布了《P2P 意见咨询书》(以下简称《咨询书》),就印度 P2P 网络借贷行业发展提出了相应的监管意见。《咨询书》的总体监管框架见表 4。

表 4 印度《P2P 意见咨询书》监管框架

项目	内容
活动要求	其一,平台只能作为中介起到登记作用——仅限于把借款人和贷款人联系在一起,而不能进行直接的贷款,这一项将在其资产负债表的借贷关系中得到体现; 其二,P2P 平台直接或间接给予任何保证回报的行为都是被禁止的; 其三,平台将被允许对借款人和贷款人资信和适用性进行合理调查; 其四,强制要求资金直接从贷款人的银行账户转移到借款人的银行账户,以避免洗钱的嫌疑; 其五,禁止居民和非居民之间的任何跨境交易行为
审慎性条件	在审慎性的前提下,网络借贷平台被要求有 2 亿卢比的最低资本,以避免平台滥用资金或是杠杆比率扩大的现象; 为最大限度保证贷款人利益,对借款人审慎限额,限定借款人的最高借款金额
公司治理要求	包括对 P2P 平台发起人、董事及首席执行官的适当标准,建议有金融业背景的董事会成员能够占据一定比例,可以要求管理平台业务人员在印度境内驻扎
业务连续性计划	平台需要平稳运行相关的风险管理系统,BCP 和备份的数据需要被用于协定/检查等; 托管方应当安排有可执行的替代计划,并在该平台发生故障时出面进行继续操作
客户接口	平台提供信用评分,使用其定制的算法对借款人进行评级,通过透明操作、数据机密性和信息披露来保证借款人和贷款人的交易公平; P2P 借贷平台禁止以某种形式返回利润到贷款人账户,并将授权运营商适当申诉机制,以应对来自借贷双方的投诉、完成对董事会的报告
报告要求	为协助监控,平台将需要定期提交财务状况报告,银行等可提出一个详细报告要求

《咨询书》规定,印度储备银行(RBI)有权力监管的是公司或合作社形式实体。但是,如果 P2P 平台是由个人、独资、合伙企业或有限责任合伙经营的,它将不被归于央行管辖范围内——这决定了 P2P 平台采用公司结构的重要性。《咨询书》还明确规定,除公司以外其他实体不可开展 P2P 业务,任何其他组织机构提供的 P2P 借贷都将被视作非法服务。

（五）日本监管政策与体系

日本政府为了扩大金融领域的投资与发展，相继推出相关金融政策，进行了一系列完善金融风险管理的制度改革，但是，日本一直未能实现由存款到投资这种理财方式的转变。2012年，日本政府提出日本再振兴成长战略，其中，特别提出了通过发展众筹等多样化资金募集方式，鼓励为新兴企业提供风险资金。2013年12月，日本政府在金融厅主导的金融审议会上公布了《有关新兴成长企业风险资金供给方法等工作报告》（简称《WG报告》），提出发展投资型众筹的必要性和立法修订建议。报告指出，众筹是"新兴、成长企业通过网络与资金提供者链接，从多数资金提供者处分别获得小额资金的模式"，其中，投资型众筹为《金融商品交易法》的适用对象。

2014年3月，为进一步促进金融领域的发展，金融审议会起草的《金融商品交易法等部分修改法案》（简称《金商法案》）被正式提交国会，该法案可以说是《WG报告》所提出的制度改革的具体化体现。法案修订以促进众筹发展的制度设计为目标，以方便中介者入市、减少发行人负担、防止欺诈行为发生为核心对规则进行适时修订。《金商法案》提出为促进投资型众筹发展，对发行总额不足一亿日元且针对该募集投资者每人出资五十万日元以下的小额电子募集业务的金融商品交易业者的准入资格相对放宽。另外，对于通过网络的资金募集行为很可能被恶意欺诈者利用的这种情况增加了加强投资者保护、增强市场信用的立法修订。

而根据日本法律规定，投资型众筹（包括借贷型众筹、合股权众筹）融资平台是指代替发行人进行有价证券募集和私募的机构，属于以从事有价证券募集为业的"金融商品交易业者"。以股票的募集和私募为业的，属于"第一种金融商品交易业者"；通过集团投资方案持股方式募集和私募的，属于"第二种金融商品交易业者"。如果众筹平台进行承销，则属于有价证券的承销业务，需要按照"第一种金融商品交易业者"进行注册。从监管角度来看，在日本国内提供贷款的任何法人实体（个人或企业）必须登记注册并遵守放贷业务法案（Money Lending Business Act），该法案禁止P2P

借贷平台运营商提供平台让个人投资者直接借钱给借款人。因此，在日本，个人投资者可以作为投资基金的运营商通过投资P2P借贷平台上的业务来有效地向借款人提供资金。

2014年5月发布的《金融商品交易法》修订中，对平台入市门槛进行了改正：第一种电子募集交易业者的最低注册资本金由之前的5000万日元降低到1000万日元，第二种金融商品交易业者的最低注册资本金降低到500万日元。同时，日本证券业协会也对小额非上市企业股票的营销进行了解禁。此外，此次法案修改规定了众筹从业者须遵守协会自主规则的义务。此前筹资者以及众筹交易业者自主决定如何进行信息披露，并没有全部加入业界协会。此次规定金融商品交易业者即使没有加入行业协会，也必须根据协会自主规则制定企业内部规则，并遵守协会自主规则。

（六）韩国监管政策与体系

韩国将P2P网络借贷公司与一般商品中介公司同等对待，均视为网络电商，并按照中介电商的监管立法对P2P网络借贷进行监管。韩国网贷平台受到的法律规范包括：《电子商业基本法》《电信法》《公平显示广告法》《消费者权益保护法》《促进信息通信网络利用及信息保护法》及其他有关消费者权益保护的法律法规。其监管法律规定可以归纳为以下三个方面。

其一，有限的信息披露。韩国网络借贷监管最重要依据是1999年通过的《电子商业基本法》，该法强调了包括P2P网贷公司在内的电商有确保客户交易环境安全的义务和保密的义务[1]。2002年，韩国专门制定了《电子商务交易消费者保护法》，强调对电子商务交易当中消费者的保护。该法将电商区分为通信销售业者和通信销售中介人，网络借贷平台一般属于后一种。《电子商务交易消费者保护法》对通信销售中介人设置的义务主要是谨慎经

---

[1] 例如第13条规定，电子商务交易者在未经客户信息所有者事先书面同意的情况下，不得在其收集此种信息的目的范围之外使用该信息，或者向任何第三方提供其通过电子商业途径收集到的个人信息。

营的义务和如实提供信息的义务①。由于《电子商业基本法》规定了严格的客户保密义务,《电子商务交易消费者保护法》又规定了中介机构有如实告知消费者(贷款人)和委托交易人(借款人)信息的义务,P2P网贷公司在是否披露借款人身份的问题上面临两难选择,只能进行合理权衡,进行有限度的信息披露。

其二,按电商标准立法支持。《电子商业基本法》鼓励包括P2P网贷业务在内的电子商务发展。政府在立法方面采取的支持性措施包括建立、修改、撤销和分配与电子信息有关的标准,研究和制定与电子商业有关的国内标准。同时,国家或地方机构可根据《税收例外限制法》《地方税法》及其他与税收有关的法律提供税收优惠,以促进电子商务发展。

其三,禁止性规定。韩国《电子商务交易消费者保护法》对电子商务经营者作出的禁止规定包括:通过告知虚假或夸张的信息,或使用欺骗手段,诱导消费者进行交易,或妨碍要约撤回或合同终止的行为;以妨碍要约撤回等为目的,变更或废止住所、电话号码、互联网域名等的行为;未及时设置处理纠纷或投诉所必要的人力或设备,导致消费者损害的行为;在消费者未提出要约的情况下,单方面提供商品并要求消费者支付该商品价款的行为;消费者已表明无购买商品或接受服务的意思后,仍通过电话、文字传真、计算机等通信方式,要求消费者购买商品或接受服务的行为;未经消费者同意或超过同意范围,使用消费者相关信息的行为。

六 网络借贷国际发展中典型风险事件

(一)Madden女士起诉Midland

2005年,纽约市民Saliha Madden在美国银行开了一张信用卡。一年之

---

① 谨慎经营的义务在该法第20条第3款中规定为:通信销售中介人因故意或过失而导致消费者财产损失时,应当承担赔偿责任;如实提供信息的义务在该法第20条第4款中规定为:通信销售中介人应向消费者提供可查阅有关委托中介的经营者身份信息的方法,包括向消费者提供委托交易人的姓名、住所、电话号码等信息。

金融蓝皮书

后,那个信用卡项目和另一家国家银行 FIA 信用卡服务中心合并了。2008年,FIA 把 Madden 账户上的 5000 美元欠款卖给了 Midland Funding, LLC. Midland 信用卡管理中心接管了该业务,并在 2010 年 11 月给 Madden 的信中催她还款,还款利率为 27%。

Madden(在一些律师的帮助下)对被告人提起了集体诉讼,理由为他们在催收信用卡还款过程中存在欺诈和不公平的行为,违反了《公平债务催收法案》的规定。被告方对其索要的还款利率超出了纽约州立法案规定的最高 25% 的年利率范畴。

被告人提出即决审判的请求。他们认为自己作为国家银行的代理人,主要遵循《国家银行法案》(简称 NBA)的规定,而非原告所说的州立法案。而 NBA 允许其在对客户征收规定的利息的基础上,在理由充分的条件下,征收额外的利息。FIA 所在的 Delaware 州并没有 25% 的上限要求,因此他们的要求是合法的。

Madden 在地区法院中败诉了,原因是 NBA 优先于任何州立法案。然而,仅仅位于美国最高法院之下的联邦上诉法院,负责受理纽约、康涅狄格州和佛蒙特州的案件,他们推翻了地区法院的判决。

联邦上诉法院表示:"因为被告既不是国家银行,也不是国家银行的分公司或代理公司,不代表国家银行行事。同时也因为 Madden 提出的对于州立法案的应用不会影响国家银行在 NBA 法案下的权利。因此我们驳回了地区法院认为 NBA 优先于州立法案的判决。"尽管美国最高法院曾建议说 NBA 的主体可以不仅限于国家银行,其分公司和代理机构也可以从中受益,但美国财政部金融局明确表示第三方债务购买人是区别于代理机构或分公司的存在。

其他市场上的借贷平台也涉及第三方买家和像 Midland 这样的情况。他们通常都是使用贷款银行来产生贷款,然后从贷款银行进行回购,之后再提供相关服务或者使用第三方公司提供服务。如果 Madden 事件之后,贷款购买方不能再和银行收取同样的利息,那整个行业可能都将要面临结构性改革,如贷款到底如何产生,如何对借方收取利息,和售后银行必须留存的额度等。

(二) San Bernardino 枪击案

2015年12月3日,美国南加州圣贝纳迪诺(San Bernardino)一个服务残障人士的中心发生枪击事件,已经导致14人死亡,另有14人受伤。据Fox News报道,恐怖袭击中的一名枪击手Syed Farook从Prosper获得了2.85万美元的贷款。随着事情逐渐明晰,P2P贷款公司也被推向了舆论的风口浪尖,诸如P2P借贷会成为恐怖分子新的资金渠道的顾虑不断产生。

Prosper发表的官方回应是援引了隐私保护条款中的陈述:"依据法律规定,Prosper不得泄露平台任一用户的非公开和个人身份信息。美国反恐法案和反洗钱法案明确指出,所有通过Prosper平台发起的贷款都需要经过严格的身份验证和审核。同时,我们会依据程序标准确认贷款汇入的是借款人在美国的验证银行账户,以保证资金安全。对于Syed Farook枪击事件,我们和所有美国人民一样都深感遗憾。"

依据路透社的报道,这名恐怖分子拥有稳定的政府工作、体面的收入,并且没有任何犯罪记录,所以Prosper才在11月中旬批准了他的贷款请求。也就是说,按照他的这种信用资历,任何一个借贷平台都会把钱借给他的。P2P网贷平台不具备政府部门同等水平的身份审核能力,P2P网络借贷的快速放贷和较少的审核条件反而为不法分子所利用。

(三) TrustBuddy因欺诈宣布破产

2015年10月初,TrustBuddy的新任管理层发现,公司内部存在着挪用客户资金等严重不当行为,并展开调查。调查显示,公司未获得出借人许可,在违背出借人意愿的情况下挪用了他们的资金。出借人名义上拥有的资金和客户银行账户中实际存在的资金之间出现了4400万瑞典克朗(约3439万元人民币)的差异。同时,整个平台发放的3亿瑞典克朗贷款余额中,约有3700万瑞典克朗并没有真实地匹配给任何出借人。另外,公司在操作中会把一些旧的坏账卖给新的投资人。调查表明,这类做法很可能从TrustBuddy平台刚开始运营就已存在。不过,TrustBuddy收购的子公司

Geldvoorekar（荷兰）并未涉及相关不当行为，因其一直独立运营，未受该事件影响。

TrustBuddy 董事会通知了纳斯达克 OMX 和瑞典金融管理局（FSA），同时也通知了瑞典警方。随后公司被勒令停止所有业务（投资人也无法进行任何提现与充值操作），公司计划中的股票增发计划也被叫停。2015 年 10 月 7 日，TrustBuddy 股价已跌回 0.22 瑞典克朗，并暂停交易。公司前任管理团队中的成员目前已被停职，公司雇员参与平台借贷的账户也被冻结。公司董事会承诺将尽快厘清资产负债表，同时还将调查此事件是否会有其他显著的潜在影响。此消息一出，P2P 网贷行业一片哗然。对此，英国 P2P 金融协会（P2PFA）号召投资者对 P2P 保持信心，指出 TrustBuddy 倒闭的原因主要为"平台的错误引导"以及"有效监管的缺失"，声称这种情况在英国绝不会发生。P2PFA 还说明，在英国，英国金融行为局（FCA）正式的授权过程以及金融监管当局的管理能制约平台更好地保证消费者资金安全，确保反诈骗措施及时到位；此外，即使平台倒闭，FCA 仍会要求未结贷款由有能力且独立的第三方继续管理；未来，P2PFA 要求其成员在网站上公布的贷款情况透明度会进一步加强。

在 2015 年 10 月 20 日伦敦举办的 LendIt Europe 2015 欧洲 P2P 峰会上，各界人士均对 TrustBuddy 事件表示震惊。英国的平台还纷纷表示绝不会发生这样的情况，他们认为，由于英国的监管体系比较完备，能有效防患于未然。

（四）Lending Club 前 CEO 因违规辞职

2016 年 5 月 9 日，美国网贷平台 Lending Club 在其官网发布新闻稿，称董事会已接受创始人兼首席执行官（Chief Executive Officer，CEO）罗纳德·拉普朗什（Renauld Laplanche）的辞职申请。该新闻稿称其在外部法律顾问和其他顾问的协助、董事会子委员会的监察下发起了一项针对"Lending Club 将不合格的贷款销售给某个机构投资者"事项调查。调查发现了以下事实。

(1) 违规出售贷款总额约2230万美元，它先后两次被销售：2016年3月销售了约1510万美元（根据资产负债表，这一数字的精确金额是15113000美元），4月销售了约720万美元。该机构投资者是投资银行杰弗瑞有限责任公司（Jefferies LLC，以下简称"杰弗瑞"）。这两笔贷款明显不符合杰弗瑞对非信贷和非价格因素——借款协议中"授权书"（Power of Attorney）的要求，而Lending Club的当事人显然知道这一点。2016年4月初，Lending Club以面值回购了这两笔贷款，随后将其以面值销售给了另一个投资者，后一投资者知道回购原因。3月售出的这1510万美元贷款本应被确认15万美元收入，但由于其不满足会计上的收入确认标准，在2016年第一季度的资产负债表中它被记为质押借款（负债项目）。

(2) 这两笔共约2200万美元贷款中的300万美元（共涉及361笔贷款）的申请日期被修改过，目的是使其看上去满足该机构投资者的要求，该变动在48小时内被修复。董事会雇用了四大会计师事务所中的一家来审阅Lending Club从2014年第二季度到2016年第一季度共8个季度的发行和售出的所有贷款（约673000笔），审阅结果发现，除了上文提到的300万美元贷款，99.99%其他贷款不存在改动，或者说不能被正常经营需要（如贷款所有权的二级市场买卖）所解释的改动。

(3) 拉普朗什在未向董事会风险委员会披露其持有投资管理公司Cirrix资本（Cirrix Capital，以下简称Cirrix）的股权的情况下，向董事会推荐投资该公司，Cirrix拥有多笔资金投向为Lending Club平台上贷款的基金。

(4) 上述调查还发现Lending Club子公司——投资咨询公司LC Advisors（以下简称LCA）管理的一只基金存在违规行为，具体而言是LCA在期限为60个月的贷款的分配方面有违规。尽管该基金组合的构成每月都向基金投资者披露，但是却未向董事会披露。

基于以上事实，Lending Club决定采取整治措施来解决与2016年财务报告有关的内部控制上的"重大缺陷"（一项是不合格贷款的销售，另一项是个人投资利益的未披露）和重建有效的信息披露控制措施及流程。整治措施包括对与2200美元次优质贷款事件相关的三名高管的停职或辞退。另外，

Lending Club 任命 Scott Sanborn 担任总裁和执行 CEO，任命董事 John C.(Hans) Morris 上任新创设的职位"执行董事会主席"。

在 Lending Club 经历数年迅速增长后，市场形势在 2015 年底和 2016 年初变得严峻起来。几十家竞争对手先后崛起，这加大了 Lending Club 保持领先优势的难度，于是该公司不得不增加营销开支；同时，监管部门开始更加留意在线贷款行业；而此前对消费者债务持乐观看法的投资者，开始在固定收益市场的其他领域寻找更高的收益率。

为了应对这些挑战，拉普朗什第一次向华尔街银行寻求帮助，请它们帮忙推销 Lending Club 的贷款。具体来说，Lending Club 决定通过证券化程序把贷款打包成证券出售给投资者。这将扩大投资者范围，并帮助 Lending Club 平稳度过市场剧变的艰难期。拉普朗什曾公开否认 Lending Club 需要把贷款证券化，部分原因是他认为公司最初的业务模式更加透明。不过，据一位知情人士称，自 2014 年年中以来，Lending Club 内部一直在探讨贷款证券化的可能性。2016 年早些时候，该公司委聘高盛集团（Goldman Sachs Group Inc.，GS）和杰弗瑞有限责任公司（Jefferies LLC）把贷款打包成证券。

2016 年 3 月，一位名叫厄斯特厄（Andreas Oesterer）的 Lending Club 工程师告诉拉普朗什，作为交易的一部分，他伪造了杰弗瑞所购买的 300 万美元贷款的日期。厄斯特厄表示，他是应 Lending Club 高级副总裁维尔曼（Matt Wierman）的要求这样做的。其中一位知情人士说，维尔曼对该公司的其他人称，他被误解了。在听了厄斯特厄所说的事情后，拉普朗什与该公司合规主管博根（Tim Bogan）进行了讨论，博根之前已从另一位员工那里听说了此事，正在对此进行调查。博根调查发现，销售给杰弗瑞的其他贷款也存在瑕疵，他向董事会汇报了初步调查结果。3 月底至 4 月 8 日，Lending Club 向杰弗瑞出售了 2200 万美元贷款，其中被称为"授权书"的借款人协议包含了之前一个版本的披露规定。在这一部分中，贷款机构在必要时有权代表借款人采取部分行动。杰弗瑞曾寻求在贷款文件中更新"授权书"措辞，并使其更加醒目。Lending Club 同意从 3 月 23 日前后执行杰弗瑞这一要求。但 Lending Club 仍向杰弗瑞出售了 2200 万美元披露规定不符合后者要求的贷款，从技术上看违反了与杰弗瑞达成的协议。杰弗瑞最终也无须持有这些不符合该机构要求的贷款，到 4 月中旬，Lending Club 回购了这些贷款并且找到了另外一位买家，但此举令 Lending Club 董事会感到不安。

公司董事担心是因为 Lending Club 需要维护贷款购买者的信心。该公司的收入和利润是和新信贷的数量挂钩的，而且在公司成长的过程中需要吸引新的投资者。在了解到这一信息后的某个时点，董事会聘请了律所 Arnold& Porter 进行了一次单独评估。知情人士称，拉普朗什在其他董事知情之前就知道贷款不符合杰弗瑞的标准，但目前还不清楚他具体是什么时候知道的。

4 月 26 日，Lending Club 在一份证券监管文件中称，已向一家控股公司投资了 1000 万美元，这家公司的基金购买了 Lending Club 贷款。董事会批准这笔投资时并不知道，拉普朗什个人持有这家控股公司 2% 的权益。不清楚他为何没有告知董事会。一周后，拉普朗什与董事会会面。董事会告诉他必须迅速采取行动来解决这家律师事务所在对杰弗瑞交易的评估过程中所发现的问题。5 月 3 日到 5 月 5 日，呈给 Lending Club 董事会的证据显示，拉普朗什了解这笔 2200 万美元贷款出售交易的许多细节，但并未告知董事会他所了解的信息。这令董事会确信必须采取更大力度的行动。

5 月 5 日，Visa 前总裁、2013 年以来一直担任 Lending Club 董事的莫里斯被任命为董事会主席，接手拉普朗什的工作。不过当时这一调整并未对外公布。5 月 6 日，拉普朗什被叫去与克罗（Jeff Crowe）开会，后者曾是 Lending Club 的一名董事，因为他的公司 Norwest Venture Partners 在 2007 年 8 月对 Lending Club 进行了投资。参加会议的还有一名来自律师事务所的 Arnold& Porter 律师。据听取了会议简报的人士称，莫里斯通过电话参加了这次会议。他们向拉普朗什下达了 24 小时最后通牒。大约 10 分钟后，会议休会。拉普朗什当天离开了，并在过完周末后发给朋友们一则通知，宣布已经开通新个人电子邮箱。

专题报告篇
Special Reports

B.5
互联网金融信用制度与风险管理分析

黄国平*

摘　要：　网络借贷的兴起，在欧美发达国家本质上是源于征信体系与互联网技术完善和进步。我国网络借贷高速发展的重要动因在于突破"金融抑制"的动力。网络借贷平台以金融创新名义进行"监管套利"，从事类商业银行业务，从而"异化"衍变出具有典型中国特色的网络借贷模式，所蕴含的风险也更加复杂。当前，我国网络借贷规模和速度处于世界前列，但制度建设尚不成熟，存在严重且复杂的风险隐患。为此，我们需要借鉴国际先进经验，立足国内发展现状，一方面要完善和提升内部风险管理体系，另一方面，建立和健全外部监管机制，以促进我国以网络借贷为代表的互联网金融的健

---

* 黄国平，博士，中国社会科学院金融研究所研究员。

康发展，实现真正的普惠金融。

关键词： 互联网金融　信用制度　金融创新　风险管理　金融监管

信用是现代市场经济的基础和经济金融运行的平台，也是我国互联网金融生态系统中最为核心的因素和现实表征的集中体现。不言而喻，一个健全和完善的覆盖社会经济生活各个方面的信用风险管理和监管体系既是经济发展得以健康运行的必要保证，同时也是金融机构乃至整个金融系统维护金融稳定，捕捉、度量、控制、防范和化解信用风险的前提和基础。随着中国经济转型深入和互联网金融蓬勃发展，如何把脉我国信用现状，寻求建立高效和完善的互联网环境下的信用风险管理和监管体系，以防范、化解和控制危及我国经济和金融安全的信用风险，不仅日益受到学术界、业界和政府监管部门的高度重视，其本身也是关乎我国经济和金融是否能持续、健康稳定发展的重要问题。

信用有广义和狭义之分，广义的信用是指参与社会经济活动的当事人之间建立起来的以诚实守信为基础的履约能力和履约意愿。显然这是一种在社会学文化范畴上的定义，也是人们在日常交往中应当遵循的最基本的道德准则。而狭义的信用则是指受信方向授信方在特定的时间内所作的付款或还款承诺的兑现能力和意愿。它既是现代市场经济条件下，经济活动得以健康运行的基本要求，也是一项法律制度，同时也正是经济学和金融学范畴上主要研究的对象。

正如李扬教授所认为的那样，社会学文化层次上的信用固然重要，但它并不是经济学和金融学理论所能解决的，经济和金融学范畴中的信用和信用风险管理体系是指金融要支持经济发展，并在支持经济发展过程中防范信用风险。本报告所指的信用风险管理体系也主要是经济和金融学范畴上的意义，并且据此将其分为两个层次。其一，在宏观层次上是指以维护金融经济稳定和安全为目的的社会信用制度和监管体系；其二，在微观层

次上是指企业（尤指银行业等金融机构）内部风险管理和控制的方法和手段。

一 互联网环境中社会信用制度和监管体系分析

无论我们从什么角度，在什么层次上讨论信用制度或信用管理体系，社会学意义上的信用文化问题都是一个无法回避的话题。这不仅是因为信用文化本身就是信用制度的一部分，而且具有道德性质的信用文化也是包括信用监管体系、信用中介服务体系在内的信用制度其他部分的精神基础。

信用文化之所以是信用制度的精神基础，是因为它与信用中包含的履约承诺有着直接的关系，是形成自我约束的内在机制。在一个具有良好信用文化的社会中，信用贯穿于社会经济生活的各个方面，诚实守信成为经济交易的基本准则。改革开放以来，我国经济取得了举世瞩目的伟大成就。然而，随着经济进入新常态，改革进入深水区，信用制度和信用文化方面的建设却没有跟上经济发展和社会转型的步伐，显得相对滞后。在市场经济发展初期，发展中国家面临的主要任务是经济增长而不是秩序规范，因而制度上特别是文化上的缺陷所造成的影响往往并不明显。但随着市场经济不断深化，现代化进程开始从追求数量发展向追求质量发展过渡，诸如社会信用等许多深层次问题就会暴露出来，市场道德秩序就会成为后发国家现代化进一步发展的瓶颈和需要跨越的主要障碍。

表面上看，我国目前信用缺失问题，都可以将其归结为包括法律、文化、经济和社会等一系列信用制度的不健全。但从深层次上说，它更是一个文化问题。诚然，中华几千年灿烂文化中不乏丰富的诚信文化，它甚至被认为是社会个体处世立身的基本原则，但这些诚信文化应该说是一种在采邑经济①条件下与人格化交易相适应的信用文化，基本局限在社会个体的道德修

---

① 所谓采邑经济（Fief Economy），即以区域内自给自足为主要特征的小农经济或庄园经济，在这种经济下，信用体系是通过交易个体之间的共同价值和对彼此的信任来维持的。

炼范围内,更多的是作为修身美德来倡导的,而没有与社会经济生活挂钩,往往表现为个人的道德目标而不是社会的行为规范。正因为这种朴素的信用文化是与经济生活脱节的,只能适用于人际关系或行政关系大于市场关系的小农经济和计划经济,而不能适应以价值规律和大规模市场交换为主导的现代市场经济。在市场经济环境下,一旦遇到外界经济利益的诱惑,这种缺乏社会规范、仅靠道德约束的个人"美德"就会很容易瓦解。事实上,随着当前改革的不断深化、社会转型的加快,在互联网环境下,市场半径急剧扩张和交易性质日益转型,在客观上使得这种传统的与人格化交易和小市场半径相匹配的信用维持机制,日益失去其发挥作用的客观基础,采邑经济条件下通过微观个体意识形态方面的道德趋同感和自我克制力去维持个人信用体系的内在机制正日趋消亡。另外,尽管在近数十年来的交易转型和社会巨变过程中,传统的社会结构已经被打破和重构,但思想观念和文化底蕴因其具有更大的路径依赖性,需要耗费较长的时间去扭转,致使不仅表现为社会个体美德而且也体现为社会整体规则的,与现代市场经济相适应的具有"契约文化底蕴"的现代信用文化,自然也就难以在短时间内得以建立和确认。

由此我们可以看出,我国现阶段出现的社会信用缺失问题有其深刻的时代背景,甚至在一定意义上说,是历史发展的客观必然。既然这是历史必然,并且在短期内不能解决,那么我们在认真正视和对待它的同时,不应妄自菲薄。一方面加强思想和文化方面的正确引导,使现代信用意识成为一种习惯,深入人们的骨髓;另一方面,面对当前严峻的信用缺失的现实,从具体的法律和制度建设入手进行规范和纠正,这至少保证信用缺失这一突出的经济和社会问题不至于进一步恶化。

信用制度,从广义上来讲,是指在处理企业与企业、企业与政府之间信用关系中形成的一系列的规范、制度和体系的总称。从实践来看,一个健全的信用制度应当包括良好的信用文化和商业道德规范、有效的信用法规和信用监管体系,以及完善的信用中介服务体系。在经济和金融学范畴上,一个覆盖金融领域,保证金融促进经济发展,维护金融和经济安全的信用制度,至少包括两部分:其一是以中央银行为代表的政府依法进行金融监管的官方信用监督和管理体系,其二是以征信和评级机构为代表的旨在为社会公众和投资者提供信息服务的社会信用中介服务体系。

诚然,我国"一行三会"的监管架构在维护国家金融稳定和防范系统性金融风险方面发挥着重要作用,然而互联网金融的产生和发展,突破了传统的金融理念,推动新的金融服务形式和创新产品不断涌现,这也必然要求金融监管的理念、手段和架构也需要适时调整和完善。至于构成现代意义上的完整信用制度另一部分——以征信和评级机构为代表的社会信用中介服务体系,不仅是官方监管体系的重要辅助和补充,而且其本身就是提高金融市场的透明度、降低信息不对称问题的基本手段和工具。因此,我们有必要进一步重申,征信和信用评级的根本功能是为投资者提供服务,投资者需求是"第一推动力"。但在目前中国金融体系和资本市场不健全的情况下,征信和评级依然还处于发展初期。政府对征信和评级行业给予有力的支持是非常必要的。

二 互联网金融环境下(信用)风险及其成因: 以网络借贷为例

随着中国互联网金融的不断发展,中国网络借贷在"本土化"过程中"水土不服"现象凸显,模式"异化",风险复杂[①]。投资人、借款人和借贷平台构成了网络借贷的参与主体。借贷平台、第三方信用评级机构、第三方支付和担保公司构成网络借贷业务的支持平台。参与主体角色不同,其参

---

① 2011年9月,贝尔创投涉嫌诈骗投资人300余万元,成为国内首家被公安机关立案调查的P2P融资平台。2012年12月21日,优易网负责人卷资逾2000万元"跑路",受害人达64人。2013年有70多家P2P平台涉嫌诈骗或者"跑路"。2014年以来,P2P网贷更是涉嫌非法吸储,诈骗、倒闭、"跑路"等恶性事件频发。其中影响较大的倒闭平台有国临创投、钱海创投、旺旺贷、网金宝、科讯网等。2014年6月,北京网金宝和融信宝P2P网贷平台"跑路"事件,打破了北京等大城市P2P网贷平台不会"跑路"的神话。

与平台借贷和交易过程所面临风险类型和特征亦各有差异。金融风险无论其风险来源还是表现形式各异,都可以归结为信用风险、市场风险、操作风险、流动性风险以及法律合规风险[①]。在此,我们从不同参与人角度对他们面临的各种风险及其成因进行归并和总结(见表1)。

表1　P2P借贷风险的成因及来源

风险承担主体	风险类型	风险来源	风险成因	备注
投资者	信用风险	借款人	①借款人破产(能力风险); ②借款人骗贷(意愿风险)	投资人购买的诸如收益权凭证没有抵押或担保,或者抵押不能完全覆盖风险暴露,若有借款人违约,造成损失
		P2P平台	①平台倒闭(能力风险); ②平台"跑路"(意愿风险); ③征信系统不完备; ④与担保业务存在关联,增信不力	投资者因平台倒闭或"跑路"而遭受的投资损失
	市场风险	宏观政策和市场环境	①利率变动; ②其他价格变动	因利率等宏观经济变量的变动导致债权(贷款)价值下跌使投资者遭受损失
	技术和操作风险	P2P平台	①平台因技术和体验原因,导致投资者操作失误; ②平台因技术和系统原因,导致投资者信息泄露	—

---

① 根据《巴塞尔协议II》的操作风险分类方法,操作风险包括以下七种事件类型。一是内部欺诈:故意欺骗,盗用财产或违反公司政策的行为。二是外部欺诈:第三方故意欺骗,盗用财产或违反法律的行为。三是雇员活动和工作场所安全:由个人伤害赔偿金支付或差别及歧视事件引起的违反雇员健康或安全相关法律和协议的行为。四是客户、产品和业务活动:无意或由于疏忽没能履行对特定客户的专业职责,或者由于产品的性质或设计产生类似结果。五是实物资产的损坏:自然灾害或其他事件造成的实物资产损失或损坏。六是业务中断和系统错误:业务的意外中断或系统出现错误。七是行政、交付和过程管理:由于与交易方的关系而产生的交易过程错误或过程管理不善。显见,这一定义将法律含在内,但排除了策略风险和信誉风险。本文在此根据中国P2P发展现状,旨在强调法律、合规和监管的重要性,将法律合规风险作为主要风险单独列出。

续表

风险承担主体	风险类型	风险来源	风险成因	备注
投资者	流动性风险	P2P平台	①投资人认购的收益权凭证无法流通；②收益权凭证转让范围受限，流动性不强	投资人认购的收益权凭证无法流通，或转让范围受局限，仅限于本平台的投资人之间转让。导致投资者不能顺利地转让凭证，流动性不强
	法律合规风险	政策制度	①法律不完善；②监管存漏洞	法律制度不够完善，监管机构对收益权凭证的收益有不同解释，可能会导致投资人损失
P2P平台	信用风险	借款人	①借款人破产（能力风险）；②借款人骗贷（意愿风险）	借款人因能力和意愿方面原因违约而导致网贷平台损失
	市场风险	宏观政策和市场环境	①利率变动；②其他价格变动	因利率等宏观经济变量的变动导致债权（贷款）价值下跌使网贷平台遭受损失
	技术和操作风险	P2P平台	①平台操作失误；②平台技术和系统原因遭受外部攻击；③结算过程可能存在的风险	—
	流动性风险	P2P平台	①平台期限和金额错配；②平台权益凭证转让范围较小，流动性不强；③行业竞争导致产品异化产生流动性风险	—
	法律合规风险	政策制度	①非法集资；②涉嫌高利贷；③涉嫌非法泄露平台会员信息；④涉嫌洗钱	—
借款人	市场风险	宏观政策和市场环境	①利率变动；②其他价格变动	因利率等宏观经济变量的变动导致债权（贷款）价值发生不利于借款人变化
	技术和操作风险	P2P平台	①平台因技术和体验原因，导致借款人操作失误；②平台应技术和系统原因，导致借款者信息泄露	—

我国网络借贷发展具有典型"异化"特征,风险也更加复杂,原因主要有以下几点[①]。

一是征信体系和市场环境不完善。当前,我国网络借贷行业尚未建立统一征信和审核系统,信息不能互联互通。由于行业竞争加剧,规则缺失,国内某些平台为了吸引投资者进行不切实际的刚性承诺。对于多数平台而言,即使建立(或引入第三方)合格担保公司进行担保,也可能因杠杆过高和关联交易蕴含巨大风险,可能会给投资者带来重大损失。

二是组织结构和交易机制上的缺陷与漏洞。良好的组织结构和交易机制是网络借贷业务健康发展的核心,组织结构和交易机制设计不合理会导致投资人的信用判断出现失误。在监管缺位的环境中,平台普遍存在利用组织和机制设计漏洞的机会和动力,有的甚至人为进行骗贷活动,走入歧途。

三是风险管理和内控机制的不足和简单化。当前,国内大部分平台风险管理仍然停留在线下征信、合规检查等简单化手段上,没有建立动态风险评估系统,实施量化风险管理。尽管目前多数平台风险管理有事前信用审核机制、事后风险赔偿机制,但手段单一,且缺乏事中控制。借款人在借款期间一旦发生危机事件,平台无法及时知晓,特别是对可能发生的欺诈行为更是无能为力。

四是IT和信息安全方面的不可靠与无保障。网络借贷平台依托互联网运营,网络中充满安全隐患因素,如果有黑客对资金流动信息进行任何篡改,都会给投资人和平台带来巨大损失。目前,国内大多数平台自身仍然缺乏核心技术,极易遭受不法分子和黑客攻击。

五是监管主体不到位和法律体系不完备。目前,我国对网络借贷的定义、准入等几乎处于立法空白境地,涉及的法律、法规为数不多[②]。根据这些法律和规定界定,网络借贷活动属于民间借贷,平台借款利率一旦超过了基准利率的4倍,投资人无法受到法律保护。另外,与借贷平台迅速发展不

---

① 详细内容可参见中国社会科学院副院长李扬教授在2014年10月11日由中国社会科学院和新华社联合举办的《首届中国网贷行业发展与评价》研讨会上的致辞发言。
② 这些为数不多的法律法规包括《合同法》《民法通则》,以及最高人民法院《关于人民法院审理借贷案件的若干意见》等。

相匹配的是监管主体一直处于不到位状态,这导致我国很多平台出于生存本能,游走于法律边缘,出现各种诸如非法集资、高利贷业务等边缘性业务模式。监管缺位也对那些真正从事网络借贷业务,致力于促进网络借贷发展的企业和个人造成很大伤害,导致市场中"劣币驱良币"现象发生。

三 互联网金融平台风险管理与监管体系的建设和完善

国际主流互联网金融平台都有诸如完善的征信体系、优秀的客户黏性和科学的定价机制等核心竞争力。如英国 Zopa 平台拥有对借款人能力风险和意愿风险进行综合评估的信用评级系统;美国 Lending Club 竞争优势在于其拥有降低贷款时间和运营成本的风险评估和度量模型①。学习和借鉴它们的先进经验和理念,对中国网络借贷健康发展具有积极启示意义:一是构建网络借贷等互联网金融动态量化风险管理和度量技术,完善网络借贷的评级(评分)系统,这既是平台核心竞争力的重要体现,也是投资者自主选择投资产品的前提;二是加强平台合规管理,提升包括公司治理、平台运营、业务数据等信息披露水平。

目前,我国网络借贷与英美等国家在行业监管、市场发展、征信体系等方面存在明显差距(见表2)。随着平台的倒闭潮和"跑路"潮的出现,政府和行业监管部门陆续出台了一些法规文件,以规范行业行为,促进健康发展。

表 2 中美英三国 P2P 网络借贷比较

项目	中国	美国	英国
监管程度	无明确监管	SEC 明确监管	FCA 明确监管
金融行业	欠成熟	成熟	成熟
行业结构	机构众多,规模不等	两家占据95%以上份额	已形成行业领头梯队

---

① Lending Club 高层在 2013 年互联网金融峰会中表示,该平台的运营成本能够控制在一般商业银行运营成本的一半以内,这主要缘于其前期风险控制模型的精确性、高适用性等有效地降低了贷款审批时间,从而降低了运营成本。

续表

项目	中国	美国	英国
运营模式	模式混乱,不清晰	发行收益权凭证	平台充当银行角色借贷
投资者风险认知	弱,习惯刚性兑付	强	强
风险管理与控制	前期主要是线下征信；后期模式不一,部分平台为出借人做担保	前期信用评级,严格审核；后期主要是第三方担保	前期信用评级,严格审核；后期保证金管理
个人和商业信任	个人信任强调,商业不强调	两者都强调	两者都强调
征信体系	不完备	完备	完备

我国网络借贷的监管问题已经在着手进行,在实践中可能存在的主要问题包括四点。

一是平台缺乏统一监管标准。在当前多部门多头监管体系下,由于缺乏统一标准,平台公司设立时所登记的信息与实际经营相背离,导致情况不明,事实不清,缺少实质性审核要求。

二是平台缺乏统计标准和监测指标体系。建立和完善网络借贷统计标准和监测指标不仅有助于行业整体发展,而且也有利于国家从宏观层面考察社会的资金松紧程度,提高宏观调控效率。

三是平台缺乏信息披露监督机制。信息披露机制缺失不仅导致投资人无法辨识平台及标的优劣,也使得平台"跑路"倒闭查处困难。

四是行业平台征信标准缺失、范围不广。当前,网络借贷行业已经出现几个具有相对影响力的行业内征信系统,但涵盖面有限,格式标准和数据内容也不统一。

我国网络借贷在2013年底划归银监会监管之后,监管细则何时落地一直成为关注焦点。决策层明确指出,网络借贷的普惠金融功能作为传统金融的有益补充,定位于信息中介而非信用中介,同时,避免监管过于严苛,以便为创新保留发展空间。

四 未来发展和政策建议

社会信用不足,监管体系不健全以及金融机构内部风险管理与控制手段跟不上金融发展的要求，在一定意义上讲，是我国经济社会发展转型过程中一定阶段发展的客观结果。因此我们在正视它的同时也不应妄自菲薄，而更应该从法律、制度、监督和管理等各方面，来加以纠正和完善。事实上，国家和政府决策高层已经认识到这一问题的重要性，并把建设完善的社会信用体系作为现代市场经济的一项重要的基础制度来加以强调和重视。然而建设健全和完善的覆盖社会经济和金融生活的信用风险管理体系毕竟是一项复杂的系统工程。为此，根据我国当前的发展现状和未来可能的发展趋势，本着标本兼治的原则改进和完善。

（一）在基础社会信用制度和信用环境建设方面，始终坚持从大局着眼，从具体入手的原则

所谓从大局着眼，就是指在信用制度和信用环境建设过程中，要始终坚持以培养和营造良好的社会信用文化作为核心和重点，良好的社会信用文化的形成，绝非一朝一夕之事。它是一系列的法律、制度长期运行和相互作用的沉积结果。为此，我们就需要从具体的法制建设、制度建设和社会信息服务支持体系建设方面入手。鉴于我国目前的信用缺失的社会现状，以及在法律、制度和服务体系建设方面所存在的问题，目前应急需解决的问题包括以下几个方面。

第一，在法律制度建设方面，尤其要保持法律制度的连续性和稳定性，尽量减少因法制规范的模糊性而带来的寻租空间。这不仅有助于全体社会成员提高对法律制度的预见性，更有利于一个良好的社会信用文化尽快形成。

第二，以国家为主导，充分动员全社会的力量，力争在较短的时间内建立起覆盖全社会的包括个人信用、企业信用等在内的信用信息服务和查询系统。这不仅可以为金融监管部门实施监管，金融机构进行内部风险管理和社会信用中介服务机构开展服务提供基础数据支持，而且也有助于全体社会成员在提高自身的信用意识方面提供强大的外部监督体系。

第三，充分重视和发挥政府行为在信用制度建设方面的示范性作用。政府是国家信用的代表，政府信用在社会中具有示范效应，其效果是无法估量

的。如果政府管理部门都不讲信用，即使我们已经建立起了较为完善的社会个人和企业信用体系，也无法要求民众诚信，进而无法使这套信用体系有效运行。

（二）在金融监管体系建设方面，始终坚持以维护国家经济和金融稳定为核心，促进公平市场竞争和维护有效市场秩序为原则，依法实施监管，尽量减少直接的行政命令和干预

根据当前现实状况，着眼于长远的发展，目前需要解决的问题，具体体现在以下几个方面。

第一，尽管目前的"一行三会"的监管体系适合我国经济和金融发展现状要求，但在互联网金融环境下，有可能由于职能设置的重叠以及信息沟通的不畅等原因而造成监管盲区。为弥补这些缺陷，可设置制度化协调机制，成立一个常设机构，以加强监管部门之间的沟通和协调。另外，还可以赋予这一常设机构负责金融监管发展的长远规划和研究的使命，力求在保持监管框架不变的条件下，寻找适应未来混业经营条件下的有效的监管手段和方法。

第二，以中央银行为代表的金融风险的监督和管理部门，应加强对我国互联网金融信用风险的系统性和周期性效果的研究，以控制和避免因经济和金融发展的不平衡而导致的系统性风险的扩大而危及整体经济和金融系统的稳定，同时做好对信用风险的周期性效果的准确把握和预测，也有助于金融机构管理和控制其自身的内部风险的准确性。

（三）在社会信用中介服务体系建设方面，要始终坚持以社会民间为主导，政府的帮助与支持为辅助的原则。这不仅是由社会信用中介机构在本质上是为社会公众和投资者服务的性质决定的，而且其民间和社会性质的定位，更有利于作为另一支信用风险的监督和服务力量，对政府监管体系提供补充和支持

鉴于以互联网征信和信用评级为代表的社会信用中介服务体系仍然处于

其早期发展阶段，其进一步的发展和壮大离不开政府的支持和帮助。但这种帮助和支持应该利用市场和经济的手段，而不宜进行直接的行政干预。在具体做法上可采取如下几种方式。

第一，既然推动社会信用中介服务体系发展壮大的最根本的力量来自社会公众和投资者对其服务的需求，那么我们不妨在资本和债务市场通过法律和制度扩大强制征信和评级的业务范围，这不仅可以扩大信用评级业成长和发展空间，也有利于化解和防范信用风险，维护正常的经济秩序，为现代企业制度的建设提供良好的条件。

第二，鉴于我国征信业在数据采集过程中面临个人隐私和商业秘密开放与保护的矛盾严重地影响了其评估结果的客观性和公正性，政府和国家应本着社会政治和公共利益优先原则和净化社会信用环境的目的，尽快制定相关的法律和制度为征信服务业的数据采集提供支持和保障。

（四）在促进互联网金融从业机构内部风险管理建设方面，应本着实现监管目标与金融机构经营目标相一致的原则，从制度和监管手段上形成一套促使他们实行积极内部风险管理的约束和激励机制

根据互联网金融从业机构落后的风险管理现状及存在的问题，具体措施可包括以下几个方面。

第一，鉴于当前互联网金融从业机构在风险管理手段和技术方面普遍缺乏定量化分析和量化管理手段的问题，金融监管部门应加强对包括违约率和违约损失率在内的量化指标体系的强调和重视。以便在外部监管方面促进金融机构在风险管理和控制中采用定量化的风险度量与管理模型，以提高管理与控制中的精确性和预见性。

第二，本着鼓励和促进金融机构积极管理、控制、化解和规避其自身存在的风险的原则，金融监管部门应逐步从基于规则的监管向基于过程的监管转变。同时，可以在局部小范围内发展用于规避和化解信用风险的信用衍生工具市场，尤其是发展对我国互联网金融行业信用风险的规避和化解具有针对性的资产证券化市场。

五 结语

网络借贷的兴起,在欧美发达国家本质上是源于征信体系与互联网技术的完善和进步。成熟的征信体系使得线上信用审核与贷款利率确定成为可能,互联网技术进步为实现信贷审批自动化和降低信息成本提供了可行手段。我国网络借贷高速发展的重要动因在于突破"金融抑制"的动力。网络借贷平台以金融创新名义进行"监管套利",从事类商业银行业务,从而"异化"衍变出具有典型中国特色的网络借贷模式,所蕴含的风险也更加复杂。

面对经济下行压力、经济结构正处于调整的阶段,在"互联网+"战略指导下,作为互联网金融行业典型代表,网络借贷仍然保持快速发展势头,但增速放缓,行业自身进入净化洗牌期。一方面,诸多行业领先平台加快引进风险信用分析及决策管理技术,旨在提升平台的风险管理和控制能力,节省人工审阅成本,提升审批效率;另一方面,问题平台情况逐月越演越烈,每况愈下。之前,面对各种参差不齐的互联网金融创新,监管上秉承的是"放水养鱼,宽容有度"态度。2015年新年伊始,银监会机构调整中,明确了P2P网络借贷行业将由普惠金融部进行管辖。至此,监管主体正式就位,监管政策和规则亦开始出台。2015年7月,《关于促进互联网金融健康发展的指导意见》的出台,为管控平台风险、实施具体监管、促进行业健康发展指明了方向。

当前,我国网络借贷规模和速度处于世界前列,但制度建设尚不成熟,存在严重且复杂的风险隐患。为此,我们需要借鉴国际先进经验,立足国内发展现状,一方面完善和提升内部风险管理体系,另一方面建立和健全外部监管机制,以促进我国以网络借贷为代表的互联网金融的健康发展,实现真正的普惠金融。

B.6
中国网络借贷行业监管理论及实践

伍旭川　黄余送*

摘　要： 我国P2P网络借贷的发展过程，本质上是金融行业融入技术变革和制度变迁，随着P2P网络借贷发展历程的不断深入，一些深层次问题也逐渐爆发，并引起了从普通居民到监管机构的广泛重视。P2P网络借贷作为一种新兴商业模式，在发展初期存在各种问题难以避免，也符合行业发展规律。这并不意味着要对这一行业要一刀切，全面禁止实施。事实上，P2P网络借贷从进入中国起，就展现了强劲的生命力，成为我国发展普惠金融、惠及小微企业和个人的重要业务形态，对此，监管机构采取了不断的试错和控制风险，鼓励创新，以推动整个行业不断进步，因此，包容、适度、科学的监管，结合行业自律，共同推进行业发展成为我国P2P网络借贷行业监管的必然趋势。

关键词： 网络借贷　监管理论　制度变迁　普惠金融　适度监管

一　我国P2P网络借贷监管的制度分析

2009年以来，我国P2P网络借贷持续高速增长。究其原因，是改革过

---

* 伍旭川，博士，中国人民银行金融研究所研究员，处长；黄余送，博士，中国人民银行金融研究所副研究员。

程中一些投资主体借助互联网这一工具,不断对传统金融业进行改造、补充和替代,并最终使 P2P 网络借贷成为市场关注的一个重要组成部分。显然,我国 P2P 网络借贷的发展过程,本质上是金融行业融入技术变革和制度变迁,随着 P2P 网络借贷的发展历程的不断深入,一些深层次问题也逐渐爆发,并引起了从普通居民到监管机构的广泛重视。

(一)我国 P2P 网络借贷发展的诱致性制度变迁

国外学者认为,当制度供求结构中出现不均衡时,会出现外部利润,而外部利润可能促使制度发生变迁。因此,经济主体有动机改变相关制度(包括正式制度与非正式制度)将外部利润内部化。诺斯等人进一步提出,导致制度变迁的主要诱因是预期收益最大化。在制度创新过程中,一部分人(早期行动集团)率先发现潜在外部利润,并通过行动推动制度变迁,另一部分人(后发行动集团)在制度创新过程中与早期行动集团进行合作,以分享外部利润。早期行动集团和后发行动集团共同成为制度变迁的推动主体。林毅夫在《关于制度变迁的经济学理论:诱致性变迁和强制性变迁》中对制度变迁的这两种形式进行了分析,他认为,诱致性变迁指的是一群(个)人在响应由制度不均衡引致的获利机会时进行的自发性变迁。综合以上分析,诱致性制度变迁是早期行动集团在发现潜在的外部利润后,以利润最大化为目标所实施的策略行为。一般而言,这种变迁会重复经历四个阶段:利润均衡、出现外部利润、某项制度产生变化、相关制度产生变化。

我国 P2P 网络借贷发展初期,推动金融体系出现诱致性制度变迁的早期行动集团主要包括:投资者、互联网平台公司和部分金融中介机构。

从供给端来看,虽然改革开放以来,我国的金融市场逐渐开放,但整体来看,金融抑制程度仍然较高,并存在严重的"金融配给",使得市场交易成本中制度性成本较高。同时,在金融服务中大规模引入互联网技术之前,我国传统信贷审核过程效率低下,金融市场存在较为严重的信息不对称,信息搜寻成本较高。

而随着互联网技术发展提速,引入互联网技术可以大幅降低金融市场的信息不对称程度，信息成本存在较大的下降空间。同时，由于在中国"渐进式"的改革中，高速发展的非正规经济部门的金融需求长期得不到满足，而P2P网络借贷作为一种非正规金融供给，享有"制度红利"，可以降低市场的制度成本。此外，在P2P网络借贷业务不断扩张的冲击下，我国借贷市场竞争压力不断增大，加之受利率市场化进程的不断推进等原因影响，原有业务的利润空间受到压缩，因此金融机构有动力进行互联网化，从而推动P2P网络借贷的进一步发展以及相关制度的进一步完善。

由于P2P网络借贷存在网络效应，随着整个行业规模的不断扩大，各参与主体的效用也会相应提高，因此这部分实现"互联网化"的金融机构也可以分享P2P网络借贷所创造的外部利润。而这两种交易成本的下降使得金融体系出现了外部利润，一部分互联网公司和金融机构因此采取行动，通过互联网与金融的跨界融合，从供给端推动了P2P网络借贷的制度变化。

而从需求端来分析，过去几十年以来，我国宏观经济保持持续高速增长，居民和企业部门已经完成了初始阶段的财富积累，投资者对包括金融服务质量和规模的需求在不断提升，受地理因素以及网点规模等原因限制，我国传统金融机构提供的金融服务在效率、价格以及内容上都难以满足市场各方日益上升的金融需求。而P2P网络借贷机构充分利用互联网技术，消除了物理条件等对金融供给的影响，大幅度提升了金融消费者对金融产品和服务的可触性。对于投资者而言，这种金融产品可获得性的提高降低了其市场参与成本，实现了正的外部利润。因此，他们也有动力从需求端去推动包括利率市场化在内的相关的制度变迁。

（二）我国P2P网络借贷发展监管的强制性制度变迁

林毅夫认为，强制性制度变迁是由于政府命令、法律等所引起的制度变迁。而诺斯国家理论认为，国家是一种在某个特定区域内对合法使用强制性手段具有垄断权的制度安排，它通过提供法律和秩序，来保护产权以换取税收，具有强制性特征。结合制度变迁的"供给—需求"分析框架，政府作为制度的主要供给者，在给定的制度约束下，会努力寻找对自身最优的制度安排，并将这种制度安排以法律的权威性和强制性加以强制确立。特别是在当制度失衡而市场本身又难以解决这种失衡时，政府将会通过法律等强制性手段主导制度的重构。从成本收益角度来看，强制性制度变迁的成本端主要有制度变迁过程中发生的交易成本和维系变迁后制度结构所必须付出的代价。若制度调整后整个社会能在较短时间内快速达到新的均衡，这种制度变迁的成本就相对较低，变迁就是值得的。强制性制度变迁的收益端包括整个社会经济收益以及政府本身的收益，它取决于多种因素共同作用的结果。

P2P网络借贷行业快速发展，一方面提高了信贷市场交易的流动性和交易规模，另一方面有效拓宽了交易边界。随着信贷市场交易流动性的提高，整个社会获得的经济收益以及政府的税收水平都同步提升，因此政府有动力去推动P2P网络借贷的发展。但P2P网络借贷行业发展过程中，由于早期缺乏相应法律法规的约束，其发展可能存在各种问题，这对整个金融体系稳定性造成一定影响。一些平台的恶意欺诈行为，造成了极其恶劣的社会影响，不仅影响了整个社会和金融体系的稳定，同时也对P2P网络借贷行业的声誉造成了巨大伤害。因此，监管部门意识到有必要通过一定的强制性制度安排来规范P2P网络借贷行业的发展，同时加强对传统金融机构的"互联网化"进行适当引导，使之平稳过渡，从而确保国内金融体系的稳定。

（三）基于国家理论的P2P网络借贷监管

诺斯的国家理论认为，国家是在某个特定区域内合法使用强制性手段具有垄断权的制度安排，通过提供法律和秩序，来保护产权以换取税收，国家的最大特征是具有强制性。以此为基础，张杰提出，中国金融制度变迁的国家效用函数包括四个关键性变量，一是国家直接控制金融，二是国家获得收益，三是产权安排结构，四是外部竞争因素。以上四个变量中，前两个是内生变量，体现了国家对金融资源支配的愿望；后两个是外生变量，代表了国家面临的外部制度约束。我国的金融体系长期存在的二元现象，即正规金融资源主要供给国有资本控制的部门，非正规部门的金融需求只能通过非正规金融安排来满足。政府通过控制金融体系内资源配置，引导资金流向国有企业以弥补改革成本，体现了我国金融系统的独立性较弱。

随着金融产权边界扩张，政府部门通过金融管制获得边际收益逐渐降低，同时随着我国进入WTO，我国政府面临的市场约束逐渐趋紧，制度变迁成本上升，政府强制性制度变迁的外部利润逐渐减少，以法律、行政指令等手段推动制度变迁的倾向会降低。因此，在P2P网络借贷行业发展之初，承担国家监管任务的责任部门对P2P网络借贷行业发展保持默许态度。但随着P2P网络借贷行业快速膨胀，相对宽松的政策环境在市场上造成了严重的逆向选择，一些P2P网络借贷平台违规开展业务，网络借贷行业面临的稳定性和安全性下降，整个金融体系风险不断加大。此外，随着行业规模不断扩大，P2P网络借贷对整个经济体系的影响程度也大幅度上升；同时，传统金融机构为了应对市场竞争，"互联网化"倾向也日趋明显，P2P网络借贷行业与传统金融部门之间呈融合态势，金融危机传染的可能性也不断升高，迫使政府需要重新考虑P2P网络借贷行业发展产生的外部利润。因此，政府倾向于加大对P2P网络借贷行业的监管力度，推动相关监管制度的不断完善，从而降低其风险成本。

二 我国P2P网络借贷行业监管的原则性趋势

P2P网络借贷作为一种新兴商业模式，在发展初期存在各种问题难以避免，也符合行业发展规律，但这并不意味着要对这一行业一刀切，全面禁止实施。事实上，P2P网络借贷从进入中国起，就展现了强劲的生命力，成为我国发展普惠金融、惠及小微企业和个人的重要业务形态，对此，监管机构采取了不断的试错和控制风险，鼓励创新，以推动整个行业不断进步，因此，包容、适度、科学的监管，结合行业自律，共同推进行业发展成为我国P2P网络借贷行业监管的必然趋势。

（一）适度监管

P2P网络借贷的兴起是互联网（移动互联网）和金融服务理念的革新

和融合,新技术的应用是效率的巨大提升,但这种应用有一个磨合、试错的过程,面对不断变化市场,监管机构需要留有一定的监管空间,在风险可控的前提下,适度地引导和管理,避免由于过度的压制影响行业的创新,得不偿失。

(二)注重技术

随着行业的发展,IT 技术,特别是大数据的发展为 P2P 网络借贷行业监管带来更新、更有效的手段和工具,基于大数据的监测和分析对于 P2P 网络借贷行业的监管十分重要,大数据技术能够为监管提供更广阔的视野,更动态、实时的监测,能够有效地识别、控制和定量金融风险,从而及时、全面地掌握行业全貌和动态。

(三)明确红线

我国 P2P 网络借贷在快速发展的同时,已经暴露出一些问题,少数急功近利者披着 P2P 网络借贷的外衣,行走在法律边缘,更有甚者为了满足一己私利,不断挑战法律底线。如假借 P2P 网络借贷平台行非法集资和金融诈骗之实。对此,监管机构需及时确定禁区和底线,严厉地打击各类金融犯罪行为,有效保障投资者,并在实践中吸取经验教训,逐步地修订和完善现有的滞后的法律条款。

(四)加强对投资者保护和教育

一是加强金融消费者教育。加强对 P2P 网络借贷投资者教育力度,让大众了解 P2P 网络借贷产品,提高他们对 P2P 网络借贷风险的认知与防范意识,倒逼 P2P 网络借贷企业进一步合规经营。二是加强金融消费者权益保护。在提升广大投资者对 P2P 网络借贷知识普及程度的基础上,切实保证金融投资者在办理与 P2P 网络借贷相关的业务时的合法权益,同时加强客户信息的保密工作,维护消费者的信息安全。

(五)加强监管协调

虽然监管机构规定我国 P2P 网络借贷平台禁止开展众筹、理财产品销

售等业务,但目前客观地说,我国P2P网络借贷行业具有类似传统金融行业"混业经营"的特征,并有更为广泛的交易方式和基数庞大的参与者,这些不同类的业务涉及监管部门也相对广泛,因此,加强跨部门之间的P2P网络借贷运营与交易风险的信息共享和协调监管是大势所趋。另外,中央机构不可能对所有地方性或类金融机构进行监管,在与地方政府的监管责任和职能划分上需要更加对等,以防引发监管博弈。加强金融监管部门与地方政府之间的协调与合作,坚守不发生区域性和系统性金融风险的底线,切实维护金融市场稳定。

三 我国P2P网络借贷监管政策实践及政策解读

2015年,我国P2P网络借贷监管政策开始密集落地,作为其中主要类型,P2P网络借贷监管政策也陆续颁布,2015年以来我国有关P2P网络借贷领域的主要政策梳理如表1。

表1 2015年以来我国P2P网络借贷行业有关监管政策一览

序号	法规名称	发布单位	发布时间	涉及领域
1	《国务院关于积极推进"互联网+"》行动的指导意见	国务院	2015-7-4	综合
2	《关于促互联网金融健康发展的指导意见》	中国人民银行、工业和信息化部、公安部、财政部、工商总局、法制办、银监会、证监会、保监会、国家互联网信息办公室	2015-7-18	综合
3	《最高人民法院关于审理民间借贷案件适用法律若干问题的规定》	最高人民法院	2015-8-6	网络贷款
4	《非存款类放贷组织条例(征求意见稿)》	国务院法制办	2015-8-12	网络贷款
5	《网络借贷信息中介机构业务活动管理暂行办法(征求意见稿)》	银监会	2015-12-28	网络贷款
6	《网络借贷信息中介机构业务活动管理暂行办法》	银监会、工业和信息化部、公安部、国家互联网信息办公室	2016-8-24	网络贷款

以上各项政策内容既有综合类监管政策，也有专门针对 P2P 网络借贷行为的政策，其中《关于促进互联网金融健康发展的指导意见》是我国 P2P 网络借贷发展的纲领性文件，《网络借贷信息中介机构业务活动管理暂行办法》则是我国 P2P 网络借贷行业的监管细则，后者是前者监管意图在 P2P 网络借贷行业的落地实施，前者是 P2P 网络借贷行业发展的指引。

（一）《关于促进互联网金融健康发展的指导意见》的主要政策内容

《关于促进互联网金融健康发展的指导意见》（以下简称《指导意见》）的发布奠定了 P2P 网络借贷监管的主基调，意味着中国 P2P 网络借贷告别野蛮生长时代，进入规范发展阶段。

为使 P2P 网络借贷发展遵循服务实体经济、服从宏观调控和维护金融稳定的总体目标，保障消费者合法权益，维护公平竞争的市场秩序，《指导意见》明确了互联网行业管理职责分工，细化了资金存管、信息披露、风险提示、合格投资者、消费者保护、网络与信息安全、反洗钱等方面的 P2P 网络借贷管理制度，提出了加强行业自律、监管协调和数据统计监测等要求。

1. 互联网行业管理分工

《指导意见》明确，从事 P2P 网络借贷业务应依法向电信主管部门履行网站备案手续。由工业和信息化部负责对 P2P 网络借贷业务涉及的电信业务进行监管，国家互联网信息办公室负责对金融信息服务、互联网信息内容等业务进行监管。这一分工明确了各方的监管责任。

2. 客户资金第三方存管制度

为将 P2P 网络借贷业务涉及的资金流和信息流有效纳入监管视野，《指导意见》提出，从业机构应当选择符合条件的银行业金融机构作为资金存管机构，对客户资金进行管理和监督，实现客户资金与从业机构自身资金分账管理，并明确由中国人民银行会同金融监管部门按照职责分工实施监管。

3. 信息披露、风险提示和合格投资者制度

《指导意见》明确了从业机构在发展P2P网络借贷业务过程中应履行信息披露、风险提示和合格投资者管理等义务。从业机构应当对客户进行充分的信息披露，及时向投资者公布其经营活动和财务状况的相关信息；应当详细说明交易模式、各参与方权利和义务，进行充分的风险提示；要研究建立P2P网络借贷的合格投资者制度，使投资风险与承受能力相匹配。

4. 消费者权益保护

《指导意见》贯彻了金融消费者权益保护理念，提出了一系列具体工作措施，包括：研究制定P2P网络借贷消费者教育规划，加强P2P网络借贷信息披露工作，构建在线争议解决、现场接待受理、监管部门受理投诉、第三方调解等多元化纠纷解决机制，完善P2P网络借贷个人信息保护体系，严禁不实宣传和强制捆绑销售。P2P网络借贷消费者权益保护由中国人民银行、银监会、证监会、保监会会同有关行政执法部门，根据职责分工依法开展工作。

5. 网络与信息安全

《指导意见》高度重视网络与信息安全，提出从业机构应当切实提升技术安全水平，妥善保管客户资料和交易信息，不得非法买卖、泄露客户个人信息。网络信息安全由中国人民银行、银监会、证监会、保监会、工业和信息化部、公安部、国家互联网信息办公室分别对相关从业机构负责。

6. 反洗钱和防范金融犯罪

反洗钱、防范金融犯罪是P2P网络借贷从业机构的法定义务。《指导意见》强调，从业机构应主动监测并报告可疑交易，妥善保存客户资料和交易记录，并坚决打击涉及非法集资等P2P网络借贷犯罪，防范金融风险，维护金融秩序。反洗钱由中国人民银行牵头负责，并制定相关监管细则，打击P2P网络借贷犯罪工作由公安部牵头负责。

7. 加强P2P网络借贷行业自律

行业自律是政府监管的有益补充和有力支撑。《指导意见》要求，组建全国性行业自律组织——中国P2P网络借贷协会。协会的主要职责包括：

制订经营管理规则和行业标准,推动机构之间的业务交流和信息共享,明确自律惩戒机制,提高行业规则和标准的约束力,树立从业机构服务经济社会发展的正面形象,营造诚信规范发展的良好氛围。P2P 网络借贷协会由中国人民银行会同有关部门牵头组建。

8. 监管协调与数据统计监测

P2P 网络借贷具有跨界性、交叉性、跨地域性等特征,必须加强监管部门之间的沟通协作,充分发挥金融监管协调部际联席会议制度的作用,建立完善 P2P 网络借贷数据统计监测体系,实现统计数据和信息共享。P2P 网络借贷数据由中国人民银行会同有关部门,负责建立和完善 P2P 网络借贷数据统计监测体系。

(二)对《网络借贷信息中介机构业务活动管理暂行办法》的政策解读

1. 主要内容简介

2016 年 8 月 24 日,银监会、工业和信息化部、公安部、国家互联网信息办公室联合发布《网络借贷信息中介机构业务活动管理暂行办法》(以下简称《办法》),《办法》共有八章四十七条,主要内容可以概括为六个"明确"。

一是明确了适用范围及网贷活动基本原则,重申了从业机构作为信息中介的法律地位。

二是明确银监会及其派出机构负责对网贷业务活动实施行为监管,制定网贷业务活动监管制度;地方金融监管部门负责本辖区网贷的机构监管,具体监管职能包括备案管理、规范引导、风险防范和处置工作等。以负面清单形式划定了业务边界。

三是明确提出不得吸收公众存款、不得归集资金设立资金池、不得自身为出借人提供任何形式的担保等、不得从事债权转让行为、不得提供融资信息中介服务的高风险领域等内容,以净化市场环境,保护投资人等合法权益。

四是明确规定网贷机构的业务操作模式，包括实行客户资金由银行业金融机构第三方存管制度，防范平台道德风险，保障客户资金安全，严守风险底线，同一借款人在同一网贷机构及不同网贷机构的借款余额上限。

五是加强消费者权益保护，明确对出借人进行风险揭示及纠纷解决途径等要求，明确出借人应当具备的条件，对出借人风险承受能力进行评估和实行分级管理，通过风险揭示等措施保障出借人知情权和决策权，保障客户信息采集、处理及使用的合法性和安全性。

六是明确行业自律组织、资金存管机构、审计等第三方机构职责和义务，充分发挥网贷市场主体自治、行业自律和社会监督的作用，通过市场自律机制，为网贷行业经营活动创造透明、公开、公平的发展环境。作为从业机构，网贷平台应履行信息披露责任，充分披露借款人和融资项目信息，定期披露网贷平台有关经营管理信息，对信息披露情况等进行审计和公布，保证披露的信息真实、准确、完整、及时。

2. 对《办法》内容的进一步思考

我们认为，《办法》将 P2P 网络借贷平台定性为专门经营网贷业务的金融信息服务中介机构，虽然与 P2P 网络借贷平台在实际经济活动中承担的功能有所差异，但是也为平台监管开拓了新的空间，因为其非信用机构的属性，固然不能吸收公众存款、归集资金设立资金池等，但是信息中介地位使 P2P 网络借贷平台无须为平台上资金供求双方的交易提供任何形式的担保，有利于打破 P2P 网络借贷行业刚性兑付的玻璃门，为行业健康发展指明了新的方向。

同时，信息中介的身份定位，也为 P2P 网络借贷行业监管模式确定了新的标准。《办法》确立了网贷机构的信息中介机构身份，因此无须像传统金融中介机构一样实行严格的市场准入制度，对网贷业务的监管，重点在于业务基本规则的制定完善，而非机构和业务的准入审批。同时由于 P2P 网络借贷行业服务开展的资金融通直接关系市场参与者的切身利益，加强事中事后监管以保护当事人合法权益也成为必然。

《办法》对于 P2P 网络借贷平台的日常监管遵循了传统的两级分工模

式，银监会制定统一的业务规则和监管规则，各省人民政府对机构实施监管，承担相应的风险处置责任，防范和化解地方金融风险。这种监管分工机制有其科学性，但一方面P2P网络借贷具有很强的跨地域性，按地区分割管理的模式在实际中可能会面临挑战，另一方面P2P网络借贷活动正在快速发展，业务创新能力较强，地方金融监管部门能否适应市场变化，准确把握行业发展趋势，科学监管也将是行业监管面临的挑战。

在具体业务监管方面，《办法》通过负面清单管理列出了十二项禁止性行为，为网络平台划清了行业开展业务的红线，同时由商业银行开展第三方资金存管业务，对客户资金进行管理和监督，辅之限制借款集中度风险，有望遏制一些具有较强道德风险的借款人和高风险平台入市，保护投资者合法权益，为P2P网络借贷行业正本清源，希望监管部门能切实督促平台落实。

此外，《办法》充分发挥政府、行业、市场力量的作用，通过政府监管、行业自律、市场约束三位一体的管理模式，注重发挥行业自律作用，通过行业自律组织建立统一数据登记平台，完善风险预警、监测机制，加强机构之间的业务交流和信息共享，树立行业的正面形象，有助于平台和投资者及时发现具有道德风险的借款人，有助于P2P网络借贷平台之间相互监督，共同推动行业健康发展。

B.7
网贷新规赋予 P2P 合法身份

彭 冰*

摘 要:《网络借贷信息中介机构业务活动管理暂行办法》在我国首次建立了行为监管和机构监管的金融监管分工制度,这也意味着这一网贷新规赋予了网络借贷平台合法身份。新规是建立在各界共识之上的,但能否成功,还要看能否满足商业的需求。平台的核心功能是撮合借贷双方,是一个典型的双边市场。双边市场的成功,既要看借款人的质量,更要看出借人的数量。如何成功吸引借贷双方,是平台竞争的核心,也是一个商业竞争问题。新规只是划定 P2P 网络借贷平台的竞争底线,设定游戏规则,进行更为公平与合理的竞争,避免风险外溢社会。随着新规及其配套规则的相继颁布,中国的网贷行业将告别野蛮时代,进入规范发展的新阶段。

关键词: 网络借贷 信息中介 资信评估 金融监管 风险管理

经过大半年讨论,2016 年 8 月 24 日中国银监会终于联合工信部、公安部等四部门正式发布了《网络借贷信息中介机构业务活动管理暂行办法》(以下简称《办法》)。应该说,《办法》的出台经历了广泛的讨论。2015 年 7 月 18 日,中国人民银行、银监会等十部门联合发布了《关于促进互联网金融健康发展的指导意见》(以下简称《指导意见》),明确提出 P2P 网络

---

* 彭冰,北京大学法学院教授,博士生导师。

借贷（简称"P2P网贷"）业务由银监会负责监管。2015年12月28日，银监会发布了《网络借贷信息中介机构业务活动暂行管理办法（征求意见稿）》公开征求意见。此次新发布的《办法》，是建立在监管部门、业界和学界的基本共识之上，最重要的有两点：一是赋予P2P网贷以合法身份，二是将P2P网贷平台视为信息中介而不是信用中介。同时，《办法》只是构建了对P2P网贷监管的基本框架，还需要一些具体的配套制度，才能落地运行。《办法》中一些制度是原则性和创新性规定，还需要通过实践不断检验。

一 P2P网贷获得合法身份

按照现行法律要求，从公众处募集资金，需要取得特别许可。未经批准向公众募集资金，均构成非法集资，严重的甚至构成犯罪。P2P网贷是通过网络平台实现的直接融资，提供资金方为社会公众，本质而言，P2P网贷完全符合非法集资的要件。

另外，随着大数据等互联网技术的发展，有可能出现一些新的信用风险控制手段，在传统的金融中介机构和直接融资监管要求之外，可能提供了新的直接融资方式，能够更好地解决融资难的问题；同时中国面临严重的金融压抑，中小企业和消费者个人融资比发达国家更为困难。传统金融机构虽然很努力，但在解决小微企业融资方面仍然进展缓慢，不能适应中国现实的经济发展需求。因此，在风险可控的情况下，监管者允许适当的金融创新是迫切的社会需求。

在这种情况下，监管者默许了P2P网贷在中国的野蛮生长。短短几年时间，P2P网贷在中国经历了爆发性的增长。按照银监会的不完全统计，截至2016年6月底，全国正常运营的网贷机构有2349家，借贷余额6212.61亿元，遥遥领先于全世界。但在野蛮生长过程中，也出现了很多乱象，爆发了一些风险，发生了很多P2P网贷平台"跑路"现象，迫使国务院于2016年开始整治互联网金融的秩序。

在这一片混乱之中，P2P网贷机构迫切需要规范指引。此前，虽然《指导意见》中将P2P网贷认定为互联网金融的一种类型，但并未有具体的规范，P2P网贷机构身份未明，行走在刀锋之上，随时有被认定为非法集资的危险。因此，《办法》出台，最核心的问题就是解决了P2P网贷机构的合法性问题。

按照《办法》规定，从事P2P网贷业务的机构，应当在办理工商注册之后及时在地方金融监管部门办理备案登记，获得电信业务经营许可之后才能开展业务。对于备案登记，《办法》未设任何前置条件要求。

为什么P2P网贷机构能够获得合法身份？大数据等风控技术虽然提供了一种未来可能，但目前来看并不成熟，立法显然不能以一项不成熟的技术作为取消监管的依据。否则，众多机构都可以宣称自己具有相应技术而要求设立银行或者自行向社会融资了。因此，《办法》在征求意见之后，采取了金额限制的风险控制手段：《办法》第17条规定，个人借款人在同一平台的借款余额上限不能超过20万元，单位不能超过100万元；个人借款人在不同平台的借款总余额不超过100万元，单位不超过500万元。

对于金额限制，业界有很多抱怨，但设置金额限制有三个理由。

（1）这是给予P2P网贷平台合法身份的唯一理由。就像前面说的，凭什么P2P网贷平台能够获得合法身份，没有前置门槛备案登记就行，为什么我宣称自己有超厉害的互联网技术，就不能开一家互联网银行呢？目前来看，虽然互联网技术提供了风险控制的可能，但还不成熟，不能直接成为立法的基础。因此，能够为P2P网贷平台合法化提供依据的，只能是小额豁免。小额豁免这个概念，在中国法律上此前并不存在，但这是各国比较成熟的经验，在理论上，这也是基于成本收益考量而自然产生的最合理豁免要求（如果我只融资20万元，而融资监管成本要达到50万元，显然不如不监管）。《办法》对借款人金额的限制，可以作为中国小额豁免实践的突破性进展。

同时，赋予P2P网贷平台合法身份的一个重要理由，是作为正规金融的有益补充，有助于解决小微企业和个人融资难的问题。既然将P2P网贷的功能定位在普惠金融，显然金额限制就是必不可少的要求。

（2）这是风险控制的要求。小额豁免除了成本收益考量之外，也是风险控制的现实要求。对于在性质类似非法集资的 P2P 网贷，监管者允许其合法设立和经营的唯一理由，必须是风险可控。借款人的金额限制，是控制风险、防范风险传递的重要基础。

（3）这也是现行的法律规定。按照最高人民法院发布的关于非法集资的司法解释，个人非法集资金额在 20 万元以上的，单位非法集资金额在 100 万元以上的，需要依法追究刑事责任。如果《办法》没有金额限制，又不设置备案门槛，可以想象：大量实际从事非法集资活动的机构都会从线下转为线上，披上一件 P2P 网贷的外衣，就可以从事表面合法的非法集资活动了。实际上，已经爆发出来的 E 租宝等案例就是典型。

从监管权限上来说，银监会等部门也只能从金融监管角度，对行政违法行为给予一定的豁免，对于可能构成刑事犯罪的违法行为，银监会等部门也无权合法化。因此，《办法》只能在未构成刑事犯罪的界限内，在风险可控的情况下，对于涉嫌非法集资的 P2P 网贷有一定的豁免权限，授予其合法身份。

从立法逻辑和理论来看，要实现小额分散的监管目标，仅仅有对借款人的金额限制是不够的，还应当有对出借人的金额限制。但基于规章制定的权限和认识限制，这一突破还有待于未来发展。

二 P2P 网贷平台定位"信息中介"

第二个共识是 P2P 网贷平台应当是信息中介而不能成为信用中介。《办法》规范的主体是网络信贷信息中介机构，主要是为通过网络的直接借贷活动提供信息搜集、信息公布、资信评估、信息交互、借贷撮合等服务。

这一定性也受到了很多批评，实际上，主要是与中国现实不符。在 P2P 网贷进入中国野蛮生长期间，为了扩展业务、吸引更多出借方加入，很多网贷平台采取了提供担保、拆分期限等手段。这些手段虽然有效地扩展了 P2P 网贷的规模，但也使得 P2P 网贷平台的性质发生了转换，从传统的信息中介机构变成了信用中介机构。对于信息中介机构，监管要求只是保证信息的

准确性，但对于信用中介机构，由于其担负了借贷风险，监管显然有更多风险控制的要求。以银行为例，作为典型的信用中介机构，监管以审慎要求为主，采取了资本充足率等各种监管手段来控制风险。如果采用类似的手段监管P2P网贷平台，显然成本太高，不切合实际。但在现有金融监管体制之外，发展大规模、不受监管的信用中介机构，隐含了巨大的金融风险，显然不是监管者乐于见到的。

大量P2P平台从事信用中介业务，先不管其是否有能力控制风险，这些平台存在本身就形成了"劣币驱逐良币"的现象，一些规规矩矩从事信息中介的平台面临巨大的竞争，甚至可能会被排挤出市场。因此，监管机构出面划清平台的业务边界，有利于P2P网贷行业的长期发展，只有规范发展，才有可持续的未来。

P2P网贷平台信息中介的定位，本身并非《办法》的创造，一年前十部门发布的《指导意见》就已经规定得非常清楚："个体网络借贷机构要明确信息中介性质，主要为借贷双方的直接借贷提供信息服务"，《办法》只是落实《指导意见》已经明确的方向而已。

既然P2P网贷平台定位为信息中介，显然不得提供增信服务和形成资金池，所以，《办法》第10条对平台禁止行为的规定，也就可以理解了。不过，从银监会发布的《答记者问》来看，虽然《办法》明确禁止平台直接或变相向出借人提供担保或者承诺保本保息，但政策安排上，仍然允许平台引入第三方机构进行担保或者与保险公司开展相关业务合作，也算是对现实的一种妥协，网开一面。

作为信息中介，平台的核心功能是提供借贷信息，撮合借贷双方。平台的核心竞争力因此表现为：对信息真实性的审查和对借款人资信的评估。这两个方面将是未来平台在竞争中胜出的主要能力。

三　还有待配套落实和实践检验

尽管经过千呼万唤，《办法》才姗姗出台，在笔者看来，《办法》构建了对P2P网贷监管的基本框架,还需要一些具体的配套制度,才能落地运行。同时,《办法》中的一些制度是原则性和创新性规定,还需要通过实践不断检验。

从配套制度来说,《办法》明确规定平台的备案登记、评估分类等具体细则另行制定,信息披露的具体细则也另行规定,同时,网上也流传着关于资金存管征求意见的相关规则。除此之外,关于技术标准、数据隐私保护等,都可能需要特别的配套规则。举例来说,《办法》简单规定了地方金融监管部门负责对P2P网贷平台办理备案登记,并规定其有权对备案登记后的平台进行评估分类并公布。那是否地方金融监管部门对于所有前来的平台都必须办理备案登记?地方金融监管部门能否基于本地的风险监管要求,提出一定的备案要求,形成不同地方监管的差异化竞争?

《办法》在我国首次建立了行为监管和机构监管的金融监管分工制度。按照《办法》规定:银监会及其派出机构负责制定P2P网贷平台的市场活动监管制度,并实施行为监管,各省级人民政府负责对平台的机构监管。这种区分机构监管和行为监管的金融监管分工安排,在实践中如何运行,如何避免监管重复和监管真空,能否实现有效监管,还有待实践检验。例如,某地方的P2P网贷平台违规提供了担保,或者从事了其他违法业务,这是行为监管的范围还是机构监管范围?地方银监局和地方金融办,谁来负责查处?看起来《办法》第40条将处罚权交给了地方金融监管部门,那如何体现银监会的行为监管?是否地方银监局可以在地方金融监管部门基于地方保护主义不作为的时候积极介入或者构成候补的监管力量?

目前来看,《办法》建立在各界共识之上,但《办法》能否成功,还要看能否满足商业的需求。平台的核心功能是撮合借贷双方,是一个典型的双边市场。双边市场的成功,既要看借款人的质量,又要看出借人的数量。如何成功吸引借贷双方,是平台竞争的核心,也是一个商业竞争问题。《办法》只是划定P2P网贷平台的竞争底线,设定游戏规则,让大家进行更为公平与合理的竞争,避免风险外溢社会。

可以想见，在《办法》划定游戏规则之后，P2P网贷平台的野蛮生长趋势将会受到遏制，网贷行业将面临一场大洗牌。先发展后规范，是中国改革开放以来的成功经验。随着《办法》及其配套规则的相继颁布，中国的网贷行业将告别野蛮时代，进入规范发展的新阶段。

规范，才会有持续和长期的发展。

B.8
网络借贷违约分析
——基于二元离散选择模型的分析

蔡 真*

摘　要： 我国网络借贷的快速发展有中国特有的体制因素，它是对传统体制所导致的金融抑制的有益补充，是普惠金融的重要组成部分。在评分技术匮乏以及监管环境存在真空地带的背景下，网贷行业的发展面临极大的风险和挑战。本文应用二元离散选择模型对P2P借款人的违约特征进行分析，为网贷平台的信用风险管理和贷款定价政策提供基础性依据。另外，P2P借贷违约数据的评估补充了传统征信体系在个人征信方面的不足，为相关监管政策和监管实务提供量化基础和实践依据。

关键词： 网络借贷　违约　二元离散选择模型　征信体系　金融监管

2013年是中国互联网金融的元年，第三方支付、网络借贷、众筹等业务迅速发展。经过若干年发展后，第三方支付市场趋于饱和，众筹业务未见明显起色，唯有P2P网络借贷一枝独秀，依然保持迅猛发展势头。P2P网络借贷的快速发展有中国特有的体制因素，它是对传统体制所导致的金融抑制的有益补充，是普惠金融的重要组成部分。然而，在评分技术匮乏以及监管环境存在真空地带的背景下，P2P网络借贷行业的发展面临极大的风险和挑战。

---

* 蔡真，中国社会科学院金融研究所副研究员，经济学博士。

P2P 网络借贷平台能否健康发展，关键取决于信用风险的管理能力。本文应用二元离散选择模型对 P2P 网络借贷借款人的违约特征进行分析，为网贷平台的信用风险管理和贷款定价政策提供基础性依据。另外，P2P 网络借贷违约数据的评估补充了传统征信体系在个人征信方面的不足，为相关监管政策的制定提供量化基础。

一 数据来源、模型指标选取及数据初处理

本次研究的基础数据来源于宜信、麻袋理财、玖富理财、小牛在线、融金所、翼龙贷等网贷平台，基础数据记录数 83042 条。字段名称包括是否逾期、逾期日期、逾期天数、性别、学历、年龄、月收入、月支出、单位性质、职业、职称、工作年限、婚姻状况、是否有子女、教育背景、车辆资产、车型、居住城市、抵押情况、产品名称、借款额度、借款期限、借款用途、还款方式、利率水平等。

我们根据各网贷平台提供的数据量和字段名称的共性，并考虑字段的现实意义的重要性，最后模型保留指标见表1。

表1 模型指标选取

指标名称	英文变量名	变量类型	变量范围或状态
是否违约	D	离散型变量	0(正常)或1(违约)
月收入	$INCOME$	连续型变量	[200,80000]
年龄	AGE	连续型变量	[22,60]
工作年限	$WORKEXP$	连续型变量	[0,51]
信用档案	CF	连续型变量	[0,308]
贷款期限	LP	连续型变量	[6,48]
借款额	BL	连续型变量	[10000,300000]
性别	$GENDER$	离散型变量	0(女)或1(男)
婚姻状况	M	离散型变量	$M1$(未婚)、$M2$(已婚)、$M3$(离异)或$M4$(丧偶)
车辆资产	CAR	离散型变量	0(无车)或1(有车)
教育背景	E	离散型变量	$E1$(高中及以下)、$E2$(大专)、$E3$(本科)或$E4$(硕士及以上)
单位性质	W	离散型变量	$W1$(个体)、$W2$(民营)、$W3$(国有)、$W4$(机关)、$W5$(外资)、$W6$(合资)、$W7$(三资)或$W8$(其他)
住房状况	H	离散型变量	$H1$(自住住房)、$H2$(与亲属同住)、$H3$(租赁)、$H4$(公司宿舍)或$H5$(其他)

在选取模型指标后,数据还存在空白和异常值等问题,还需要对数据进行清洗筛选。具体包括以下三个步骤:第一,剔除空白数据。某些离散型变量存在空白数据的情况,鉴于所占比重较少,采取直接删除的方法剔除。第二,异常值的处理。所谓异常值,包括两种类型,一是不符合指标本身的定义,如信用卡使用率这一指标的计算值不超过1,那么数据初处理中删除大于1的记录;二是指标的计算结果不符合经济意义,如月收入中存在12亿元以上的数据,显然有这样月收入的客户在正规渠道是可以融资的。此外,借款额度还存在小数的情况,而一般网贷平台放款额都是整数。对于这类数据我们将其近似到以万元为单位的整数。第三,构建虚拟变量。对于离散型变量,我们需要构建虚拟变量;同时,为避免完全共线性的问题,每个项目都选择一个"常见情况"作为对照组。详细的数据初处理流程见图1。

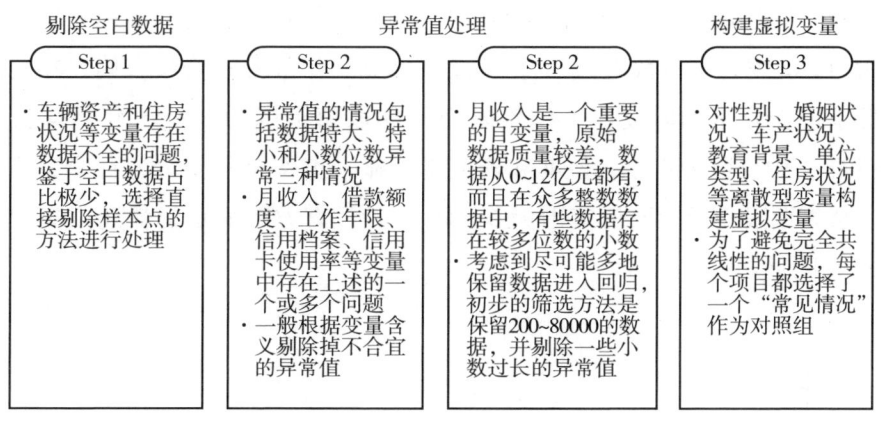

图 1　数据清洗筛选流程

二　变量描述性统计

在完成上述数据初处理流程后,最终进行模型计算的样本数为40479。表2和图2给出了连续型变量的描述性统计结果。

表2 连续型变量的描述性统计

变量	均值	中位数	最大值	最小值	标准差	偏度	峰度
月收入(元)	12759.93	6000	80000	200	15260.67	2.38	8.65
借款额(元)	37634.54	30000	300000	10000	22773.86	1.95	8.76
信用档案	58.79	55	308	0	40.20	0.72	3.44
年龄(岁)	36.62	35	60	22	8.82	0.47	2.34
工作年限(年)	7.78	4	51	0	8.76	1.72	5.20
贷款期限(月)	25.99	24	48	6	8.85	0.35	2.88

月收入变量的取值范围为200～80000元，均值为12759.93元，中位数为6000元，偏度和峰度指标显示月收入变量为右偏尖峰分布。借款额变量的取值范围为10000～300000元，均值为37634.54元，中位数为30000元，偏度和峰度指标显示借款额变量为右偏尖峰分布。信用档案变量的取值范围为0～308，均值为58.79，中位数为55，偏度指标显示信用档案分布略微右偏，峰度值略高于正态分布的峰度。年龄变量的取值范围为22～60岁，均值为36.62岁，中位数为35岁，偏度指标显示年龄分布略微右偏，峰度值略低于正态分布的峰度。工作年限变量的取值范围为0～51年，均值为7.78年，中位数为4年，偏度和峰度指标显示工作年限变量为右偏尖峰分布。贷款期限变量的取值范围为6～48个月，直方图显示贷款期限集中在24个月附近。

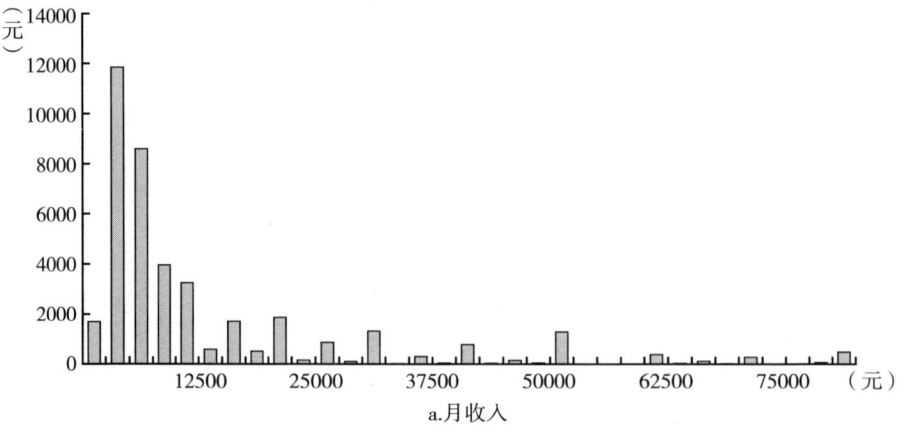

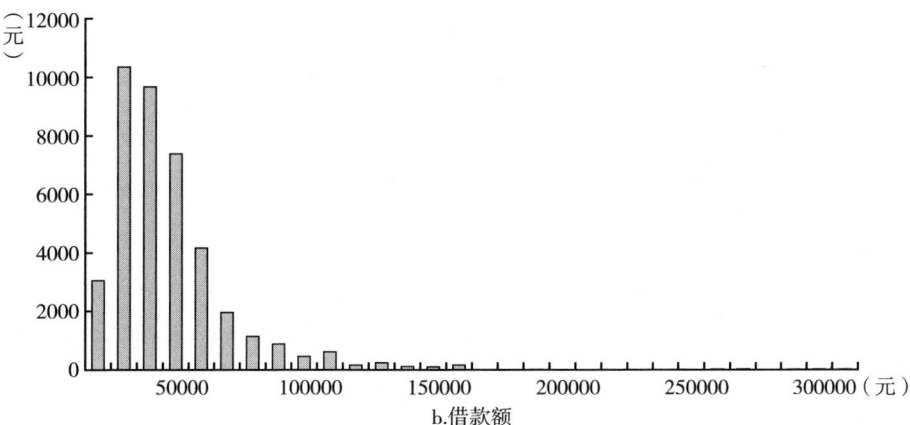
b.借款额

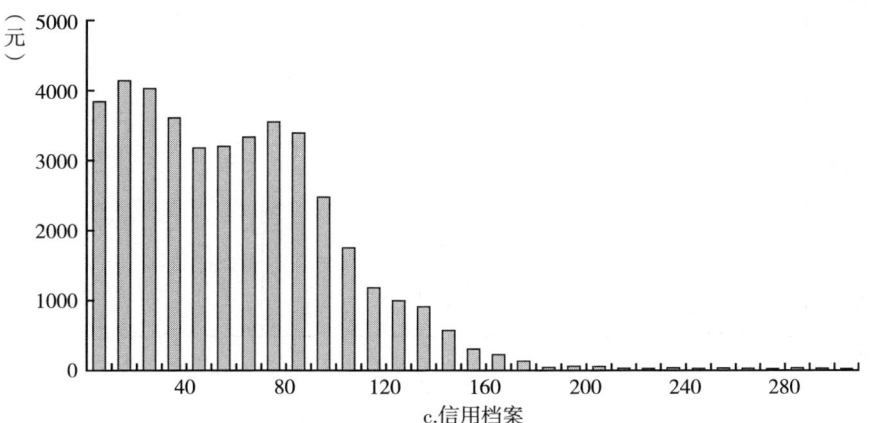
c.信用档案

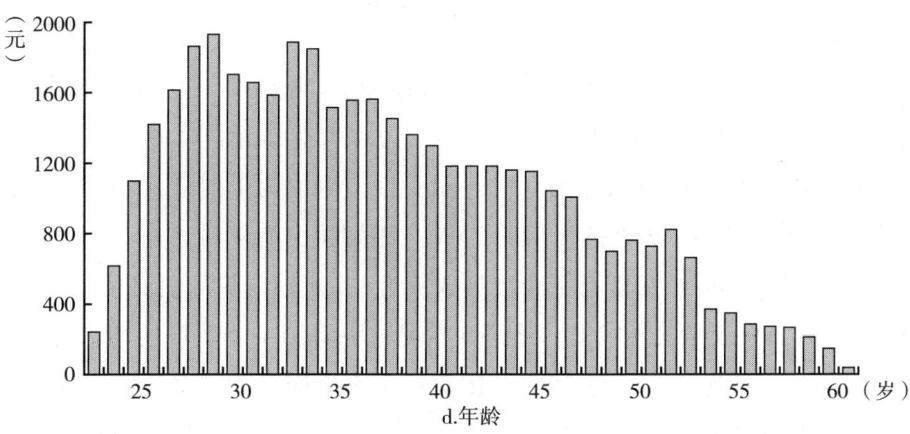
d.年龄

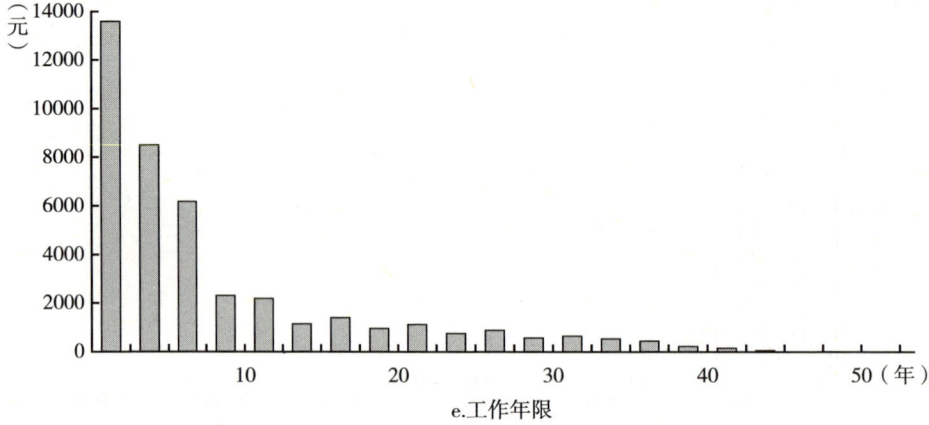

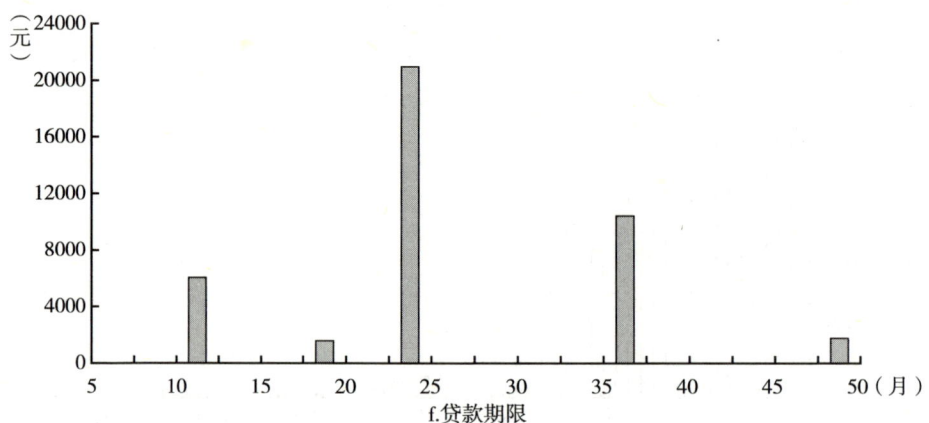

图 2　连续型变量的直方图

表3给出了离散型变量的描述性统计结果。车辆资产中，变量取值为0时表示无车，取值为1时表示有车；均值为0.35，表示样本中有车的比例为35%。性别中，变量取值为0时表示女性，取值为1时表示男性；均值为0.75，表示样本中男性的比例为75%。婚姻状况有4种，每一个样本在 $M1$、$M2$、$M3$、$M4$ 中只能有一个变量取值为1，其他变量取值必须为0，如（0，1，0，0）表示已婚状态。从婚姻状况这一类别4个变量的均值可以看出，已婚样本占比最多，为75%。住房状况5个变量的定义方式与婚姻状况类似，从描述性统计结果来看，样本中自住住房的比例最高（55%），其

次为租赁和与亲属同住的样本。教育程度 4 个变量的定义方式也与婚姻状况类似，描述性统计的结果显示，借款人教育程度普遍不高，集中在高中及以下（32%）和大专（48%）。单位性质 8 个变量的定义方式也与婚姻状况类似，从描述性统计的结果来看，借款人主要集中在个体（21%）和民营企业（33%），这也反映了 P2P 平台的融资对象主要是被传统金融体制排除在外的个体和民营企业。

表 3　离散型变量的描述性统计

类别	变量	均值	中位数	最大值	最小值	标准差	偏度	峰度
车辆资产	CAR（有无车）	0.35	0	1	0	0.48	0.62	1.39
性别	$GENDER$（性别）	0.75	1	1	0	0.43	−1.17	2.37
婚姻状况	$M1$（未婚）	0.16	0	1	0	0.36	1.90	4.60
	$M2$（已婚）	0.75	1	1	0	0.43	−1.16	2.34
	$M3$（离异）	0.09	0	1	0	0.28	2.89	9.37
	$M4$（丧偶）	0.01	0	1	0	0.07	13.76	190.22
住房状况	$H1$（自住住房）	0.55	1	1	0	0.50	−0.21	1.04
	$H2$（与亲属同住）	0.16	0	1	0	0.36	1.88	4.54
	$H3$（租赁）	0.18	0	1	0	0.38	1.66	3.75
	$H4$（公司宿舍）	0.10	0	1	0	0.30	2.60	7.75
	$H5$（其他）	0.01	0	1	0	0.08	12.07	146.73
教育程度	$E1$（高中及以下）	0.32	0	1	0	0.47	0.79	1.62
	$E2$（大专）	0.48	0	1	0	0.50	0.08	1.01
	$E3$（本科）	0.19	0	1	0	0.40	1.55	3.39
	$E4$（硕士及以上）	0.01	0	1	0	0.09	10.96	121.12
单位性质	$W1$（个体）	0.21	0	1	0	0.41	1.41	2.99
	$W2$（民营）	0.33	0	1	0	0.47	0.72	1.52
	$W3$（国有）	0.17	0	1	0	0.38	1.74	4.03
	$W4$（机关）	0.20	0	1	0	0.40	1.47	3.17
	$W5$（外资）	0.03	0	1	0	0.18	5.17	27.74
	$W6$（合资）	0.04	0	1	0	0.19	4.74	23.48
	$W7$（三资）	0.00	0	1	0	0.04	26.45	700.57
	$W8$（其他）	0.01	0	1	0	0.09	10.63	114.10

三 实证模型设定及违约频次考察

根据上文所确定的指标，我们设定如下的二元因变量模型：

$$Pr(D = 1 \mid x_i) = \frac{1}{1 + e^{-x_i\beta_i}},$$

其中 $x_i\beta_i$ 为以下形式：

$$\beta_0 + \beta_1 INCOME + \beta_2 BL + \beta_3 CF + \beta_4 AGE + \beta_5 WORKEXP + \beta_6 LP + \beta_7 GENDER \\ + \beta_8 CAR + \sum_{i=1}^{3}\beta_{9,i} M_i + \sum_{i=1}^{3}\beta_{10,i} E_i + \sum_{i=1}^{7}\beta_{11,i} W_i + \sum_{i=1}^{4}\beta_{12,i} H_i + \varepsilon$$

上式中，β_0 为常数项，$\beta_1 \sim \beta_6$ 分别表示收入、借款额、信用档案、年龄、工作年限和贷款期限这 6 个连续型变量的系数，β_7 和 β_8 分别是性别和车辆资产状况的系数，其余系数分别对应婚姻状况、教育背景、单位性质和住房状况，求和项中的状态数比实际状态数少 1 个，这是为了避免虚拟变量导致的完全共线性问题，不影响最终结果。ε 为残差项。

关于方程系数的符号，对于连续型变量，我们通过构造不同区间的违约频次进行初步观察。图 3 给出了违约频次的分布情况。月收入与违约率的关系在一般认识上认为，随着收入的增加，违约率递减，即符号为负；但图 3 反映出的情况有违一般常识，违约率与收入的关系并非单调递减，违约率随收入的增加先增加后递减，这也提示后续的实证研究可采取分组研究的方式。借款额与违约率的关系从图形上看并不明确，整体上呈下降趋势，但在较高额度组存在较高的锯齿形态，因此对系数符号的影响并不明确；常识上对借款额与违约关系的认识也存在两个对立面：一种倾向认为借款额越高风险越高，另一种倾向则认为在通过授信前审核的前提下，较高的借款额意味着较强的还款能力，因此违约率较低。我们并不对借款额的系数符号进行预期，以实际结果为准。信用档案得分越高，违约率越低，这与违约频次图展示的结果一致，我们预期该系数符号为负。年龄与违约率的关系一般认为是单调递减的；从违约频次图来看，在38岁以前违约率对年龄不敏感，而在38岁以后年龄随违约率的增加而递减，这也提示后续的实证研究可采取分组研究的方式。工作年限越长，工作经验的积累越丰富，收入相对较高，因此违约率越低，这与违约频次图展示的结果一致，我们预期该系数符号为负。违约率在不同的贷款期限上存在显著差异，如果将3年以上定义为长期，那么长期的违约率明显低，这可能是由期限长还款压力减小导致的，我们预期贷款期限的系数符号为负。

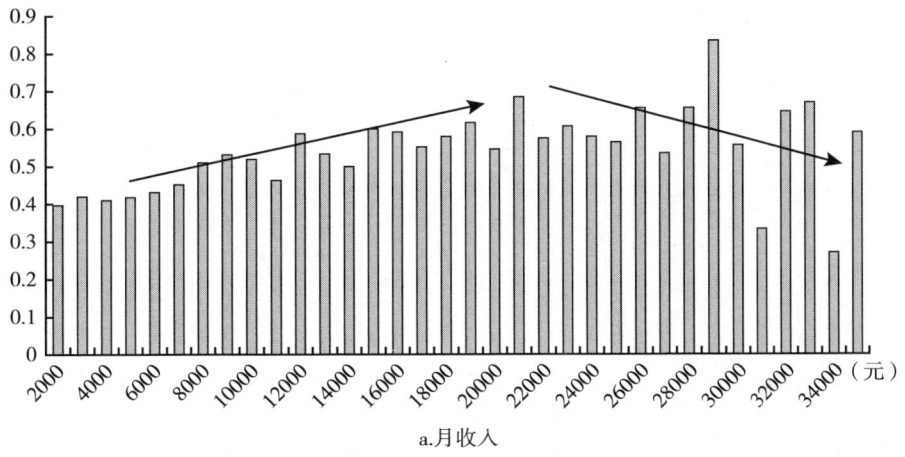

a.月收入

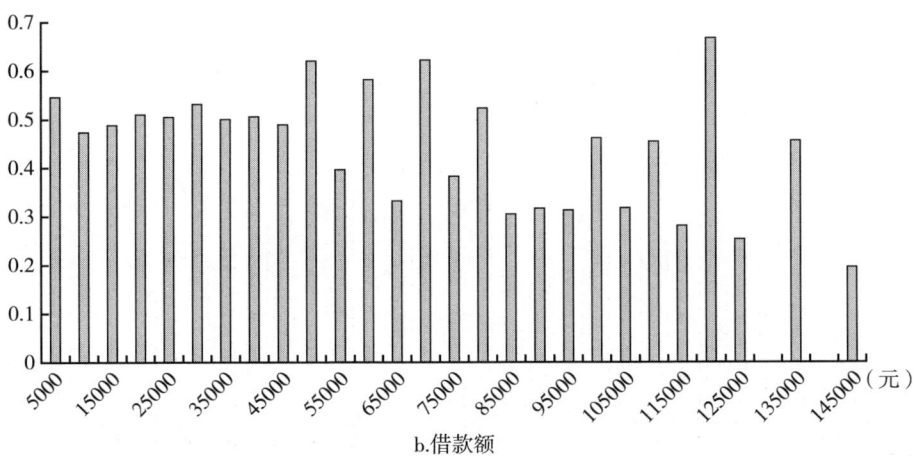

b.借款额

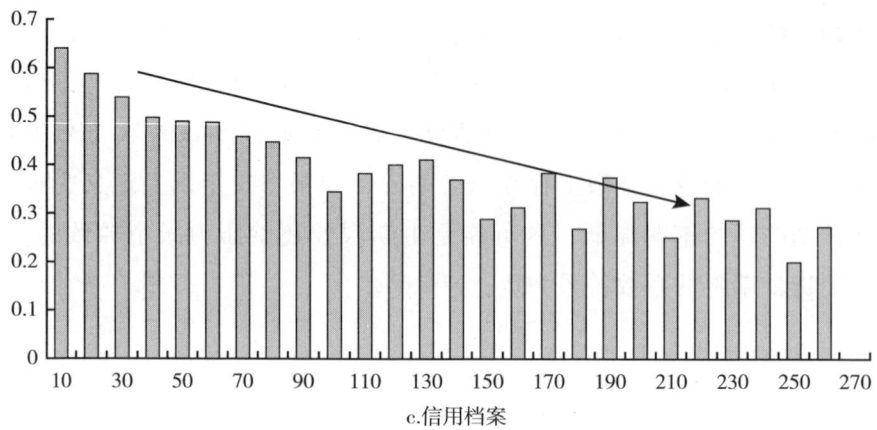

c.信用档案

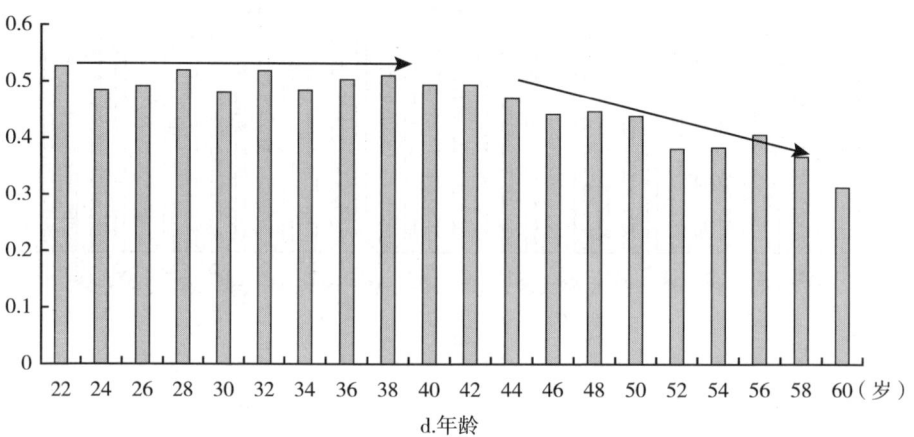

d.年龄

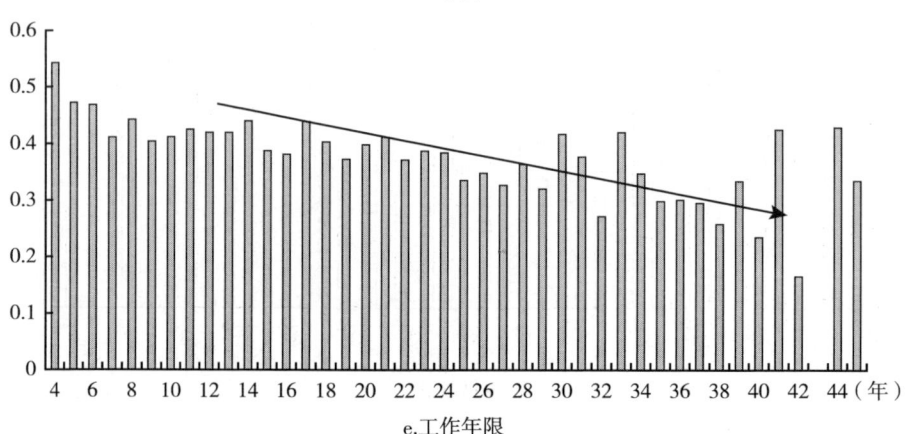

e.工作年限

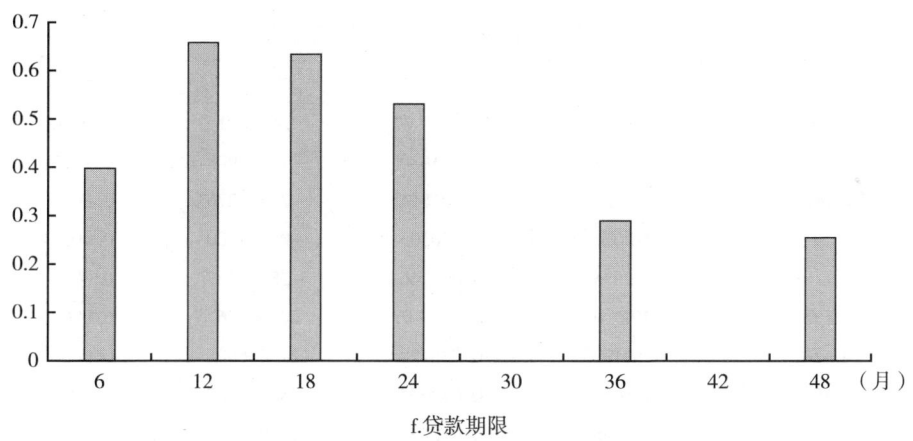

f.贷款期限

图3 连续型变量的违约频次分布

关于离散型变量的系数,性别方面,大量文献表明男性比女性违约率高,由于变量取值1代表男性,因此预期系数符号为正。车辆资产方面,通常有车客户比无车客户收入高,还款能力强,而且车辆作为抵押手段,也可以有效缓释信用风险,由于变量取值1表示有车状态,因此预期系数符号为负。婚姻状况方面,已婚相对于其他状况的违约率低,由于已婚状况作为参照虚拟变量,在方程中不出现,预期其他婚姻状况的符号为正。教育背景方面,通常认为随着学历层次的提高违约率逐渐下降,由于本科学历作为参照虚拟变量,其他变量按学历顺序其系数预期逐渐递减。单位性质方面,通常预期个体或民营性质的客户违约率较高,在系数上体现为这两个变量的系数最大。住房状况方面,通常认为自住住房的客户违约率最低,因为自住住房是最高的抵押品,由于自住住房作为参照虚拟变量,其他变量的系数预期都为正,其含义是其他住房性质的客户违约率都高于自住住房,对于其他住房性质的系数关系,我们不做预期。

四 实证检验结果及边际效应测算

根据上文设定的模型,应用Eviews软件,选择Logit回归方法,表4展示了最终回归结果:McFadden可决系数为0.08,LR统计量反映了方程整体

表4 基于整体样本的Logit回归结果

变量	系数	标准差	z统计量	概率
INCOME	3.73E-06	8.40E-07	4.443891	0.0000
AGE	-0.002214	0.001680	-1.317905	0.1875
WORKEXP	-0.005318	0.001814	-2.932276	0.0034
CF	-0.007802	0.000305	-25.57200	0.0000
LP	-0.067554	0.001746	-38.68487	0.0000
BL	1.29E-05	6.22E-07	20.67256	0.0000
GENDER	0.544325	0.025428	21.40660	0.0000
M1	-0.165037	0.032604	-5.061857	0.0000
M3	0.422064	0.038334	11.01030	0.0000
M4	0.0333451	0.148980	2.238225	0.0252
CAR	-0.188537	0.023603	-7.987941	0.0000
E1	0.197623	0.033850	5.838107	0.0000
E2	0.230965	0.029882	7.729161	0.0000
E4	-0.498835	0.132366	-3.768598	0.0002
W1	0.154586	0.115559	1.337729	0.1810
W2	0.033729	0.114300	0.295090	0.7679
W3	-0.142077	0.115917	-1.225674	0.2203
W4	0.063798	0.116238	0.548853	0.5831
W5	-0.344536	0.126616	-2.721124	0.0065
W6	-0.226613	0.124453	-1.820869	0.0686
W7	-0.129542	0.294703	-0.439568	0.6603
H2	-0.071796	0.031109	-2.307870	0.0210
H3	-0.050266	0.030487	-1.648791	0.0992
H4	0.146391	0.037178	3.937610	0.0001
H5	0.309241	0.129210	2.393324	0.0167
C	1.184878	0.137022	8.647326	0.0000
McFadden R-squared	0.084192	Mean dependent var		0.482490
S. D. dependent var	0.499699	S. E. of regression		0.470856
Akaike info criterion	1.269732	Sum squared resid		9028.499
Schwarz criterion	1.275229	Log likelihood		-25844.15
Hannan-Quinn criter.	1.271470	Restr. log likelihood		-28220.06
LR statistic	4751.817	Avg. log likelihood		-0.634228
Prob(LR statistic)	0.000000			

显著。从 z 统计量的估计结果来看，大部分变量通过检验。系数符号方面，连续型变量中，月收入符号为正，表明收入越高违约率越高；年龄、工作年限、信用档案、贷款期限符号为负，与预期一致；借款额系数为正，表明借款额度越高违约率越高。离散型变量中，性别系数为正，表明男性违约率高于女性；车辆资产系数为负，表明有车客户违约率低于无车客户。婚姻状况方面，未婚系数最低，与预期不一致。教育背景方面，硕士以上学历系数最小，说明学历越高违约率越低，但大专学历系数最高，高中及以下次之，并非如预期的学历与违约率呈简单递减关系。单位性质方面，外资单位客户最低，个体户客户最高，但不显著。住房状况方面，与亲属同住和租赁客户的系数都为负，意味着他们的违约率低于自住住房客户，与预期不一致。对于二元因变量模型的估计效果的评判还须观察打点准确率。表5给出了最终预测结果，对于非违约情况的判定模型准确率达到65.92%，对于违约情况的判定模型准确率达到63.05%。模型整体准确率达到64.54%，预测效果尚可。

表5 基于整体样本的 Logit 回归预测结果

单位：例，%

真实情况	判定情况		样本合计
	非违约	违约	
非违约	13902	7186	21088
违约	7264	12397	19661
准确率	65.92	63.05	64.54

由于二元因变量模型经过一次函数变形，其系数的含义并不直接代表弹性或半弹性，而某一变量产生的边际效应需要通过模拟计算。图4a 和图4b 是月收入和年龄对违约的边际效应测算结果。月收入的测算范围为 2000~20000 元，对应的违约率范围为 0.469~0.485，每 1000 元导致的违约率变动为 0.0009；年龄的测算范围为 22~60 岁，违约率范围为 0.466~0.487，每 1 岁导致的违约率变动为 -0.0011。图5c 给出了违约和收入随生命周期变化的一个模拟，假设收入在35岁达到峰值，随后逐渐递减，在45岁后保持不变，对应的违约率在35岁达到最高峰，随后逐渐下降，45岁之后下降速度变缓。

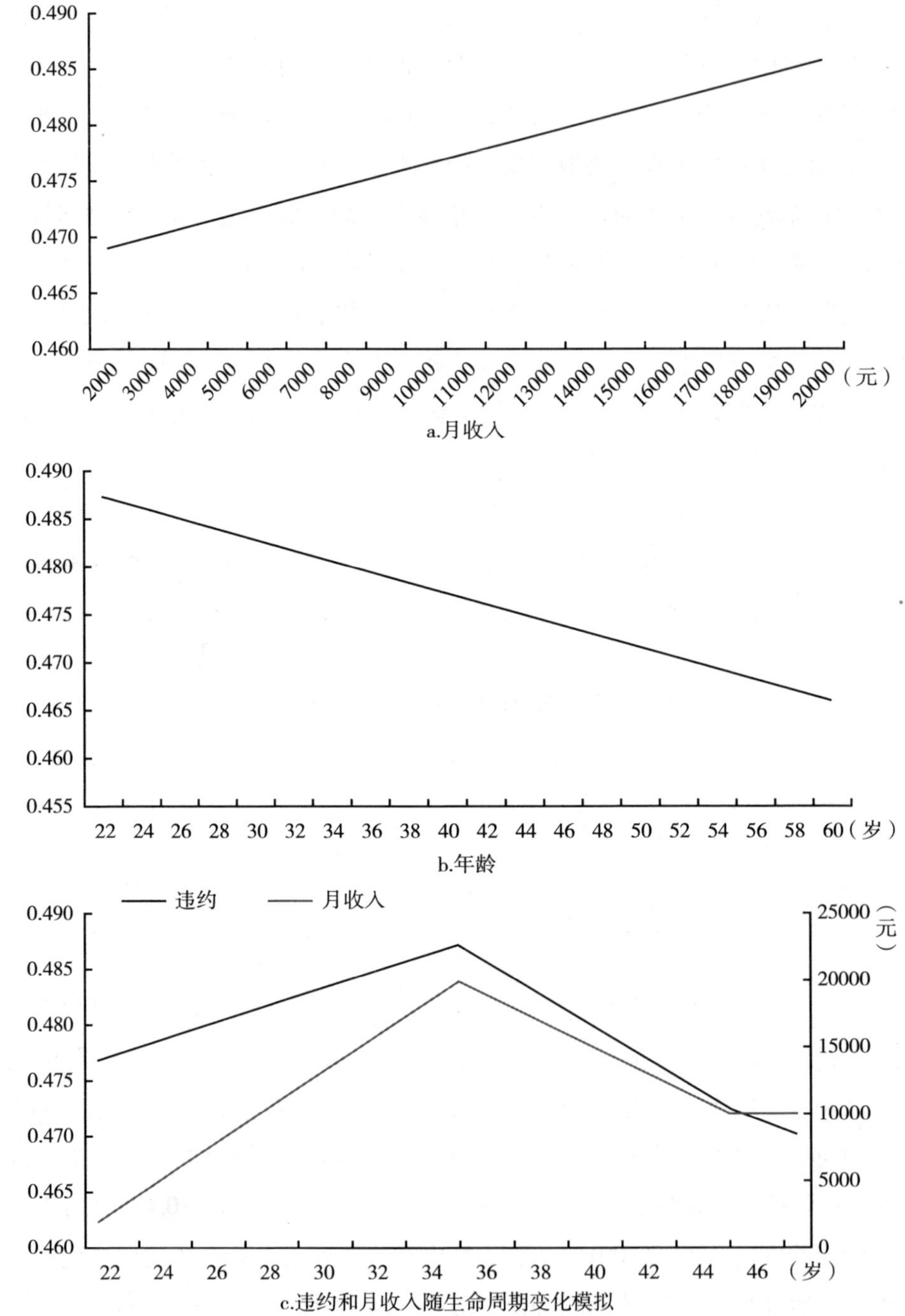

图 4 月收入和年龄对违约的边际效应测算

图 5 展示了两种资产（房产和车辆）对违约的边际效应。车辆资产方面，无论房产状况对应何种情况，无车的客户都比有车的客户违约率高，平均高出 0.0468；而收入和年龄在整个区间范围内的变动分别为 0.016 和 0.021；从实际评估的角度看，关注车辆资产状况比关注收入和年龄这样的连续型变量更有意义。房产方面，无论是有车客户还是无车客户，与亲属同住的违约率是最低的，与我们预期的自住客户最低不一致。从边际效应看，房产状况违约最大值与最小值之间的差距为 0.0948，是比月收入、年龄、车辆资产区分度更高的变量。

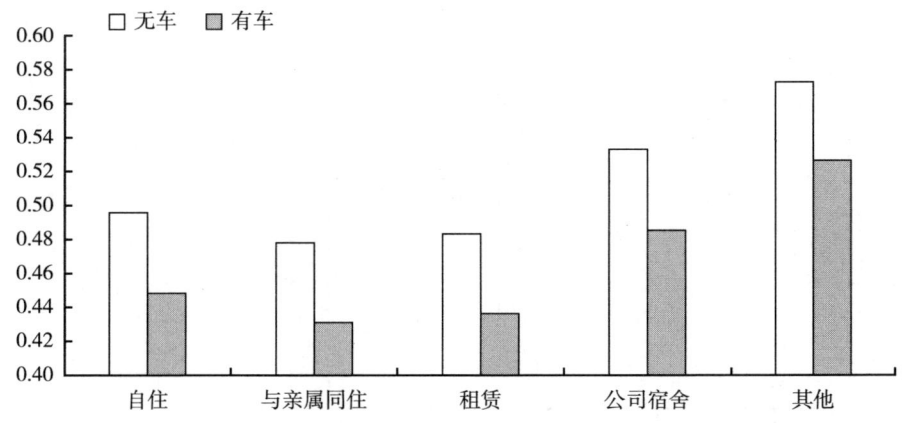

图 5　资产状况对违约的边际效应测算

图 6 分别展示了婚姻状况和教育背景对违约的边际效应。婚姻状况方面，无论男性或女性，未婚客户违约率最低，比违约率最高的离异客户平均低 0.1427，这一差距高于不同房产状况的差异，婚姻状况是风险控制中值得重点关注的变量。教育背景方面，违约最大值与最小值之间的差距为 0.1665，尽管最大值与最小值的距离较远，但 4 种状态中本科以下的违约差异不大。此外，无论何种婚姻状况、教育背景，男性的违约率都显著高于女性，差距为 0.1304，性别这一变量在风险控制中也值得重点关注。

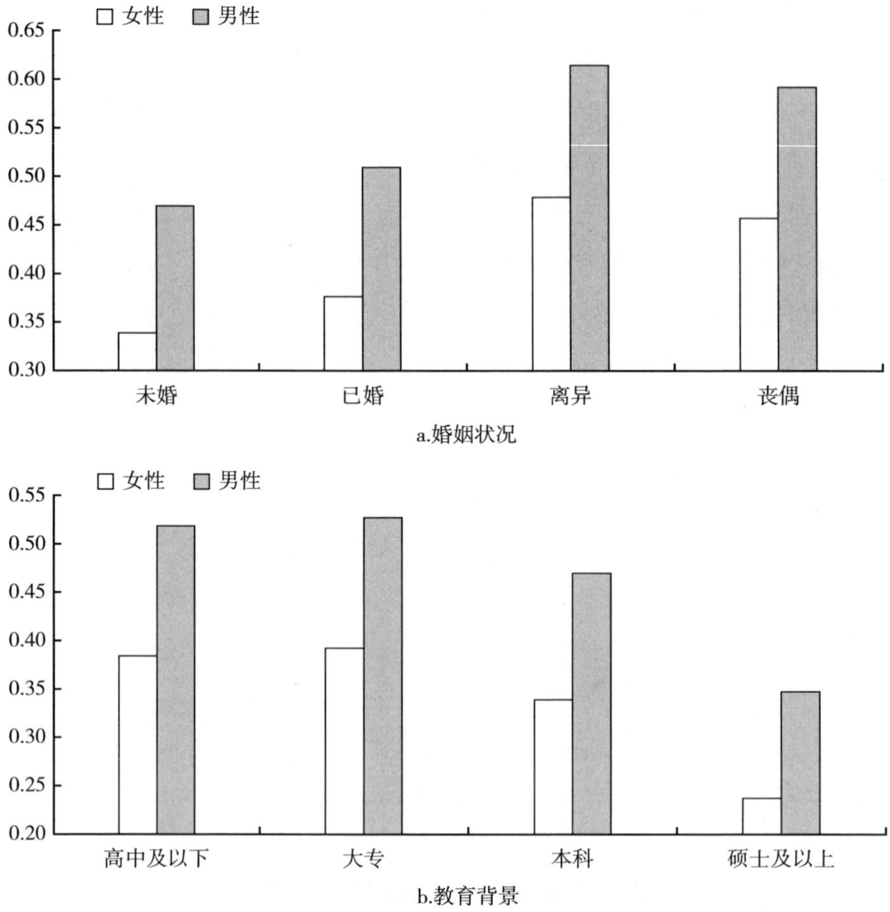

图 6 婚姻和教育背景对违约的边际效应测算

五 收入分组的实证检验结果

根据上文分析，某些变量对违约的影响存在非单调的情形，因此我们进行分组实证检验。表6给出了对月收入进行实证检验的结果，左栏为月收入小于10000元的情形，右栏为月收入大于10000元的情形。两个方程的McFadden可决系数分别为0.073和0.094，LR统计量反映了两个方程整体显著。表7给出了两个方程最终预测结果，月收入小于10000元分组的准确

表6 收入分组的 Logit 实证检验结果

变量	系数	标准差	z统计量	概率	变量	系数	标准差	z统计量	概率
INCOME	3.85E-05	6.30E-06	6.111759	0.0000	INCOME	-2.03E-06	1.16E-06	-1.756058	0.0791
AGE	-0.004193	0.002083	-2.013010	0.0441	AGE	-0.001473	0.002917	-0.505111	0.6135
WORKEXP	-0.002975	0.002046	-1.454107	0.1459	WORKEXP	-0.009632	0.004935	-1.951676	0.0510
CF	-0.007823	0.000369	-21.20201	0.0000	CF	-0.008514	0.000559	-15.22570	0.0000
LP	-0.059244	0.002182	-27.15129	0.0000	LP	-0.085660	0.003072	-27.88089	0.0000
BL	1.25E-05	7.83E-07	15.92027	0.0000	BL	8.82E-06	1.10E-06	7.995095	0.0000
GENDER	0.576972	0.030597	18.85734	0.0000	GENDER	0.460335	0.047142	9.764953	0.0000
M1	-0.189396	0.037634	-5.032636	0.0000	M1	-0.019050	0.068355	-0.278698	0.7805
M3	0.416134	0.045339	9.178339	0.0000	M3	0.443308	0.073119	6.062855	0.0000
M4	0.280425	0.171973	1.630632	0.1030	M4	0.499941	0.309974	1.612848	0.1068
CAR	-0.210925	0.029510	-7.147617	0.0000	CAR	-0.223908	0.040532	-5.524230	0.0000
E1	0.264567	0.040867	6.473915	0.0000	E1	0.223478	0.063341	3.528163	0.0004
E2	0.246852	0.035428	6.967630	0.0000	E2	0.271774	0.056892	4.776995	0.0000
E4	-0.735870	0.172829	-4.257804	0.0000	E4	-0.177468	0.218802	-0.811086	0.4173
W1	0.330338	0.141417	2.335913	0.0195	W1	-0.154042	0.210129	-0.733282	0.4635
W2	-0.046122	0.137989	-0.334244	0.7382	W2	0.039282	0.209667	0.187355	0.8514
W3	-0.103434	0.138491	-0.746863	0.4551	W3	-0.003933	0.230331	-0.017075	0.9864
W4	0.101929	0.139045	0.733067	0.4635	W4	0.459335	0.237066	1.937584	0.0527
W5	-0.303877	0.148615	-2.044728	0.0409	W5	-0.328391	0.279255	-1.175957	0.2396
W6	-0.224401	0.148033	-1.515892	0.1295	W6	-0.164887	0.239285	-0.689085	0.4908
W7	-0.221810	0.328225	-0.675787	0.4992	W7	0.465673	0.693585	0.671400	0.5020
H2	-0.062708	0.035918	-1.745849	0.0808	H2	-0.035897	0.064603	-0.555649	0.5785
H3	-1.92E-06	0.038170	-5.03E-05	1.0000	H3	-0.175777	0.051820	-3.392093	0.0007
H4	0.195779	0.043865	4.463230	0.0000	H4	0.048099	0.071761	0.670263	0.5027
H5	0.242767	0.149482	1.624054	0.1044	H5	0.464800	0.270091	1.720900	0.0853
C	0.740080	0.167231	4.425509	0.0000	C	2.191317	0.255873	8.564090	0.0000
McFadden R-squared	0.072952	Mean dependentvar	0.441579		McFadden R-squared	0.093651	Mean dependentvar	0.576829	
S.D. dependent var	0.496584	S.E. of regression	0.472042		S.D. dependent var	0.494082	S.E. of regression	0.462566	
Akaike into criterion	1.274306	Sum squared resid	6327.536		Akaike into criterion	1.239200	Sum squared resid	2631.793	
Schwarz criterion	1.281857	Log likelihood	-18083.79		Schwarz criterion	1.254850	Log likelihood	-7611.188	
Hannan-Quinn criter.	1.276735	Restr. log likelihood	-19506.86		Hannan-Quinn criter.	1.244443	Restr. log likelihood	-8397.639	
LR statistic	2846.138	Avg. log likelihood	-0.636238		LR statistic	1572.902	Avg. log likelihood	-0.617491	
Prob(LR statistic)	0.000000	—	—		Prob(LR statistic)	0.000000	—	—	
Obs with Dep=0	15872	Total obs	28423		Obs with Dep=0	5216	Total obs	12326	
Obs with Dep=1	12551	—	—		Obs with Dep=1	7110	—	—	

率达到64.10%，月收入大于10000元分组的准确率达到67.55%。预测效果尚可。从图8中z统计量的估计结果来看，大部分变量通过检验。系数符号方面，月收入的符号存在变化：月收入小于10000元分组系数符号为正，意味着月收入越高违约率越高；而月收入大于10000元分组系数符号为负，意味着月收入越高违约率低。后一分组的符号与预期一致，这意味着收入对违约率产生反向影响存在门限效应，即收入大于10000元后收入的增加才导致违约率降低。其他变量系数符号除单位性质中某些发生改变（大部分未通过显著性检验），其他均未发生改变。

表7　收入分组 Logit 回归预测结果

单位：例，%

真实情况	收入<10000元			收入>10000元		
	判定情况		样本合计	判定情况		样本合计
	非违约	违约		非违约	违约	
非违约	11783	4089	15872	2478	2738	5216
违约	6115	6436	12551	1262	5848	7110
准确率	74.24	51.28	64.10	47.51	82.25	67.55

图7给出了不同收入分组条件下的收入和年龄对违约的边际效应的测算结果。图7a为收入小于10000元的分组情况，图7b为收入大于10000元的分

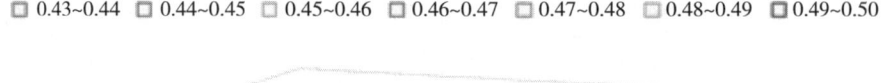

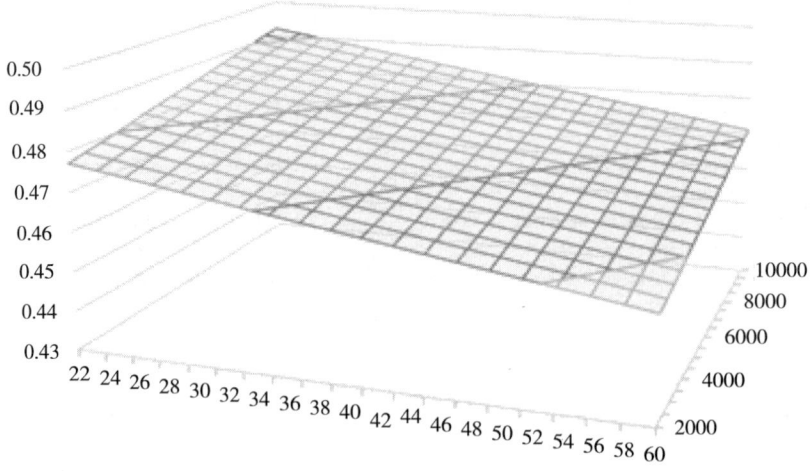

a.收入<10000元

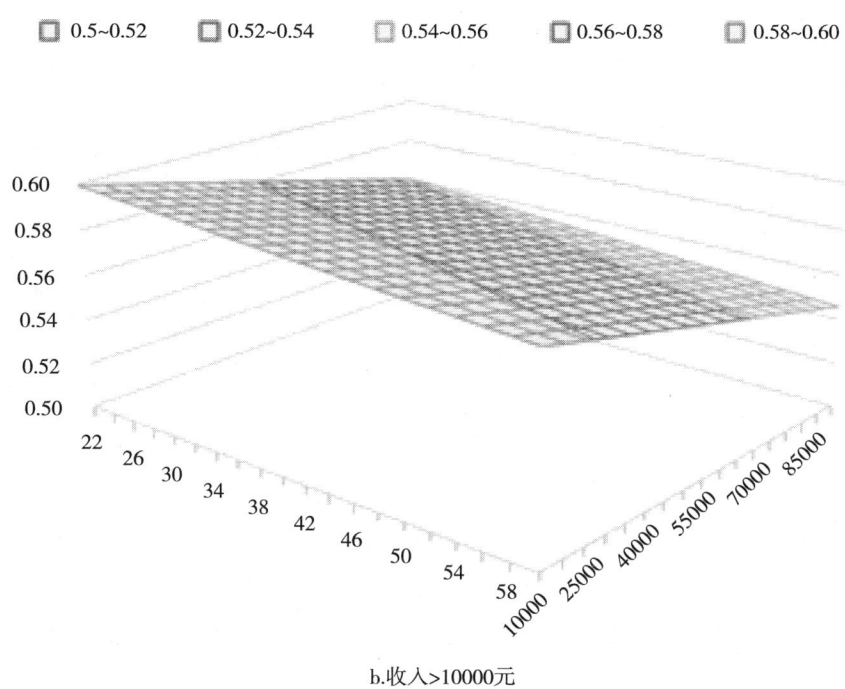

b.收入>10000元

图7　不同收入分组条件下的收入和年龄对违约的边际效应

组情况。图7a显示违约率随年龄和收入向右上方倾斜，图7b显示违约率随年龄和收入向右下方倾斜。低收入组每1000元导致的违约率变动为0.0095，每两岁导致的违约率变动为-0.0021；高收入组每1000元导致的违约率变动为-0.0005，每两岁导致的违约率变动为-0.0007。从这两组对照数据可以看出，低收入组中收入相对于年龄是更敏感的违约变量，而高收入组中年龄相对于收入是更敏感的违约变量，这可能是因为收入达到一定水平后就不再是违约的主导因素。

图8给出了不同收入分组条件下的资产状况对违约的边际效应的测算结果。图8a为低收入组情况，图8b为高收入组情况。无论是低收入组还是高收入组，有车客户相对无车客户违约率更低；低收入组中有车客户比无车客户违约率平均低0.052，高收入组中有车客户比无车客户违约率平均低0.053。房产资产方面，低收入组与高收入组存在差异：低收入组中，与亲

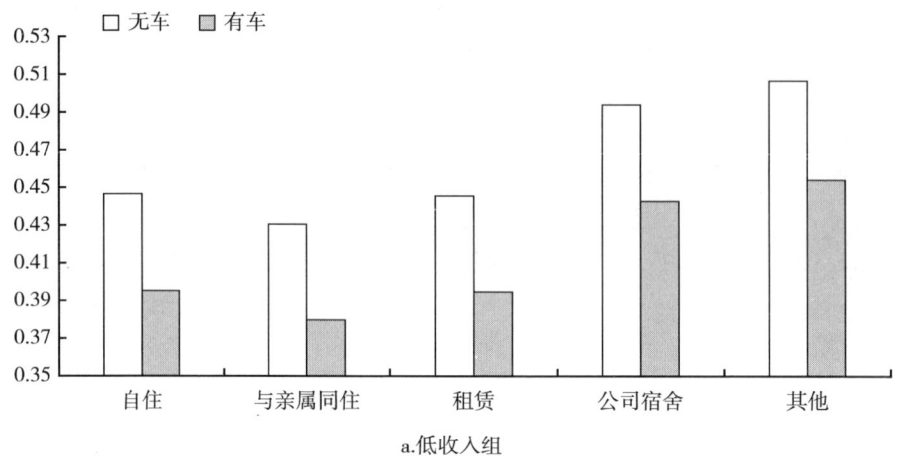

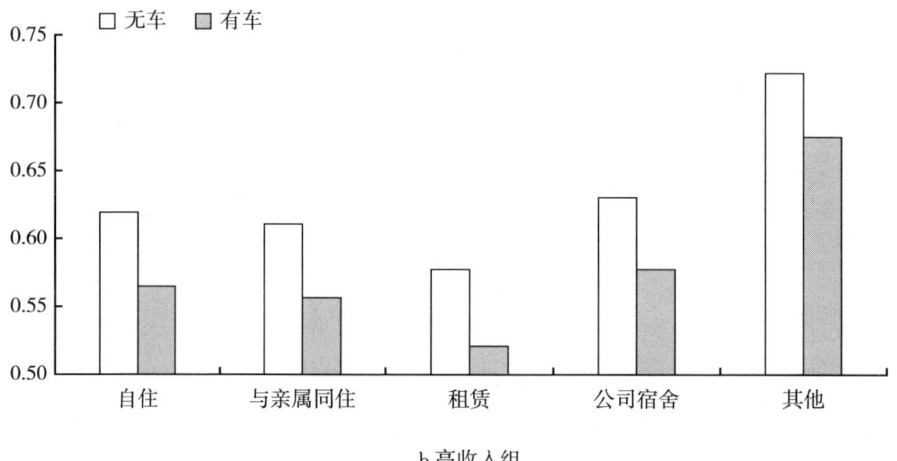

图8 不同收入分组条件下的资产状况对违约的边际效应

属同住的客户违约率最低,高收入组中却是租赁客户的违约率最低,两者的实证结果都与预期不一致,低收入组可以解释为亲属客户提供了某种程度的担保,而高收入组租赁客户违约最低缺乏合理解释。

图9给出了不同收入分组条件下的婚姻和性别对违约的边际效应的测算结果。图9a为低收入组情况,图9b为高收入组情况。无论是低收入组还是高收入组,女性相对男性违约率更低;低收入组中女性比男性违约率平均低0.139,高收入组中女性比男性违约率平均低0.109。这说明随着收

入的提高，女性的违约水平在追赶男性。婚姻状况方面，低收入组中，未婚客户违约率最低，尤其是女性，而高收入组中尽管未婚客户违约率最低，但与已婚客户违约率相当接近，这说明违约对高收入人群是否已婚是不敏感的。

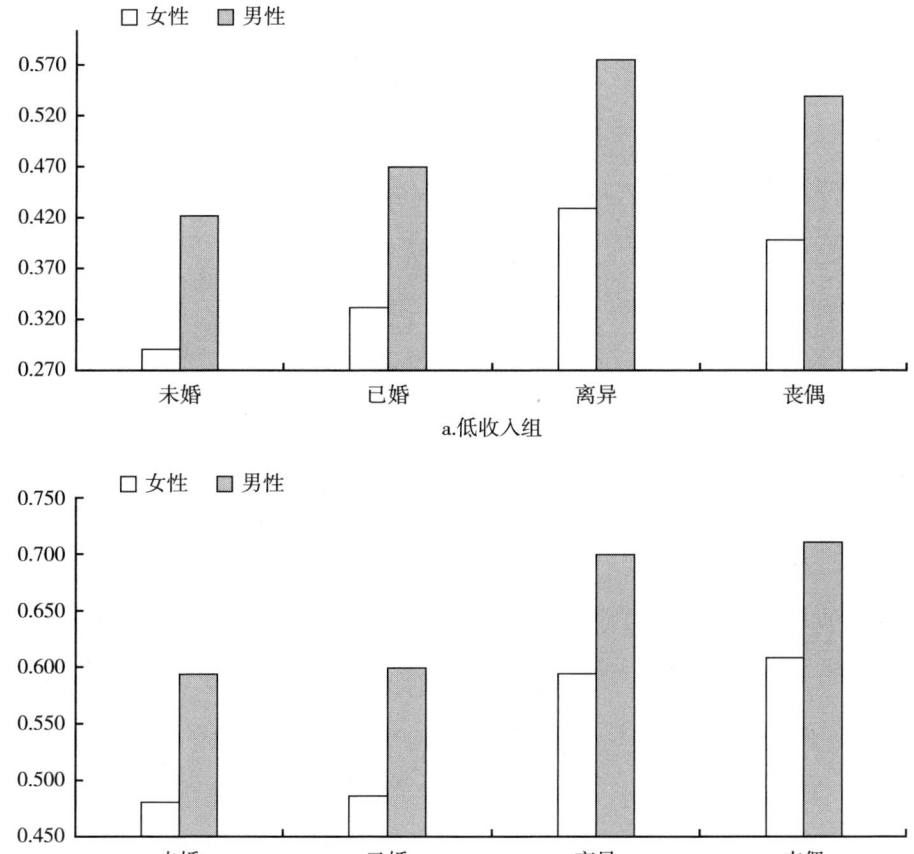

图9 不同收入分组条件下的婚姻和性别对违约的边际效应

图10给出了不同收入分组条件下的教育程度和性别对违约的边际效应的测算结果。图10a为低收入组情况，图10b为高收入组情况。无论是低收入组还是高收入组，女性相对男性违约率更低，这一点与上文从婚姻维

度考察的结果是一致的。教育程度方面，无论女性还是男性，违约率最低都是硕士及以上水平的客户。不同的是，低收入组中违约率最高的是高中及以下水平客户（无论男女），而高收入组中违约率最高的是大专水平客户（无论男女）。假设教育投资导致收入增加，那么从教育背景的角度来看，低收入组违约主要体现为缺乏还款能力，而高收入组违约主要体现为缺乏还款意愿。

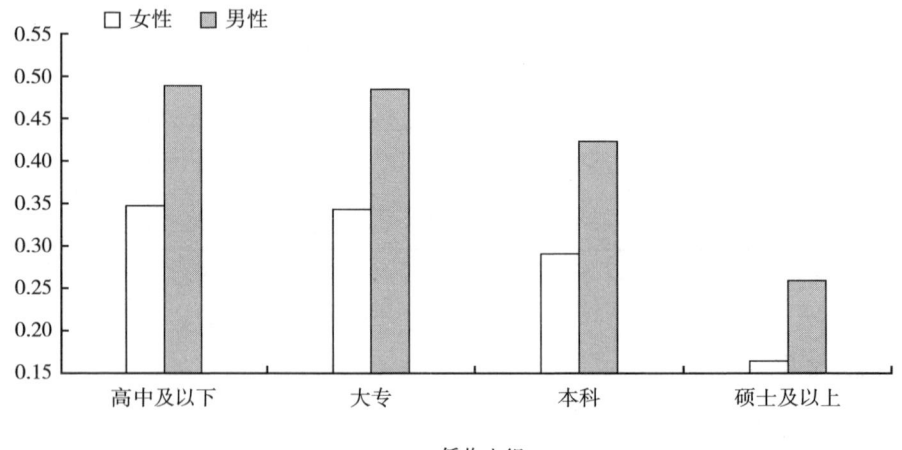

a.低收入组

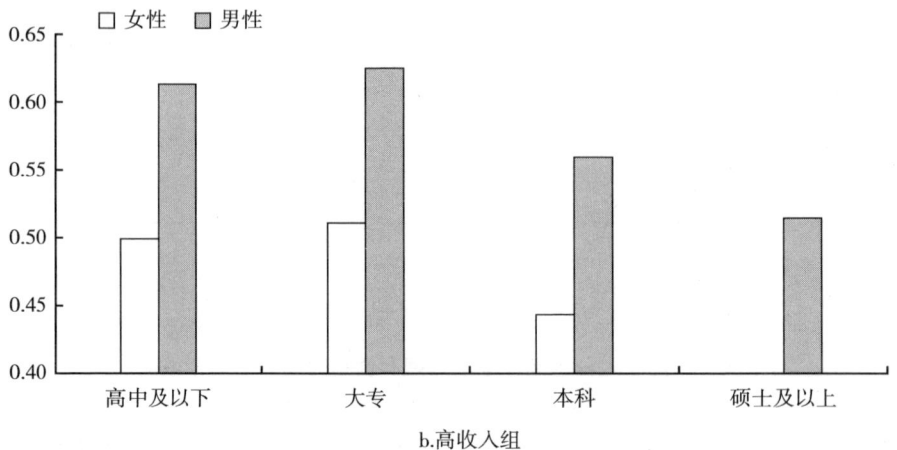

b.高收入组

图10 不同收入分组条件下的教育程度和性别对违约的边际效应

六 年龄分组的实证检验结果

年龄对违约的影响存在非单调的情形，表8给出了对年龄进行实证检验的结果，左栏为年龄小于38岁的情形，右栏为年龄大于38岁的情形。两个方程的McFadden可决系数分别为0.091和0.080，LR统计量反映了两个方程整体显著。表9给出了两个方程最终预测结果，年龄小于38岁分组的准确率达到64.91%，年龄大于38岁分组的准确率达到65.12%。预测效果尚可。从表8中z统计量的估计结果来看，大部分变量通过检验。系数符号方面，年龄的符号存在变化：年龄小于38岁分组系数符号为正，意味着年龄越高违约率越高；而年龄大于38岁分组系数符号为负，意味着年龄越高违约率低。前一分组的符号与整体样本计算结果相反，后一分组与整体样本结算结果一致，这意味着年龄对违约率产生反向影响存在门限效应，即年龄大于38岁后年龄的增加才导致违约率降低。其他变量系数符号方面，工作年限的影响在不同年龄组不同，但低年龄组的系数并不显著；婚姻状态中未婚的系数符号在不同年龄组存在差异；单位性质中若干变量的系数符号存在差异，但大部分未通过显著性检验；住房状态中与亲属同住和租赁的系数在不同年龄组也存在差异。

表8 年龄分组的Logit实证检验结果

变量	系数	标准差	z统计量	概率	变量	系数	标准差	z统计量	概率
INCOME	1.93E−06	1.14E−06	1.682905	0.0924	INCOME	5.71E−06	1.25E−06	4.564512	0.0000
AGE	0.023310	0.003885	5.999572	0.0000	AGE	−0.019059	0.003657	−5.211961	0.0000
WORKEXP	0.005165	0.004144	1.246569	0.2126	WORKEXP	−0.006095	0.002330	−2.616335	0.0089
CF	−0.011002	0.000458	−23.99880	0.0000	CF	−0.005719	0.000417	−13.72047	0.0000
LP	−0.075722	0.002338	−32.38249	0.0000	LP	−0.057884	0.002650	−21.84500	0.0000
BL	1.40E−05	8.72E−07	16.04101	0.0000	BL	1.14E−05	8.95E−07	12.70556	0.0000
GENDER	0.571379	0.033106	17.25919	0.0000	GENDER	0.484258	0.040367	11.99639	0.0000
M1	−0.082498	0.035760	−2.306961	0.0211	M1	0.126317	0.138094	0.914711	0.3603
M3	0.446720	0.062059	7.198361	0.0000	M3	0.370417	0.048966	7.564822	0.0000
M4	0.972196	0.556418	1.747240	0.0806	M4	0.341508	0.155373	2.197994	0.0279
CAR	−0.148104	0.030610	−4.838488	0.0000	CAR	−0.266378	0.037447	−7.113524	0.0000
E1	0.170318	0.042696	3.989107	0.0001	E1	0.224924	0.056835	3.957532	0.0001

续表

变量	系数	标准差	z统计量	概率	变量	系数	标准差	z统计量	概率
$E2$	0.195672	0.036934	5.297951	0.0000	$E2$	0.267514	0.051790	5.165327	0.0000
$E4$	-0.606863	0.171513	-3.538302	0.0004	$E4$	-0.287920	0.209825	-1.372188	0.1700
$W1$	0.100684	0.155974	0.645515	0.5186	$W1$	0.152171	0.176131	0.863965	0.3876
$W2$	-0.070638	0.154360	-0.457621	0.6472	$W2$	0.149454	0.174041	0.858730	0.3905
$W3$	-0.249059	0.157418	-1.582156	0.1136	$W3$	-0.047266	0.174860	-0.270310	0.7869
$W4$	-0.048448	0.158382	-0.305893	0.7597	$W4$	0.139451	0.174898	0.797330	0.4253
$W5$	-0.427711	0.165152	-2.589812	0.0096	$W5$	-0.274974	0.223894	-1.228142	0.2194
$W6$	-0.309759	0.164447	-1.883637	0.0596	$W6$	-0.140739	0.200935	-0.700422	0.4837
$W7$	-0.524951	0.363490	-1.444198	0.1487	$W7$	0.765952	0.555575	1.378664	0.1680
$H2$	-0.141808	0.038028	-3.729014	0.0002	$H2$	0.077867	0.055768	1.396271	0.1626
$H3$	-0.123657	0.037215	-3.322793	0.0009	$H3$	0.099466	0.055552	1.790497	0.0734
$H4$	0.087016	0.044815	1.941654	0.0522	$H4$	0.209469	0.069253	3.024703	0.0025
$H5$	0.175907	0.170977	1.028837	0.3036	$H5$	0.452271	0.196326	2.303670	0.0212
C	0.804392	0.203030	3.961941	0.0001	C	1.524751	0.252124	6.047613	0.0000
McFadden R-squared	0.090654	Mean dependentvar	0.502596		McFadden R-squared	0.079603	Mean dependentvar	0.450442	
S.D. dependent var	0.500003	S.E. of regression	0.469159		S.D. dependent var	0.497554	S.E. of regression	0.470769	
Akaike into criterion	1.262673	Sum squared resid	5505.845		Akaike into criterion	1.270194	Sum squared resid	3475.719	
Schwarz criterion	1.271113	Log likelihood	-15782.67		Schwarz criterion	1.282876	Log likelihood	-9950.741	
Hannan-Quinn criter.	1.265405	Restr. log likelihood	-17356.07		Hannan-Quinn criter.	1.274392	Restr. log likelihood	-10811.36	
LR statistic	3146.800	Avg. log likelihood	-0.630298		LR statistic	1721.241	Avg. log likelihood	-0.633442	
Prob(LR statistic)	0.000000	—	—		Prob(LR statistic)	0.000000	—	—	
Obs with Dep=0	12455	Total obs	25040		Obs with Dep=0	8633	Total obs	15709	
Obs with Dep=1	12585	—	—		Obs with Dep=1	7076	—	—	

表9 年龄分组 Logit 回归预测结果

真实情况	年龄<38岁			年龄>38岁		
	判定情况		样本合计	判定情况		样本合计
	非违约	违约		非违约	违约	
非违约	7696	4759	12455	6404	2229	8633
违约	4028	8557	12585	3250	3826	7076
准确率(%)	61.79	67.99	64.91	74.18	54.07	65.12

图11给出了不同年龄分组条件下的收入和年龄对违约的边际效应的测算结果。图11a为年龄小于38岁的分组情况，图11b为年龄大于38岁的分组情况。图11a显示违约率随年龄和收入向右上方倾斜，图11b显示违约率随年龄和收入向右下方倾斜。低年龄组每1岁导致的违约率变动为0.0058，收入每1000元导致的违约率变动为0.0005；高年龄组每1岁导致的违约率变动为-0.0048，收入每1000元导致的违约率变动为0.0014。从这两组对照数据可以看出，低年龄组中年龄相对于收入是更敏感的违约变量，而高年龄组中收入相对于年龄是更敏感的违约变量，这可能是因为年龄达到一定水平后收入的高低将决定还款能力，从而影响违约水平。

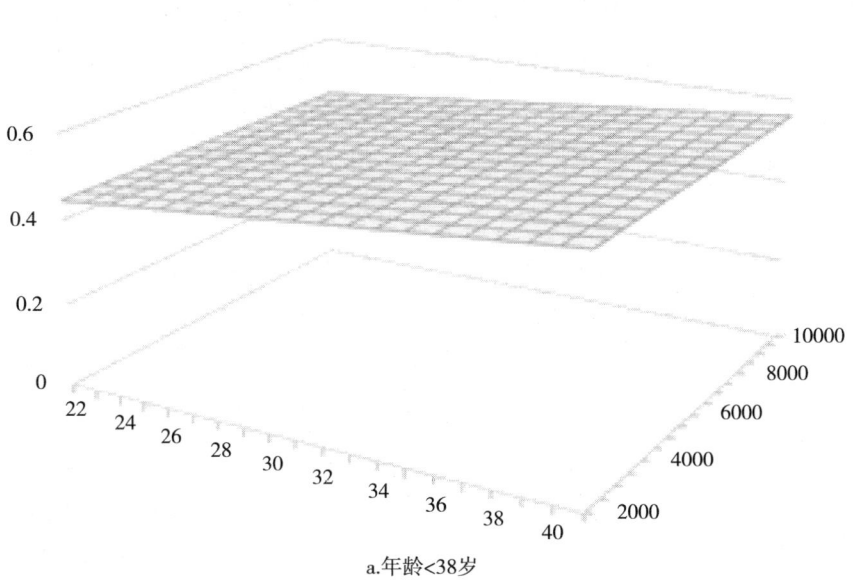

a.年龄<38岁

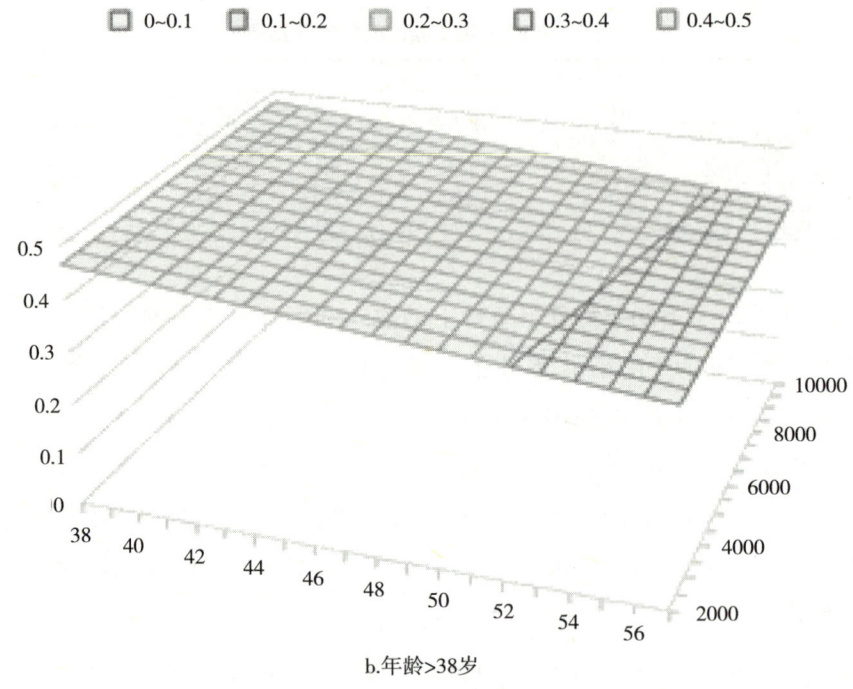

b.年龄>38岁

图11 不同年龄分组条件下的收入和年龄对违约的边际效应

图12给出了不同年龄分组条件下的资产状况对违约的边际效应的测算结果。图12a为低年龄组情况，图12b为高年龄组情况。无论是低收入组还是高收入组，有车客户相对无车客户违约率更低；低年龄组中有车客户比无车客户违约率平均低0.037，高年龄组中有车客户比无车客户违约率平均低0.066。房产资产方面，低年龄组与高年龄组存在差异：低年龄组中，与亲属同住的客户违约率最低，高年龄组中自住住房客户的违约率最低，两者的实证结果很好地解释了现实：年龄小于38岁的客户大都没有拥有自己的住房，而与亲属同住恰好提供了某种隐性担保；高年龄组大部分拥有自己的住房，住房是个人借贷中最重要的抵押品，因而自住住房的客户违约率最低。与上文按收入分组相比，按年龄分组所测算的资产状况对违约的边际效应更贴近实际，这可能也暗示年龄数据比收入数据更真实准确。

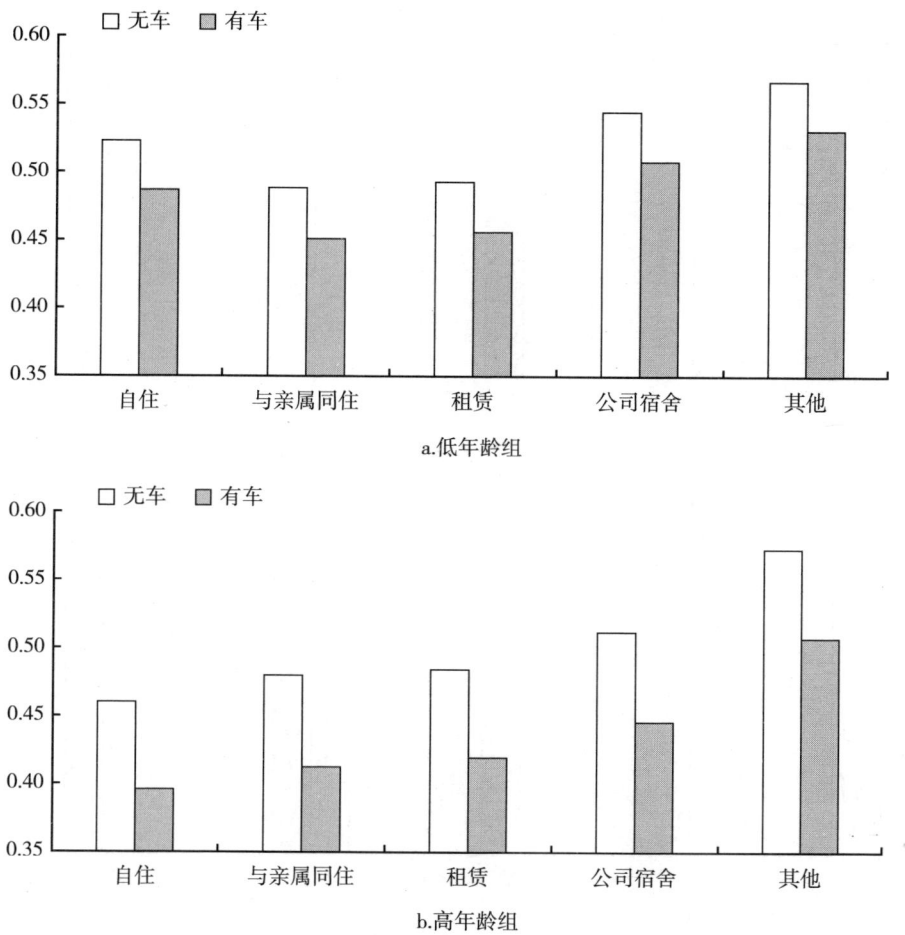

图12 不同年龄分组条件下的资产状况对违约的边际效应

图13给出了不同年龄分组条件下的婚姻和性别对违约的边际效应的测算结果。图13a为低年龄组情况，图13b为高年龄组情况。无论是低年龄组还是高年龄组，女性相对男性违约率更低，尤其是低年龄组，女性比男性违约率平均低0.135，高年龄组中女性比男性违约率平均低0.119。这说明低年龄组女性的风险管理水平更强（也可能是低年龄组男性还款意愿更差）。婚姻状况方面，两个年龄组也存在显著差异：最低违约率在低年龄组表现为未婚，在高年龄组表现为已婚。这说明低年龄组是否结婚对违约的影响不大，

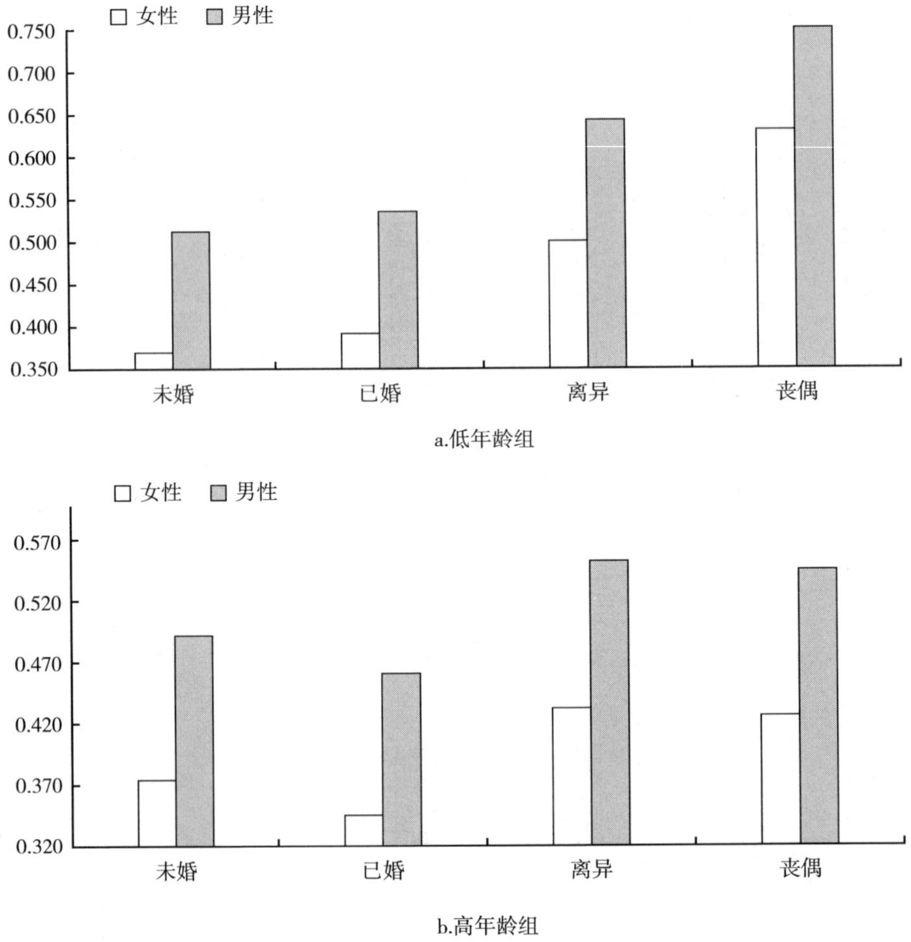

图13 不同年龄分组条件下的婚姻和性别对违约的边际效应

而高年龄组稳定的婚姻可以降低风险水平,这可能是由于高年龄组的家庭责任更大,不愿意发生违约事件。最高违约率在低年龄组表现为丧偶,在高年龄组为离异(但与丧偶之间的差距不大)。这说明尽管低年龄组是否结婚对违约影响不大,但如果结婚后进入丧偶状态,可能对伴侣造成心理和生活能力上较重的打击,从而导致较高的违约率。高年龄组最高违约率的婚姻状态并非丧偶,这可能是因为随着年龄增长丧偶属正常现象;而离异成为高年龄组中最高违约率的状态,这可能是因为高年龄组的人已经有了相当程度的财产积累,而离异意味着财产分割,还款能力下降。

图14给出了不同年龄分组条件下的教育程度和性别对违约的边际效应的测算结果。图14a为低年龄组情况,图14b为高年龄组情况。无论是低年龄组还是高年龄组,女性相对男性违约率更低。教育程度方面,无论女性还是男性,违约率最低都是硕士及以上水平的客户,违约率最高都是大专水平的客户。

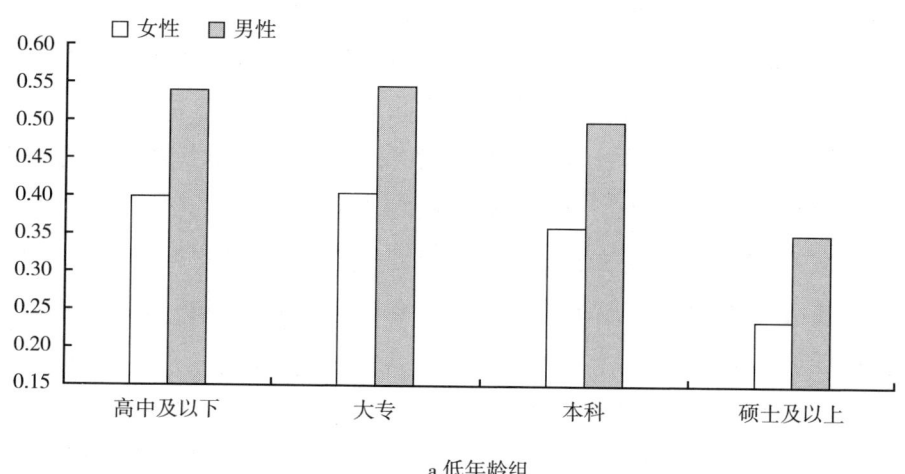

a.低年龄组

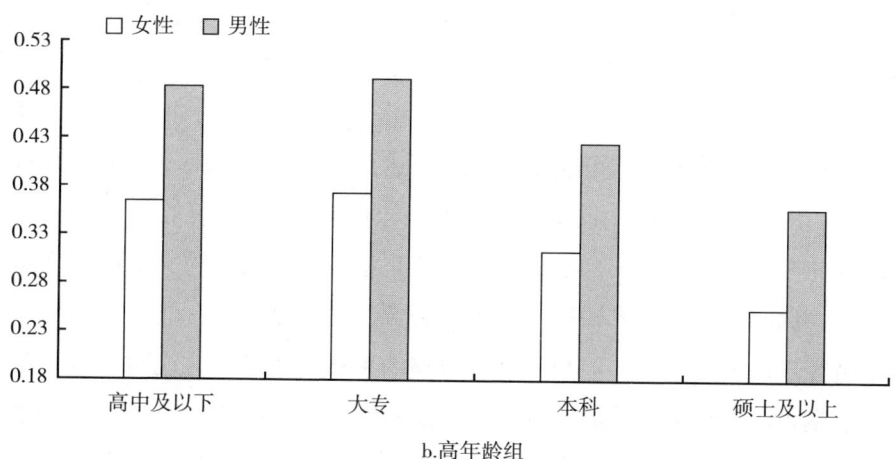

b.高年龄组

图14 不同收入分组条件下的教育程度和性别对违约的边际效应

七 结论

本文在经过指标选取、数据清洗筛选、模型构建等一系列过程后，我们对40479条P2P借贷违约的记录进行了二元因变量分析。主要有以下结论。

基于整体样本的分析表明：连续型变量中，月收入和借款额对违约的影响为正，年龄、工作年限、信用档案、贷款期限对违约的影响为负。离散型变量中，性别系数为正，表明男性违约率高于女性；车辆资产系数为负，表明有车客户违约率低于无车客户。婚姻状况方面，未婚系数最低，离异系数最高。教育背景方面，硕士及以上学历系数最小，说明学历越高违约率越低，但大专学历系数最高，高中及以下次之，并非如预期的学历与违约率呈简单递减关系。单位性质方面，外资单位客户最低，个体户客户最高，但不显著。住房状况方面，与亲属同住和租赁客户的系数都为负，意味着他们的违约率低于自住住房客户，与预期不一致。

由于某些变量对违约可能存在非单调影响，本文分别对收入和年龄变量进行了分组检验。对收入分组的实证检验结果表明：收入对违约确实存在门限效应，当月收入小于10000元，其对违约的影响为正；当月收入大于10000元，其对违约的影响为负。在经过边际效应测算后，我们发现：低收入组中收入相对于年龄是更敏感的违约变量，而高收入组中年龄相对于收入是更敏感的违约变量，这可能是因为收入达到一定水平后就不再是违约的主导因素。房产资产方面，低收入组与高收入组存在差异：低收入组中，与亲属同住的客户违约率最低，高收入组中却是租赁客户的违约率最低。婚姻状况方面，低收入组中，未婚客户违约率最低，尤其是女性，而高收入组中尽管未婚客户违约率最低，但与已婚客户违约率相当接近，这说明违约对高收入人群是否已婚是不敏感的。教育程度方面，无论高收入组还是低收入组，违约率最低的是硕士及以上水平客户，低收入组中违约率最高的是高中及以下水平客户（无论男女），而高收入组中违约率最高的是大专水平客户（无论男女）。假设教育投资导致收入增加，那么从教育背景的角度来看，低收入组违约主要体现为缺乏还款能力，而高收入组违约主要体现为缺乏还款意愿。

年龄对违约的影响也存在非单调的情况：年龄小于 38 岁分组系数符号为正，意味着年龄越高违约率越高；而年龄大于 38 岁分组系数符号为负，意味着年龄越高违约率低。在经过边际效应测算后，我们发现：低年龄组中年龄相对于收入是更敏感的违约变量，而高年龄组中收入相对于年龄是更敏感的违约变量，这可能是因为年龄达到一定水平后收入的高低将决定还款能力，从而影响违约水平。房产资产方面，低年龄组与高年龄组存在差异：低年龄组中，与亲属同住的客户违约率最低，高年龄组中自住住房客户的违约率最低，两者的实证结果与现实相符。婚姻状况方面，两个年龄组也存在显著差异：最低违约率在低年龄组表现为未婚，在高年龄组表现为已婚。这说明低年龄组是否结婚对违约的影响不大，而高年龄组稳定的婚姻可以降低风险水平，这可能是由于高年龄组的家庭责任更大，不愿意发生违约事件。最高违约率在低年龄组表现为丧偶，在高年龄组离异（但与丧偶之间的差距不大）。这说明尽管低年龄组是否结婚对违约影响不大，但如果结婚后进入丧偶状态，可能对伴侣造成心理和生活能力上较重的打击，从而导致较高的违约率。高年龄组最高违约率的婚姻状态并非丧偶，这可能是因为随着年龄增长丧偶属正常现象；而离异成为高年龄组中最高违约率的状态，这可能是因为高年龄组的人已经有了相当程度的财产积累，而离异意味着财产分割，还款能力下降。教育程度方面，无论低年龄组还是高年龄组，违约率最低都是硕士及以上水平的客户，违约率最高都是大专水平的客户。

B.9
网贷平台2015年报揭秘的九大用户特征

梅 琼 吕明霞*

摘 要： 本报告分析了十五家平台的年报数据，认为网贷行业投资人从性别看，主力群体是男性，但平台之间也有一些差异，而女性投资人的平均投资金额高于男性，财力较足。从年龄分布看，80后是投资主力军，90后和70后为其次。移动端是线上投资人的主要选择，传统依靠PC端甚至线下的平台会加快线上以及移动端的开发和拓展。关于借款端用户数据，年报披露不多，借款金额的大小、前十大借款人占比、借款区域等主要取决于平台的产品和业务模式，根据监管层态度，小额才是其想要看到的网贷行业的发展方向。从不同模式看，P2B模式比P2P模式的交易规模普遍更大，前者呈现"大额集中"的特征，后者呈现"小额分散"的特点。

关键词： 网贷平台 用户特征 平台模式 信息披露 运营报告

2016年伊始，不少网贷平台公布了2015年度运营报告。麻袋理财研究院选取部分代表平台，通过披露的运营数据来分析用户特征及其与平台模式的关系。本报告选取的平台有麻袋理财、人人贷、拍拍贷、链家理财、红岭创投、诺诺镑客、微贷网、投哪网、PPmoney、你我贷、积木盒子、开鑫贷、爱钱进、有利网和爱投资这十五家平台。

---

* 梅琼，麻袋理财研究院研究员；吕明霞，麻袋理财研究院首席研究员。

一 成交规模总体呈现快速增长，但也应理性看待成交数据

从数据披露来看，除麻袋理财、人人贷和红岭创投直接或间接披露了成交金额和交易金额外，其他各平台只披露了部分数据，拍拍贷、链家理财和爱钱进仅披露了成交金额。一般投资人会认为成交金额越大，平台规模越大，平台越靠谱，其实这是投资人认识的误区。平台靠谱与否最重要的是看平台的风控能力、运营理念、股东背景、管理团队等，成交量只是其中一个因素。另外成交量也不应该成为衡量平台规模的主要指标，实际撮合放款金额、贷款余额、借款期限等也非常重要。很多平台的成交金额包含了债权转让金额、活期产品等其他非网贷资产。从表1可以看出，成立时间最长的拍拍贷，贷款余额目前也只有31.51亿元；链家理财尽管2015年成交金额破138亿元，但贷款余额仅为24.8亿元。因此投资人应该理性看待成交金额。

表1 2015年各平台成交规模及复合增长率

单位：亿元，%

平台	交易金额		成交金额		贷款余额
	2015年	复合增长率（季度）	2015年	复合增长率（季度）	截至2015年底
麻袋理财	24.83	105.05	41.43	131.98	21.44
人人贷	75.18	47.58	108.36	52.23	74.42
拍拍贷	—	—	56.25	84.83	31.51
链家理财	—	—	138.20	83.44	24.80
红岭创投	905.83	53.12	926.29	52.41	—
诺诺镑客	—	—	101.88	—	—
微贷网	163.68	58.83	—	—	34.30
投哪网	108.86	68.79	—	—	28.35
PPmoney	287.24	65.12	—	—	96.10
你我贷	88.60	67.78	—	—	—

续表

平台	交易金额		成交金额		贷款余额
	2015年	复合增长率(季度)	2015年	复合增长率(季度)	截至2015年底
积木盒子	88.51	48.46	—	—	29.96
开鑫贷	—	—	90.65	—	60.92
爱钱进	—	—	52.44	90.50	38.00
有利网	—	—	133.79	—	—
爱投资	—	—	80.00	—	—

注：成交金额含债权转让金额；成交金额和贷款余额数据均来自各平台年报、季报等公开资料，统计口径可能略有差异，但差别不大，数据仅供参考；"—"项说明平台未披露，后表同。

资料来源：各平台2015年年报、季报等公开资料，麻袋理财研究院整理。

表1数据显示，各平台成交金额的平均复合增长率约80%，麻袋理财复合增长率高达131.98%，最低的红岭创投也超过50%。可见，2015年网贷平台依然保持了快速增长。剔除债权转让的交易金额也呈现快速增长趋势，麻袋理财复合增长率高达105%，最低的人人贷也有约48%的增速。

二 男性投资人为主力军，但女性投资人平均投资金额相对较高

一般而言，男性是网贷平台的主要投资群体。这是因为通常情况下男性的风险偏好较女性更大，会选择网贷投资这种新型的理财方式。从人数占比看，拍拍贷、诺诺镑客、微贷网、投哪网、PPmoney、积木盒子和爱投资的男性投资人占比接近60%或以上。其中，拍拍贷男性投资人占比最高，达到81.37%。而麻袋理财和链家理财男性投资人跟女性投资人的人数占比较为接近。从披露金额占比的三家平台看，女性投资人的投资金额占比均高于人数占比，表明女性平均投资金额高于男性投资人，这可能与女性掌握家庭的"财权"有关（见表2）。

表 2　投资人性别分布

单位：%

平台	人数占比 – 男性	人数占比 – 女性	金额占比 – 男性	金额占比 – 女性
麻袋理财	52.50	47.50	41.60	58.40
人人贷	—	—	—	—
拍拍贷	81.37	18.63	—	—
链家理财	54.20	45.80	—	—
红岭创投	—	—	—	—
诺诺镑客	59.75	40.25	57.31	42.69
微贷网	67.35	32.65	—	—
投哪网	64.21	35.79	—	—
PPmoney	76.00	24.00	57.00	43.00
你我贷	—	—	—	—
积木盒子	58.00	42.00	—	—
开鑫贷	—	—	—	—
爱钱进	—	—	—	—
有利网	—	—	—	—
爱投资	67.17	32.83	—	—

注：链家理财未知是人数占比还是金额占比；拍拍贷是注册用户数性别占比，注册用户包括投资人和借款人；PPmoney是截至2015年12月31日的累计占比。

资料来源：各平台2015年年度报告，麻袋理财研究院整理。

三　80后担当网贷投资主力军，其次为90后和70后

拍拍贷、PPmoney和爱投资的投资人以80后、90后为主体，麻袋理财、投哪网和积木盒子的投资人集中在70后、80后，链家理财、红岭创投和微贷网则以80后为主。很明显，80后是网贷行业投资人的中流砥柱，然后是90后和70后。其中，80后和90后是互联网"原住民"，对新生事物的接受度高，但风险识别能力和投资理财经验不足。而70后人群具有较为丰富的投资经验、较强的风险识别能力和较为成熟的投资心理。麻袋理财、投哪网和积木盒子25~39岁的投资人占比均在30%以上，较有特色（见表3）。

表3 投资人年龄分布

单位：%

平台	90后	80后	70后	60后	50后
人人贷	—	—	—	—	—
拍拍贷	37.89	45.71	12.91	3.24	0.26
链家理财	12.50	56.90	18.10	7.10	4.30
红岭创投	16.10	46.77	22.17	9.74	5.22
诺诺镑客	—	—	—	—	—
微贷网	8.63	50.58	25.20	10.98	4.62
PPmoney	30.44	45.99	14.15	6.54	2.88
你我贷	—	—	—	—	—
开鑫贷	—	—	—	—	—
爱钱进	—	—	—	—	—
有利网	—	—	—	—	—
爱投资	32.94	47.54	18.25	1.27	
	25岁以下	25~29岁	30~39岁	40~49岁	50岁以上
麻袋理财	18.20	30.30	31.30	12.10	8.10
	19岁以下	20~29岁	30~39岁	40~49岁	50岁以上
投哪网	2.00	38.00	33.00	17.00	10.00
	10~20岁	20~30岁	30~40岁	40~50岁	50岁以上
积木盒子	1.00	42.00	32.00	13.00	9.00

注：拍拍贷是用户数据，包括投资人和借款人。麻袋理财、红岭创投、微贷网、投哪网、PPmoney和积木盒子是人数占比，其中积木盒子剔除了无效数据，故比例和不等于100%。链家理财未知是人数占比还是金额占比；爱投资为用户数据。

资料来源：各平台2015年年度报告，麻袋理财研究院整理。

四 投资金额整体以小额为主

总体看，投资金额以小额为主。其中，麻袋理财人数占比高达84%，可能跟麻袋理财纯线上获取投资人有关，通过互联网线上自然获取的投资人的投资金额相对较低。但对于50万元及以上占比有明显分化。链家理财估计也是人数占比，占到7.9%。红岭创投50万元及以上的大额投资人较多，人数占比为15.39%。微贷网和你我贷的50万元及以上投资人的投资金额占比较高，分别高达33.6%和36.15%，未披露人数占比，很难作横向比较（见表4）。

表4 投资人金额分布

单位：%

平台	1万元以下	1万~5万元	5万~10万元	10万~50万元	50万元及以上
麻袋理财	61.8	23.4	7.3	6.5	1.0
人人贷	—	—	—	—	—
拍拍贷	—	—	—	—	—
链家理财	16.10	25.40	19.10	31.50	7.90
红岭创投	36.26	19.42	28.93		15.39
诺诺镑客	—	—	—	—	—
微贷网	29.17			37.23	33.60
投哪网	—	—	—	—	—
PPmoney	—	—	—	—	—
你我贷		29.82		34.03	36.15
积木盒子	—	—	—	—	—
开鑫贷	—	—	—	—	—
爱钱进	—	—	—	—	—
有利网	—	—	—	—	—
爱投资	—	—	—	—	—

注：麻袋理财、红岭创投为人数占比；微贷网、你我贷为金额占比；链家理财未知是人数占比还是金额占比。

资料来源：各平台2015年年度报告，麻袋理财研究院整理。

五 移动端投资是主流和趋势

麻袋理财、链家理财、PPmoney、爱投资的移动端投资占比超过70%，在有数据披露的平台上看，移动端是目前线上投资人的主要投资渠道，这充分说明了移动端的便捷、易操作的特点深受投资人喜爱（见表5）。随着消费习惯的变化和风控技术的创新，各大网贷平台纷纷发力移动金融领域。另外监管意见稿也要求资金端线上获客，因此线下转线上，PC端转移动端是必然发展趋势（见表5）。

表 5　投资渠道情况

单位：%

平台	移动端	PC 端
麻袋理财	>70.00	<30.00
人人贷	43.00	57.00
拍拍贷	—	—
链家理财	71.90	28.10
红岭创投	—	—
诺诺镑客	1.83	98.17
微贷网	—	—
投哪网	—	—
PPmoney	75.96（含微信端 2.58）	24.04
你我贷	—	—
开鑫贷	—	—
爱钱进	—	—
有利网	—	—
爱投资	81.99	18.01
积木盒子	69.00	31.00

注：链家理财未知是人数占比还是金额占比；人人贷、麻袋理财、PPmoney 和诺诺镑客均为金额占比；爱投资为注册设备使用占比；积木盒子移动端包括 Android、iOS、Touch 和 Auto。

资料来源：各平台 2015 年年度报告或相关新闻稿，麻袋理财研究院整理。

六　平均借款金额和平台模式相关

各平台平均借款金额指标不统一，主要有笔均借款金额、人均借款金额和单标的平均融资额度，虽然指标解释有所差别，但大致方向一致，也可作为比较平均借款金额指标的参考。各平台平均借款金额的差别主要与对接资产相关，拍拍贷借款人来自纯线上，纯线上风险评估决定了其借款金额较小，仅为 4600 元。麻袋理财、人人贷等平台依托线上线下相结合的方式撮合个人信用借贷，平均借款金额在 5 万元左右。投哪网和你我贷主要面向小微企业和个人借贷，单笔借款金额分别为 12.64 万元和 10.29 万元。而链家理财主要对接房产，单个标的的融资金额较大，为 124.8 万元。红岭创投主要是企业借贷，单个企业借款金额较大，平均借款超过 400 万元（见表 6）。通常情况下，笔均借款和人均借款金额相近，如果存在差别较大的情况，平台可能存在金额拆分或多次贷款的问题。

披露借款金额数据的平台仅占 1/3，进行该项数据披露的平台多为个人信用借贷平台，借款金额区间分布集中在 10 万元以内。拍拍贷借款人来自纯线上，纯线上风险评估决定了其借款金额小，5 万元以下占比超过 95%。有利网以个人消费为主，多地域多场景化，超过 80% 的借款额低于 5 万元。麻袋理财个人信用借款以线下风控为主，10 万元以下占比为 84%。微贷网是车贷，10 万元以下占比约为 83%（见表 7）。

平均借款金额和借款金额区间分布均显示了个人信用借贷平台"小额"的特点，P2P 网贷最重要的是风险管理。相对而言，小额分散更能有效对风险进行管理，相反，大额集中管理一旦发生风险，对平台的影响也会更大。另外，从监管角度看，也是鼓励小额借贷，大额借贷存在一定的政策风险。

表 6　各平台平均借款金额

单位：万元

平台	笔均借款金额	人均借款金额	单个标的平均融资额度
麻袋理财	5.32	5.47	—
人人贷	6.53	6.53	—
拍拍贷	0.46	—	—
链家理财	—	—	124.8
红岭创投	4.32	414.51	—
诺诺镑客			
微贷网	—	—	6.42
投哪网	12.64	—	—
PPmoney			
你我贷	10.29		
积木盒子	—	5.0	—
开鑫贷			
爱钱进	—	—	9.08
有利网	—	1.30	—
爱投资			

注：麻袋理财的笔均借款金额根据交易金额与借款笔数计算得出；人人贷人均借款金额根据交易金额和借款人数计算得出；红岭创投笔均借款金额和人均借款金额根据交易金额、借款笔数和借款人数计算得出；积木盒子人均借款金额为年报公布的平均借款金额；投哪网根据交易金额和借款笔数计算出的笔均借款金额为 12.64 万元，但年报显示平均借款金额为 10 万元；爱钱进是根据交易金额和借款需求个数计算得出。

资料来源：各平台 2015 年年度报告，麻袋理财研究院整理。

表7 借款金额区间分布

单位：%

平台	0~5万元	5万~10万元	10万元及以上
麻袋理财	34.40	49.60	16.00
人人贷	—	—	—
红岭创投	—	—	—
诺诺镑客	—	—	—
微贷网	55.28	27.92	16.80
投哪网	—	—	—
PPmoney	—	—	—
链家理财	—	—	—
积木盒子	—	—	—
开鑫贷	—	—	—
爱钱进	—	—	—
爱投资	—	—	—
	0~1万	1万~5万元	5万元及以上
拍拍贷	95.46	4.16	0.38
有利网	81.50	8.40	10.10
	0~30万元	30万~50万元	50万元及以上
你我贷	79.60	17.13	3.27

注：麻袋理财、微贷网、你我贷和有利网均为金额占比；拍拍贷为单笔借款额度占比。
资料来源：各平台2015年年度报告，麻袋理财研究院整理。

七 借款人集中在经济发达地区，具体分布与业务模式有关

已披露数据显示，借款人分布集中在经济发达地区。麻袋理财是信用借贷的撮合平台，其合作伙伴中腾信营业部遍布全国87个城市90家门店，相应地，麻袋理财借款人也呈现遍布全国、较为分散的特点，最大占比不到8%。链家理财开展的是房贷业务，该业务在房价比较坚挺的一线城市开展较好，链家理财借款区域在北京和上海的占比合计超过90%。如果是二、三线城市，房产价格受形势、环境、政策影响比较大，容易产生较大的价格波动，不利于控制风险。微贷网是车贷平台，二手车市场具有较强的地域性，微贷网总部在浙江，故浙江省的借款占比约为整个平台的一半（见表8）。

积木盒子和开鑫贷虽未在年报披露此项数据，但据了解，开鑫贷由国开行和江苏大型国有企业投资组建，依赖于股东资源，省内业务的开展比较便利，借款集中于江苏省内也在情理之中。从积木盒子的区域分布来看，虽然融资金额和累计撮合借款两项数据的提取在时间上有所差别，但考虑到节假日期间，通常平台的交易不活跃，故区域分布的计算结果仍然具有一定参考性，由于平台资产的获取与管理团队掌握的资源有关，主要与第三方机构合作，这决定了平台借款人区域分布具有集中度较高的特点，浙江、北京和云南三省合计超过70%，前十大借款区域更是超过90%。

表8　2015年各平台借款区域分布

单位：%

平台	借款人区域分布
麻袋理财	福建:7.8;江苏:7.4;广东:7.3;湖南:7.2;湖北:5;内蒙古:4.6;河南:4.5;安徽:4.5;辽宁:4.4;江西:3.8;四川:3.6;浙江:3.5;上海:3.4;黑龙江:3.2;山西:2.9;其他:26.9
人人贷	—
拍拍贷	广东:13.51;浙江:8.25;江苏:7.41;福建:6.04;河南:5.16;山东:5.15;其他:54.48
链家理财	北京:69;上海:22.3;天津:3;成都:2.8;大连:1.1;其他:1.8
红岭创投	
诺诺镑客	—
微贷网	浙江:48.55;安徽:10.19;四川:3.5;上海:3.39;江苏:18.41;江西:4.42;广东:3.47;其他:8.07
投哪网	
PPmoney	
你我贷	山东:12.85;广东:9.59;浙江:9.15;江苏:7.86;河南:5.64;上海:4.9;四川:4.63;河北:4.48;福建:4.02;其他:36.88
积木盒子	浙江:28.95;北京 26.88;云南 17.93;河北:6.55;山东:3.06;上海 2.75;湖北 2.72;广东:2.05;四川 1.21;陕西:1.21;其他:6.70
开鑫贷	
爱钱进	
有利网	—
爱投资	—

注：麻袋理财为借款人数占比；拍拍贷为借款笔数占比；链家理财为借款项目占比；微贷网为标的占比；你我贷为合同金额占比；积木盒子数据根据平台披露的前十区域的融资金额和累计撮合借款金额计算得出，其中融资金额截止日期为2016年2月1日，累计撮合借款金额截止日期为2016年2月15日。

资料来源：各平台2015年年度报告，麻袋理财研究院整理。

金融蓝皮书

八 前十大借款人比重与平台模式相关

从已披露数据的4家平台看，麻袋理财和你我贷均是线上线下相结合，线下门店遍布全国，较为分散，前十大借款人占比均不超过1%。麻袋理财主要是个人信用借贷，前十大借款人占比不到0.1%，充分体现平台借款"分散"的特点。你我贷和有利网是为小微企业、个体工商业主和个人提供借款的，前十大借款人占比略高，但比例也控制在1%以内，为0.62%和0.66%。而积木盒子对接的资产多由第三方合作机构提供，相对大额且有一定集中度，年报显示最大单户借款余额占比为0.67%，超过已公布数据的其他平台前十大借款人占比合计，据此推测积木盒子前十大借款人占比会相对高一些。而其他平台均未在年报里披露此项数据（见表9）。

表9 前十大借款人占比

单位：%

平台	前十大借款人占比合计	平台	前十大借款人占比合计
麻袋理财	0.072	PPmoney	—
人人贷	—	你我贷	0.62
拍拍贷	—	积木盒子	不超过6.70
链家理财	—	开鑫贷	—
红岭创投	—	爱钱进	—
诺诺镑客	—	有利网	0.66
微贷网	—	爱投资	—
投哪网	—		

注：积木盒子为前十大借款余额累计占比，是根据最大单户借款余额占比为0.67%计算得出；有利网为前十大借款余额累计占比。

资料来源：各平台2015年年度报告，麻袋理财研究院整理。

九 模式对比：P2P"小额分散"，P2B"大额集中"

从成交数据看，7家采用P2P模式的平台2015年平均成交规模76.14亿元，而采用P2B模式的平均成交规模290.45亿元（见表10）。这是因为，

248

P2B 模式是面向机构或是企业融资,借款金额通常要大于个人借贷,相应地导致 P2B 模式的成交规模大于 P2P 模式。

从人均借款金额看,P2P 模式主要是个人信用借贷,具有"小额"的特点,代表性的麻袋理财、人人贷等,平均借款金额在 5 万元左右。而以红岭创投为代表的 P2B 平台,平均借款金额高达 400 万元。

从借款人区域分布看,P2P 模式的借款人较为分散,如麻袋理财、拍拍贷、你我贷等最大区域的占比均不超过 15%。而 P2B 模式的借款区域较为集中,以积木盒子为例,在浙江和北京的借款人占比分别高达 28.95% 和 26.88%,合计超过 50%。

表 10 不同模式下成交数据

单位:亿元,家

模式	2015 年成交数据	平台数	2015 年平均规模
P2P	532.97	7	76.14
P2B	1452.23	5	290.45
车贷	272.54	2	136.27
房贷	138.20	1	—

注:成交数据为平台公布的成交金额或交易金额,如两项数据均公布,选择交易金额数据。
资料来源:各平台 2015 年年度报告,麻袋理财研究院整理。

P2P 模式主要是个人信用借贷;P2B 模式主要是企业或机构借贷;房贷是房产抵押;车贷是车辆抵押。P2P 模式的平台有:麻袋理财、人人贷、拍拍贷、你我贷、有利网、爱钱进、诺诺镑客;P2B 模式的平台有:红岭创投、开鑫贷、爱投资、PPmoney、积木盒子;车贷平台有:微贷网和投哪网;房贷平台有:链家理财。

总 结

综上,通过分析这十五家平台的年报数据,麻袋理财研究院认为网贷行业投资人从性别看,主力群体是男性,但平台之间也有一些差异,而女性投资人的平均投资金额高于男性，财力较足。从年龄分布看，80后是投资主力军，90后和70后为其次。移动端是线上投资人的主要选择，传统依靠PC端甚至线下的平台会加快线上以及移动端的开发和拓展。关于借款端用户数据，年报披露不多，借款金额的大小、前十大借款人占比、借款区域等主要取决于平台的产品和业务模式，根据监管层态度，小额才是其想要看到的网贷行业的发展方向。从不同模式看，P2B模式比P2P模式的交易规模普遍更大，前者呈现"大额集中"的特征，后者呈现"小额分散"的特点。

从已经披露的年报来看，很多平台的数据缺失，透明度有待进一步提高。同时对于同一类型数据的披露方式千差万别，计算方式各有不同，不利于平台间的横向比较，呼吁监管层尽快出台相关细则，统一指标口径。对于投资人和借款人数据的披露，一方面是监管要求，2015年末出台的网贷监管细则征求意见稿中就明确要求平台披露如撮合借贷项目交易金额、交易笔数、借贷余额、最大单户借款余额占比、最大十户借款余额占比等经营管理信息；另一方面也可以通过对用户特征的分析，更好地为用户提供产品和服务，增强用户体验。我们希望未来平台能做好信息披露，越来越透明，进一步往信息中介的方向靠拢。

（声明：本报告中部分平台年报数据披露可能不够全面，有不少空缺项。本文没有使用第三方平台统计数据来替代或增加更多平台为样本，主要由于其数据获取有些来自系统对接，有些是通过爬虫获取，数据也可能存在瑕疵。本报告所有数据只采用平台自身披露的定期报告等官方公布数据，相对而言更具可靠性。另外，麻袋理财研究院不对各平台披露数据的真实性负责。）

B.10
中国网络借贷平台风险评级与分析（2015）

黄国平　潘瑾健　方 龙*

摘　要： 2015年以来，政府的监管政策和制度出台步履不断加快，监管思路和架构日趋明晰。目前，相关政策和制度相继出台，监管主体也各自就位，行业整顿和规范深入推进。本文在全国范围内选取100家主流平台，从信用风险、操作风险、流动性风险和法律合规风险四个层面对它们蕴含的金融风险进行综合评估，结果说明，我国网贷行业无论是承担"风险"的能力，还是经营"风险"的理念，其与正规金融相比仍然存在显著差距，互联网金融发展任重道远。

关键词： 网络借贷　风险评级　信用风险　操作风险　流动性风险　法律合规风险

"冰火两重奈何天，天堂地狱一瞬间"，这可能是过去一年中国网络借贷行业的生动写照。一方面，在这所谓的互联网金融的"冬天"里，我国网络借贷行业仍呈现火爆发展。人气依然旺盛，规模快速扩张，资本抢滩蜂拥而至；另一方面，平台暴雷倒闭事件屡现，"跑路"圈钱骗局频出，这给本来就出身"草根"野蛮生长、充满投机和风险的新兴行业背负更多

---

* 黄国平，博士，中国社会科学院金融研究所研究员；潘瑾健，网贷天眼副总裁；方龙，博士，方正证券研究员。

金融蓝皮书

污名，声誉打击颇甚。2015年以来，政府的监管政策和制度出台步履不断加快，监管思路和架构日趋明晰。目前，相关政策和制度相继出台，监管主体也各自就位，行业整顿和规范大幕已经拉开。此际，本报告在全国范围内选取100家主流平台，从信用风险、操作风险、流动性风险和法律合规风险四个层面对它们蕴含的金融风险进行综合评估，为投资者和监管部门提供参考。

一 网络借贷行业整体发展状况

（一）平台发展及分布

2015年，我国网络借贷平台数增速有所放缓，但绝对数量仍创历史新高。截至2015年12月底，我国网络借贷平台数量累计达3858家，其中，运营平台数为2595家。在平台区域分布上，广东、山东、北京运营平台数量位居前三，截至2015年12月，广东为476家、山东为329家、北京为302家。目前，我国网贷平台主要分布在经济发达的沿海地区和一线城市，随着中西部地区经济的强势崛起，当地政府支持互联网金融发展政策力度加强，湖北、四川、贵州等省的网络借贷也出现了快速发展，其中，湖北省运营平台数量相比2014年增长幅度超过了100%。

随着平台数量增加，问题平台数量也迅速上升。截至2015年12月底，累计问题平台数量达1263家，其中全年新增问题平台为896家，是2014年的3.26倍。问题平台分布上，主要集中在山东、广东、浙江、上海、北京五省（市），它们占全国问题平台总数比例超过60%。问题平台中，"跑路"、停业类型的问题平台数量占比分别为55%和15%，而提现、经侦等其他问题平台数量占比为30%。

（二）市场发展与投资

2015年，尽管我国网络借贷行业发展趋缓，但是投资人气和市场景气依然高涨。2015年全年成交量达到9823亿元，是2014年的3.89倍。在成交量的区域分布上，位居前五位的省（市）分别是广东、北京、浙江、上海、江苏。截至2015年12月，这五省（市）成交量总计占据全国的87.2%。其中，广东省以3109.63亿元位居首位，是2014年的近4倍。北京、浙江位居亚军和季军，全年成交量分别为2850.07亿元、1204.81亿元。

截至少2015年12月底，网络借贷行业贷款余额达4394.61亿元，是上一年同期的4.24倍。贷款余额的区域分布上，排名前三位的省（市）为北京、广东、上海。截至2015年底，三省（市）贷款余额占全国的比例为79.6%。

在借款期限方面，总体来说呈现扩大趋势。截至2015年底，全国平均贷款期限6.93个月，略高于上一年同期的6.88个月的水平。上海和北京地区的网络借贷平台数量虽不及广东，但大多背景实力较强，因而发布的借款标的一般金额较大、期限较长。

受央行降息以及行业本身供求关系和监管因素影响，2015年，我国网络借贷综合利率呈现连续下降趋势。2015年12月底，全国平均综合利率为12.45%，比上一年同期下降363个基点。2016年初，内蒙古、安徽和甘肃综合利率均超过20%，在各地区中排名靠前，而重庆、上海、北京和广东这四个地区综合利率在排名中靠后。

在网络借贷人气方面。截至2015年12月底，投资人数和借款人数分别达到586万和285万，是上一年同期的5.1倍和3.5倍。北京、上海和广东地区平台投资人的投资热情高于其他地区，同时，借款人数也处于全国前列。

（三）风险管理与监管

我国网络借贷衍变异化出多种所谓"中国特色"的运营模式，致使内部风险管理和外部监管变得更加复杂。随着行业加速进入"优胜劣汰"的洗牌期，行业竞争日益激烈，整体风险逐步显现，平台分化也日趋明显。

一方面，伴随着网络借贷行业的快速发展，诸多行业领先平台加快引进风险信用分析及决策管理技术，旨在提升平台风控能力，节省人工审阅成本，提升审批效率；另一方面，问题平台情况逐月越演越烈，每况愈下。由于草根创业者居多，缺乏专业的经营管理经验和必要的风险控制手段，平台倒闭事件频发。更有居心叵测者，借助概念炒作，利用监管缺位，以此作为敛财手段，圈钱"跑路"。尤其"e租宝"、"大大集团"和"中晋"等事件出现，牵涉投资人数达百万元之多，涉案金额达千亿元之巨。严重影响市场信心和行业声誉，促使政府和社会要求对该行业实施严格规范监管。

事实上，2013年以来，中国人民银行、银监会等监管当局相关负责人在多个场合都对网络借贷行业的各类风险做出警示和要求。同时，政府在工作报告和相关政策文件中肯定其正面社会价值的同时，也强调一定要"健康""规范"发展。2015年新年伊始，银监会机构调整中，明确了网贷行业将由普惠金融部进行管辖，至此，监管主体正式就位。2015年7月18日，《关于促进互联网金融健康发展的指导意见》出台，为管控平台风险、实施具体监管、促进行业健康发展指明了方向。同年12月28日，《网络借贷信息中介机构业务活动管理暂行办法（征求意见稿）》颁布，为促进网络借贷健康和规范发展，实施行业监管提供了具体的手段和依据。2016年3月25日，中国互联网金融协会正式成立，随即从资金存管和信息披露两个方面对我国互联网金融领域展开专项整治活动，为提升行业风险防御能力，营造良好的互联网金融生态环境展开具体行动。

二 主要网络借贷平台金融风险评级结果

本报告共选取国内100家代表性网络借贷平台作为评级对象，按平台所处地域不同划分，广东32家（其中深圳25家），北京31家，上海16家，浙江6家，四川、重庆各3家，江苏、湖北各2家，安徽、山东、陕西、贵州各1家。数据长度为2015年1~12月。报告对选取的100家平台的信用风险、流动性风险、法律合规风险和操作风险等金融风险状况进行评估。综合及分类评估结果见表1。

表1 2015年中国主要P2P平台金融风险评级结果

平台名称	排序	综合评分	综合等级	信用风险	流动性风险	操作风险	法律合规风险	所在地区
陆金所	1	83	AA−	A	A	AAA	AA+	上海
宜人贷	2	77	A+	BBB	AA−	BBB	AAA	北京
玖富	3	76	A	BBB	AA−	A	AA−	北京
拍拍贷	4	74	A	BB	AA+	BBB	AA−	上海
麻袋理财	5	74	A	B	AAA	BB	AAA	上海
小牛在线	6	74	A	BB	A	A−	AA+	深圳
积木盒子	7	73	A−	BB	A	BBB	AA+	北京
开鑫贷	8	73	A−	A−	BB	BBB	AA+	江苏
点融网	9	72	A−	BB	AA−	BB+	AA−	上海
易贷网	10	70	A−	BB	A−	BBB	AA−	四川
人人贷	11	70	A−	BB	A	BBB	AA−	北京
爱钱进	12	70	A−	BBB	A	BB	AA−	北京
你我贷	13	70	A−	BB	A+	BBB	A+	上海
合拍在线	14	70	A−	BB+	A	BB	AA−	深圳
红岭创投	15	69	BBB	BB+	A−	BB	A	深圳
投哪网	16	69	BBB	BB	A	BB	AA−	广东
链家理财	17	68	BBB	BB	BBB	BB+	AA+	北京
鑫合汇	18	68	BBB	BB	AAA	B−	A	浙江
金开贷	19	67	BBB	BB	A−	BBB	A	陕西
PPmoney	20	67	BBB	BB	AA−	BB	A	广东
翼龙贷	21	67	BBB	B	A+	BB	AA−	北京
诺诺镑客	22	67	BBB	BB	A	BB+	A	上海
有利网	23	67	BBB	B	A+	BB	AA−	北京
瑞钱宝	24	66	BBB	BB	BB+	BBB	A	北京
抱财网	25	66	BBB	BB+	B−	AA−	A	北京
人人聚财	26	65	BBB	B−	A	BB+	AA−	深圳

续表

平台名称	排序	综合评分	综合等级	信用风险	流动性风险	操作风险	法律合规风险	所在地区
团贷网	27	65	BBB	B-	AA	B	AA-	广东
温州贷	28	65	BBB	B-	AA	B-	AA-	上海
银豆网	29	65	BBB	B-	A+	BB	AA-	北京
和信贷	30	64	BB+	BB	BBB	BB	A	北京
金联储	31	64	BB+	B	A-	BB	A	北京
信融财富	32	64	BB+	BB	BBB	BB	A	深圳
银湖网	33	64	BB+	B	A-	BB	A	北京
E微贷	34	64	BB+	BB	BB+	BB	A	深圳
九斗鱼	35	64	BB+	B-	AA-	B	AA-	北京
汇通易贷	36	63	BB+	BB	BB	BB	A	深圳
新新贷	37	63	BB+	BB	BB	BB	A	上海
银客网	38	63	BB+	B-	BBB	BB	AA-	北京
微贷网	39	63	BB+	BB+	B	BB+	A	浙江
鹏金所	40	63	BB+	B	BBB	B	AA-	深圳
汇投资	41	62	BB+	B	BB+	BB	A	北京
爱投资	42	62	BB+	B-	A-	B-	AA-	北京
88财富网	43	62	BB+	BB+	B-	BBB	A	深圳
金融工厂	44	62	BB+	BB+	BB+	B-	AA-	北京
珠宝贷	45	62	BB+	BB	B-	BBB	A	深圳
永利宝	46	61	BB	B	BB+	BB	A	上海
国诚金融	47	61	BB	B	BB	BB	A	上海
温商贷	48	61	BB	BB	BB	BB	A	浙江
众金在线	49	61	BB	B	A-	B-	A	深圳
金e贷	50	61	BB	BB	BB	BB	A	广东
合时代	51	61	BB	BB	BB	BB	A	深圳
合盘贷	52	61	BB	B	BB+	BB	A	上海
一起好	53	61	BB	B-	BBB	B	A	湖北
金信网	54	61	BB	B-	B	BBB	A	北京
德众金融	55	61	BB	B-	BB+	B-	AA-	安徽

续表

平台名称	排序	综合评分	综合等级	信用风险	流动性风险	操作风险	法律合规风险	所在地区
融金宝	56	61	BB	B−	A	B−	A	深圳
金宝保	57	60	BB	B−	BBB	BB	AA−	重庆
楚金所	58	60	BB	B−	BB	BB	AA−	湖北
钱吧	59	60	BB	B−	BBB	BB	A	山东
钱爸爸	60	60	BB	BB	B−	BB	A	深圳
玖融网	61	60	BB	B	BB+	BB	A	湖北
房金所	62	60	BB	B−	BB+	B	A	深圳
三信贷	63	59	BB	B	BB	BB	A	浙江
E速贷	64	59	BB	BB	B−	BB	A	广东
微金所	65	59	BB	B	BB	BB	A	北京
众信金融（京）	66	59	BB	C	BBB	B−	AA−	北京
中瑞财富	67	59	BB	BB	C	BB+	A	北京
付融宝	68	58	BB	B−	BB+	B	A	南京
收获宝	69	58	BB	B−	BB	BB	A	深圳
财富中国	70	58	BB	BB	C	A−	A	深圳
恒信易贷	71	58	BB	B−	BB	B	A	广东
生菜金融	72	58	BB	B−	BB	BB	AA−	上海
后河财富	73	57	BB	B−	BB	B	A	深圳
诚汇通	74	57	BB	B	B−	BB	A	深圳
理财范	75	57	BB	B	BB	B	AA−	北京
贷贷兴隆	76	57	BB	B	C	BB	AA+	重庆
好帮贷	77	57	BB	BB	B−	B−	A	深圳
91旺财	78	57	BB	B	B	BB	A	北京
短融网	79	57	BB	B−	B−	BB	AA−	北京
黄河金融	80	57	BB	BB	C	BB	A	浙江
石投金融	81	56	BB	B−	BB	B	A	上海
口贷网	82	56	BB	BB	C	BB	AA−	四川
龙贷	83	56	BB	B−	BB	B−	A	北京
多多智富	84	55	BB	B−	BB	B−	A	深圳

续表

平台名称	排序	综合评分	综合等级	信用风险	流动性风险	操作风险	法律合规风险	所在地区
网利宝	85	55	BB	B-	B-	BB	A	北京
招商贷	86	55	BB	B	C	BB	A	贵州
礼德财富	87	55	BB	B	C	BB	A	广东
金银猫	88	55	BB	BB	C	BB	A	上海
今日捷财	89	55	BB	BB	C	BB	A	上海
粤商贷	90	55	BB	BB	C	BB	A	深圳
小油菜	91	54	BB	B-	BB	B-	A	北京
友金所	92	54	BB	B-	C	B	AA+	深圳
易九金融	93	53	BB	BB	C	BB	A	重庆
四达投资	94	53	BB	B-	C	B	A	四川
广信贷	95	52	B	B-	C	B-	A	北京
腾邦创投	96	51	B	C	C	B	AA-	深圳
迷你贷	97	51	B	B	C	B-	A	深圳
点滴身边	98	51	B	B-	B-	B-	A	北京
钱多多	99	51	B	B-	C	B-	AA-	上海
聚有财	100	50	B	B-	C	B	A	浙江

注：本表中 E 速贷和汇投资因违规操作被经侦而关闭。

三　结论及政策启示

本次评级结果与 2015 年上半年相比，基本稳定。综合得分在 70 分以上的 A 类平台 14 个，相较于 2015 年上半年增加了 4 个，其中，AA- 和 A+ 等级平台各 1 个，分别为陆金所和宜人贷，A 等级平台包括玖富、麻袋理财、拍拍贷、小牛在线 4 个平台，A- 等级平台 8 个。

根据进入本次评级的 100 家平台分项评估结果，反映平台合法和合规经营的法律合规风险项得分和评级最好，全部平台的该项得分都在 A 级及以上。这说明我国网络借贷行业主流平台总体来说是合规守法经营的，法律合规风险得到有效控制，混迹其中的伪劣平台不会成为行业砥柱。

反映偿还意愿和偿还能力的信用风险总体情况仍然令人不甚满意。其中，A-级以上仅有两家，而B-级以下达35家。作为出身"草根"的民间金融，互联网金融发展模式可能代表着金融的发展方向，但在当下，以网络借贷为代表的互联网金融，无论是承担"风险"的能力，还是经营"风险"的理念，其与正规金融相比仍然存在显著差距。互联网金融发展任重道远。

反映包含资金流动、期限结构、平台人气和投标可转让性内容的流动性风险评估结果具有分化趋势。A-级以上的31家（AAA级2家，AA+级1家，AA级2家，AA-级5家，A+级4家，A级8家，A-级9家），同样，B-级以下也高达29家（B-级11家，C级18家）。说明我国网络借贷行业竞争日益激烈，分化日趋严重，行业洗牌已进入快车道。

至于反映集中度、业务模式、透明度以及IT系统建设的操作风险分项评估结果，A-级以上仅有5家（AAA级1家，AA-级1家，A级1家，A-级2家），而B-级高达16家。这说明从操作层面上来说，无论是平台的硬件和软件技术系统还是业务经营的集中度和透明度，相对于行业发展规模，业务安全模式和信息披露要求需要进一步地加强和提高。

2015年7月18日，《关于促进互联网金融健康发展的指导意见》出台，为管控平台风险、实施具体监管、促进行业健康发展指明了方向。同年12月28日，《网络借贷信息中介机构业务活动管理暂行办法（征求意见稿）》颁布，为促进网络借贷健康和规范发展，实施行业监管提供了具体的手段和依据。2016年以来，随着中国互联网金融协会正式成立，该协会随即从资金存管和信息披露等方面对我国互联网金融领域展开整治活动，这势必对提升行业风险防御能力、营造良好的互联网金融生态环境具有重要促进作用。

B.11
互联网金融中信用风险理论基础和分析范式

孙健 黄国平*

摘　要： 与传统的信用风险管理方法相比，互联网金融中信用风险度量、管理和定价新技术注重综合运用现代金融理论和管理技术发展的最新成果。目前，包括 Lending Club、Ondeck、Zopa 等在内的世界著名的互联网金融平台，已经开发出许多高级和先进的信用风险度量和管理系统，为风险度量、资产定价、资本结构决策和信用组合的动态管理等各个方面提供帮助和支持，并且在实践和应用中也取得了积极的成果。然而在互联网和大数据环境下，各种模型之间的思想方法、理论基础、技术路线以及建模范式还存在很大的差异和不一致，现有的模型还存在诸如相关参数的主观设定、某些风险类型的可能忽视、模型可靠性和稳定性的经验验证缺乏等诸多缺点。我国互联网金融从业机构在学习和借鉴信用风险领域国际先进管理技术和方法时，应充分考虑和正视这些问题。

关键词： 结构式模型　简化式模型　建模范式　风险度量　资产定价

互联网金融和大数据征信发展为信用风险度量、管理和精确定价提供了

---

* 孙健，中国银行软件中心工程师；黄国平，中国社会科学院金融研究所研究员。

信息、数据和技术支持，自从网络借贷标杆平台 Lending Club 根据基于风险评估进行贷款的差别化定价取得成功以来，该范式和理念正在成为一种互联网金融平台最具影响力的定价方式①。目前，信用风险定价和分析所采用的思想和方法主要分为两大类，即结构式模型（Structural Model，SM）和简化式模型（Reduced Model，RM）。在结构式模型中，违约过程被直接假定为与债务人的资产、资本结构的动态性有关，其债务被看作是关于其资产的或有要求权（Contingent Claims）。债务人的资产一旦低于或超过某一门槛值，就会发生破产或违约。结构式模型由于违约过程被假定为与债务人的资产和资本结构相联系，使得其具有显著的经济含义而备受人们喜爱和关注，但其所隐含的违约的可预测性以及据此所得到的信用价差的期限结构，与经验观察存在着明显的不一致性。与结构式模型不同的是，在简化式模型中违约过程并没有与债务人的资产和资本结构建立直接的联系，而被假定为典型的外生给定，直接通过一个强度过程或补偿过程来加以描述，因此违约事件的发生是完全不可预期的。正是由于这种违约事件的不可预期性的假定较为符合真实的现实状况，其隐含的信用价差的期限结构与经验观察具有高度的一致性，但这种模型因其缺乏显著的经济含义而倍受质疑。目前，这方面研究则致力于如何进行结构式和简化式模型在思想和方法上的有效整合，以期完善和修正结构式模型因其过于严格和简单化的假设而导致其评估结果与经验观察值之间具有的较大偏差，寻求和解释简化式模型中的所隐含的经济意义，建立起这两种模型的有效和合理联系。

一　结构式模型分析范式

结构式方法的建模和分析思想是基于 Black & Scholes 和 Merton 的期权

---

① 2013 年 4 月，Zopa 成立 Safeguard 基金作为风险准备金，当借款人无法偿还贷款时，Safeguard 基金将接手贷款收益权，偿付借款人损失。Safeguard 基金放贷模式在本质上也是采用了类似 Lending Club 的定价方式，由 Safeguard 基金综合市场各类信息（诸如平台资金状况、基准利率、风险价格等）计算出各笔贷款的跟踪利率（tracker rate）。2013 年 7 月开始，Zopa 停止了所有非 Safeguard 模式交易，全平台已经全部采用这种全新的信贷交易模式。

理论发展起来的。在这里，债务人的债务被看作是债权人关于债务人资产的或有权，违约过程被假定为与其资产价值和债务结构有着直接的联系，因此，在结构式模型中，债务人资产的市场价值是决定其是否违约的最基本的状态变量。

经典期权定价方法的一个最为直接的应用是关于公司债券的定价和分析，由于它能够为结构式方法应用于更为复杂的信用工具的分析和定价提供最基本的思路和分析框架，对此进行一个较为详细的讨论和分析的理论和现实意义是不言而喻的。

考虑一个资产价值遵循随机过程为 $V = (V_t)_{t>0}$ 的公司，假设：①该公司只通过股权和零息债券进行融资，债券的面值为 K，到期日为 T；②债务契约规定债券投资者具有绝对的优先权，即如果公司不能履行它的债务，那么投资者立即接管公司。这时，我们就认为公司违约。于是违约时间 τ 和违约指标函数 $1_{\{\tau=T\}}$ 就可以定义为：

$$\tau = \begin{cases} T & if\ V_T < K \\ \infty & if\ \ else \end{cases} \qquad 1_{\{\tau=T\}} = \begin{cases} 1 & if\ \tau = T \\ 0 & if\ else \end{cases}$$

③在债券到期日之前，公司既不允许回购股份，也不许发行任何优先或等价的债务，于是，债券（债券价格过程用 B^T 表示）和股权（股权价格过程用 E 表示）在 T 时价格分别为：

$$B_T^T = \min(K, V_T) = K - \max(0, K - V_T) \tag{1}$$

$$E_T = \max(0, V_T - K) \tag{2}$$

根据式（1）我们可以看出，公司可违约债券 B 相当于是一个面值为 K 到期日为 T 无违约债券与一个以公司价值为标的资产，执行价格为 K，到期日为 T 的欧洲卖出期权的空头的投资组合。而根据式（2），公司的股权相当于是一个相应的欧洲买入期权的多头。

给定无风险短利率过程 r，一个无风险折现过程 β 由函数 $\beta_t = \exp(\int_0^t - r_u du)$ 确定，于是经 β 折现的价格过程 B^T 在等价鞅测度 Q 下是一个鞅，即：

$$B_t^T \beta_t = E_t^Q((K - \max(0, K - V_T))\beta_T) \tag{3}$$

假设在 $[0, T]$ 内 $r_t = r$ 是一个常数，则：

$$B_t^T = \exp(r(t-T))K - \exp(r(t-T))E_t^Q(\max(0, K - V_T)) \tag{4}$$

进一步假设公司资产遵循几何布朗运动，即：

$$\frac{dV_t}{V_t} = \mu dt + \sigma dB_t, \quad V_0 > 0 \tag{5}$$

其中：μ 为漂移率参数，通常可以理解为公司资产期望收益率；σ 为波动率参数，通常可以理解为收益率的标准差。

根据 Girsanov 理论以及在风险中性世界中资产的期望收益率为 r 这一事实，式（5）在等价鞅测度 Q 测度下又可以表述为：

$$\frac{dV_t}{V_t} = rdt + \sigma dB_t^Q, \quad V_0 > 0 \tag{6}$$

其中：B_t^Q 为 Q 测度下的标准布朗运动。

于是公司资产在 t 时刻的价值 V_t 为：

$$V_t = V_0 \exp((\mu - \frac{1}{2}\sigma^2)t + \sigma B_t) \tag{7}$$

或

$$V_t = V_0 \exp((r - \frac{1}{2}\sigma^2)t + \sigma B_t^Q) \tag{8}$$

根据 Black – Scholes – Merton 公式，我们可以得到式（4）的一个数学解析解：

$$B_t^T = \exp(-r(T-t))K\left[\frac{V_0}{K\exp(-r(T-t))}N(-d_1) + N(d_2)\right] \tag{9}$$

其中：$d_1 = \dfrac{\ln\left(\dfrac{V_0}{K}\right) + \left(\dfrac{\sigma^2}{2} + r\right)(T-t)}{\sqrt{T-t}}$，$d_2 = d_1 - \sigma\sqrt{T-t}$，$N(\cdot)$ 为标准正态分布累积概率函数。

这时，该债券在 t 时刻的信用价差 $\lambda_{t,T}$、现实违约概率 $P_t(\tau=T)$ 和风险中性违约概率 $Q_t(\tau=T)$ 分别为：

$$\begin{aligned}\lambda_{t,T} &= -\frac{\ln\left(\frac{B_t^T}{K}\right) - \ln(\exp(-r(T-t)))}{T-t} \\ &= -\frac{\ln\left[\frac{V_0}{K\exp(-r(T-t))}N(-d_1) + N(d_2)\right]}{T-t}\end{aligned} \quad (10)$$

$$\begin{aligned}P_t(\tau=T) &= P_t\left(V_0\exp\left(\left(\mu-\frac{1}{2}\sigma^2\right)+\sigma B_{T-t}\right)<K\right) \\ &= N\left(\frac{\ln\left(\frac{K}{V_0}\right)-\left(\mu-\frac{1}{2}\sigma^2\right)(T-t)}{\sigma\sqrt{T-t}}\right)\end{aligned} \quad (11)$$

$$Q_t(\tau=T) = N(-d_2) = 1 - N(d_2) \quad (12)$$

到目前为止，我们所作的分析，其假设前提是违约仅仅只可能发生在债券到期日 T，在这之前公司资产价值的任何变化，都不会导致违约事件的发生。事实上，在到期日之前的任何一个时刻，都有可能因诸如公司破产、重组、财务危机等各种原因而导致违约发生。处理这类问题的一个合理方法是，首先确定一个违约门槛，并假定公司资产价值一旦到达或低于这一门槛值，违约就会产生。至于在实际中这一门槛如何确定，我们既可以通过契约合同预先规定，也可以通过允许股权投资者选择最佳违约时机来生决定。

考虑在到期日之前可能发生违约的情形，一旦给定违约门槛过程 $(D_t, t\geq 0)$，违约时间 τ 就可以定义为：

$$\tau = \inf\{t>0 : V_t \leq D_t\} \quad (13)$$

违约门槛过程的具体形式应根据具体问题具体分析。这里，为了便于分析的简单化，我们假定其为常数 C，同时假定公司资产遵循式（7）和（8）确定的几何布朗运动，于是在 $\tau>t$ 的条件下，其在 t 时刻的违约概率为：

$$P_t(\tau < T) = P_t(\min_{s \leq T} V_s \leq D)$$

$$= 1 - N\left(\frac{m(T-t) - \ln\left(\frac{D}{V_t}\right)}{\sigma\sqrt{T-t}}\right) + \exp\left(\frac{2m\ln\left(\frac{D}{V_t}\right)}{\sigma^2}\right) N\left(\frac{m(T-t) + \ln\left(\frac{D}{V_t}\right)}{\sigma\sqrt{T-t}}\right)$$

其中：$m = \mu - \frac{1}{2}\sigma^2$，如果 $\mu = r$，则 P_t 就成为风险中性条件下的违约概率 Q_t。

假设 $R \in [0, 1]$ 是一个面值回收率过程，这意味着一旦发生违约，债券持有者的损失为 $(1-R)K$，于是在 $t < \tau$ 时刻的债券的价格为：

$$\begin{aligned} B_t^T &= E^Q(\exp(-\int_t^T r_s ds) K(1_{\{\tau > T\}} + R_t 1_{\{\tau \leq T\}})) \\ &= KE^Q(\exp(-\int_t^T r_s ds)) - E^Q(\exp(-\int_t^T r_s ds) K(1-R_t) 1_{\{\tau \leq T\}}) \end{aligned} \quad (14)$$

如果 r、R 和违约过程是相互独立的，则式（14）就可以写成：

$$B_t^T = E^Q(\exp(-\int_t^T r_s ds)) K(1 - E^Q(1-R_t) Q_t(\tau \leq T)) \quad (15)$$

根据式（14）和（15），我们可以得知，可违约债券的价格实际上等于无风险债券的价格减去其风险中性条件下的期望违约损失。因此，根据结构式模型进行可违约债券的定价的基本参数为无风险债券的价格、风险中性条件下的期望回收率和风险中性违约概率。

由于信用价差为：

$$\lambda(t, T) = -\frac{\ln\frac{B_t^T}{K} - \ln E^Q(\exp(-\int_t^T r_s ds))}{T-t}$$

则在 r、R 和违约过程是相互独立的条件下，根据式（15），$\lambda(t, T)$ 就可以写为：

$$\lambda(t, T) = -\frac{\ln(1 - E^Q(1-R_t) Q_t(\tau \leq T))}{T-t} \quad (16)$$

进一步假定 R 是一个常数，于是式（16）又可以写为：

$$\lambda(t,T) = -\frac{\ln(R + (1-R)Q_t(\tau > T))}{T-t} \qquad (17)$$

根据式（16）和（17），我们可以推知，信用价差取决于违约回收率和违约概率，回收率越大，违约概率越小，则信用价差越小，并且随着债券到期日的临近，信用价差逐渐缩小并趋于零，即：

$$\lim_{h \downarrow 0} \lambda(t,t+h) = 0$$

结构式模型的信用价差趋于零的性质，明显不符合现实中的经验观察结果，这也是结构式模型遭受攻击和批评的最为核心的一点。对于这一问题的解决，一种办法是直接假定资产价值具有一种阶跃过程，这种阶跃过程的存在，总会导致公司资产价值的变化，不可预期的低于违约门槛值情形发生。然而这种直接假定资产价值遵循某种阶跃过程的方法，尽管在数学形式上弥补了信用价差趋于零的缺陷，但其经济意义何在则是一个值得我们关注和怀疑的问题。事实上，结构式模型中信用价差随着到期日的临近趋于零的结果在完全信息的条件下应该是合理的，然而经验告诉我们，在一个不完全信息的现实世界中，我们在完全信息的假设下所作的各种预测都是对真实结果的一种近似反映。因此，放松完全信息的假设来避免结构式模型的可预测性的假定，应该是一种更为合理和一般的思想。

二 简化式模型分析范式

与结构式模型形成鲜明对比的是，简化式模型中违约并没有直接与公司资产及其优先级结构建立直接联系，而被看作是外生给定的和不可预期的，违约的随机结构是通过一个外生给定的强度过程或者补偿过程来加以描述的。尽管在简化式模型中，违约以及回收率都被看作是外生的，从而没有明显的经济含义，但是从理论上讲，简化式模型是一种包含了结构式模型的更为一般的形式。实际上，简化式模型中的违约强度或补偿过程可以根据标的资产的违约边界及其在违约边界上的变动性和投资者根据可利用的历史信息确定的资产水平的条件分布对其进行一般公式化。

既然违约和回收率过程是外生的,那么对于任何一个可违约证券,我们都可以把它看作一个更为一般化的或有要求权(Contingent Claim)。如果以(X, T)表示在T时刻债务人有义务的支付为X,以(φ_τ, τ)表示一旦债务人在τ时刻违约,则债权人接收的支付为φ_τ,那么对于任何一个或有要求权,都可以用(Z, τ^*)来加以描述,其中:

$$\tau^* = \min(T,\tau), Z_{\tau^*} = X1_{|\tau>T|} + \varphi_\tau 1_{|\tau\leq T|}$$

假设市场是无套利的,于是或有要求权(Z, τ^*)在$t<\tau$时刻的价格$U(t, T)$必定满足:

$$U(t,T)\exp\left(-\int_0^t r_s ds\right) = E_t^Q\left(\frac{Z_{\tau^*}}{\exp\left(\int_0^{\tau^*} r_s ds\right)}\right)$$

因此$U(t, T)$就可以表示为:

$$\begin{aligned} U(t,T) &= E_t^Q\left(\exp\left(-\int_t^{\tau^*} r_s ds\right)(X1_{|\tau>T|} + \varphi_\tau 1_{|\tau\leq T|})\right) \\ &= E_t^Q\left(\exp\left(-\int_t^T r_s ds\right)X1_{|\tau>T|} + \exp\left(-\int_t^\tau r_s ds\right)\varphi_\tau 1_{|\tau\leq T|}\right) \end{aligned} \quad (18)$$

式(18)就是可违约证券一般化的动态定价公式,其具体形式则取决于违约过程的随机结构及其所决定的违约概率和回收率过程。

在简化式模型中,违约过程、违约概率以及信用价差等从根本上说取决于强度(补偿)过程,因此违约强度(补偿)过程的分析是简化式模型的核心和中心任务。以假定违约强度遵循泊松(条件泊松)过程为例,我们对此分析探讨。

首先,让我们令$(T_1, T_2, \cdots, T_i)$为某一事件发生时间所形成的序列,如果在一个给定的时间间隔$[0, t]$内,这一事件所发生的次数N_t是一个随机变量,即:

$$N_t = \sum_i 1_{|T_i \leq t|}$$

且其增量 $N_t - N_s$ 是相互独立的，服从参数为 $\lambda(t-s)$ 的泊松分布，则我们称随机过程 $(N_t)_{t \geq 0}$ 是一个齐次泊松过程，其数学描述为：

$$P(N_t - N_s = k) = \frac{1}{k!} \lambda^k (t-s)^k e^{-\lambda(t-s)} \qquad (19)$$

相应地，如果参数 λ 是一个关于时间 t 的函数［用 $\lambda(t)$ 表示］，则 $(N_t)_{t \geq 0}$ 是非齐次泊松过程，其数学描述为：

$$P(N_t - N_s = k) = \frac{1}{k!} \left(\int_s^t \lambda(u)du\right)^k e^{-\int_s^t \lambda(u)du} \qquad (20)$$

更一般地，如果我们允许 λ 也是一个随机变量，显然参数 λ 随时间的发展列 $(\lambda_t)_{0 \leq t \leq T}$ 本身也是一个随机过程，这时我们称 $(N_t)_{t \geq 0}$ 为条件泊松过程（或 Cox 过程）。根据泊松过程的性质，系数 λ 为：

$$\lambda(t) = \lim_{h \downarrow 0} \frac{1}{h} P(\tau \in (t, t+h) \mid \tau > t) \qquad (21)$$

这就是我们通常所说的强度。简化式模型（或者说基于强度的模型）违约结构的最基本假设就是认为违约时间 τ 是某一给定强度为 λ 的泊松过程（条件泊松过程）首次发生阶跃的时间。这时我们称 λ 为违约强度，其真实含义是在不发生违约的条件下，违约概率在 t 时的变化率。由于违约时间 $\tau = T_1$，根据泊松过程的性质，它是一个服从参数为 λ 的指数分布的随机变量。当违约过程的随机结构是齐次（非齐次）泊松过程时，违约概率 $F(T)$ 就为：

$$F(T) = P(\tau \leq T) = 1 - P(N_T = 0) = 1 - e^{-\lambda T} \qquad (22)$$

或

$$F(T) = P(\tau \leq T) = 1 - P(N_T = 0) = 1 - e^{-\int_0^T \lambda(u)du} \qquad (23)$$

而当其为 Cox 过程时，则违约概率为：

$$F(T) = E[P(\tau \leq T \mid (\lambda_t)_{0 \leq t \leq T})] = 1 - E[e^{-\int_0^T \lambda(u)du}] \qquad (24)$$

从风险管理的角度来看,经验概率测度下得到的违约强度,以及违约概率正是我们所需要的,然而,当我们进行信用风险定价时,无论是强度还是违约概率,都应该是风险中性条件下的。通常,在现实世界中,违约过程的某一具体结构,并不能保证其在风险中性世界中仍然保持。这里我们假定所讨论的随机结构在风险中性世界中仍然保持其原有的结构形式(其实这一假定纯粹是为了这里讨论的方便,甚至是多余的),令 $\tilde{\lambda}$ 是风险中性世界中与 λ 相对应的违约强度,于是泊松过程(包括时齐与非时齐)和条件泊松过程的违约随机结构在风险中性条件下的违约概率 $\tilde{F}(T)$ 分别为:

$$\tilde{F}(T) = Q(\tau \leq T) = 1 - Q(N_T = 0) = 1 - e^{-\tilde{\lambda}T} \tag{25}$$

$$\tilde{F}(T) = Q(\tau \leq T) = 1 - Q(N_T = 0) = 1 - e^{-\int_0^T \tilde{\lambda}(u)du} \tag{26}$$

$$\tilde{F}(T) = E^Q[Q(\tau \leq T \mid (\tilde{\lambda}_t)_{0 \leq t \leq T})] = 1 - E^Q[e^{-\int_0^T \tilde{\lambda}(u)du}] \tag{27}$$

有了风险中性条件下的违约概率和违约强度,选择某一形式的回收率过程,这样我们就可以根据式(19)求出可违约证券在任一 $t \in [0,T]$ 时刻价格和信用价差。假如我们取违约强度、无风险利率以及等价形式回收率都为常数,于是根据式(19),对于任一面值为1,到期日为 T 的可违约证券,其在时刻的价格 B_t^T 和信用价差 $S(t,T)$ 具体形式分别为:

$$B_t^T = E_t^Q(\exp(-r(T-t))1_{\{\tau > T\}} + RB_{\tau-}^T \exp(-r(\tau-t))1_{\{\tau \leq T\}})$$
$$= \exp(-(r+(1-R)\tilde{\lambda})(T-t)) \tag{28}$$

$$S(t,T) = -\frac{1}{T-t}\ln\frac{B_t^T}{\exp(-(r(T-t)))} = (1-R)\tilde{\lambda} \tag{29}$$

尽管不同形式的违约强度、回收率和无风险短利率过程,其对应的价格和信用价差的具体形式不同,然而他们总是一个关于强度、回收率和无风险利率的函数,也就是说,可违约证券价格及其信用价差总是由回收率、强度和无风险短利率决定的。

三 结构式与简化式范式整合

基于公司资产和债务结构与动态性的结构式模型最早可以追溯到 Black–Scholes & Merton 期权思想。随后,这类模型因其显著的经济含义而受到学术界和业界的普遍重视和关注。在应用领域中,著名的信用风险度量和管理模型——KMV 模型就是基于结构式方法开发出来的。由于在经典的结构式模型中,违约的发生通常被假定为取决于公司资产和债务结构的动态性,而公司资产和债务结构的动态性又被认为是完全可预测的,因此,在这类模型中,违约被认为是可预测的事件,进而信用价差随着到期日趋近也趋向于零,这正是结构式模型在理论上所存在的根本缺陷。

在简化式模型中,违约并没有与公司资产和财务结构建立直接联系,而被看作是外生给定和不可预测的,违约过程的随机结构是直接通过一个强度过程来描述的①。在应用领域中,CreditRisk + 模型就是由简化式方法建模思想发展起来的。简化式模型已经成为信用风险定价和风险管理领域愈来愈重要的工具。第一,与结构式模型相比,简化式模型对市场数据具有更好的适应性;第二,在一定的技术条件下,根据简化式模型发展起来的违约期限结构与无风险短利率期限结构,在形式上具有一致性,这为定价信用风险和更为复杂的信用衍生工具提供了强大和方便的工具;第三,基于强度的简化式模型,通过强度建立信用风险与宏观经济变量之间的相关性联系,这为处理信用风险周期性问题在结构和形式上提供了方便。然而,简化式模型的经济含义何在,它是否与结构式模型相容,存在何种程度的相容,这自然成为人们关注的焦点。目前,在理论领域中,致力于这两种模型的有效整合,正是对这一问题的积极探索。

关于两种模型的有效整合,其关键问题在于违约事件的概率属性,也就

---

① 对于这一领域的研究,其主要代表性人物包括:Artzner &Delbaeen, Duffie& Singleton, Duffie, Jarrow&Turnbull, Jarrow, Lando&Turnbull, Lando, Madan&Unal, Martin, 以及 Avanitis, Gregory & Laurent 等。

是说，如果能够进行两种模型的有效整合，在结构式模型中，违约事件至少应该被认为是不可预测的。基于结构式框架，假定公司的资产价值过程遵循一种不可预测的跃迁－扩散过程的思想和方法，这在一定程度上，对违约事件的不可预测性进行了解释，但是一个关于违约时间的强度过程并没有合理和有效地构筑起来。具有里程碑意义的是，Duffie&Lando 运用结构式方法，假定违约发生的触发条件是基于公司资产价值低于某一门槛值，违约事件的不可预测性是由于其资产价值的市场观测值，因受到外部噪声干扰而偏离其真实价值所发展起来的不完全会计信息期限结构模型，第一次从理论上有效地解释了简化式模型是一种包含了结构式模型的更为一般的形式。另外，理论界也有从现金平衡的角度，假定违约过程取决于公司现金平衡状况，违约事件的不可预测性是由于市场对公司的现金平衡的真实状况不能充分观测所造成的，并根据以上的违约结构，也发展出一种从结构形式和经济含义上都具有重要意义的基于强度的简化式模型。

四 结语

与传统的信用风险管理方法相比，互联网金融中信用风险度量、管理和定价新技术注重综合运用现代金融理论和管理技术发展的最新成果，通过建立和运用专业性和技术性很强的数学模型，以便能够对信用风险进行更加精确的辨识、度量和管理，为金融机构进行信用风险的管理和决策提供技术支持和决策依据。因此，从这个意义上来说，信用风险建模技术是信用风险管理新技术发展的集中体现。在最近的十来年，包括 Lending Club、Ondeck、Zopa 等在内的世界著名的互联网平台，已经开发出许多高级和先进的信用风险度量和管理系统，为风险度量、资产定价、资本结构决策和信用组合的动态管理等各个方面提供帮助和支持，并且在实践和应用中也取得了积极的成果。然而在互联网和大数据环境下，信用管理新技术毕竟还处于早期的发展阶段，各种模型之间的思想方法、理论基础、技术路线以及建模范式还存在着很大的差异和不一致，甚至一些最基本的概念和指标体系诸如违约时间、违约事件、违约率、挽回率等在业界、学术界以及监管者之间都还没有形成统一认识。另外，现有的模型还存在着诸如相关参数的主观设定、某些风险类型的可能忽视、模型可靠性和稳定性的经验验证缺乏等诸多缺点。这也是我国互联网金融从业机构在学习和借鉴信用风险领域国际先进管理技术和方法时，应充分考虑和正视的问题。

B.12 供应链金融及其模式创新
——基于第三方物流视角

梁国栋[*]

摘　要： 传统的供应链金融模式主要依靠的是银行系统内的信贷资金，而本身缺少抵押物的中小企业很难获得资金支持，资金来源的单一与匮乏也不利于中小企业持续稳定地获得资金支持。而第三方物流的准确切入为供应链资金来源带来了更多可能。在第三放物流主导的新模式下，银行等金融机构将权限下放到物流企业手中，后者负有承诺担保职责，物流企业的收入来源既包含物流收入，也包含融资利差收入、手续费收入等，物流企业从行为动机上讲已经与银行成为一致行动人，有效地解决了双方的信息不对称问题。而从风控手段来讲，大数据与物联网等技术的出现可以让第三方物流企业对授信人的信用风险进行很好的事前控制，对仓储与物流状态可以实现实时监控。

关键词： 供应链金融　第三方物流　信息不对称　风险控制　中小企业

供应链金融的形态产生很早，但是真正开始有一个完整的产业链并被业

---

[*] 梁国栋，中国银行业监督管理委员会普惠金融部副主任科员。

界清晰定义是在20世纪八九十年代后，随着生产能力的大幅提升以及信息技术的大发展，供应链金融成为资金供给与需求双方的共赢选择。供应链金融参与主体既包括供应链中的核心企业，也包括上游参与零部件加工制造的供应商，下游参与分销、零售的企业。妥善协调供应链利益，更好地掌握各方经营情况并提供适宜的融资产品是供应链金融的优势所在。供应链金融较以往传统的银行信贷模式有了更多的灵活性与科学性。过去僵化的信贷机制考察的主要是企业过去经营所形成的财务报表，反映的是企业过去所经营的成果，而通过过去的结果判断企业未来的发展状况以及资信水平难免有刻舟求剑之嫌。反观供应链金融，其关键之处在于金融机构动态掌握整个供应链背后真实的贸易情况，通过物流等第三方中介及时做到对整个信贷前中后期的实时管理，降低资金供需双方由于信息不对称而产生的摩擦成本，只有在解决好信息不对称的问题基础上才能更好地利用核心企业的资信水平为中小企业的融资行为背书。供应链金融的核心在于资金流、信息流、物流的三位一体，商业银行、核心企业、上下游企业、第三方物流中介等机构各司其职，缓解信息不对称难题并提升融资效率。

一 供应链金融国内外发展状况

（一）供应链金融国外发展历程

国外的供应链金融发展始于19世纪末20世纪初期，以美国为例，可分为三个阶段。

第一阶段：最典型的特征是供应链金融以银行为主导，这个阶段的美国金融业处于混业经营状态，银行业涉足产业资本。供应链企业的资金来源主要依靠银行等金融机构，这个阶段处于供应链金融发展的初级阶段。

第二阶段：最典型特征是核心企业的引入。在美国金融业态从混业经营向分业经营转换，银行业金融机构的经营范围受到限制。核心企业的出现为金融机构解决中小企业资信水平差、担保物不足的问题提供了新的途径。如

UPS成立UPS Capital、GE成立GE Capital，更多第三方企业进入了这个领域。

第三阶段：最典型特征是行业发展滞缓。美国经历了前两个阶段的发展，供应链金融的业态已经趋于完善，但由于供应链金融是服务于实体经济的一项授信业务，而其景气程度取决于实体经济的发展，美国的实体经济发展停滞也造成了这个阶段供应链金融发展的停滞，而且疏于对风险的防范，这块业务也成为非重点发展领域①。

（二）供应链金融国内发展现状

国内的供应链金融发展始于2000年后的以银行业为主导的传统模式，深圳发展银行是第一家也是经验最为丰富的一家从事这项业务的股份制银行，紧随其后的国有四大银行还有诸如招商、民生这样的股份制银行都先后切入这个领域，做出了很多具有特色的业务与产品。在2005年后，一些大型的国有企业如中储股份、中国远洋等从事物流与外贸的行业龙头为了节省资金成本以及提升运作效率也先后与银行展开合作，对深度合作的用户开展了供应链融资业务。而随着2011年后互联网金融的热潮来袭，很多"门外的野蛮人"也对这个领域抱有极大热情，像阿里巴巴这样的电商巨头，其旗下的蚂蚁金服、一达通物流平台为其开展供应链金融服务打下了坚实的基础②。另外，像顺丰这样的物流巨头也通过成立金融事业部的方式逐渐切入这个领域。甚至一些互联网金融平台发行的理财产品也是与供应链金融的资产相对标，足以说明当下供应链金融对资本的吸引。

中国特色的供应链金融至今还是由银行来主导，这样的模式在现阶段来看，业务分散且平均额度较小导致信息成本过大，同时，信用风险问题依然高企，效率一直无法提升。目前，由电商平台和第三方物流企业所主导的供应链金融模式正在跃跃欲试，它们占据"互联网+"的优势并手握优质客

---

① 谢世清、何彬：《国际供应链金融三种典型模式分析》，《经济理论与经济管理》2013年第4期。
② 黄海龙：《基于以电商平台为核心的互联网金融研究》，《上海金融》2013年第8期。

户资源,更懂得企业的融资需求和可能存在的风险点。过去十年中,供应链金融业务受到了各大金融机构的挖掘与深耕,但是在供应链金融跨越式发展的背后,由于人员素质不匹配以及不完善的风控体系等问题,我国供应链金融业务的实践中暴露出一些亟待解决的问题。

二 供应链金融主要模式和特点

(一)供应链金融主要模式

传统的供应链金融是以银行等金融机构为主体,包含核心企业、上下游企业及物流企业的融资模式。供应链金融的模式按照供应链生产阶段划分共有三种,第一种是在初期采购阶段的预付账款融资模式,以缓解采购阶段资金压力;第二种是在生产中期,通过存货质押的方式来获取后续的运营资金;第三种是在生产尾端即销售期,企业通过盘活应收账款来提升资金的运营效率。

其一,存货类融资模式。银行通过企业生产存货的质押以及流动性,同时参考核心企业的资信水平为企业存货质押提供便利贷款。银行在考虑存货质押业务的同时必须要时刻考虑一旦出现违约情况(最差情况)应如何处理,以及处理的结果。所以银行对存货有最基本的要求:货权清晰、价格稳定、流动性强、易于保存。但是这并不是绝对条件,银行可以根据企业经营活动的特殊性有选择地调整权重。比如如果存货周转速度很快,那么其价格的稳定性可以适当放松。企业的货款到账后先偿付银行贷款,剩余归企业所有。其基本流程为:①银行等金融机构与参与各方分别签订协议来划分权限,货物在质押后由第三方物流企业负责监管,银行拥有货物的所有权;②物流企业收取上游企业存货,放入事先约定的仓库中并施行保管;③第三方物流企业受银行委托,监管存货;④银行与第三方物流确认无误后,向销售企业发放质押贷款;⑤下游企业按约定向银行支付货款;⑥物流企业在得到银行授权后,将货物发送给下游客户;⑦货款到账偿还质押贷款,剩余部分返还上游企业(见图1)。

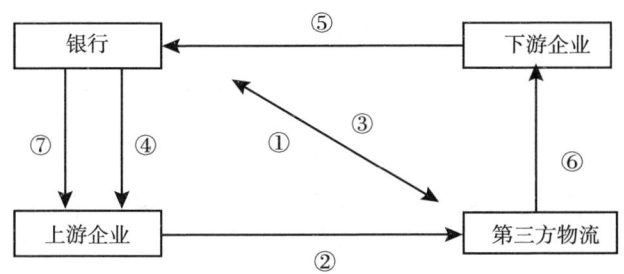

图 1　存货融资流程

其二，应收账款融资模式。现代商业贸易中，核心企业在收到中小企业货物时很难及时支付货款，导致很多中小企业面临很多应收账款，影响下一步的经营效率。企业有盘活应收账款的客观需要，而银行把握了这一商机并趁势开发了相对应的融资业务。金融机构以未到期的应收账款为质押来贷款的模式，称为应收账款融资模式。应收账款融资模式最常使用的是应收账款质押融资，即质押品为应收账款债权的融资方式，融通资金后，如出现违约则由应收账款的债务人偿还剩余贷款。供应链金融中的应收账款融资，是指金融机构以供应链上企业的应收账款为抵押为其提供资金支持，而企业以未来的资金流收入为保障来兑付其偿还义务，核心企业在其中既负责为其上下游企业担保又要在必要时刻对金融机构进行资金偿付。其基本流程为：①上游中小企业对下游客户核心企业先发货后收款；②银行等金融机构与核心企业签订合约，承诺为其事前垫付应付账款，并以核心企业的信用作为还款担保；③银行在约定账期内向中小企业先行支付核心企业延迟支付的货款；④中小企业向核心企业发货；⑤核心企业以销售回款偿付银行垫付的资金；⑥银行在收回垫付的应收账款后，多余货款按约定打入中小企业账户（见图2）。

其三，预付款类融资模式。在实际商业贸易中，处于下游的中小企业往往需要预先支付货款来取得相应存货，这就会加大企业的资金回流压力，导致很多企业在预付账款与销售回款的时间差内面临资金断流的风险。而针对预付账款的融资早已存在，但类似信用证这样的授信模式需要企业以自己的

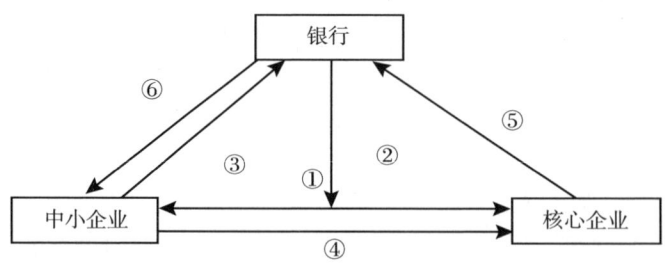

图 2　应收账款融资流程

不动产抵押或有第三方担保为前提。而供应链金融模式下的预付账款融资与普通授信业务不同，其创新点在于可以使用预付账款后的货物所有权为质押来获得授信支持，这可以覆盖很多苦于需要预先支付货款的下游中小企业。参与的各个主体通过合约明确各自职责权限，第三方物流企业负责对在运或在库的货物进行监管。为了控制风险，核心企业负有在中小企业出现违约时对货物进行回购的义务。其具体流程为：①核心企业、下游中小企业、银行、第三方物流企业签订协议约定各自职能，按约定银行可以在为下游企业垫付预付账款后获得其货物的所有权；②中小企业以"未来提货权"为质押来获得银行授信支持以支付预付款；③银行与核心企业核实来确认未来提货权；④银行按约定向核心企业预付一定货款并通知其发货；⑤核心企业委托事先约定好的第三方物流企业负责货物的仓储运输；⑥中小企业向银行支付一定的保证金以取得提货权；⑦银行在核验保证金无误后，通知第三方物流企业为中小企业输送与金额对等的货物，以此循环，直至中小企业补足全部货款资金；⑧银行分次从中小企业回款中补足前期未对核心企业偿付完全的预付账款（见图3）。

（二）供应链金融主要特点

不同于传统静态信贷模式，供应链金融更看重动态的贸易背景以及企业的资金回流能力，所以模式必然有其明显的特点。

其一，具有自偿性特点。银行在不断更新的商业模式下逐渐将企业能否

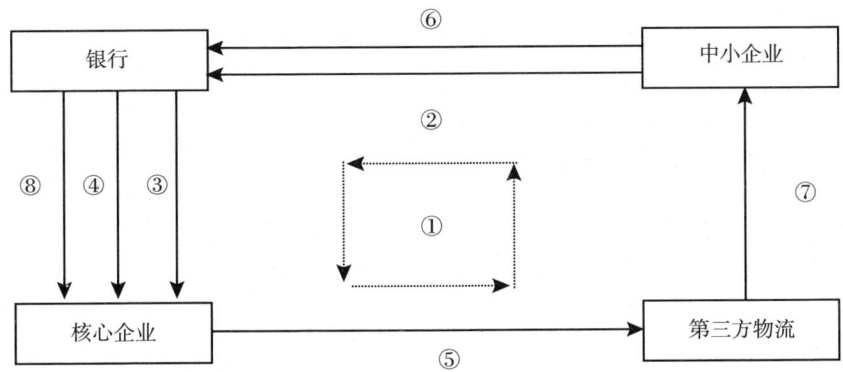

图3 预付账款融资流程

按时回款的关键放在企业能否及时通过贸易来回流资金,在借鉴以往的贸易情况以及综合考量上下游企业运营状况的基础上,银行可以有效地判断企业的应收账款能否到账和什么时间能够到账,提供时间和额度更为合适的融资产品来解决企业的资金短缺问题。

其二,具有大局观特点。企业的财务报表往往只能反映一个时间点以前企业的运营状况,而中小企业常常并没有足够的担保物来从金融机构获得信贷资源的支持。从整个供应链角度出发,以联系和发展的眼光看待企业融资需求与其真实贸易背景的对应关系有助于银行等金融机构更好地了解企业并提供金融服务。

其三,具有灵活风控的特点。供应链金融控制风险的关键在于供应链上核心企业资信水平以及对于贸易中存货、应收账款、预付账款的实时掌握。动态地监控供应链中企业的运营状况,时时掌握一些核心流程与风险点,让灵活有效的经营方式有效地降低企业与银行的沟通摩擦成本并提升安全系数。

总结来看,供应链金融具有自偿性、大局观、灵活风控等特点,审慎经营并控制信用风险,并以核心企业资信水平为担保,以一条链上的企业经营水准为参考提供灵活适宜的供应链金融产品。供应链金融与传统信贷模式的比较参见表1。

表1 供应链金融与传统信贷模式的对比

主要区别	传统银行信贷模式	供应链金融模式
关注要点	单一授信对象生产经营情况 重视静态的财务报表数据	动态审慎监测供应链上企业的经营动态
融资对象	单一企业	以核心企业为担保的供应链上下游企业
融资方式	单一授信模式	对供应链整体授信授予到每个节点企业
担保方式	不动产抵押,第三方担保	核心企业的信用担保,动产质押
融资效率	中小企业因为资信水平较低,90%以上的企业都很难得到贷款	以真实贸易背景背书,以订单和存货等抵押物融资,便捷易得
融资效用	解决融资难题,提升供应链竞争力	解决单一企业融资需求

三 第三方物流企业主导的供应链金融创新模式

近年来我国经济转型不畅导致结构性矛盾和社会生态问题凸显,供给侧改革已经是箭在弦上、不得不发。物流企业作为顺周期企业,经营效益也会受到负面影响,订单随着进出口数据的恶化与消费的不振也在不断下滑,开拓新的业务来稳定企业业绩势在必行,以对冲经济下滑压力。信息技术的发展以及融资产品的创新为它们提供了更多可能,从一个单纯的物流运输服务公司转型成为一个提供物流、仓储、动态监管、质押融资多元化业务的综合服务设计公司有望为企业增加竞争力,开拓新的利润增长点,在经济新常态下找到适合行业发展的创新道路。信息不对称下的道德风险与逆向选择一直是中小企业融资难、融资贵的直接原因,在委托人与代理人上下游企业间需要一个中介来作为信息沟通的桥梁帮助两者互通有无,减少摩擦成本,而第三方物流企业主导的供应链金融模式无疑就是最好的方案之一,它不仅充当了信息中介的角色,还在对中小企业足够了解的基础之上为它们提供担保服务,使得物流企业的角色在其中得到了更进一步的深化,而这也方便了银行等金融机构对于上下游企业的授信流程。目前,第三方物流主导下的供应链金融有如下几种创新模式:代收贷款模式、垫付贷款业务模式、仓单质押担保融资模式、统一授信质押担保信融资模式和物流银行模式。

(一)代收货款模式

在传统的商业贸易中,买卖双方由于信息不对称的风险,买方希望先货后钱,而卖方希望先钱后货。两者由于信息不对称风险,所以造成了较大的摩擦成本,也不利于贸易发展。而供应链金融作为解决信息不对称问题的良策,通过自己业务的专业性以及信息掌握的全面性,可以对整个供应链上的资金流、物流、信息流三位一体进行统筹协调,第三方物流企业为了完善与金融机构和中小企业的合作,同时开发新的盈利增长模式,必然要开拓资本结算与融资的相关金融业务。借助于支付结算工具的快速发展以及对于供应链运作流程的信息优势,第三方物流在获得供应链企业物流服务业务的基础上开展了代收货款与垫付货款两种金融物流业务[①]。

为了打消企业间互相不信任的疑虑,物流企业承担第三方中介责任,负责将货物从卖方手中送到买方手中,而将买方的货款打入卖方账户中。物流企业从事这项业务的收入一般来自两项,其一是代收货款的手续费用和物流费用,其二是第三方物流在收取货款与转账付款期间存在一个时滞,这相当于给第三方物流企业的无息贷款。开展这项业务既可以满足买卖双方安全交易的需要,也可以为第三方物流稳定供应链客户资源、开拓利润增长点提供机会。业务流程具体如下:①上游企业即卖方将货物存入物流企业的仓库中,物流企业负责货物的运输与仓储;②物流企业将收到的货物运输到下游企业即买方手中;③下游企业向物流企业支付全部货款;④物流企业向上游企业支付货款(见图4)。

(二)垫付货款业务模式

与代收货款业务不同,部分资金紧缺的下游企业无法及时支付全额货款,需要采取分期方式支付,但供货商希望能加快资金回流以便控制风险提升效率。第三方物流企业可以为下游企业提供担保并凭借自有资金或通过银

---

① 徐文哲:《基于协同发展的物流金融盈利模式研究》,北京交通大学博士学位论文,2014。

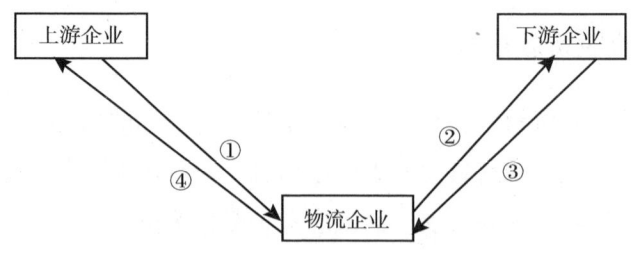

图 4 代收货款模式流程

行授信垫付部分货款给供货商促成交易，而下游企业在得到货物后分批将剩余货款打到第三方物流企业账户中，第三方物流企业则对供货商完成剩余货款的支付。垫付货款业务相比代收货款模式为物流企业增加了垫付资金的利息收入。垫付货款业务模式介绍如下：①货款先行支付给上游企业；②上游企业将货物存入物流企业的仓库，由物流企业负责货物的仓储与运输；③下游企业在向第三方物流企业支付一定的保证金的条件下获得对应的货物，而第三方物流利用剩余货物做担保来预防信用风险；④下游企业分期支付给物流企业货款来获取货物（见图5）。

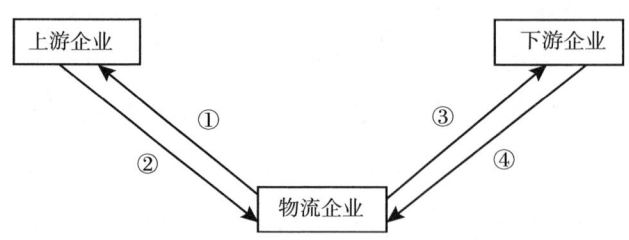

图 5 垫付货款业务模式流程

（三）仓单质押担保融资模式

在供应链日常运作中，企业的库存过剩从而导致的运营资金短缺是经常性事件，而盘活库存、开源节流成了中小企业的当务之急。第三方物流企业综合物流效率、成本等关键因素在贸易核心区域自建仓库，为区域内有需求的企业提供仓储服务，并开具具有自身担保功能的仓单以及提供后续评估、监督、拍卖等一系列后续服务。仓单质押担保融资模式是指企业将货物存储在物流企业提供的仓库内，由物流企业为其开具仓单作为担保证明，银行等授信机构根据仓单质押物的价值及变现性等细节来确定质押率为其提供贷款。仓单是货物验收后仓储企业提供的一种证明企业拥有所有权的有价证券，根据标准化程度可以分为标准仓单和非标准仓单两类。前者质押的是与期货相关类的商品，并且可以进入正规的期货交易所进行交易，因此拥有更好的变现性而深受银行欢迎。仓单在以前的银行体系中是作为一种增信手段存在的，而在供应链金融中已经升华为变现能力较强的有价证券，可以为存货较多且标准化程度较高的企业提供融资服务支持。但首先从制度上讲，我国的仓单市场发展缓慢，法律空白较多且由于各个企业、不同品种的仓单都没有规范化，所以到目前为止也没有一个认可度与参与度较高的仓单市场建立。其次，从市场角度讲，银行依旧很难接受仓单作为有价证券来质押融资，传统的信贷思维将仓单依旧划为增信措施而非融资工具。所以在新阶段制度建设与市场建设都不完善的状况下，仓单质押想要与发达国家看齐还有很长的路要走[1]。该模式流程为（见图6）：①中小企业与第三方物流企业签订《仓储协议》，后者负责为前者提供仓储与物流服务并为其开具具有法律效力的仓单，而中小企业可凭借仓单向银行等金融机构提出质押融资的要求，并且中小企业应当以银行为受益人并对仓储货物投保;[2] ②借款人凭仓单向银行申请贷款，银行对仓单与质押货物的真实性以及市场价格、质地等具体情况进行严格的核验，若检验无误由中小企业、银行、物流企业三方签订《仓单质押贷款三方合作协议书》;③物流企业与银行签订《不可撤销的协助银行行使质押权保证书》，确定双方在合作中各自应履行的责任，借款人与银行签订《银企合作协议》《账户监管协议》，规定双方在合同中应履行的责任，中小企业根据协议要求在银行开立监管账户;④银行在审慎核验的通过条件下，按约定打款至中小企业监管账户;⑤物流企业协议期间，只接受银

---

[1] 晏妮娜、孙宝文：《考虑信用额度的仓单质押融资模式下供应链金融最优策略》，《系统工程理论与实践》2011年第9期。
[2] 张凯：《基于融通仓的物流金融服务创新研究》，长安大学博士学位论文，2008。

行的提货通知,并对仓储货物的进出负有监督管理责任;⑥中小企业销售回款后按约定偿付给银行;⑦银行收到货款后向第三方物流发出提货单,中小企业提单提货,往复循环;⑧在出现抵押品价格不能覆盖借款本息的情况下,中小企业应当补足准备金,出现违约不能及时支付的情况,银行有权处置存货;⑨第三方物流企业根据银行委托通过公开拍卖或出售来处置相应存货。

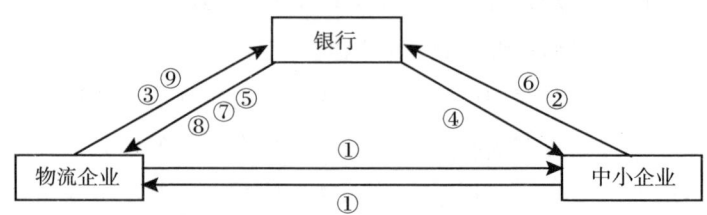

图 6　仓单质押担保融资模式流程

(四)统一授信质押担保信融资模式

统一授信质押担保信融资模式中第三方物流企业在资金支配权与业务分配上掌握了主动权。在贸易发展越来越发达、物流企业承担的职责越来越多的现状下,银行可以通过物流企业来拓展客户并参与到更多的供应链业务运作中,通过对第三方物流的资信水平、盈利规模、业务范围等的考察以及较长时间的合作,选出具有良好信用记录同时拥有较强运营实力的企业,为它们提供一定的信贷额度用于相关企业的放贷业务①。

在这种模式下银行更多时候充当的是简单的资金提供者,并不参与实际的供应链操作,而将除资金供给外的所有权限都下放给了第三方物流。其主要考虑的信用风险从实体企业转移到了第三方物流企业当中。通过对于第三方物流企业的判断,长期经营的绩效考核、规模、盈利状况等来动态授予第三方物流公司信贷额度用于解决供应链融资问题。而物流企业根据自身与上下游企业及核心企业合作关系的程度及其资信水平等,融合前期审核、物流

---

① 张灵敏:《统一授信模式下物流企业的存货质押融资决策与风险分析》,天津大学硕士学位论文,2014。

配送、仓储监管、质押融资等业务从一个更加综合的角度来为企业提供资金支持。

第三方物流长期以来在供应链金融中处于被动角色的一个重要原因就是资金来源的难题,因为制度的限制以及自身规模不足,无法开展类信贷业务获得足够多的运营支持资金,而借银行之手来提供信贷支持的模式下,物流企业更多时候扮演的是辅助角色,流程烦琐不说且不能很好地为企业提供一体式的物流金融服务。而作为资金提供主体的银行等金融机构虽然可以吸收社会闲散资金来通过信贷业务支持实体经济的发展,但在供应链金融中一直处于委托方地位,存在信息不对称的风险,从而导致惜贷现象的发生。统一授信的模式就是针对银行与第三方物流企业的资金流、现金流不匹配而导致的资源错配问题而研发的新兴模式,让银行等金融机构回归资金中介的本质上来,而让更懂业务、风控更强第三方物流可以更好地运用资金来支持中小企业解决融资难、融资贵的问题。

统一授信的模式有三点好处。其一,能简化企业融资程序,降低银行与供应链企业间的摩擦成本,缓解银行的惜贷行为并提升其对实体经济的支持力度。其二,能降低供应链上的信用风险。第三方物流企业在这种新的模式下承担了更多的职责,供应链上的企业如果出了风险最终是要对第三方物流进行追责的。凭借其信息优势与对客户的了解,供应链的风险会得到更好的控制。其三,有利于物流企业的业务整合与发展。仓储服务与金融支持相结合的第三方物流服务是双赢选择。

流程如下(见图7):①第三方物流企业凭借其资信水平及规模业绩等从银行等金融机构获得一定的信贷额度开展存货质押业务;②中小企业根据对市场的判断以及自身经营状况的统筹协调,与核心企业(供应商)协议约定以第三方物流企业作为担保和仓储物流服务机构,在此基础上制定产品采购合同,安排仓储与物流等后续流程;③第三方物流企业根据采购合同为中小企业提供信贷支持,接收其存货进入协议仓库并作为回款保障;④物流企业以自身丰富的经验并结合对市场的综合判断对质押物的价值以及可变现性进行审核,确定一定比例的质押率给中小企业(零售商)提供贷款,并签订合约建立监管账户以保障资金安全；⑤核心企业与物流企业签订协议，承诺如果中小企业出现违约而无法还款的问题，其负有回购存货并偿付剩余资金的责任；⑥在中小企业销售回款后，依据协议约定一次或分次将资金打入监管账户；⑦根据上下游中小企业的回款情况，第三方物流企业按资金回笼的比例将仓储中的存货分一次或多次释放给它们；⑧若中小企业违约无法偿付贷款，物流企业有权利要求核心企业按约定回购存货并偿付剩余借款。

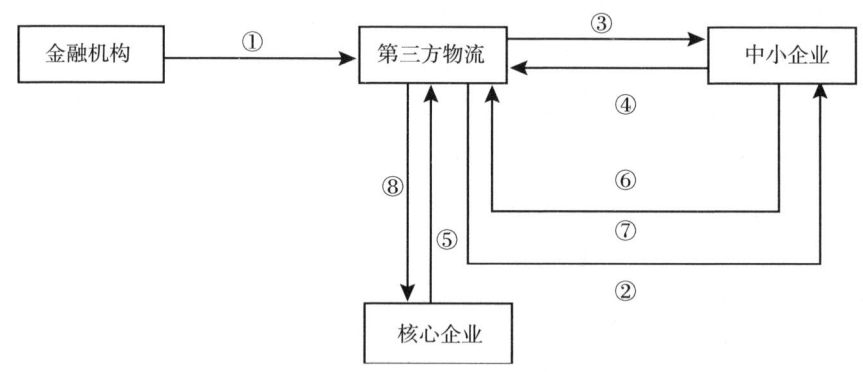

图7　统一授信质押担保信融资模式流程

（五）物流银行模式

外国的金融混业经营模式为第三方物流行业的创新带来了可能，所以也造就了银行与物流相结合的模式——物流银行模式。2001年UPS收购美国第一国际银行成为"物流银行"的前身。在这种模式下银行与物流企业真正意义上成为利益共同体，能最大限度地解决信息不对称问题，同时为中小企业提供成本更低、快速便捷的物流金融服务，而仓储，物流，质押物评估、拍卖、代收垫付等功能不需要在两个或两个以上的主体内运行。第三方物流企业不用担心自身资金的来源。开展银行服务后可以从社会吸收闲散资金，银行也不需要担心委托代理中的信息不对称问题，因为自己开展的物流业务可以最大限度地控制信息不对称风险。同时企业还可以借用自己雄厚的资金实力开展一些新的模式，这是未来中国金融业由分业经营向混业经营所出现的一种可能性。

四 结语

以第三方物流作为主导力量的新模式为中小企业提供了更为便捷的融资服务,有效地减少了供应链中各个参与主体信息不对称情况,同时为自身业务转型升级提供了新的利润增长点。在第三方物流主导的供应链金融新模式下,处于银行金融机构与中小企业链接枢纽位置的第三方物流企业成为主导力量,它通过自身对供应链上企业物流与贸易信息的准确掌握,以自身信用为担保来为中小企业从银行等金融机构筹集资金,甚至在统一授信的模式下,银行将信贷额度也下放到物流企业手中,给予它们更多业务合作的可能。新模式下第三方物流企业成为运作主体。

传统的供应链金融模式主要依靠的是银行系统内的信贷资金,而本身缺少抵押物的中小企业很难获得资金支持,资金来源的单一与匮乏也不利于中小企业持续稳定地获得资金支持。而第三方物流的准确切入为供应链资金来源带来了更多可能。第三物流主导的新模式下,银行等金融机构将权限下放到物流企业手中,后者负有承诺担保职责,物流企业的收入来源既包含物流收入,也包含融资利差收入、手续费收入等,物流企业从行为动机上讲已经与银行成为一致行动人,有效地解决了双方的信息不对称问题。而从风控手段来讲,大数据与物联网等技术的出现可以让第三方物流企业对授信人的信用风险进行很好的事前控制,对仓储与物运状态可以实现实时监控。

目前中国的经济增速放缓态势暂时还没有看到拐点,企业的经营压力随着实体经济的不振正在逐渐攀升,而供给侧改革下的"三去一补"加快了产能出清的脚步,也为新兴经济的蓬勃发展孕育了新机会。供应链金融的快速发展有利于降低实体经济所需承担的高额物流费用,让这个行业的发展更加专业化、精细化。另外,在第一、第二产业需求依旧不振的现状下,应继续加强以中小企业为代表的服务业来稳增长、促就业,供应链金融的强大有利于化解它们融资贵、融资难的问题。

B.13
互联网金融发展背景下我国商业银行转型发展

刘计生*

摘　要： 互联网金融在中国的迅猛发展，不仅会为转型时期的中国经济注入新的活力，而且会给整个中国的金融生态带来变化和影响，形成"鲶鱼效应"。一方面，商业银行要秉持开放和包容的心态去接纳"互联网金融"时代的到来，虚心学习和掌握互联网金融模式的精髓，为实现自身的创新和转型奠定基础；另一方面，商业银行要始终坚持"以客户为中心、以市场为导向、以科技为引领"的发展战略，迎合信息技术的变革趋势，以开放式金融平台为基础，培养新型商业生态系统，按照全新的商业模式特征和用户行为习惯提供全流程、全链条的综合金融服务，并由外及内地推动内部管理和业务运行方式的改造，使银行真正成为创新引领未来金融发展模式的市场领先者。

关键词： 互联网金融　商业银行　鲶鱼效应　信息技术　发展模式

伴随着以互联网和移动互联网为代表的信息技术的兴起和发展，传统的生产和生活方式都发生了急剧变化，某些领域甚至已经发生了颠覆性改变。

---

* 刘计生，华夏银行党委办公室主管。

"互联网金融"就是在这种时代背景下逐步发展起来的新兴金融模式,并成为IT行业跨界金融领域的典型代表。2013年6月13日,阿里巴巴推出余额宝,上线18天,累计用户数达到250多万,累计转入资金达到66亿元。继余额宝之后,腾讯推出了微信理财通,上线当日吸金8亿元。互联网"宝宝"产品迅速在中国社会掀起壮阔波澜,"互联网金融"一词也迅速为妇孺所知。

一个个有关资本和财富聚集的神话,还在被互联网企业继续改写。2014年春节期间的微信抢红包活动,从除夕开始到大年初一,参与抢微信红包的用户超过500万,总计抢红包7500万次以上,微信仅用两天时间即绑定个人银行卡2亿张;截至2014年6月30日,余额宝资金规模达5741亿元,用户数量超过1亿;阿里旗下的淘宝、天猫、聚划算三个网站已构成中国最大的零售平台,2013年商品交易总额达到15420亿元人民币。比尔·盖茨曾说过:"传统银行如果不改变,你们就是21世纪要灭亡的恐龙。"马云也曾说过:"如果银行不改变,那我们就改变银行。"不言而喻,以商业银行为代表的传统金融业,面对互联网金融的汹涌浪潮,正在经受前所未有的冲击和影响。对于银行而言,"狼来了"已成为现实,是故步自封、置身局外,继续走老路子,还是敞开怀抱、迎难而上,快步跟上时代步伐,已成为摆在银行眼前最为艰难和现实的选择。

2014年3月5日,"互联网金融"首次被写入政府工作报告,国务院总理李克强在报告中提出,要促进互联网金融健康发展。加上汇率及利率市场化、构建多层次资本市场等金融体制改革的步步深化,中国的金融效率、交易结构,甚至整个金融架构必将在互联网金融的推动下发生深刻变革。

一 互联网金融本质及内涵

"互联网金融"到底是什么,估计很多人都比较模糊。从其字面含义理解,是"互联网"和"金融"的组合,"互联网"无疑是指起源于20世纪60年代美国军方的网络通信技术;"金融"则是一个更为古老的概念,有广义和狭义之分,广义的金融泛指一切与信用货币的发行、保管、兑换、结

算、融通有关的经济活动,而狭义的金融仅指货币的融通。将互联网分别同广义和狭义的金融概念组合,可以得出互联网金融的两种不同定义。实际上,这两种定义都不能完全概括大家日常所理解的互联网金融含义,它还有更深层次的含义。目前,关于互联网金融定义的普遍表述为:互联网金融是指以依托于支付、云计算、社交网络以及搜索引擎等互联网工具,实现资金融通、支付和信息中介等业务的一种新兴金融。国内最早提出"互联网金融"概念的是谢平、邹传伟等人,他们将互联网金融定义为一个谱系概念,即"涵盖因为互联网技术和互联网精神的影响,从传统银行、证券、保险、交易所等金融中介和市场,到瓦尔拉斯一般均衡对应的无金融中介或市场情形之间的所有金融交易和组织形式"。应该说,这两个定义比起字面意思更为完整和具体,但还是存在一定问题:一是与大部分人所理解的含义不太一致,我们通常所理解的互联网金融是相较于传统金融而言的,是一个全新的概念,而传统金融也包含互联网基因,并非新兴事物;二是两种定义还是过于抽象,不太具体,让人比较难以理解和把握。

无论是广义的,还是狭义的互联网金融,其作为金融的本质都没有改变。互联网金融的本质当然还是金融,不管互联网金融发展到何种程度,其银行、保险、证券、信托、期货、资管、财富的本质特征并不会发生变化,因为互联网本身永远不会也不可能创造出金融。此外,互联网金融的本质同样是服务实体经济、创造价值,更好地发挥货币和金融资金的作用,而且在运转效率上更高、覆盖面上更广。

而且,互联网金融没有改变金融的信用中介本质,仅仅是改变了信用支撑的环境,扩展了金融机构业务拓展空间。随着大数据、云计算、社交网络等网络技术的发展,信息积累和共享度显著增加,不同机构和个体不断向网络平台贡献自身的知识和信息,同时享受彼此提供的知识和信息,信息呈几何级数地放大,使得信息共享更加便捷。信息和行为的数据化,也为社会信用体系的构建提供了便利,促进了社会征信体系的完善,形成新的金融服务模式和金融商业生态。此外,互联网金融的产生和发展是金融业务与信息技术跨界融合的结果,互联网金融只是深刻改变了金融业务运行方式,并未改变金融的风险本质。

由此可见，对于互联网金融而言，虽然在运行方式、管理手段和外界环境上发生了颠覆性变化，但究其本质而言还是金融，没有发生质的变化。

二 互联网金融国内外发展比较与分析

（一）互联网金融国际发展与演进

互联网金融起源于国外，在国外的发展是以欧美发达国家为代表的。总体而言，是金融机构创新与网络信息技术发展共同作用的结果。作为互联网技术的诞生地，美国的互联网金融创新程度最高，也最为典型。互联网金融在国外的发展，大致分为以下几个阶段。

第一个阶段：技术探索时期（1995年以前）。这一时期是随着互联网技术的发展，更多是来自金融机构内部的技术创新。以银行为代表的金融机构运用信息技术来辅助和支持业务发展，并尝试实现联网实时交易，构建内部网络银行，比如数据保存、财务集中处理、POS机、ATM机等，对外的互联网也仅停留在宣传和展示产品，既没有新的互联网金融模式出现，也没能实现金融的互联网化。

第二个阶段：金融互联网化时期（1995~2000年）。1995年10月，随着美国第一家网络银行——安全第一网络银行（SFNB）的诞生，国际上迅速掀起一股网络银行风潮，欧美等发达国家的银行、保险、证券等金融机构纷纷将自己的业务和产品推向互联网化，出现了销售终端、网络银行、电话银行、手机银行等新型服务渠道。这一时期堪称金融互联网化时期，为后续金融模式创新奠定了基础。20世纪90年代以来，发达国家和地区的网络金融发展迅速，出现了包括网络银行、网络保险、网络理财、网络证券交易以及网络金融信息服务在内的全方位、多元化的网络金融服务，并逐步走向成熟，电子货币和网络支付也开始受到青睐。同时网络金融的参与主体呈现多样化特点,除了传统的商业银行外,还有信用卡公司、纯网络银行等,由此导致网络金融业之间竞争激烈。

第三阶段:全面创新与繁荣时期(2000年至今)。这一时期,传统金融完成了互联网化进程,开始尝试利用互联网平台创新金融业务与服务模式。随着电商平台、社交网络、大数据、云计算等互联网技术的兴起,欧美发达国家开始出现了互联网支付、P2P贷款、众筹融资、智能理财、互联网证券保险等新兴业务模式,使互联网金融逐步从封闭走向更加开放、更加智能的全新发展阶段。

下面列举几种国外互联网金融的典型业务类型。

(1)网络支付。自20世纪50年代以来,发达国家以商业银行为代表的金融机构借助信息技术的发展,在支付领域开始不断创新,ATM机、POS机、网络银行、手机银行的相继出现,较为便捷地解决了网络支付和结算问题。然而,这些创新都来自商业银行自身,真正具有划时代意义的支付创新是来自互联网企业的第三方支付形式。第三方支付的典型代表是PayPal公司,也是目前世界上最大的互联网第三方支付公司,PayPal诞生于美国,最初是由1998年成立的Confinity公司推出的一款转账系统,同年该公司被X.com公司收购,X.com公司创始人于2000年10月将公司更名为PayPal。由于被用作eBay的支付系统,PayPal发展迅速,2002年2月,PayPal上市,同年9月被eBay以15亿美元收购。截至2011年,PayPal为超过190个国家和地区的市场提供支付服务,拥有超过2.32亿个账户,其中活跃用户超过1亿个。2012年,PayPal的总交易额达到1450亿美元,为eBay贡献了40%的营收。PayPal也是跨国交易最为有效的支付工具,随着移动互联网时代的到来,PayPal也开始在移动支付领域发力,形成多重支付手段,取得了较好成效。

在移动支付产品方面,另一款典型产品是同样来自美国的Square。Square由Twitter创始人Jack Dorsey于2009年创建,主要解决个人和企业的移动端支付问题,同时还提供交易管理、移动社交等与支付和日常生活息息相关的服务。Square包含Square reader读卡器和Pay with Square便捷移动支付两大业务体系,用户(消费者或商家)利用 Square 提供的移动读卡器,配合智能手机使用,利用网络,通过应用程序匹配刷卡消费,使得用户可以在任何地方进行付款和收款,并保存相应的消费信息,从而大大降低刷卡消费支付的技术门槛和硬件需求。Square 的盈利模式为向用户收取交易服务费,Square 自创立以来,就受到众多知名投资机构和投资人的青睐,例如红杉投资(Sequoia Capital)、老虎基金(Tiger Global)、首轮资本(First Round Capital);投资者有理查德·布兰森(Richard Branson)、玛丽莎·梅耶尔(Marissa Mayer)等。在最近一轮融资中,Square 的估值已高达 50 亿美元。目前,美国已有 200 万商家使用 Square 系统,年度交易额达 80 亿美元。除了以上两家支付企业外,全球范围内比较知名的第三方支付企业还有 Google Wallet、荷兰的 Global Collect、英国的 Worldpay 等。

(2) P2P 借贷(Peer-to-peer Lending)。P2P 即点对点借贷,是指通过第三方互联网平台进行资金借贷,P2P 是互联网金融的最大亮点。全球第一个 P2P 网络贷款平台是英国的 Zopa,截至 2013 年 3 月,Zopa 共发放贷款约 4.4 亿美元。在美国,最具代表性的是 Lending Club 和 Prosper,Prosper 成立于 2006 年 2 月,Lengding Club 成立于 2007 年 5 月。2012 年 6 月,Lending Club 成为美国最大的 P2P 借贷平台,其借贷额和收入均高于 Prosper。

下面,以 Lending Club 为例简要分析其业务模式。Lending Club 借贷业务的参与方一般由投资人、借款人、Lending Club 平台和一家类似于托管银行的 WebBank 组成,根据美国监管要求,所有 P2P 借贷公司的服务均注册为证券,因此投资人购买的是 Lending Club 发行的票据(收益权凭证),每个系列的票据均对应一笔贷款。借款人方面,先由 Lending Club 对借款人的资质和信用等级进行审核和评定,确定相应的利率和贷款利率和手续费率,最后将审核后的贷款需求放到网站上供投资者浏览和选择。当投资者确定了投资目标,Lending Club 通过 WebBank 对借款人发放贷款,并获得投资者支付给平台的资金。还款时,借款人直接还给 Lending Club 平台,平台在扣除管理费和其他费用之后支付给投资者。从该平台业

务模式可以看出，投资人和借款人之间不存在直接的债权债务关系，Lending Club 平台和托管银行也不承担任何与交易有关的信用风险，信用风险完全由投资人承担。不过，为了帮助投资者转移风险，Lending Club 又建立了票据交易平台 FOLIOfn，相当于为票据设立了一个二级市场，为投资人提供流动性。此外，风险定价是 Lending Club 的核心技术之一，由信用评级和贷款利率定价两部分构成，其信用评级根据借款人的 FICO 信用评分及其他信用特征，共分为 35 个信用评级；贷款利率采用固定利率形式，与信用评级挂钩，等于基准利率与风险、波动率调整之和。评级越低，贷款利率越高。P2P 借贷具有覆盖范围广、信息公开透明、风险分散、效率高、投资门槛低和去中心化的特点。因此，这种模式一经出现，就迅速被诸多国家复制和模仿，业务规模也是一路看涨。截至 2013 年 10 月底，Lending Club 已经累计促成了 27.7 亿美元的借贷交易，产生了 2.5 亿美元的利息收入。

此外，随着 P2P 网贷平台的出现，还出现了 P2B 借贷平台，如英国的 MarketInvoice 和 Funding Circle 等，开创了个人对企业借贷业务，为小型企业融资提供了便利。

(3) 众筹融资 (Crowdfunding)。众筹融资主要是指通过互联网平台进行的股权和类股权融资的模式，一般适用于为新公司提供资金。2000~2001 年成立的 ArtistShare 被公认为首家众筹网站，被称为 "为富于创造力的艺术家服务的全新商业模式"，通过 "粉丝筹资" 帮助那些有潜质的艺术家完成自己的作品或项目，这一模式开启了互联网众筹时代的序幕。目前，国外股权众筹平台有英国的 Crowdcube、美国的 Fundable，非股权众筹平台有美国的 Kickstarter 和 IndieGoGo。其中，最具代表性的是美国的 Kickstarter，该平台由派瑞·陈 (Perry Chen)、扬西·斯特里克勒 (Yancey Strickler) 和查尔斯·阿德勒 (Charles Adler) 于 2009 年合作成立，其支持的业务范围涵盖艺术、动漫、电影、戏剧、音乐、出版等 10 余个领域，项目筹资额从几百美元到数百上千万美元不等。基本的业务模式为创意人有好的创意，可以通过在 Kickstarter 发起项目，并以视频、图片、文字等多种形式介绍，同时设置筹资周期、预期的筹资额和项目投资选项，包括投资数额与限制、回报方式和最后期限等。项目发布后，投资者可以通过输入投资金额和选择期待获取的回报，然后进行转账。如果到了截止日期，支持的人数过少，没有达到预定的筹资额，则意味筹资失败，Kickstarter 会把钱全部退还给投资人。如果筹资成功，Kickstarter 会抽取融资额的 5% 作为佣金收入来源。2013 年，Kickstarter 共有 300 万用户参与了总计 4.8 亿美元的项目众筹，平均每天筹集 130 万美元资金，有超过 80 万的用户参与了至少两次的项目众筹，有 8.1 万用户支持了超过 10 个项目，最终众筹成功的项目有 19911 个。近年来，众筹融资模式发展非常迅速，据 Massolution 公司的研究报告，截止到 2012 年，众筹融资的全球交易总额达到 170 亿美元，同比提高 95%。

（4）直销银行。直销银行区别于一般的网上银行，是借助互联网的通信、展现和交互能力的一种新型银行，它几乎没有实体网点和分支机构。之前提到的美国安全第一网络银行，就是直销银行的早期代表。当今比较有代表性的企业是 ING Direct，ING Direct 是 ING（荷兰国际集团）旗下的无分支直接银行品牌，首先从加拿大试水成功后，快速扩张到西班牙、澳大利亚、法国、美国等发达国家。ING Direct 采取了与传统商业银行截然不同的商业模式，奉行简单、精准、人性的销售策略，同时最大限度地降低渠道和营销成本，因而取得了可持续的低成本差异化优势。资料显示，全球 100 家最大银行的柜面交易成本为 1.07 美元，电话银行是 52 美元，ATM 是 27 美分，而直销银行仅 10 美分。2012 年 ING 集团将美国 ING Direct 以总计 90 亿美元的价格，出售给了美国第一资本金融公司（Capital One Financial），从而使该公司从美国银行业排名第九跃升到第五，美国 ING Direct 也成为美国最大的互联网直销银行之一。到 2006 年底，美国 ING Direct 的客户规模已经达到 490 万。目前，直销银行在发达国家银行业的市场份额已达 9%~10%，且占比仍在不断扩大。

（5）财富管理与咨询。金融还有一大功能，即财富的保值增值，互联网信息技术的出现使其成为财富管理及咨询的有力工具。随着新的金融模式

的出现，欧美发达国家相继在基金、理财、财富管理与咨询、保险、证券等金融领域进行了探索和实践，出现了众多典型的金融商业模式。第三方支付方式的出现，成为财富聚集和流通的新通道，为互联网货币市场基金的出现创造了条件。最具典型意义的是PayPal货币基金，该基金自1999年就针对PayPal用户推出，0.01美元就可以申购，最高账户余额为10万美元。2008年金融危机以前，基金的收益率高，导致了用户和基金规模的快速增长，2007年PayPal基金冲到10亿美元规模顶峰，但随着金融危机的出现，美国货币市场基金收益率普降至0.04%，甚至远远低于储蓄账户收益，导致该基金在2011年被关闭。

在个人理财方面，国外比较有名的互联网平台有Mint，该网站2007年上线，它可以通过授权把用户的多个账户信息集中起来，及时更新客户的财务信息，同时能够分类记录用户的收支信息，成为用户的财务中心。目前，Mint成为美国最流行的免费个人理财网站，注册用户超过1000万。此外，更加智能的财富管理网站平台还有美国的SigFig、Personal Capital、WealthFront和Motif Investing。SigFig除了可以同步用户分散在各个投资账号上的数据，同时还可以对数据进行分析，每周诊断用户的投资组合并给出建议，帮助客户节省成本，提高收益；Personal Capital倾向于个人财富管理，通过分析工具帮助维护用户的长期财务健康；WealthFront将客户定位为硅谷科技员工，致力于提供投资组合管理服务来最大化客户的税后净收益；Motif Investing同样为用户提供投资组合服务，它的投资组合被称为Motif，一个Motif包含一组具有相似主题或理念的多只证券，用户可以从平台上选择已有的Motif直接使用，也可以自己修改调整，这个平台模式的特点不仅在于提供强大的自助式投资组合设计工具，同时还能让用户通过社交平台，分享和讨论彼此的投资方案。

另外，随着搜索引擎技术的发展，金融门户和金融垂直搜索成为另一种新的业务模式，一方面，形成了网上金融超市、基金和保险超市，金融产品通过多种渠道和平台得以销售；另一方面，也推动了金融搜索平台的出现，例如美国的Lending Tree，就专门为用户提供贷款产品的搜索，截至2013年

12月，该平台已促成超过3000万笔贷款，累计贷款额达到2140亿美元。此外，还有提供包含住房贷款在内的搜索网站 Zillow 和 E-Loan，都成为该领域的代表性企业。

（6）互联网货币。在互联网虚拟世界中，产生一种虚拟货币，被用于与应用程序、虚拟商品和服务相关的交易，例如比特币、Facebook Credits、Amazon Coins 等，有些虚拟货币与法定货币之间不存在兑换关系，只能在网络社区中获得和使用，有些虚拟货币可以通过法定货币来购买，也可以用来购买虚拟和真实的商品或服务，但不能兑换为法定货币。透过虚拟货币，我们可以看出互联网货币的特征：一是由某个网络社区发行和管理，不受或很少受到中央银行的监管；二是以数字形式存在；三是通过建立内部支付系统，在特定的网络社区使用；四是可以购买特定网络社区的商品；五是可以为数据商品或事物商品标价。由此可见，互联网货币具备了货币的所有特征，本质上基本属于信用货币。然而，比特币又比较特殊，它是世界上第一种基于P2P分布技术在互联网发行和交易的电子货币，由中本聪在2008年发明，截至2013年12月底，已发行1200万个比特币。比特币的最大特点是不通过中央银行或第三方机构发行和交易，具有去中心化、自由、安全、使用廉价等特点，而且不会产生通货膨胀，还是一种超越主权和国界的世界性货币。当然，比特币同时存在容易导致通货紧缩、重复支付等方面的不足和争议。

（二）国内互联网金融的形式及发展状况

对比互联网金融在国外的发展模式和特点，可以清晰地发现，我国互联网金融的发展轨迹基本沿袭了欧美发达国家的路径，只是由于金融体制和经济环境的差异，在具体业务流程和业务规模上存在差异而已，我国的互联网金融带有明显的"中国特色"烙印，另外在出现的时间上也普遍滞后于欧美发达国家（见表1），同时印证了我国互联网技术发展和金融体制变革的进程。

表1　互联网金融典型业务的国内外对比

互联网金融典型业务	国外相关业务情况	国内相关业务情况
互联网银行	美国安全第一网络银行（SFNB），1995年，美国	北京银行直销银行，2013年9月
第三方支付	PayPal，1998年，美国	支付宝，2003年10月
互联网货币市场基金	PayPal货币基金，1999年，美国	余额宝，2013年6月
P2P借贷	Zopa，2005年3月，英国	拍拍贷，2007年8月
众筹融资	ArtistShare，2001年，美国	点名时间，2011年4月

注：目前国内纯粹的互联网银行尚未出现，商业银行建立的直销银行最为接近。

我国互联网金融的发展，从广义的互联网金融定义看，大致也经历了欧美发达国家的几个发展阶段，由于互联网技术和金融信息化技术的发明基本上起源于欧美发到国家，因此，我国的互联网金融发展大致可以划分为两个阶段。

第一个阶段：金融互联网化阶段（1990~2003年）。1990年11月，我国第一家证券交易所——上海证券交易所成立，开业之初就使用了电脑交易系统，使交易的指令传输、撮合成交、证券过户、清算交割、信息检索与储存高效运作，标志着中国金融信息化的开端。1992年12月，上海证券交易所的行情电脑系统和路透社的综合数据网络正式联通，A股和B股牌价瞬间即可通过网络向全球传送。1993年12月，国务院颁布《关于金融体制改革的决定》；1994年，国务院集中出台一系列金融改革措施，对中央银行体系、金融宏观调控体系、金融组织体系、金融市场体系和外汇管理体系进行全面改革；2001年12月，中国正式加入WTO，我国金融业开始从政策开放走向制度性开放，金融改革步伐更加快速。中国金融行业改革开放的过程，又是一个金融信息化的过程。

我国于1994年接入互联网，1995年出现商用互联网服务。1996年，中国银行建立网站，开始通过互联网提供金融服务；1999年9月，招商银行推出网络银行服务，成为国内首家在全国范围内提供网上服务的商业银行；2000年8月，平安集团投资2亿元推出电子商务网站PA18，PA18网站立足于平安集团的各大主营业务，整合了平安集团在保险、证券、信托投资等领域的线下资源，试图发展成为一个网上金融超市，从而搭建起涵盖证券、保险、银行交易等业务的跨平台交易系统；截至2002年底，国内正式建立网站的商业银行达到41家，开展网上银行业务的达到31家，金融交易超过3万亿元。

第二阶段：新兴互联网金融发展阶段（2003年至今）。这一阶段是以支付宝的出现为分界线的，支付宝作为最具影响力的第三方支付工具，开启了我国全新的互联网金融时代。这个阶段内，一方面是金融互联网化的继续发展与成熟，网上银行、手机银行、超级网银、供应链金融等业务模式逐步完善，在技术上也步入了较为成熟的发展阶段；另一方面，互联网电商平台、社交平台、搜索引擎平台等互联网技术和产业逐步兴起，出现了新的金融业务模式，开辟出一种全新的商业形态，并对传统金融体系构成了有力的冲击和挑战。

具体而言，国内互联网金融包括以下几种典型模式。

（1）第三方支付。伴随互联网技术和电子商务的发展，以第三方支付为代表的网络支付业务成为互联网金融最先涉足的领域，开启了脱离传统金融机构的全新支付结算方式。支付宝是国内第三方支付的典型代表，2003年10月由淘宝推出；2004年12月，支付宝业务从淘宝独立出来，又陆续在网络支付、条码支付、火车票订购支付、医院挂号、水电煤气缴纳等业务上推出多项服务；2013年9月，支付宝又获得首批跨境电子商务外汇支付业务试点资格，进入跨国交易支付领域。显而易见，第三方支付正在瓦解以央行为中心的传统银行支付清算系统，冲击着传统业务的转型发展，支付结算领域的竞争也日益白热化，将进一步促使更多的金融业务从线下走向线上。2014年初，"微信红包"诞生，一夜数亿用户都绑定了银行卡，微信支付平台迅速做大；2014年1月开始的嘀嘀打车和快的打车之间的"烧钱大战"，其背后也是支付宝和财付通的支付平台之争。

（2）互联网货币基金。"宝宝"类货币基金是最近一两年国内互联网金融的另一类热门业务。自余额宝最先开始，也以余额宝最具代表性。2013年6月13日，余额宝正式上线，当天的7日年化收益率为4.338%，3天之后余额宝7日年化收益率首次升破5%，达5.096%，8天后升至6.084%，余额宝上线18天，累计用户数达到250多万，累计转入资金66亿元。以余额宝为代表的互联网货币基金，打破了传统理财投资的期限和金额限制，开辟了理财投资的新渠道，引领了一场具有颠覆性的互联网金融革命。自余额宝成功后，腾讯推出了微信理财通，当日吸金8亿元；百度推出了"百发"产品，创造3小时销售10亿元的记录，年化收益率超过8%。其他互联网企业及电信企业也纷纷推出"宝宝"类理财产品。

(3) P2P借贷。P2P借贷业务是指点到点的贷款，即个人对个人的贷款，也是最具有互联网精神的金融模式创新。近年来，互联网P2P借贷业务在国内也取得了爆发式增长。不容否定的是，P2P业务的出现为个人及小微企业的融资需求创造了另外的渠道和条件，同时为民间金融互联网化、阳光化提供了渠道，随着这一业务模式的逐步成熟、社会信用体系和监管的不断完善，P2P借贷将赢来广阔的市场发展空间。

(4) 众筹融资。众筹是目前国内互联网金融中最热门的投资模式之一，几大互联网巨头都纷纷开始试水众筹，百度、阿里巴巴及京东等产品类众筹平台都已上线。国内比较典型的众筹企业有"点名时间""追梦网"等。前者成立于2011年，是国内较早模仿Kickstarter的众筹网站，从2011年7月上线至2012年底，共有6000多个项目提案，600多个项目上线，接近一半项目已筹资成功并顺利发放回报。"追梦网"则是集中在设计、音乐和人文项目上，但规模和项目都比"点名时间"要少。国内众筹平台与国外相比，有一些结合本土化的创新，例如免收佣金、核心用户审批、拓展延伸服务等。然而也面临一些不足，例如，融资的规模较小、项目匮乏、知识产权缺失、投资者风险高等。但随着中国金融市场环境的逐步发展，众筹模式将拥有广阔的市场前景，会成为构建多层级资本市场的重要一环。

(5) 互联网供应链金融。供应链金融原指银行围绕核心企业，为其上下游中小企业提供授信等金融服务的模式。以电商为代表的互联网平台兴起后，互联网供应链融资正从不同行业中衍生而出，成为互联网企业金融创新的新领域。互联网供应链金融提供的是纯信用贷款产品，无须抵押和担保，而是把包括用户在平台上的经营或消费信用记录、交易状况、投诉纠纷情况等在内的一系列指标作为评价依据，从而满足用户的融资需求。供应链金融发展的基础源于两个方面，一是大数据分析和云计算技术的发展为该模式提供了可能性，二是互联网平台企业能够积累大量的用户，积攒海量的交易记录和信用记录。以阿里巴巴集团为例，早在2007年6月，阿里就与建行合作推出小企业贷款，2010年6月，又联合复星集团、银泰集团和万向集团成立小额贷款股份有限公司，成为国内首个专门面向网商放贷的小额贷款公司，创造了"平台+小贷"的融资模式。

（6）直销银行。直销银行在发达国家出现得较早，国内直销银行是近一两年才出现的金融模式，但却日益成为各大银行争相关注的领域。直销银行不同于传统的网络银行和智能银行，而是按照简单、快捷、去中心化的互联网特点构建的全新业务模式，旨在提供简单、标准化、具有价格吸引力的金融产品。2014年2月28日，民生银行直销银行上线，提供"存""投""汇"三种产品，明确定位为"简单的银行"。1个月后，兴业银行直销银行上线，业务上多了一项"理财"。此后平安银行、上海银行、南京银行、重庆银行、包商银行、华润银行、江苏银行等也纷纷推出了直销银行。

三 互联网金融环境下的商业银行转型与发展

（一）我国商业银行转型发展的必要性

面对互联网金融浪潮，如何适应这一趋势，要么被市场大潮所淘汰，要么完成商业银行的华丽转身，已成为摆在所有商业银行面前的一道重大课题。积极应对互联网金融，银行已经开始在经营模式、盈利模式和服务模式等方面作出了调整和改变，传统金融业态正在发生明显变化。由此可见，商业银行都已经蓄势待发，悄然走上了转型发展之路。那么，在互联网金融环境下，如何才能实现正确的转型，走向更高层次的发展呢？在此，我们将围绕我国商业银行转型发展的必要性、可供借鉴的理论和实践经验来探讨商业

银行转型发展的方向和路径。

在全新的经济转型、结构调整、产业升级和金融开放的大时代里,以商业银行为代表的传统金融机构都将面临深刻变革,从而走上转型发展之路,这也是商业银行发展的必由之路,其必然性表现在以下三个方面。

其一,适应外部环境变化的必由之路。当前,世界经济处于温和复苏阶段,但复苏的基础还不稳固,面临许多不确定、不稳定因素,中国经济仍然是世界经济增长的最有力引擎。从国内经济发展看,近年来经济增速下行,当下又处在经济增速换挡期、结构调整阵痛期、前期刺激政策消化期"三期"叠加阶段,保持经济持续稳定增长面临不小的压力。面对未来经济的增长要求,党的十八大报告强调要全面深化经济体制改革、实施创新驱动发展战略、推进经济结构战略性调整、推动城乡发展一体化、全面提高开放型经济水平;《中共中央关于全面深化改革若干重大问题的决定》指出,要健全多层次资本市场体系,提高直接融资比重,发展普惠金融,鼓励金融创新,丰富金融市场层次和产品,加快推进利率市场化。这些都深刻表明,伴随中国经济发展和全面改革的推进,金融体制和机制改革将成为其中最为关键的环节和领域,也是中国未来几年重大的改革战略部署。因此,商业银行面临的外部环境发生了急剧改变,需要银行积极实现转型,走新的改革发展之路。

其二,适应金融发展新趋势的必然要求。首先,伴随我国加入WTO、建立上海自贸区等,中国金融国际化和市场化程度将进一步加快。2016年7月21日,央行行长周小川在中美新一轮战略与经济对话的发布会上表示,中国的利率市场化将在两年内有望实现。这意味着利率管制的放开,由此中小银行将失去存贷款利率管制提供的实质保护,加大了其对于利率风险、流动性风险的管控难度。其次,互联网金融迅速崛起,金融脱媒趋势显现,直接融资的比例将逐步提高,另外国家对于民营银行的设立也将逐步放开,这些都对商业银行构成了全新的冲击和挑战。除了外在金融发展趋势发生了变化,国家对于银行的监管也出现了变化,随着2008年世界金融危机的影响,巴塞尔协议Ⅲ的出台,中国将逐步在国内实施新的监管标准,从此银行面临的监管将更加严格和科学。以上都体现了金融发展的新趋势,银行要适应这些变化，就必须对其战略定位、产品创新、风险管理等能力进行转型和升级。

其三，适应客户金融需求的根本要求。互联网金融的兴起，改变了原有的金融业态，新的产品和服务模式的确立，改变了客户的传统消费习惯和理念。过去，客户需要去银行排队接受服务，对于专业复杂的金融业务也是一知半解，同时缺乏投资理财意识，在接受许多金融服务上都处于被动局面。互联网金融模式出现后，客户享受到了具有"开放、平等、自由、分享、简单、便捷"特点的金融新产品和服务，收获了更加满意的客户体验。由此导致客户在金融需求上将呈现多样化和个性化特点，同时客户在选择金融产品和服务时，将由被动走向主动，他们会主动比较不同的产品和服务的差异，并根据自己的喜好进行任意选择。这将使得银行面临的竞争更加激烈，迫使商业银行走向转型。今后，银行将走向以客户需求为中心，注重客户良好体验的发展之路。

（二）我国商业银行在互联网金融领域的应对与实践

长期以来，我国的商业银行一直积极应用互联网创新技术，在IT系统开发和信息化、数据化建设方面投入了大量的人力和物力，经营效率和服务水平不断提升。在许多互联网企业出现之前，国内主要的商业银行已经建立起全国性计算机网络，并通过不断完善互联网基础设施，实现了经营管理和金融服务的信息化。然而，互联网企业向金融领域的侵入，进一步加速了银行自身的变革，不少商业银行大胆开启了互联网金融领域的创新实践，并取得不俗成绩。互联网金融热潮兴起，P2P借贷作为典型代表被社会各界广泛关注。各路资本纷纷看好和布局这一行业，使得这一原本"草根"创业的行业发生巨变。2013年，有22家平台获得风险资本青睐。2014年，受到风险投资青睐的P2P平台接近30家，获得的资金超30亿元，甚至不乏上亿美元的大手笔[①]。除了风险资本，商业银行、国有资本、上市公司资本等"资

---

① 例如，2014年1月人人贷获得挚信资本的投资就高达1.3亿美元。2014年10月，联想控股对翼龙贷平台的投资也高达近10亿元人民币。

本大鳄"也纷纷涉足P2P网络借贷行业。其中,银行系背景平台增至12家,国资系背景平台数量达到17家,上市公司也不甘落后,共有17家背景平台。

五 总结

互联网金融在中国的迅猛发展,不仅会为转型时期的中国经济注入新的活力,而且会给整个中国的金融生态带来变化和影响,形成"鲶鱼效应"。纵观当前,互联网金融还处于野蛮生长时期,监管政策也不是十分明朗,导致鱼龙混杂,泥沙俱下,并时而遭到来自不同层面的批评和质疑之声。然而,自中共十八大后,新一届政府执政以来,创新与改革已成为最为重要的两大时代主题,政府对于互联网金融的态度体现了鼓励和包容,互联网金融在中国未来的发展充满希望。可以预见,未来金融业在中国的发展将呈现三种趋势。

一是市场化程度进一步提高。随着改革开放和发展改革的进一步深化,中国金融市场的开放和自由程度将继续提高。利率、汇率市场化也将在不久的将来成为现实,民营银行也将出现,金融行业将迎来百舸争流、竞合发展的新时期,取得快速繁荣的发展。

二是市场融合程度进一步加深。互联网技术诞生以来,相继融合进入了一个又一个传统行业,某些领域几乎被完全颠覆,改变了原有的生产和生活形态,从而将人类带入了全新的交融时代。跨界融合,将成为未来经济发展的流行趋势。

三是科技智能化程度进一步提高。伴随信息技术、生物技术、能源技术、太空技术的快速发展,整个人类社会将真正进入知识经济和信息技术时代,人类生产和生活的智能化程度也将进入一个全新的发展阶段,未来的金融服务将进入高度智能化的全新时代。

毫无疑问,商业银行的发展需要顺应时代的大势所趋,学会主动转型。这要求商业银行一方面要秉持开放和包容的心态去接纳"互联网金融"时代的到来,虚心学习和掌握互联网金融模式的精髓,为实现自身的创新和转型奠定基础;另一方面,商业银行要始终坚持"以客户为中心、以市场为导向、以科技为引领"的发展战略,迎合信息技术的变革趋势,以开放式金融平台为基础,培养新型商业生态系统,按照全新的商业模式特征和用户行为习惯提供全流程、全链条的综合金融服务,并由外及内地推动内部管理和业务运行方式的改造,使银行真正成为创新引领未来金融发展模式的市场领先者。

B.14 从大数据到区块链

——金融的未来已显吗？

曹 锋*

摘　要： 区块链核心底层技术理论早就存在，而如何将这些核心的技术巧妙地进行组合和结合而产生新的价值是区块链这项技术所独有的。区块链来源于比特币。但是，现在所指的区块链技术和应用已经远远超出比特币区块链的范围。区块链这项新型技术在中国应用推广时，的确面临一些行业乱象。对于任何一项新技术，在它发展过程中，难免会有正面或负面的应用出现。可以利用电子商务技术从事非法勾当，也可以用电子商务和区块链技术来给人们的生活带来便利。

关键词： 区块链　大数据　电子商务　数据库　去中心化

区块链自身作为一个有未来前景的技术，没有办法被一笔抹杀。有不同的声音，但我们没有办法在那里静静地等待。唯有不断探索，探索出一条符合中国国情的创新之路，正如阿里巴巴把电子商务这样一个由美国人提出来的概念做出了中国新模式一样。

一　区块链与电子商务

看着这个标题恍惚回到了 18 年前。那个时候电子商务在中国刚刚兴起。

---

* 曹锋，博士，瀚德金创 CIO、副总裁、首席科学家。

电子商务这个看不见、摸不着、谁也没见过的神秘技术在美国和全世界范围内引起极大关注后，漂洋过海来到中国。国内也出现了一批类似于马云这样的先行者在奔走相告、不遗余力地推行电子商务的概念。无独有偶，马云当年也被冠以"骗子"的名号，甚至还有被某机关工作人员以没有预约为由逐出办公室的视频为证。事实上，马云并不是在国内第一个做电子商务的，也不是最后一个。电子商务概念在 2000 年互联网泡沫在美国破灭后进入"寒冬"。

在当时的中国，电子商务似乎就是一个笑话。做电子商务，一没有非现金的支付手段，二没有便利的物流，更不要谈什么信用体系了。所以，一切的电子商务在当时看起来就是一场骗局，一个忽悠人的伪概念。在网上买的货要过几天才能发到手上？到了货之后该怎么结算？怎么知道在网上买的货是真是假？当然，这个问题到现在也没有很好地解决。我在街边买了就能拿走，为什么要上网买，多不方便啊？这一系列的问题都让电子商务这样一个热门概念在中国变得不太可能。然而，15 年过去了，现在再没有任何人来质疑电子商务的可行性。我们每天都在享受着电子商务带给我们的便利。马云，这样一个曾经被棒杀的"骗子"，在登顶中国首富后，被奉若神明，成为中国互联网的精神领袖和创新偶像，带领阿里巴巴不断走向下一个创新。

同样的事情，是否发生在区块链上呢？我们无法断定下一个首富是不是区块链从业者，但至少我们不应该用一个不满足现在条件的逻辑来批判任何一项新技术在未来的可能性。

那么区块链的核心和本质到底是什么？它与分布式数据库之间的区别到底是什么？事实上，这两大问题自区块链脱胎于比特币从后台走到前台时，就不断有人从技术角度进行讨论，且不仅仅发生在中国，在全世界范围内都有类似的争论。

从 IT 的角度，这种差异性主要体现在对于信息的认同上。如果是在分布式数据库环境下，信息只是在单点得到确认后就被动地同步到各个节点上。然而，在区块链环境中，这种信息有效性的确认往往不是在单点完成的，大家需要有一个合理的共识机制，确保信息的有效性。更为重要的是，

在区块链之前的分布式数据库往往还只是在企业的局域网范围内,很少有超越企业边界的大规模信息共识。

另外,区块链去中心化的计算方式向用户提供一个巨大的可靠的永不宕机的信任体系。引用 Chain 公司 CEO Ludwin 的话来说,"在区块链出现之前,企业机构可以通过两种方式转移资产:一种是授权单一组织记录生态系统中的所有资产数据;另一种是让各参与者自己维护自己的数据库,最后才进行协调,校对复制账本的信息是否一致,这是一个'昂贵且又易于出错'的流程。区块链给出了第三种选择:一个共享基础设施,不需要进行协调"。

二 区块链与数据库

数据库在 IT 界,其实是一个特别古老的研究领域,从最初的文件系统,到后来的 ER 实体关系模型。实体关系模型的提出催生了一系列伟大的数据库公司和软件,例如 IBM 的 DB2、Sybase、Oracle,微软的 SQLServer、MySQL 等,以及由此引发了传统数据库的三大成就:关系模型、事务处理、查询优化。再到后来,随着互联网的盛行,以 MangoDB 为典型代表的 NOSQL 数据库崛起。数据库技术本身在不停地演进,且一直是热门的方向,也包括以 XML 为代表的半结构化,基于文本、语音和图像的非结构化数据处理等。人们最近几年常说的大数据,其实就是数据库研究的一个小分支。

讲数据库与区块链的关系,我个人认为这和虚拟现实与电影的关系有些类似。电影是一个更加古老的产业。从最开头的无声电影,到黑白电影,到彩色电影,再到现在大家经常看的 3D 电影、IMAX 电影。如今的电影产业已发展得超乎了所有人的想象。特别是电视机的出现,大家以为是电影产业的终结。但事实上,电视机的发展跟电影走了两个完全不同的维度。电影产业不断地积极吸纳新的技术,给观众带来全新的观影体验。而下一个可能会被电影纳入的新技术也许就是虚拟现实。虚拟现实技术既是挑战又是机会,可以释放艺术家所有的想象力，允许他们创造出此前不可能存在的世界。就像电影《盗梦空间》一样，艺术家可以想象出一个反重力的世界，并把这个世界带到观众面前。也就是说，电影可以依靠技术达到全新的视觉空间和享受。

  区块链与数据库的关系看起来也是这样的一种关系。从数据库技术演进的过程可以发现，它有这样的一种源源不断的生命力去满足新的业务需求，创造出各种独到的数据处理技术。可以说，每一代的数据库技术革新都是由现实的需求所产生的。比如从最开头的文件系统为什么会进化成 ER 实体关系模型，其实是由于金融银行的发展。大家对快速记账，支持高并发数据写入和访问有了非常现实的需求，从而导致了实际关系模型的产生以及快速的发展。再后来，NOSQL 出现，实际上是由于互联网的快速发展对数据库提出了新的需求。互联网项目开发的时间非常紧张，项目需要快速迭代，完全没有办法忍受原来传统的基于 SQL 数据库的开发方式。因为在实体关系模型里，数据库表的设计需要根据业务逻辑定义得非常准确。而互联网项目的快速迭代特点注定了它的业务逻辑必须不断地快速调整。如果一切都从头再设计数据库表格，再写中间的访问层，就会造成中断，大家无法忍受，所以导致了 NOSQL 的出现。大家可以不需要懂 SQL 语句，就可以写出特别好的这个数据库应用程序。当然 NOSQL 所支持的，还有更多更加丰富的内涵。比如，它是以快速的数据写入操作为主，并不需要有太多的更改和删除操作等。本质上，我们可以认为整个互联网就是一个大的数据库。

  问题在于事物是不断发展的，当我们通过 NOSQL 数据库、云存储等技术解决了互联网海量数据的处理问题后，下一个问题接踵而至。那就是如何以一种规模化的方式解决数据真实性和有效性的问题，其实这种真实有效的需求也非常容易理解。从某种角度看，就像我们人类对于食品的需求一样。最开始人多粮少，食品匮乏，首先要解决让所有人都有机会吃饱的问题，也就是食品规模化的问题。然后有一天，我们发现大家都可以吃饱了，因为食品的生产，尤其是肉类生产，已经是一种工业化运作的方式。这个时候大家反过来，去追求有机食品，追求这些回归自然、回归天然的食物。这个时候

金融蓝皮书

就产生了新的有机食品工业。数据库的发展也是一样。当我们通过 ER 实体关系模型、通过 NOSQL，能很好地解决数据存储和数据访问的 Scalability 问题。接下来大家要解决和关心的问题，那一定是真实性、有效性的问题。就像我们现在对天然和有机食品的需求一样。

所以以区块链为代表的对数据真实、有效、不可伪造、无法篡改的数据组织需求，相对于现有的数据库来说，是一个新的起点和新的要求。我越来越清晰地感受到，数据库与区块链融合的趋势几乎无法阻挡。就像电影的发展已无法阻挡地向着虚拟现实技术发展一样。

从数据库的角度看，区块链其实是一种新型的数据组织方式。与历史发展惊人地一致，金融业再一次成为这种新型技术的最初倡导者和使用者。大家对于数据的真实性、不可伪造和篡改的需求，很有可能引发和造就若干个区块链数据库公司。由数据库在 IT 产业的基石地位，可以推断区块链对 IT 界的影响可能会非常深远。

三 区块链重构大数据

R3CEV 联盟是区块链相关讨论中绕不过去的话题。可能很少有人注意到 R3CEV 里面的 CEV 到底是什么的缩写，C 是加密，E 是交换，V 是投资，这是它设立的目标。2015 年全球有超过 10 亿美元投资在这上面。越来越多的金融企业、科技企业如高盛、摩根、IBM、微软等投身到区块链项目中。中国也在迅速跟进，央行已经把数字货币定为战略目标，周小川行长在 2016 年反复提这件事情。2016 年 1 月，中国区块链研究联盟成立，进一步掀起了全国金融行业对区块链研究的风潮，"这很明显，现在就和 25 年前的互联网状态是一样的"。尽管现在区块链还处于早期阶段，但我们可以预测，区块链应用的爆发可能会比互联网更加深入地改变我们的生活。

讲到区块链不可避免地要谈一下比特币。我们往往说比特币可以无限分割，是一种比较容易理解的说法。比特币的最小分割单位叫作 1 聪，它等于一亿分之一个比特币。即使是这样，考虑到总共会有 2100 万个比特币，乘起来的体量也远远大于 2014 年全世界 7.8 万亿美元的 GDP，所以有无限可能。对于比特币，这里不做探讨。区块链是比特币的核心技术。比特币系统基于区块链技术实现了七年平稳运行而不宕机，承受了无数次网络攻击，并且无专人维护。大家知道我国金融系统每年在 IT 方面的投入非常巨大，但是比特币轻易就做到了，它主要借助的就是区块链技术。

R3CEV 从 2015 年 9 月成立到现在，已有 42 所全球主要的银行和金融机构参与，联合市值超过 6000 亿美元。这些机构中 60% 是全球系统重要金融机构（SIFIs）。我们在看到有这么好的前景的同时，也要冷静下来看一看区块链所面临的挑战。

我认为挑战主要来自两方面。一方面来自传统商业的挑战。大家对区块链有一个感性上的认识，就是分布式账本系统。传统的数字账本是数据库系统，已经广泛地应用在各个领域，想要改变不是一朝一夕的事情。就好像 Uber 或滴滴一样，虽然如火如荼，但出租车公司仍然是存在的。

另一个方面来自技术。可能大家想象的区块链是无处不在、高度互联的。但实际上区块链现在还处于老式电话机的状态。但是我们很欣喜地看到，这件事情会很快得到一些突破，国内外已有相关团队正在做比较基础的研发，可以让区块链很快地从老式电话机变成新式互通互联的状态。

回到区块链本身，它为什么会突然一下变得这么火热？起点是 2014 年 10 月在大英图书馆进行的一场辩论会。那时比特币正受到各国央行的打击，于是有大量欧洲和美国的专家聚集在大英图书馆进行讨论，比特币到底将何去何从。最后得出一个很有趣的结论：比特币被认为是一种时尚，如果从时尚角度来说比特币没有任何问题，我们不谈它的功过是非。结论的另外一句话很重要：区块链技术是有趣的。在这个会议上，大家第一次把区块链技术从比特币的幕后拉到前台。为什么区块链技术会这么有趣？我试图在这方面给大家做一些解读和剖析。

在我看来，第一，区块链未来会重构大数据。所有的事情，从拿破仑战争开始的人工获取信息手段，到中间的数据库发展，再到现在大家人手一部手机，以及从 IBM 深蓝电脑打败国际象棋大师到最近的 AlphaGo 打败围棋

冠军李世石。我们会发现，所有的人工智能、创新和价值都来自数据和信息。数据和信息在哪里，价值和创新就从哪里产生。如果未来有大量的数据存在区块链里，那么所有的应用和创新都将基于区块链。区块链将重构大数据，成为一切的入口。基于这些区块数据的分析和挖掘，会再次进一步大量降低所有的成本。了解数据分析的人都知道，我们在做数据挖掘和数据分析时，有80%的时间成本或精力成本花费在有效数据的收集和数据清洗上。一旦有了区块链，就会大大减少这个成本。

第二，区块链会极大地降低信用成本。现在银行可以树立很好的信用，因为它有很漂亮的建筑、建设在地理位置很核心的地方，还可以通过国家法律和武器的手段维护货币信用的稳定性和不可伪造性。如果通过区块链技术，由于它的不可伪造和无法双重消费的特性，我们很容易建立起信用。

第三，现有的金融体系有一个很重要的准则叫钱账分离。在区块链里面钱和账是合二为一的，它通过一种有趣的精巧数据结构，实现这一目标。通过区块链可以做到实时平账而无须事后审计。

区块链可以分为公有链和私有链，结合中国的现实我们可能更多地会沿着私有链的方向推进。区块链的应用十分广泛，凡是涉及交互的记录都可考虑在区块链技术上开发相关应用。以区块链为底层技术建立起来的金融系统，可以通过点对点交易降低经营成本，提高支付/确权效率，满足监管和客户对数据记录的要求。

从计算机的发展历程来看，分久必合，合久必分是一个趋势。第一代计算机是一个大型系统，一个房间摆一个计算机，是典型的中央化过程。到后面进入 PC 时代，每一个人办公桌上有一台电脑，从合到分。现在的趋势是云计算，让分的过程又变成合。在未来，云计算有可能会让位区块链，再次由合变分。

四 共识与分叉、中心化与去中心化

2016 年 6 月 23 日，英国经过全民公投决定脱离欧盟，简称"脱欧"。

"脱欧"一事对整个世界格局影响巨大。相对于这样一个新出现的中文缩写词汇，在英文体系里，也有一个专用词汇——Brexit。它是 British（英国）和 exit（离开）两个词的合成。"脱欧"的决定基于英国的全民公投。显然，全民公投是一种达成共识的方式。所有共识的基础是语言文字，不管是人类的中文或英文语言，还是计算机世界里的 Java 或 C++编程语言。在"脱欧"结果公布 6 小时后，谷歌发布数据显示，英国人搜索的第二大热门问题是"欧盟是什么"，搜索量暴涨 24.5 倍。这说明很多人在并不知道欧盟是什么的时候，就草率地进行了投票。当英国人通过搜索，重新理解"欧盟是什么"以后，他们发现当初做出的投票并不能真正反映自己的本来意愿，于是，第二天，超过百万英国人联名希望二次公投。

作为最新的区块链创业项目，The DAO（中文发音"得道"）在 2016 年 5 月创下了人类历史上最大的众筹记录。该项目仅凭着项目白皮书，就募集到约 10 亿元人民币，说明大家对该区块链项目有着超级乐观的前景预期。2016 年 6 月 17 日，黑客发动攻击，利用 The DAO 中的漏洞，鲸吞超过 300 万个以太币，市值 3.9 亿元人民币。The DAO 被盗对全球区块链产业影响巨大。在第一轮攻击之后，黑客与白帽（正面的黑客）之间发生的数轮你来我往的文字辩论和代码攻击行动，引起了广泛关注。The DAO 项目能否"化茧成蝶，顺利升仙"，我们不知道，但这次攻击事件的确让以太坊的创始人 Vitalik 在软分叉与硬分叉的技术讨论和建议中忙了好几天，以避免黑客把所盗取的以太币成功转移，引发大量的质疑。事实上，在 The DAO 项目众筹前、中、后不断地有相关文章指出其中的设计漏洞，呼吁暂时停止项目众筹。然而，由于各种原因，这些警告都没有引起 The DAO 项目团队的足够重视。所以，也有观点认为，The DAO 事件折射出的是人性的贪婪，是一场本可以避免的盗窃。

作为人类社会取得共识的"脱欧"事件在持续发酵，区块链世界里 The DAO 攻击事件也在继续进行，中间剧情跌宕起伏，大家可以拭目以待。从这两个看似无关的事件过程中，可以发现，区块链领域里在"共识与分叉、中心化与去中心化"的讨论变得尤为激烈。道不清辩不明，"洗

洗才会更健康"。我们希冀借助"脱欧"与 The DAO，把这几者之间的区别与联系加以阐述。

（一）人类共识需要付出代价

共识是一个看似简单，实则特别复杂而又频繁发生的事情。人不是单独的存在，具有强烈的社会特质，相互间产生着各种联系。而且，大部分交易和交换都需要人和人之间的交流和沟通，目的很多时候就是为了达成共识。

如何才能达成共识？第一个层面是语言上的共识。人们所说的语言应该是一致的，可以是中文，也可以是英文，或者是其他任何一种语言。第二个层面是语义上的共识。当人们说了相同的语言后，对于相同语言这种形式符号上的理解和认识，应该是完全一致的。否则，就会出现一种分歧，即语义上的分叉，导致人们对同一个词语、同一句话的含义理解不同，类似于"鸡同鸭讲"。第三个层面是执行上的共识。当取得了一致的理解后，人们需要按照这一理解去真正执行所达成的结论。我们往往会发现，在执行过程中往往容易出现偏差。例如，出现了之前没有考虑到的情况，为此，需要重新形成新的共识。

在"脱欧"公投结果公布后，有很多人希望进行二次公投，理由是，他们并不是特别了解"脱欧"对于英国人到底意味着什么。也就是说，"脱欧"这个词除了字面上所代表的意思外，对于它背后的意义和影响，人们都需要有一定程度上的认识，才有可能做出真正代表自己意愿的操作，以及最后取得符合大家意愿的共识。所以，共识是很难达到的，分歧是常常产生的。

在形成共识的过程中，人们需要付出巨大的代价。例如，"脱欧"的全民公投就是件非常费时、费力的事情。首先，要全民动员起来，让人们都能够知道此事，并对此事情有合理的认识；其次，需要组织人们进行投票操作；再次，要对相关的投票信息进行收集、整理、分类和计算；最后，得出投票数和是否"脱欧"的结论。看似简单的全民公投，或者说这样一个取得共识的过程，其本身所需要付出的代价可能远远超出我们的想象。

区块链共识是人类共识的简化。

区块链世界里，达成基本共识非常简单：最长的那条链代表了真理，所有的人都接受；其他分支都是分叉，都会被遗忘，就好像从来没有出现过一样。事实上，在区块链的链条形成过程中不断有新的分叉产生的。分叉与分叉之间是一种竞争关系，因为只有最长的那支才能最终存活下来，被所有人认可，这就是区块链世界里的优胜劣汰，也构成了区块链世界里的共识。

与共识相反的一个词叫作"分歧"。"分歧是一切问题、一切争端、一切战争的根源"。所以，葛优在《非诚勿扰》里发明并成功卖出了分歧终端机的专利。为什么会产生分歧？其一是因为在达成共识的过程中，人们并没有形成共识，不管是文字上还是文字所代表的内涵和外延层面上的共识；其二是形成共识之后，人们并不按照共识机制所产生的结论真正去执行。从某种角度来说没有被执行的共识决定，并不是真正意义上的共识。

在区块链网络里的各个节点，所运行的程序是一致或兼容的，即语言文字是一致的。一旦某一个最新的区块生成以后，它会被实时同步到所有或者绝大多数的节点里，也就是一旦形成共识之后，人们需要保证被严格地真正执行下去。只有这样，才能保证所有的区块链网络永远保持共识。

The DAO 事件的发酵，让大家越来越多地听到分叉这个词。从技术的角度来讲，分叉又可以分为软分叉和硬分叉。使用"硬分叉"意味着将会回滚所有的交易到被盗之前的某个时间点。使用"软分叉"就等于封闭所有来自攻击者地址的交易。简单来说，我们通过主动的分叉技术，让好人和攻击者产生分歧，让攻击者产生的恶意交易的那个分支，不被大多数人（好人）所认可。

（二）拜占庭将军问题：中心化与去中心化孰优孰劣

研究计算机分布式系统或区块链的人都会想到"拜占庭将军问题"。它是假设拜占庭将军中好人占大多数的一个经典问题。拜占庭帝国军队的将军们必须全体一致地决定是否攻击某一支敌军。问题是这些将军在地理上是分隔开来的，并且将军中存在叛徒。叛徒可以任意行动以达到以下目标：①欺骗某些将军采取进攻行动；②促成一个不是所有将军都同意的决定，如当将

军们不希望进攻时促成进攻行动；③迷惑某些将军，使他们无法做出决定。如果叛徒达到了这些目的任何之一，则攻击行动的结果都是注定要失败的，只有完全达成一致的共识才能获得胜利。

"拜占庭将军问题"是人们在取得共识过程中经常会遇到的一个现实问题。由此，人们会谈及中心化和去中心化。如果是中心化的解决方案，无非是人们共同选出一些人作为将军，然后这些将军来讨论、投票，直到最高统帅综合各方面因素做出最后决定。而所谓去中心化的解决方案，则是把所有的人都作为将军，每个人都直接参与最终决策。

值得注意的是，人们常常容易混淆分布式与去中心化，甚至片面地认为分布式就等同于去中心化。事实上，分布式可能是中心化的，而集中式也可能是去中心化的。例如，要求所有选民到同一个地方进行全民公投。

有趣的是，选出代表进行决策和由全体人员来直接做决策，这两种方式最终得出的决策哪种更优？在不同的领域，从不同的角度来看，答案是值得商榷的。

（三）中心化与去中心化下的"脱欧"结果

把以上问题映射到数据挖掘和机器学习领域。"全体人员"对应的是"全样本数据"。"选出代表"对应的是经过筛选的"样本数据"。"得出的决策"对应的是"生成的模型"。出乎一般常识所预料的是，我们会发现，那些基于全样本数据所生成的数据模型，其质量可能并不见得是最高的。反而是那些基于筛选样本学习出来的模型更为有效。原因很简单，当采用全样本时难免会引入一些额外的噪声，或者说全样本有时并不利于算法生成符合现实数据分布的模型。把一些噪声去除之后，学习出来的模型反而更加准确。这就是人们为什么在数据建模前经常需要做数据清洗操作的统计学原理。

这种差异性在最近的"脱欧"事件中表现得尤为明显。我们可以看到，在英国北部和南部的分歧非常明显。北部的苏格兰和爱尔兰大部分地区非常支持留欧，而在南部地区的大多数人选择"脱欧"。从全体英国人

（全样本）来说，选择"脱欧"的人占据了大多数。然而，在这个过程中，局部特征和全局统计之间的矛盾非常明显。那么，这个最终的决定应该是怎样的呢？如果用中心化或者去中心化的方法，得出来的结论可能完全不一样。

当然，我们不能据此就否定去中心化。在区块链领域，去中心化的主要优势体现在支持"点对点"的直接交易，以众多弱信任节点构建强信任关系。而在中心化的解决方案中，中心往往成为整个系统的"瓶颈"，并成为系统最容易遭受攻击，牵一发而动全身的薄弱环节。为了让中心具备足够的处理能力、吞吐量并且安全和可靠，人们往往需要购买非常昂贵的设备。

（四）软硬分叉与去中心化并不矛盾

那么，分歧或者分叉与去中心化是一种什么样的关系呢？二者之间的确没有必然的联系。从 The DAO 事件上来看，由于分叉的建议是以 Vitalik 为代表的以太坊基金会呼吁的，所以，人们可能会认为"这不是形成了新中心吗？"但是，需要注意的是，这种呼吁和倡导同真正意义上的中心化是有区别的。毕竟不是以太坊基金会做了这个呼吁之后，整个以太坊系统就需要或者必须按照这种方式来运行。事实上，人们是否真的进行软分叉或硬分叉，取决于在所有参与建设和运营以太坊网络中的每一个人。正如 Vitalik 在公开回应中所表达的，"我不会阻止也不会反对另一方在公开场合宣传他们的观点，甚至是游说矿工来抵制这个软分叉。在这件事情上，我会坚决地不与任何站在相对的另一方的人进行争辩。"

还有另外一个人们并不太理解的讨论，在 The DAO 事件的过程中，有非常多的关于"以太坊区块链是不是它所标榜的去中心化的网络"，甚至有"以太坊区块链停止"的传闻。因为，比特币矿机和矿池的出现，让原本去中心化的比特币设计，出现了算力中心。这些算力中心对于比特币网络的影响巨大。所以，以太坊希望进行一种新设计，考虑更多去中心化的手段，降低未来有人专门设计、制造以太坊矿机的可能性。它采用的原理

非常简单，就是让基于以太坊区块链的区块计算必须基于比较大的内存。现有的，可直接在比特币系统上进行 Hash 计算的矿机都没有办法进行这样的大内存计算。从而，让制造以太坊矿机的成本变得非常高，尽量避免中心化的挖矿方式。

当然我们必须得客观地看到比特币和以太坊的生态体系对比，目前来说比特币还是占据了压倒性优势。从 Hash 算力角度，比特币当前网络的平均算力约为 1500000TH/s，以太坊算力为 4TH/s，有 400 万倍的差距。对于比特币来说有矿池过于集中的问题，有国内专家很乐观地看待这件事情。一个事实是，绝大多数的比特币矿池是建设在中国的。这对于中国提高在比特币虚拟世界的影响力是有帮助的。当然这是另外一个话题。

个人认为，绝对的中心化和绝对的去中心化都是不可取的，需要根据具体的场景找到一个适当的平衡。尤其是，现在火热的区块链，更多的都不是基于比特币现有的区块链设计。比特币的价格回归，从某种角度来说是由于人们对区块链技术的前景看好。

五 The DAO 的安全警示在中间层和应用层

另外一个在 The DAO 事件中为人们所热烈讨论的话题就是安全性问题。所有的安全性都是需要分层次的。从表 1 可以看出，在以太坊生态体系中，最底层是以太坊虚拟机 EVM。中间层是支持应用编程所需要的编程语言或脚本，像 Solidity，Python，Go，等等。最上层就是由 Solidity 等语言所编写的各种应用程序。例如，The DAO 就是属于一个以太坊的应用程序。这个架构类比到我们现在所熟悉的 IT 生态体系，最底层是人们所熟悉的各种操作系统 Windows、Linux、UNIX，等等。例如，如果是手机生态系统，其对应的是苹果的 iOS 和安卓的 Android 系统。中间层是各种各样的编程语言，比如 Java，C + +，Python，等等。最上层是各种应用程序，比如像淘宝、微信等。

表1 系统安全层次

层次	以太坊生态体系	IT 生态体系
上层	应用程序:The DAO 等	应用程度:淘宝、微信等
中层	Solidity, Python, Go	Java, C++, Python
底层	以太坊虚拟机 EVM	Windows, Linux, UNIX, iOS, Android

有了这个层次划分之后，就很容易看出问题到底出现在哪里。事实上，The DAO 被盗和以太坊 EVM 之间没有必然的联系。这就好比在使用淘宝或者微信时出了一个安全性问题，例如莫名其妙地死机了，我们并不一定能够直接怪罪到 Windows 或者 iOS 上。当然，由于底层系统自身的漏洞，也会造成上层应用程序的安全性问题。所幸的是，在 The DAO 事件里，安全漏洞并没有出现在底层的 EVM，而是基于 Solidity 编程语言的一个递归调用漏洞。这好比是 Java 语言上出了一个 bug，而导致淘宝或者微信程序的死机，这个安全性问题与 Windows 或者 iOS 并没有关系。

六 结语

从 IT 界甚至整个人类科技的发展过程来看，任何一种创新都是建立在无数前人的基础之上。很难有一项技术是没有爹娘，孙悟空般惊天动地、横空出世的。就连伟大的牛顿也只是"站在巨人的肩膀上"。当然，这里我们不讨论牛顿当年说这番话是对还是错。同样，区块链本身的确没有那么神秘。它的核心底层技术理论也早就存在了。把这些核心的技术怎样巧妙地进行组合和结合而产生新的价值，却是区块链这项技术所独有的。比特币，也不是历史上第一个出现的数字货币。据不完全统计，在比特币成功之前，历史上曾经出现过上百种不同的数字货币。区块链来源于比特币，但是，我们现在所指的区块链技术和应用已经远远超出比特币区块链的范围。区块链与比特币是无法画等号的。

不可否认的是，区块链这项新型技术在中国应用推广时，的确面临一些行业乱象。早有相关文章指出,所谓区块链概念的上市公司是伪命题,打着区块链旗号的各种传销币层出不穷等。对于任何一项新技术,在它发展过程中,难免会有正面或负面的应用出现。正如罪犯可以利用电子商务技术从事非法勾当一样,但我们也可以用电子商务和区块链技术来给人们的生活带来便利。

平台案例篇

P2P Lending Cases

B.15 国外代表性平台及其业务特征

李 根*

摘 要： 本报告选择美国、英国、法国、德国、荷兰、爱莎尼亚、西班牙和日本等互联网金融发达国家的代表性平台作为案例进行分析，从平台基本架构、运营规模和业务特征、风险管理等方面进行比较分析，探索国际先进互联网金融平台（简称"互金平台"）发展现状和未来发展趋势，借鉴它们先进的经验和技术。

关键词： 互金平台 基本构架 运营模式 业务特征 风险管理

---

* 李根，宜信研究院高级研究员。

一 美国代表性平台及其业务特征

（一）Lending Club 平台

1. 平台简介

Lending Club 最初于 2007 年 5 月以 Facebook 上的一个应用出现，后转而建立自己的网站，经过七年的发展，2014 年 12 月在纳斯达克成功上市，成为美国首家、全球首家上市 P2P 借贷公司。

Lending Club 的增长一直为世界瞩目，Lending Club 2016 年披露的财报数据显示，截至 2015 年底，Lending Club 共发放 160 亿美元贷款。2015 年全年 Lending Club 共计放出 83.61 亿美元贷款，相比上年度 43.77 亿美元贷款的总量，实现了接近翻倍的增长（见图 1）。快速扩张的贷款规模也为 Lending Club 带来了充足的收入，2015 年度的营收达到了 4.29 亿美元。2015 年度 Lending Club 的扩张策略，一方面是因为平台扩张需要，另一方面是由于经济环境导致投资资金跟不上贷款规模的增长脚步，Lending Club 积极寻求资本市场和机构投资人的资金，为此增加雇员数量和市场销售方面成本以及固定资产和技术的投入，导致 Lending Club 仍然处于亏损状态，但是亏损已经从 2014 年度的 3289.4 万美元减少至 2015 年的 499.5 万美元，按照此种增长，未来盈利的预期是可见的。

2. 平台业务

自成立之初，Lending Club 就特别强调对于风险的管理，全部贷款申请仅有 10% 能够通过审核。Lending Club 根据风险程度将贷款分为七个等级，A－G。Lending Club 还根据贷款金额和贷款期限调整基础风险子级得到最终子级。最终子级分 35 个级别，归入 A、B、C、D、E、F、G 共七个等级，每个等级包含 1、2、3、4、5 五个子级。A 类等级的平均利率为 7.26%，B 类等级的平均利率为 10.79%，C 类等级平均利率为 14.01%，D 类等级平均利率为 17.20%，E 类等级、F 类等级和 G 类等级的平均利率分别为

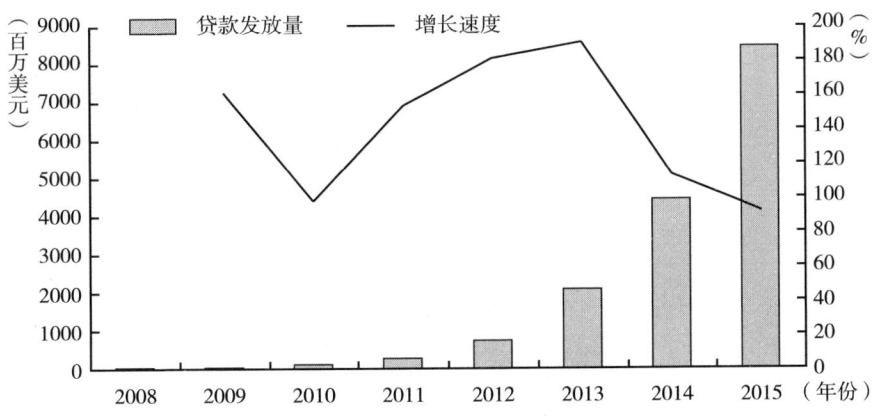

图 1　Lending Club 贷款发放量及增长速度

资料来源：Lending Club 年度财报。

19.95%、23.61% 和 25.72%。不同的等级表明不同程度的风险和与风险相对应的收益。

Lending Club 不对贷款进行担保，需要投资人自行判断投资，并承担可能发生的损失，根据自身意愿承担相应的风险而投资不同等级的借款项目。Lending Club 主要收入包括三方面：在给债权方和债务方配对过程中收取交易费，范围为 1%~7%；向投资者收取的服务费；向投资基金收取管理费，费率每年 0.7% 到 1.25% 不等。

Lending Club 的整体业务模式（见图 2）即作为借贷双方的信息中介，对借款人进行信用评级，根据其信用和借款金额期限确定贷款利率后，将贷款需求提供给投资人。Lending Club 较早地引入了机构投资人，因此个人投资者和机构投资人的投资方式略有不同。

Lending Club 上实际的借贷步骤如下。

（1）借款人到 Lending Club 的网站上提交借款申请。

（2）Lending Club 通过自己的信用审核模型对借款人进行数据收集和风险分析，并确定借款金额、利率、评分等级等信息。

（3）Lending Club 将匿名的借款信息列在网站上以供投资者选择，借款信息通常会在 14 天内失效。

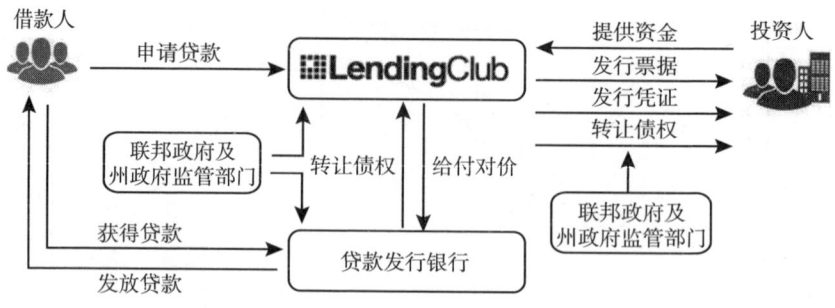

图 2　Lending Club 业务模式

资料来源：Lending Club 年度财报。

（4）投资者根据自己的风险偏好选择投资不同评分等级的投资和投资额度。

（5）一旦借款人的借款额度被投资者全额认购：①Lending Club 将借款人的信息发给犹他州的 WebBank（一家受政府监管的传统银行）；②WebBank 审查借款人的信息然后发放贷款，将钱打给借款人；③WebBank 将贷款作为证券卖给 Lending Club；④Lending Club 正式成为贷款的所有者并将其记在自己的资产负债表上；⑤对于该贷款，Lending Club 首先会向个人投资者发行票据（note）：Lending Club 发行基于该贷款的无担保结构化票据；Lending Club 将票据卖给个人投资者，其次，向机构投资者发行信托凭证（trust certificate）：Lending Club 将该贷款转移到特殊目的载体（SPV）；通过该 SPV 发行信托凭证并卖给机构投资者；⑥借款人每月偿还本息给 Lending Club；⑦Lending Club 每月偿还本息给投资者。

Lending Club 对个人和机构投资者发行两种不同的债券，对个人投资者发行的是票据，对机构投资者发行的是信托凭证。其中一个重要的原因就是平台风险。由于投资者的钱并不是直接交给借款人而是购买 Lending Club 的债券，一旦 Lending Club 平台倒闭。那么投资者就会变成 Lending Club 的债权人而不是具体所投资的借款人的债权人。而且，如果 Lending Club 有其他负债，比如说银行贷款，那么投资者的债权就会排在银行的债权之后，由此就引申了一个重要的问题——Lending Club 的信用或平台风险。

在投资者看来投资的是 P2P 贷款,应该只需关心借款人的信用风险。但是由于以上介绍的金融操作流程,投资者同时也要考虑 Lending Club 的信用风险。在 Lending Club 发展早期,只有票据而没有信托凭证,也就是投资者要承担平台风险。

直到机构投资者大举进入 Lending Club 投资以后,他们意识到 Lending Club 的信用风险。为了规避这个风险,Lending Club 就对机构投资者发行特殊债券——信托凭证。特殊之处在于,这个债权是由 Lending Club 旗下的一个子公司发行,是一个具有破产隔离作用的 SPV。一旦 Lending Club 破产,投资者可以通过这个子公司获得借款人的债权,而不受 Lending Club 母公司其他债权的影响。所以机构投资者通过 SPV 有效规避了 Lending Club 的平台风险。

和 Lending Club 合作的 WebBank 成立于 1997 年,位于犹他州盐湖城,有大约 38 名员工,总资产 2.3 亿美元。WebBank 并不是传统银行而是产业贷款银行(Industrial Loan Company),该类银行可以由非银行类公司所拥有,这样该类银行的母公司就可以在不受金融监管的同时给客户提供金融服务,比如通用汽车旗下就有产业贷款银行为其汽车业务提供金融服务,沃尔玛旗下也有产业贷款银行来发行沃尔玛的信用卡。

(二)Prosper 平台

1. 平台简介

Prosper 于 2006 年 2 月在美国加州旧金山成立,其成立早于 Lending Club,但是由于 2008 年 SEC 禁止网贷之后,获取资格较晚,最终落在了 Lending Club 之后,成为美国第二大的网贷平台。根据 Prosper2015 年年报,截至 2015 年 12 月 31 日,Prosper 共促成 61 亿美元贷款的发放,其中的 51 亿美元是通过批发贷款销售渠道发放的。2015 年,Prosper 促成了 37 亿美元贷款的发放,这其中的 35 亿美元是通过批发贷款销售渠道促成的。

2. 平台业务

Prosper 早期的模式为反向拍卖，即借款人将借款申请递交之后，Prosper 将审核合格后的借款申请发布，由投资人自行设定利率对借款项目进行投资，而借款人则可选择提供最低利率的出借人获取借款资金。

Prosper 将借款项目风险分为七个等级，贷款利率在 6%～36%，投资人所需要承担的风险与借款项目提供的收益利率相匹配，不同的风险也对应不同的最高借款额度，Prosper 的借款金额范围在 1000～3500 美元，Prosper 本身不承担借款违约的风险。

Prosper 的收入来自借贷两方，一般向借款人收取每笔借款本金额度 1%～3% 的贷款发放费，同时向投资人收取年度投资总额的 1% 作为服务费。

Proper 同时为了增加贷款流动性，还与 Folio 合作开发了二级债权交易市场，投资者可以在二级市场中的任何时间买卖 Prosper 的贷款。由转让方设定转让利率，转让成功则向 Folio 支付转让债权金额的 1% 作为交易费。

Prosper 的借贷资金由富国银行进行资金托管，平台在富国银行开立账户，为每位客户开设二级子账户，管理借款人的还款资金和投资者的出借资金。Prosper 运营情况参见表 1。

表 1 Prosper 运营情况

年份	贷款总额（美元）	贷款笔数	平均利率（%）	期限（月）	贷款损失（%）	实际收益（%）
2015	3660820443	265031	13.50	12.95	6.83	5.34
2014	1598828694	123204	14.19	24.66	7.09	5.88
2013	357437811	33912	16.81	36.17	6.90	8.72
2012	153175121	19553	19.71	49.62	10.34	8.27
2011	75138012	11228	21.16	60.59	10.30	9.54
2010	26940486	5652	19.20	73.42	7.24	10.83
2009	8886296	2034	17.86	81.84	7.03	9.82

资料来源：NSRplatform。

（三）SoFi 平台

1. 平台简介

SoFi 总部位于美国旧金山，由斯坦福大学商学院一群学生在 2011 年组建，主营学生贷款。在美国，学生贷款是一件涉及近万亿美元的大事情，SoFi 则极为看好学生贷款，其业务已拓展到美国范围内 79 所高校。

2. 平台业务

SoFi 将社交与贷款结合起来，以"学校社交网络"进军学生贷款市场。2011 年 9 月，SoFi 首次试点，从 40 位斯坦福 MBA 毕业校友处筹集了 200 万美元的资金，借给 100 个通过信用审查的斯坦福商学院学生，利率为 6.24%，低于当时的联邦学生贷款利率 6.8%。这次试点结束后，SoFi 开始正式运营并继续沿用"学校社交网络"。所谓"学校社交网络"就是毕业校友与在校学生出自同一师门、同一所大学的联系。SoFi 以帮助学弟学妹减轻贷款压力为口号，从毕业校友那里筹集资金，然后发放贷款给在校学生。在"学校社交网络"具有一定规模后，SoFi 定期举行聚会等活动，供在校学生与毕业校友交流沟通，毕业校友可以接触到具有发展潜力的学弟学妹，在校学生可以接受到来自学长的工作邀请或宝贵意见。SoFi 以这种社交金融迅速在美国高等学府的毕业生与学子间闻名，迅速壮大起来：2012 年，SoFi 收到以"人人网"领头的 4900 万美元共 7720 万美元融资；2013 年，SoFi 完成 P2P 行业首次公开证券化；2014 年，SoFi 获得 8000 万美元融资。

SoFi 较传统的学生贷款最主要的是提供了利率的差异化定价，贷款利率因人而异，根据借款者 FICO 评分高低而定，FICO 评分是美国最常用的个人消费信用评分，用于衡量个人信用质量，这样一来，信用状况较好的学生就能获得更加优惠的贷款。不仅如此，SoFi 还对借款者提供固定利率与浮动利率以供选择，进一步地增加了贷款利率的灵活性。

SoFi 浮动贷款利率 = 起始利率 + 可变利率。起始利率范围在 2.92% ~ 5.17%。这之后，要再加上变化利率。可变利率根据每月 1 日伦敦银行同业拆息率确定。

（四）AvantCredit 平台

1. 平台简介

AvantCredit 于 2012 年 12 月成立于美国伊利诺伊州芝加哥市，公司致力于服务信用情况不太良好的中产阶级人群，为其提供可获得的信贷服务。AvantCredit 提供个人信用贷款服务，即无抵押小额贷款，因为贷款的偿还是按月分期偿还固定本息，因此 AvantCredit 的个人贷款也被称为分期贷款（Installment Loan）。截至目前，AvantCredit 共进行了 10 轮融资，共计融得资金 10.405 亿美元。

2. 平台业务

AvantCredit 的业务类似于小贷公司，通过使用自有资金直接向客户提供个人信用贷款，属于资产负债表贷款（Balance Sheet Loan）。也正因如此，AvantCredit 需要进行大量融资才能保证业务的持续开展和贷款规模的扩大。除开股权融资，AvantCredit 同时也接受了许多来自基金、信托和银行等金融机构的信贷工具，并且将部分信贷资产打包卖给机构投资人，AvantCredit 为此建立了机构市场平台（Institutional Marketplace Platform），向包括资产管理公司、家族办公室、商业发展公司（BDC，Business Development Company，美国的一种非注册的封闭投资公司，被允许从事中小规模商业投资）等合格机构投资人开放，为其提供投资购买 AvantCredit 债权资产的机会。

AvantCredit 拥有一套大数据批贷系统，将其贷款申请人的审批过程压缩至 24 小时以内。借款申请人只需要在网站花费数分钟填写贷款申请，之后，AvantCredit 会要求客户授权并查询客户信用记录（Soft Pull），与银行贷款不同的是，AvantCredit 的信用记录查询并不会被记录下来影响申请人信用状况，只有当贷款申请审批且借款人签署文件接受贷款条款之后才会被记录下来。AvantCredit 的目标客户是中产阶级，并且没有最低收入的要求，其客户群体在经营过程中逐渐下沉，目前其借款人 FICO 信用分数最低为 580 分（一般的个人信用贷款申请多要求 FICO 信用分数至少 620 分以上），家庭平均年收入 4 万~10 万美元。AvantCredit 提供的个人贷款额度为 1000~3.5 万美元，平均借款金额为 8000 美元左右。其贷款利率最低为 9%，最高可达 36%，具体的利率条款会根据借款人具体情况进行风险核算后给出相对应的定价。在借款人接受贷款之后，只需要按时偿还约定好的本息即可，无贷款发放服务费。而一旦出现逾期，借款人可以与公司沟通商定宽限期，即使逾期无法偿还，也只需要缴纳 25 美元的逾期费，并且如果在接下来三期能够按时偿还本息，则 AvantCredit 会归还之前支付的逾期费。

3. 平台动态

2013 年，AvantCredit 进军英国，在伦敦开设办公室。2015 年，AvantCredit 将业务拓展至了加拿大。截至目前，AvantCredit 已经在 3 个国家开展业务，即美国、英国和加拿大。

2015 年 5 月，在接近一年半时间的经营之后，AvantCredit 的贷款发放总量突破了 10 亿美元的里程碑。

其官网显示，目前 AvantCredit 当前拥有超过 800 名雇员，已经服务了超过 35 万名客户，共计放出贷款金额超过 18 亿美元。在 2015 年 9 月 E 轮融资时，AvantCredit 的估值已经达到 16.5 亿美元，目前估值已经接近 20 亿美元。

（五）CommonBond 平台

1. 平台简介

CommonBond 于 2011 年 11 月成立于美国纽约州纽约市，创始人是三位沃顿商学院的 MBA 毕业生 David Klein, Mike Taromina 和 Jessup Shean。公司最初通过沃顿商学院校友资金资助向本校 MBA 学生提供贷款，在 2013 年 9 月正式向全国开放，目前已经提供覆盖 20 所美国大学的 MBA 项目学生贷款，但其服务客户要求必须为美国公民或是美国永久居民。维基百科资料显示，CommonBond 已经为超过 2000 多名借款人提供了超过 2 亿美元的贷款，其再融资项目使客户平均节约了 1.4 万美元。截至目前，CommonBond 共进行了 3 轮融资，共融得资金 3.1865 亿美元。

2. 平台业务

CommonBond 在经历了初期的小范围尝试之后，如今已经努力向更多的学生开放，其再融资贷款已经可以发放给 14 类研究生项目。同时其资格审核严格，在其平台贷款获得审批的借款人平均年龄为 32 岁，平均年收入达到 14 万美元，FICO 评分平均为 760 分以上。

CommonBond 提供的学生贷款包括新发起的 MBA 贷款和覆盖面广泛的再融资贷款，其所有的贷款均无申请费，并提供一定时限的宽限期，且支持使用自动还款（ACH）功能减免 0.25% 的利率的优惠。以下计算的所有利率和金额均假设使用自动还款功能。

CommonBond 提供的 MBA 学生贷款是唯一一项新设贷款项目，即申请人申请通过之后拥有一项新的负债，基于此 CommonBond 会收取 2% 的贷款发放服务费。MBA 贷款分为 10 年期和 15 年期两类：10 年期的年化利率为 5.78%，15 年期的年化利率为 6.09%。宽限期最长可达 32 个月，即 26 个月的在校宽限期和 6 个月的宽限期。贷款的申请金额上限是所有学杂费和生活费减去奖助学金之后的数目，最大不超过一个学年 11 万美元。贷款通过之后，将会发放给学校由其扣除学杂费之后将剩余转给申请学生，贷款的发放将受学校账单期的影响，即如果学校每学期收费的话则将按照每学期账单期发放一半贷款。还款方式包括两种：一是选择在校期间不偿还而在离校之后偿还本息；二是在校期间就开始偿还本息，贷款发放后的 30~60 天开始还款。

CommonBond 提供的再融资项目为已经向联邦、个人或其他机构借贷的学生提供低成本的资金，再融资项目不需要收取贷款发放服务费。CommonBond 提供的贷款包括固定利率还款方式和混合还款方式。混合还款方式即在还款前段时间利率固定，而还款后期利率则调整为由 1 月期 LIBOR 加差额的浮动利率，同时设定最高限额防止浮动利率在高利率环境下上浮过高，对借款人产生巨大负担。

CommonBond 的贷款通过合作伙伴进行发放，目前的两个合作伙伴分别是 Union Bank&Trust Company of Lincoln Nerbraska，Bank of Lake Mills 这两家

银行。通常贷款申请经过网上递交到 CommonBond 之后，会需要由 CommonBond 和合作银行花费 1~3 个工作日共同审核并调取个人信用档案（Hard Pull，为贷款而进行的信用查询，会对被查询者的信用分数产生影响）。此外，需要与学校核实学生的身份以及资料所填写金额，这一过程根据学校工作进度会需要 3~5 周的时间。贷款申请下来后申请者需要在 30 天内决定是否接受贷款并签署相关文件，一切流程结束之后学校会在 2~3 周发放贷款，这一过程将取决于学校财务的工作进度。对于新设贷款项目，CommonBond 会将资金直接划拨给学校，由学校在扣除学杂费之后将剩余资金转给学生。对于再融资贷款项目，CommonBond 则会将资金直接划给申请者的债务人。

3. 平台动态

2015 年 6 月，CommonBond 进行了第一次资产证券化，标的资产为接近 1 亿美元的学生贷款。此次资产证券化获得了穆迪的 Baa2 的评级和 DBRS 的 A（高评级）的评级，这也是穆迪首次为初次进行资产证券化的市场借贷平台进行评级，为之后的市场借贷平台尝试资产证券化提供了可借鉴的经验。

2015 年 7 月，CommonBond 与欧洲借贷公司 Prodigy Finance 合作，通过 CommonBond 向其推荐申请贷款的国际学生，CommonBond 仅作为通道作用。Prodigy Finance 目前可以向多国的 55 个学校的学生发放贷款。

2015 年 9 月，CommonBond 引入新的贷款项目 Parent PLUS 再融资，旨在为通过联邦 Parent PLUS 项目进行贷款以支付子女本科教育费用的家长提供低价的再融资服务，此项贷款与其他的再融资贷款条款类似，其特点是可以通过协议将贷款从父母转移给子女由子女负责偿还。

（六）Kabbage

1. 平台简介

2008 年底，Kabbage 由 MarcGorlin、KathrynPetralia 和 RobFrohwein 创立于美国亚特兰大。Kabbage 是一家在线金融服务公司，主要为美国和英国的小微企业提供短期无抵押信用贷款。Kabbage 的特色在于把小微企业的经营数据（如在线网店访问量、交易量、用户评价、物流信息、税务登记号等）以及企业的社交网络数据（如 Facebook 和 Twitter 中的转发、评论和 Like 数量等）等因素引入考察指标，结合传统企业财务分析，共同评估小微企业经营状况和违约风险，从而决定是否贷款以及贷款金额、期限和利率。截至目前，Kabbage 共进行了 11 轮融资，共计融得资金 6 亿多美元。2015 年 10 月新一轮融资时，资料披露的 Kabbage 估值已经达到 8.65 亿美元。

2. 平台业务

早期 Kabbage 主要为网店提供营运资金支持，通过向这些网店提供类似于贷款的商业预付款并对服务收费从而盈利，提供预付款的决策依据是这些网店的营运数据。Kabbage 通过自己独特的信用风险评分模型，在七分钟内作出付款判断。

根据统计，在 Kabbage 上进行贷款仅需十几分钟，Kabbage 之所以能做到这么快，主要原因就是它独特的全自动化信用评级系统。Kabbage 使用了一些技术手段，旨在分析一些非信用评分数据——例如亚马逊和易趣网的用户评级，还有那些传统的银行和支付平台的操作流程等。通过将各项指标汇集在一起，Kabbage 的平台可以立即进行运算，仅在几分钟内，就能够分析出贷款价值，从而告知借款人合理的信贷额度和利率。Kabbage 与电商网站、社交网站、物流网站等建立合作关系，贷款申请者仅需提供账号，Kabbage 即可从该网站实时抓取所有相关数据，再由 Kabbage 的信用评级系统根据这些信息给出信用评分（Kabbage Score），更多的数据就意味着更多的贷款额度。Kabbage 创意性地将社交数据引入评级体系，对于申请者来说这无疑是一个好消息。他们在社交网络上和客户的互动，为客户提供优质服务得到的良好评价，以及为推广企业和维护企业声誉所作出的努力都可以作为企业良好发展的证明从而带来额外的贷款，反过来也会激励企业主更加注重在这方面付出的努力。

Kabbage 的贷款额从 2000 美元到 10 万美元，按照 100 美元递增，贷款期限在 1~6 个月。在授信额度之内，申请者可以任选所需的额度。系统会自动按照你所选的额度为你规划 6 个月的还款计划。任何时候你都能从 Kabbage 申请你未使用的额度作为一笔新的贷款。当申请者提供了新的数据账户，或者申请者的企业经营情况改变，Kabbage 也会自动做出新的评估，增加或减少贷款额度。Kabbage 不对贷款收取利息，相对的是收取手续费。按照官网上的指示，以 6 个月贷款为例，Kabbage 在头 2 个月，收取 1% ~ 13.5% 的手续费，在后续的 4 个月收取 1% 的手续费。按照官网上给出的以平均 Kabbage Score 计算出来的预计来看，从 1 个月的期限到 6 个月的期限，贷款总手续费在 4% ~ 12%。除此之外，Kabbage 不再收取其他费用。

3. 平台动态

2015 年 5 月，Kabbage 与万事达公司合作开始发行自己的借记卡（debit card）Kabbage Card，此卡与客户的 Kabbage 在线账户直接绑定，未来对于 Kabbage 绑定客户增加客户黏度，以及充分获取信息分析客户行为有极大帮助。

Kabbage 在 2015 年 3 月与澳大利亚的 Kikka Capital 建立了合作伙伴关系，kabbage 将于 5 月授权 Kikka 使用它们的贷款技术平台。根据许可协议各项条款规定，Kabbage 要提供新员工培训、承销和监测平台，而 Kikka 方面则要管理操作运营、市场营销、资金和贷款等各项业务。这一技术授权的方式开启了 P2P 平台海外业务扩张的新模式。

二 英国代表性平台及其业务特征

（一）Zopa 平台

1. 平台简介

Zopa 于 2005 年 3 月在伦敦成立，是世界上最早成立的 P2P 借贷平台。Zopa 平台的贷款主要为个人贷款，主要用于购买汽车、偿还信用卡和消费。Zopa 根据信用评级机构 Equifax 的借款者信用得分把借款者分为 A 类和 B 类，并根据信用得分来设定借款人利率。借款人同意接受后再进一步确认实际借款利率。Zopa 的借款期限有 2 ~ 3 年的短贷，也有 4 ~ 5 年的长贷。为了分散风险，投资者的资金被分为 N 个 10 镑投资给不同的借款人，但当投资者资金超过 2000 镑时最多只能分为 200 份进行投资，投资者最低可投 10 英镑，没有上限要求。

2. 平台业务

Zopa 成立后，以新颖的运营模式获得社会与大众的广泛关注，注册会员大量增多，从开始的 300 名会员到 2007 年的 14 万名会员；借贷款总额也一路飙升。2007 年，Zopa 分公司在美国成立，但由于受金融危机影响，于 2008 年 10 月关闭。2011 年，与英国其他两家大型 P2P 借贷公司 Funding Circle 和 Ratesetter 共同成立并加入英国 P2P 金融协会。

Zopa 的主要收入来源于向投资者和借款人收取的手续费。它向投资者收取每年投资金额的 1%，向借款人收取借款审批费用。Zopa 向借款人收取 100 镑的手续费，向出借人收取出借总金额 1% 的服务费。

借款者的最终利率由借款者信用状况、借款金额、借款期限决定。Zopa 会查询借款者在英国各家信贷机构的信用记录情况，然后根据 Zopa 自己的信用评分系统打分，给出最后利率。在 Zopa 为借款者评分之后，会将其按照分数不同分类到 Zopa 的贷款市场（Loan Market）中，这个贷款市场只存在于 Zopa 里，分为 5 种：A*，A，B，C1 和 S（Business）。A* 市场的借款者信用度最高；A，B，C1 市场的借款者的信用度依次下降；S 代表为发展事业借款的个人。

投资者的收益率由 Zopa 确定。Zopa 现在提供两种利率：5 年期回报率 4.9%，3 年期回报率 3.9%。Zopa 将超过 4 个月未还款的贷款确定为违约贷款。据了解，Zopa 两年前的违约率基本上一直维持在 1.5% 以下，而 1 年之内为零违约率。前不久，Zopa 更是向大众保证："我们今后将无违约率。"什么样的风险控制敢让一家信用贷款机构如此信心勃勃？我们来一起了解 Zopa 的风险控制。

Zopa 建有 Safeguard 基金对投资人进行保障。如果出现逾期，Zopa 会以公司的名义行使借款人权利，若 4 个月仍没有还款，Safeguard 基金会就会介入，有可能（但不一定）偿还本金和利息。Zopa 的安全基金类似于风险准备金，负责在贷款违约时替借款者偿还投资者的本金与利息，由非营利性的信托机构P2PSLimited保管。

Zopa将借贷资金与运营资金分开，被存于Zopa在苏格兰皇家银行（RBS，Royal Bank of Scotland）单独的账户里，因此即使Zopa倒闭，投资者也可以安全收回本金。

（二）RateSetter平台

1. 平台简介

RateSetter成立时间较早，但最初的发展速度并没有引人关注。在最初两年，仅完成贷款交易3280万英镑（约合人民币2.8亿元）。2013年P2P网络借贷在全球范围内迎来热潮，到2014年底，英国的主要P2P网络借贷平台已经有20家平台，其中有11家是在2013年及2014年成立。2013年，RateSetter的成交量突破1亿英镑，增长速度达到219%，同期行业总体增长率为107%。2014年6月，RateSetter成为英国最大的P2P平台，月交易量为2300万英镑。2015年，RateSetter的交易量突破5亿英镑，与2013年相比实现500%增长，坐稳了英国P2P网络借贷行业的翘楚位置（见表2）。

表2 RateSetter运营数据

单位：英镑，%

年份	2011	2012	2013	2014	2015	2016Q1&Q2
出借金额	11813281	32805366	104781411	293405387	517986782	321458034
实际收益率	6.13	5.38	4.60	4.50	4.80	4.62
本金偿还比率	100.00	98.38	89.34	77.66	50.18	11.99
准备金使用率	32.93	57.48	77.15	78.72	53.03	8.94
逾期率	0.00	0.00	0.01	0.04	0.03	0.03
坏账率	0.59	0.91	1.68	2.82	0.20	8.94

资料来源：RateSetter披露信息。

2014年4月，RateSetter业务拓展到澳大利亚，目标锁定在个人金融。RateSetter募集了300万美元资金以支持其澳大利亚业务部的运营，投资者包括机构投资者 Wilbow Group 和专业投资人 Martin Dalgleish。不只有 RateSetter 对澳大利亚市场持有很高的预期，澳大利亚第一家银行也是最大的银行之一的西太平洋银行通过旗下新创投基金 Reinventure，也以 500 万美元入股澳大利亚本土 P2P 网络借贷平台 SocietyOne。彼时 SocietyOne 平台仅有 200 名客户，共计出借 400 万美元，规模很小。但澳大利亚市场的潜力很大，这家小平台已经成为澳大利亚最具代表性的 P2P 网络借贷机构，累计成交量超过了 1 亿美元，实现了 25 倍的增长。进入澳大利亚市场是 RateSetter 全球战略的重要部分，这一战略还包括拓展欧洲大陆和亚洲市场。

2014 年 7 月 11 日，RateSetter 获得来自 FE 的风险评分，该评分由英国的数据运营商和评级研究公司 Financial Express 公司开发并执行。FE 风险评分以英国富时 100 指数（Financial Times Stock Exchange 100 Index，简称 FTSE100）为基准，衡量具体金融工具的风险性。共同基金的得分多在 0~150 的范围，股票一般高于 100。RateSetter 的相关产品曾获最低 1 分的风险评分，这个分数与常见的现金账户非常接近。

2014 年 7 月，英国商业银行宣布通过 RateSetter 发放部分贷款，用于支持个人商业项目、个体经营者和合伙企业。

2014 年 8 月，RateSetter 与英国通信商 Giffgaff 合作，为用户提供通信服务类贷款，同时与伦敦出行卡提供商 CommuterClub 合作，提供更好的交通出行金融服务。

2016 年 6 月，RateSetter 的小微企业借贷金额首次超过 2.5 亿英镑，目前合计已向个人、企业、房地产开发商借出了 12.3 亿英镑（约合人民币 106 亿元）。平台目前有活跃投资人 41190 人，其中包括了个人投资者、机构投资者以及企业等，投资人的平均投资金额为 21415 英镑。RateSetter 已经服务的借款人达到 243743 人，平均每个借款人从 35 个投资人处获取资金（见图 3）。

2. 平台业务

RateSetter 面向个人借款者和企业借款者提供服务，平均借款利率为 7.5%。按照金额区分借款服务类别，不超过 2.5 万英镑的借款都划入个人借款类别，2.5 万~100 万英镑的借款则划入企业借款类别。与此同时，

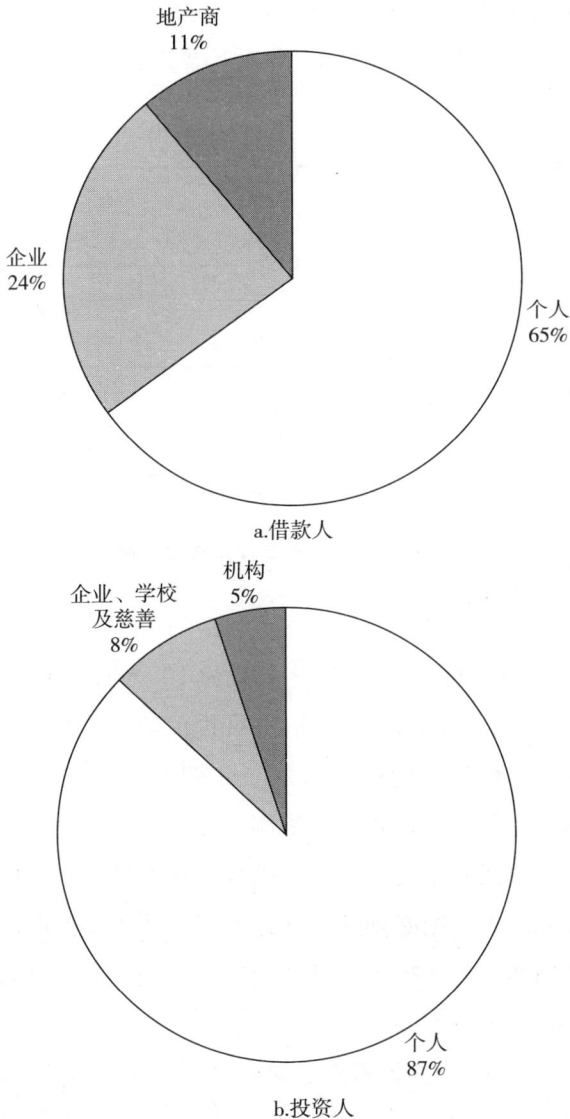

图3 RateSetter 投资人和借款人分布

资料来源：RateSetter 披露信息。

RateSetter 面向房地产开发商提供专门的地产融资产品，其借款金额在5万～350万英镑。RateSetter 允许借款人随时提前还款，不对其收取任何手续费。

个人借款可以通过线上直接完成,而企业借款需要进行线上预约、线下完成调查和签约方能获得资金。RateSetter 借款人借款用途见图 4。

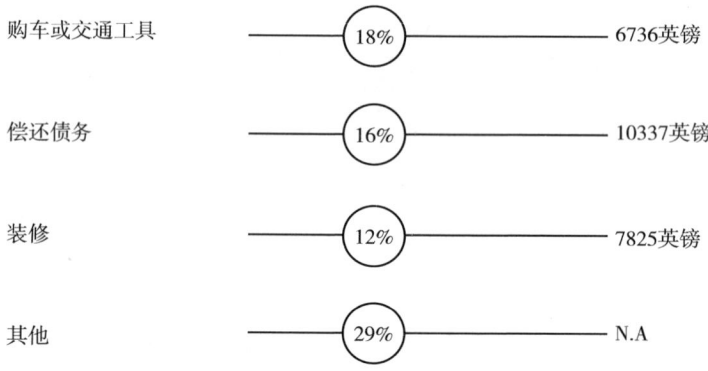

图 4　RateSetter 借款人借款用途

资料来源:RateSetter 披露信息。

RateSetter 的投资门槛较低,起投金额为 10 英镑,可选择活期随存随取、一年、三年或者五年的投资期限,允许提前赎回。其投资类产品的预期年化收益为活期 3.0%,一年期 3.2%,三年期 3.5%,五年期 5.6%。随存随取、提前赎回都是基于债权转让的机制,在系统内部为赎回投资人进行资金匹配,如果成功寻找到新的投资资金则执行债权转让,而原投资人可以取回投资资金,若匹配失败则必须等到期还本付息或再次匹配成功为止。其债权转让服务对活期客户免费提供,其他定期投资的投资人则需要为此项服务支付 0.72% 的债权转让手续费。

投资人在 RateSetter 上的投资资金被系统按照其设定的期限和利率标准自动出借给借款人。通过 RateSetter,小额投资者只需要设定好他们能够出借金额、出借利率和出借期限。RateSetter 会根据设定好的一系列标准选择合适的借款人,包括个人、中小企业,地产开发商和其他借贷企业,之后为投资者将投资资金自动借出,RateSetter 会从收益中收取 10% 作为服务费。

RateSetter 为投资人提供了两重保障,准备金基金(Provision Fund)和抵押担保。RateSetter 要求一些借款人(企业借款人为主)提供足值的抵押担保。截至2016年6月,RateSetter估计的担保总值达1.5亿英镑,对应贷款总额为1.31亿英镑,担保率达到115%。

RateSetter是英国第一家建立准备金基金的P2P机构,后来有机构也推出了类似的产品,这包括Zopa、Wellesley&Co.和Assetz等。RateSetter认为金融服务补偿计划较当下的需求已经过时,而自主定制的、自给自足"准备金基金"系统更为合适。RateSetter要求借款人缴纳一定比例的保证金,这个比例由借款人的风险来决定。保证金被存入准备金基金中,一旦有借款人出现违约逾期,则准备金基金被用来先行偿还投资人的投资资金。截至2016年6月,RateSetter披露的准备金基金达到1735万英镑,覆盖损失率达到125%。

三 法国代表性平台及其业务特征

(一) Pret d'Union 平台

1. 平台简介

法国P2P借贷平台Pret d'Union建立于2009年10月,主要向个人提供在线P2P消费者借贷服务。Pret d'Union是第一家获得法国央行授予的信用机构许可证和法国金融管理局(AMF, Autorité des Marchés Financiers)许可的经纪人执照的P2P平台,也是法国最大、欧洲大陆最大之一的P2P平台。尽管如此,公司总员工数不足百人,其融资情况见表3。

表3 Pret d'Union 融资情况

时间	阶段	金额	投资方
2016年6月	E轮	1501万美元	Weber Investissement;Crédit Mutuel Arkéa;Eurazeo
2015年7月	D轮	3400万美元	Crédit Mutuel Arkéa;SCHIBSTED;AG2R La Mondiale;Weber Investissement
2015年7月	D轮	3064万美元	Eurazeo;Pierre Kosciusko–Morizet

续表

时间	阶段	金额	投资方
2013年11月	C轮	1000万美元	SCHIBSTED
2012年5月	B轮	322万美元	Crédit Mutuel Arkéa；Weber Investissement
2011年11月	B轮	380万美元	Kima Ventures；Credit Mutuel
2010年5月	种子	20万美元	Kima Ventures

资料来源：Crunchbase。

2. 平台业务

上线以来，公司发放贷款量增速惊人，从2012年的1100万欧元，到2013年的4300万欧元，再到2014年近9000万欧元，年复合增长率超过200%，2015年1月新贷款发放量达到800万欧元，历史累计贷款总额为1.42亿欧元。截至2016年4月8日，已经收到贷款申请共计6149188500欧元，而累计发放贷款312245000欧元，通过率约为5.2%，借款人的平均借款金额为8151欧元。为投资人获得利息13693391.40欧元。Pret d'Union的贷款申请及贷款资产情况见图5和图6。

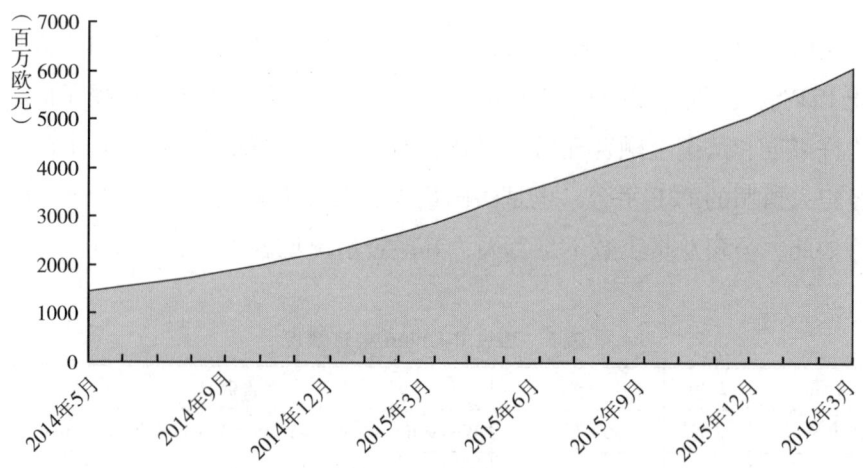

图5 Pret d'Union贷款申请情况

资料来源：Pret d'Union网站。

国外代表性平台及其业务特征

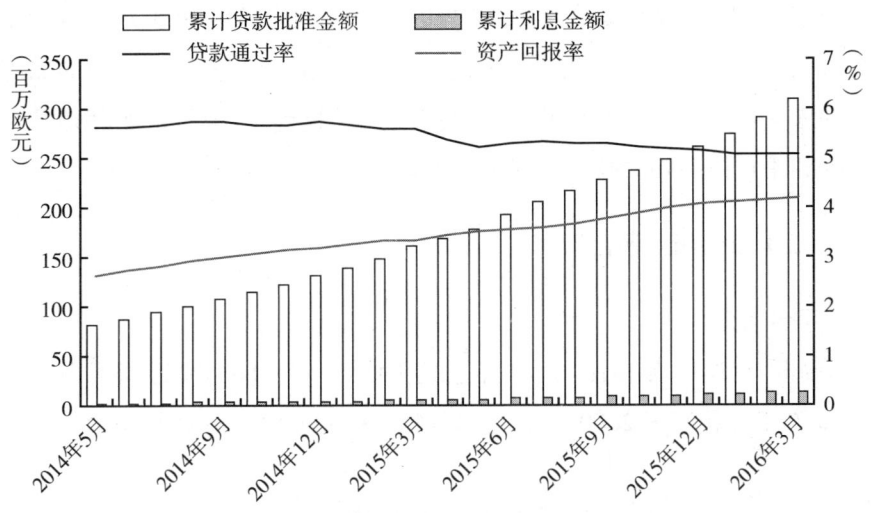

图6 Pret d'Union 贷款资产情况

资料来源：Pret d'Union 网站。

借款人通过网站申请借款，贷款期限包括24个月、36个月、48个月、60个月、72个月，网站声称只需48个小时即可获得资金，并且借款人可以选择提前偿还而不必支付任何手续费。借款人得到的贷款资金主要方向是创业、设备、旅游和偿债。

平台借款人分布法国各行政区，且分散化程度较高。但可以看到边境地区的借款人数量较多，如沿海的北部-加莱海峡大区、布列塔尼大区，邻接西班牙的阿基坦大区、南部-比利牛斯大区和东部毗邻意大利的普罗旺斯-阿尔卑斯-蓝色海岸大区、罗讷-阿尔卑斯大区。沿海与边境行政区一定程度上反映了经济活跃地区的借贷需求更为旺盛。而内陆地区唯一，也是法国全境借贷人数占比最多的地区巴黎，是法国首都地区，也是法国经济最为活跃的地区之一。

和 Lending Club 的子公司 LC Advisor 一样，Pret d'Union 为投资者准备了5种类型的基金，通过风险偏好和期限偏好的不同组合来吸引相应的客户，年化收益率从2.88%到5.28%不等。

3. 平台动态

目前 Pret d'Union 致力于业务拓展和技术开发。公司未来5年要开拓5

个外国市场，第一站计划在2016年初进驻意大利。2016年3月平台为了进入意大利市场，在意大利建立了品牌Younited Credit。未来，法国的品牌将一并并入Younited Credit。同时公司也开启了创新科技项目，尤其是开展对大数据和用户体验相关技术的研究开发。

（二）Lendix平台

1. 平台简介

Lendix于2014年在法国成立，成立的第一年，Lendix管理了中型企业2250万美元（相当于2000万欧元）贷款。Lendix融资情况见表4。

表4　Lendix融资情况

时间	阶段	金额	投资方
2016年4月	B轮	350万美元	Matmut；Sycomore Factory；Weber Investissement；Partech Ventures；Zencap；Decaux Frères Investissements；CNP Assurances
2015年3月	A轮	320万美元	—
2014年11月	种子	200万美元	Partech Ventures；Christian Gueugnier；Marc Menase

资料来源：Crunchbase。

2. 平台业务

Lendix通常为中小企业管理3~6年借贷资金，年收益回报率4%~9%不等。Lendix上的投资人可以向每个项目投资的金额在20~1000欧元，贷款额度为3万~150万欧元，期限在3~84个月。截至2016年7月31日，平台已经收到已经11478个贷款申请，批准了129个项目贷款，总计放出贷款金额31485614欧元。已经返还贷款4776366欧元，为投资人赚得利息660792欧元。借款人在10天内即可收到资金。

平台将贷款分为ABC三个等级，目前有109个项目，A级项目25个，B级项目65个，C级项目19个。A级项目平均收益为5.4%。B级项目平均收益6.3%。C级项目平均收益为8.3%。目前唯一的违约项目出现在A

级。已经服务了超过 30 家中小企业。累计 14720 名投资人。平均每个项目有 363 名出借人支持,平均支持资金为 128 欧元。Lendix 贷款资产情况参见表 5。

表 5 Lendix 贷款资产详情

风险评级	加权平均利率(%)	待还(欧元)	累计放款(欧元)	违约笔数(笔)
A	5.06	5819669.36	7872185	1
B	6.18	16114834.86	20269784	0
C	8.29	286236561	3343645	0
总计	6.14	24796869.83	31485614	1

资料来源:Lendix 网站。

3. 平台动态

Lendix 在 2016 年 4 月并购了其竞争对手 Finsquare,该平台创办于 2014 年,主要以短期借贷见长,此次收购弥补了 Lendix 在短期借贷方面的短板。Finsquare 被并购时已经有 1500 名活跃投资人,累计放出贷款超过 400 万欧元。现在这家法国公司已从 CNP Assurances(法国国家人寿保险公司),Matmut,Zencap AM 还有之前的投资人,如 Partech Ventures,Decaux Frères Investissements,Sycomore Factory 和 Weber Investissement 中筹集了 135 万美元(相当于 120 万欧元),打算在 P2P 网贷行业一展身手,称霸欧洲。此外,投资人还为 Lendix 提供 225 万美元(200 万欧元)的投资资金。

Lendix 接下来打算将业务扩大到其他欧洲国家,从西班牙、意大利开始。而每到一个国家,Lendix 得先取得营业执照,各国规定也不尽相同。过程漫长,但对外企来说是个不错的门槛。

(三)Unilend 平台

1. 平台简介

Unilend 成立于 2013 年,专门从从事企业借贷。其开拓精神帮助该公司

仅在第一年就快速从零增长到共借给中小企业700万法郎的贷款。平台目前已经获得800万美元的融资。

2. 平台业务

Unilend平台为投资人提供的预期收益为4%~10%，20欧元即可以投资，共计获得项目投资120万欧元。截至2016年1月底，平台已经有15904650欧元投资，206个借款项目。平均借款金额78982欧元，贷款成功率100%。目前贷款已经偿还3272837.46欧元，为投资人获得利息1094118.76欧元，贷款申请91129项，通过率1.2%。平台共有34262名注册投资人，10459名活跃投资人，其中98%为个人投资者，2%为机构，平均年化贷款利率8.04%。平均15天内获得资金，3个月至5年的期限。需要三个年度的财务计划。发布了贷款需求之后进行众筹，若没有达到预期金额则算作失败，资金会退回。提供自动投资工具。

3. 平台动态

2015年，Unilend引入了机构投资人——法国当地的Groupama银行进行合作，该银行是某金融集团的一个部门，这个金融集团包括法国最大的相互保险公司。总计提供1亿法郎用以向中小企业贷款。

四 德国代表性平台及其业务特征

（一）Auxmoney平台

1. 平台简介

Auxmoney于2007年在德国杜塞尔多夫市成立，是德国最大的P2P借贷平台。在8年的发展中，员工从6人增加至120人。最初只有信用贷款，后来又加入了汽车质押贷。Auxmoney占德国市场份额的七成以上。Auxmoney融资情况参见表6。

表6 Auxmoney 融资情况

时间	阶段	金额	投资方
2016年3月	D轮	—	Index Ventures;Foundation Capital;Union Square Ventures;SevenVentures
2015年7月	C轮	—	Foundation Capital
2014年5月	B轮	1600万美元	Foundation Capital;Partech Ventures;Index Ventures;Union Square Ventures;Scott Bommer;Transamerica Ventures
2013年3月	风投	1200万美元	Union Square Ventures;Index Ventures

资料来源：Crunchbase。

2. 平台业务

Auxmoney 官网的数据显示，自 2007 年创立以来，Auxmoney 共放贷金额总计 53.2 亿欧元，放款笔数超过 75278 笔，平均贷款利率为 9.65%。同时 Auxmoney 共吸引投资人超过 141 万，投资人获得的平均收益达 6.70%。2015 年全年 Auxmoney 完成了贷款发放总额 9990 万欧元，比 2014 年 3300 万欧元增长 203%。

Auxmoney 提供的贷款金额在 1000~25000 欧元，同时要求借款人须满足如下条件：年龄在 18~70 岁；德国居民；拥有一个储蓄账户。Auxmoney 开发了 Auxmoney Score 划分借款人风险等级，该评级系统分为八个等级，AAA、AA、A、B、C、D、E 或 X，使用了超过 300 个信用相关特性数据。越好的分数类信贷项目，对投资者来说越安全，但回报率也较低（见图7）。

成立初期平台上贷款需通过公开拍卖方式达成。公司要求借款人将资金需求挂在网络平台上，内容包括借款金额及最高可承受利率，贷款人展开竞标。Auxmoney 要求单笔借款金额必须介于 1000~20000 欧元；贷款人投标金额应是 50 欧元倍数，最高不超过 5000 欧元。拍卖需在规定期限内结束，Auxmoney 曾规定每笔拍卖应持续 14 天。在这段时间内，贷款人可认购贷款金额并提出利率报价。拍卖结束前，贷款人可自由更改原有报价。拍卖一旦结束，借款人将按报价优劣对贷款人进行排序，直至筹足所有资金。这种方式又被称为"荷兰式拍卖"。

图 7　Auxmoney 评级

资料来源：Auxmoney。

2013 年 2 月，Auxmoney 改革了拍卖方式，不仅将拍卖期限延长至 20 天，还规定，一旦认购金额等于借款额，拍卖自动结束。贷款协议达成后，Auxmoney 会向贷款人收取 1% 的中介费。同时 Auxmoney 不承担信用风险，而是由贷款人承担所有风险。

（二）Zencap 平台

Zencap 成立于 2014 年，主要提供中小企业借贷服务，同时在德国、荷兰和西班牙也运营，于 2015 年 10 月被英国的跨国 P2B Funding Circle 收购，改名 Funding Circle Europe，截至收购前，已经向 520 家公司出借 3500 万欧元。Zencap 晚于 Lendico 上线，但也走了跨国平台的路线，在德国和西班牙提供中小企业贷款服务。企业贷款最高为 15 万欧元，期限为 6 个月到 5 年。Zencap 按照信用分数来确定贷款利率，主要收费是 1%～4.5% 的贷款发放费，以及 1% 的服务费。

（三）Lendico 平台

Lendico 成立于 2013 年 12 月，总部位于德国，在荷兰、西班牙、波兰、南非、奥地利均设有分部。由于业务覆盖多个国家，Lendico 在一些国家限于政策法规的,需要借助银行合作开展业务。Lendico 收取的费用金额按照借款人的信用评分和借款金额、期限来决定,以及 1% 的分期还款服务费。贷款额度 1000~25000 欧元,0.75%~4.5% 的费用,1~5 年贷款期限。

Lendico 的产品类型主要是个人信用借款。针对用户开发出了多种借款产品,如汽车贷款、信用卡过桥贷款、装修贷款等。Lendico 不对贷款提供任何形式的担保,当贷款项目出现违约,Lendico 会将贷款项目递交给当地的催收公司协助催收,但不承诺一定追讨成功。

Lendico 使用创业公司 FintecSystems 的评分系统,这可以节省核查借款人申请的时间与成本。Lendico 将用户分为 5 个信用等级,对应不同的风险和回报。

五 西班牙代表性平台及其业务特征

(一)Comunitae 平台

1. 平台简介

Comunitae 成立于 2008 年 5 月,是西班牙第一家个人信贷 P2P 平台,总部位于西班牙首都马德里。成立至今,累计发放贷款超过 1500 万欧元,为投资人提供的平均投资收益率约 12.87%。共计收到 423 万欧元的风险投资。

2. 平台业务

Comunitae 成立之初仅提供个人信用贷款,经过几年发展,2014 年平台开始转型 P2B 业务,专门向中小企业发放贷款。平台使用了综合信用评级和借款期限的利率定价规则(见图 8)。

平台上 50 欧元即可投资,最多每个项目投资 5000 欧元,这是受到监管条例约束的最大金额,平台向全欧盟国家的公民开放投资。平台支持自动投资。平台提供三类投资产品:银行承兑汇票质押贷款、保理、个人贷款。

Comunitae 截至目前累计撮合贷款 5625 笔,总计金额 2787 万欧元。平

借款期限	A	B	C
6个月	8%	11%	13%
12个月	8%	11%	13%
24个月	9%	13%	15%
36个月	10%	14%	16%
48个月	11%	15%	17%

图8 Comunitae 利率规定

资料来源：Comunitae。

台的贷款以短期贷款为主，其中3306笔为6个月内的贷款，占全部贷款的比重超过58%。2015全年撮合贷款2445笔，总计金额1149万欧元，其中大部分为24个月以内的中短期贷款（见图9）。

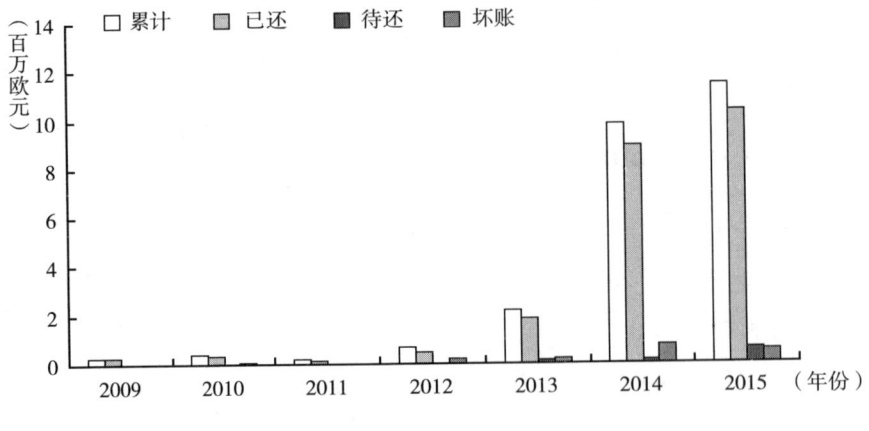

图9 Comunitae 成交量

资料来源：Comunitae。

平台的借款金额在600～8000欧元，但可以根据实际情况提高金额。期限一般为6～24个月，其他期限需要沟通进行定制。平台的盈利主要是每年收取的2%贷款服务手续费，费用按月收取，即每月收取1/12。对于借款人的贷款申请，通过审核后在向投资人展示期间，入关筹集资金达到80%则成功，借款人可以收到资金，否则筹资算作失败，已经投资的资金将返还给出借人。

(二) LoanBook 平台

LoanBook 是西班牙的一家中小企业贷款 P2P 平台，上线于 2013 年，至今累计发放贷款超过 450 万欧元，增长速度达 133.9%。该平台同时提供中小企业贷款和企业票据投资，贷款期限在 6~12 个月，票据期限在 30~90 天，每项投资金额要求在 100~2000 欧元。

六 意大利代表性平台及其业务特征

(一) Smartika 平台

Smartika 是意大利最大的平台，主要提供个人借贷服务，截至目前已经发放贷款超过 4009 笔，约 2100 万欧元，共获得了 5718 名投资人的投资，投资金额 100~50000 欧元，平台提供的预期回报是 6.5%。Smartika 成立于 2008 年，是 Zopa 的意大利加盟商，在 2009 年 7 月，平台成立 18 个月之后，意大利银行就变得保守并叫停了业务，出于对当时 P2P 的理解不足，最后在 2012 年回归，并变成今天的 Smartika。借款金额在 1000~15000 欧元。借款期限为 1~4 年。Smartika 平台上的借款都是信用借款，Smartika 不提供担保，要求投资者投资每个项目的金额不超过 20 欧元。Smartika 平台上的投资年化收益率为 4%~6.59%。此外 Smartika 提供债权转让功能。

(二) Prestiamoc 平台

Prestiamoc 成立于 2007 年，主要提供个人贷款。2015 年 1 月被瑞典的上市平台 TrustBuddy 收购，该收购总价值 530 万欧元。在此之前共收到 300 万欧元的风险投资。

（三）BorsadelCredito 平台

BorsadelCredito 成立于 2013 年，主要提供企业借贷服务。2015 年获得牌照，由意大利央行发放牌照并接受监管，2015 年 10 月开始从事小微企业贷款，至当年底，总计完成了贷款 45 万欧元，完成了 38 笔贷款，贷款的平均利率为 5.03%。目前已经获得 100 万欧元的风投融资。

七 荷兰代表性平台及其业务特征

荷兰的第一家平台 Booper 成立于 2007 年，最初运营十分成功，但是仅数月后就被金融市场管理局（Authority of Financial Markets，AFM）由于没有金融牌照而叫停。监管部门对其商业模式进行研究之后制定了监管法规，Booper 在此之后必须在更为严格的监管环境下运营。平台终于还是于 2009 年因经营不善倒闭。不过这也为后来 2011 年后荷兰出现的新平台铺平了道路。根据荷兰现行法律，投资人的行为受到限制，债权投资不得超过 40000 欧元，超过 250 万欧元的融资公司则需要提供融资说明书。

（一）Geldvoorelkaar.nl 平台

Geldvoorelkaar.nl 成立于 2011 年，主要提供中小企业借贷服务。截至 2014 年底已经成功贷款 825 笔，金额总计 6600 万欧元。平台对企业进行信用评分，根据信用评分确定的贷款利率在 4%~9%，按月还本付息。

（二）Lendahand 平台

Lendahand 成立于 2013 年，向企业家提供借贷，平台称为 Meso – credit，即小额信贷。主要向新兴市场国家提供，借款者分布在哥伦比亚、菲律宾、加纳、蒙古、肯尼亚、赞比亚和柬埔寨。提供公益众筹、债权众筹和股权众筹。通过和当地的合作机构推荐借款人。Lendahand 与美国的 Kiva 性质相同，主要是提供公益借贷服务，借款人支付的平均利率为 3.6%，Lendahand

要求的利率在 3%～4%，提供的借贷金额在 1000～50000 欧元。Lendahand 至今已经完成 921 万欧元的贷款，保持了无坏账记录。其提供的贷款服务了 1101 个企业家，为当地创造了 1705 个工作岗位（见图 10）。

图 10　Lendahand 借贷全球分布

资料来源：Lendahand。

八　爱沙尼亚代表性平台及其业务特征

（一）Bondora 平台

1. 平台简介

Bondora 的前身是 isePankur，该平台由三位金融行业从业且多年经验丰富创始人 Mark Noctzold、João P. S. Monteiro 和 Mati Otsmaa 于 2008 年在爱沙尼亚创立。在 2014 年，为了在国际业务发展中提升知名度，创始人结合著名电影人物 007 的名字 James Bond，创造了新名字 Bondora。是一家国际化借贷平台。

2. 平台业务

Bondora 是近几年在欧洲地区快速发展的借贷平台，并且是业务覆盖全球国家数最多的平台，平台网站拥有 23 种语言版本。目前平台已经吸引力来自 40 个国家超过 13830 个投资人，总投资金额超过 5470 万欧元，折合人民币约 3.2367 亿元，5 欧元的最小投资额基本上是欧洲投资门槛最低的，平均每人每笔投资 25 欧元，活跃投资人的投资中值为 7000 欧元。平均贷款 2367.69 欧元，平均期限 48 个月，平均贷款利率 28.89%。

平台贷款业务已经服务超过 10 万借款人，每月发放贷款超过 200 万欧元，贷款逾期控制在 4% 左右。到 2014 年 12 月为止，爱沙尼亚依然是 Bondora 的最大贷款国，约占比 55%；芬兰位居第二，占 30%；西班牙占 14%，斯洛伐克是 1%。

Bondora 为了避免投资人的损失，提供了基于风险定价的模型，模型基于预期损失来给贷款分级，整个风控流程需要计算多达 10 项偿付能力。

3. 平台动态

为了提高投资人的资金流动性，Bondora 于 2013 年 3 月引入二级市场，提供贷款收益权转让服务，现在已经有超过 24400 个贷款项目待交易。目前 Bondora 在欧洲四国（西班牙、斯洛伐克、爱沙尼亚和芬兰）开展借贷业务，并且接受英国金融行为局（FCA）的授权与监管。2015 年 10 月，Bondora 宣布进驻加拿大，且正在与渥太华证券委员会沟通详细规则，为未来开展业务铺平道路。

九 日本代表性平台及其业务特征

（一）Maneo 平台

Maneo 平台是日本最早的借贷平台运营商。maneo 公司成立于 2007 年，随后开展了运营平台所必需的日本官方注册程序。该公司于 2008 年正式推出 maneo 平台。maneo 最初侧重于消费信贷，但不久之后便转向中小企业借贷。Maneo 借贷平台目前也是日本最大 P2P 借贷平台，截至 2015 年，Maneo 已经发放超过 6000 万美元放贷金额。

（二）Crowdcredit 平台

Crowdcredit 成立于 2014 年 6 月，公司总部位于日本东京。由于日本金融管理局营业执照的限制，Crowdcredit 刚开始"只能为机构投资人服务"。2015 年 12 月 Crowdcredit 已经升级拥有全面服务许可。现在 Crowdcredit 可以同时服务于 P2P 借贷的个人及机构投资人，起始投资金额为 10 万日元，约合 840 美元。

由于与英美等国在次贷危机之后审慎放贷方式不同，日本银行对于借贷十分积极，日本的借款人更容易从传统金融机构获得贷款，这在很大程度上阻碍了日本网络借贷等互联网金融业的发展。正因如此，Crowdcredit 把目标主要放在了拉美国家（比如秘鲁），期待获得经济和社会影响力的双重收益，其成为日本首个专注于 P2P 借贷的跨境投资平台。

B.16 中国代表性平台及其业务特征

黄国平*

摘　要： 本报告选择宜人贷、拍拍贷、玖富、陆金所、搜易贷、小牛在线、团贷网、麻袋理财、网信理财、点融网十家国内互联网金融领域代表性互金平台，从平台发展动态、平台业务特征方面对平台基本架构、运营规模和业务特征、风险管理等方面进行比较分析，探索国内先进互金平台发展现状和未来发展趋势，为监管政策制定和监管政策实施提供现实参考和依据。

关键词： 互金平台　基本构架　运营模式　业务特征　风险管理

一　宜人贷

1. 平台简介

宜人贷是由宜信公司2012年推出的在线金融服务平台。宜人贷通过互联网、大数据等科技手段，为中国优质人群提供高效、便捷、个性化的信用借款咨询服务，并通过"宜人理财"在线平台为投资者提供安全、专业的一站式理财咨询服务。2015年12月18日，宜人贷在美国纽约证券交易所成功上市，成为中国互联网金融海外上市第一股。

---

* 黄国平，博士，中国社会科学院金融研究所研究员。

2. 平台业务

其一，技术驱动模式创新。宜人贷的目标借款客户定位为高质量的城市白领，这部分人群相对来说在还款能力和还款意愿上表现都比较良好。宜人贷针对工薪阶层白领精英提供的工薪精英借款要求借款人年龄在 22~60 周岁，并且在现单位连续工作 3 个月以上。满足要求的借款人最高可申请到 50 万元，最长借款期限为 48 个月。个人借款人只需通过宜人贷在线上或移动端 APP 发布借款请求，通过信用评估后，即可获得出借人的信用借款资金支持。宜人贷负责对相关信息进行管理，并为借款人借贷事务提供服务。宜人贷的营收来自向借款客户收取的总服务费用和为出借人提供自动化投资工具收取的管理服务费。宜人贷业务模式见图 1。

图 1　宜人贷业务模式

其二，技术驱动征信创新。在贷款信息审核方面，除了用户填写的基本信息之外，宜信宜人贷还会以用户授权提供的社交网络信息作为参考，对客户的身份信息和信用状况进行交叉验证。与传统的信审模式相比，通过数据分析进行判定，能够有效提升审核速度以及准确度。相对于传统信审方式需要大量人力和时间来做的电话征信和实地考察征信，宜人贷基于各种渠道的数据，优化风控模型和审批流程。宜人贷的潜在借款人可以通过宜人贷网站或者移动 APP 申请贷款，宜信的线下销售团队也会向宜人贷推荐借款人。在后一种情况下，宜信销售人员会引导潜在借款人输入所需信息，完成申请流程。无论在线上还是线下申请，潜在申请人都需要根据所需的借款产品提供各种个人资料,典型的资料包括:身份证信息、工作单位信息、银行账号信息、信用卡信息和央行的征信报告。就极速贷产品而言,申请人可以在宜人贷平台上三步完成申请,最短只需花10分钟,极大地节省了申请时间。潜在借款人提交申请后,宜人贷的信用模型读入申请资料中的全部信息,并从大量内外部数据源中匹配与申请人相关的附加数据。这些数据被汇集起来,用于验证申请人的身份、检测可能的欺诈,评估并确定申请人的信用度(见表1)。

表1 宜人贷网络征信数据来源

来源	数据
内部	宜人贷平台积累的历史信用数据
	从申请人的申请过程中获取的行为数据,例如申请人自己报告的工资使用情况、使用多种设备访问宜人贷平台的情况
外部	宜信的信用数据库
	公安部下属机构维护的个人身份信息
	央行下属机构维护的个人信用信息
	互联网或无线服务商提供的在线数据,包括社交网络数据
	申请人在某些电子商务网站上的在线购物和支付信息
	欺诈列表和数据库

其三,技术驱动风控创新。宜信金融云以Docker容器技术作为核心,建立了一整套基础设施平台,金融云的各个组件均运行在此平台之上。金融云充分利用了Docker技术的优势,围绕Docker技术自主建设了金融云的底层基础设施,为金融云体系中的各种金融能力子系统和上层业务应用,提供了一套完整的开发、测试、部署和监控框架。在此框架的支持下,金融云的各子系统和应用可以快速响应业务需求变化,专注于业务逻辑实现,而无须在基础设施和运维上投入大量人力,在减少人力成本的同时提高了服务开发速度和服务的稳定性。金融云还整合了基于Hadoop技术的大数据平台,实现了海量的数据存储和大规模并行计算。与Docker技术相结合,使得上层

应用可以方便地调用集群的计算能力，让大数据分析成为可能。同时，宜信金融云利用 Docker 技术的灵活性，配合 SDN（软件定义网络）技术，实现了应用间的网络动态隔离，和传统的网络静态分区隔离技术相比，将安全防线从区域边界推进到了应用边界，可以实现应用级别的防护，更加安全。金融云生态系统见图 2。

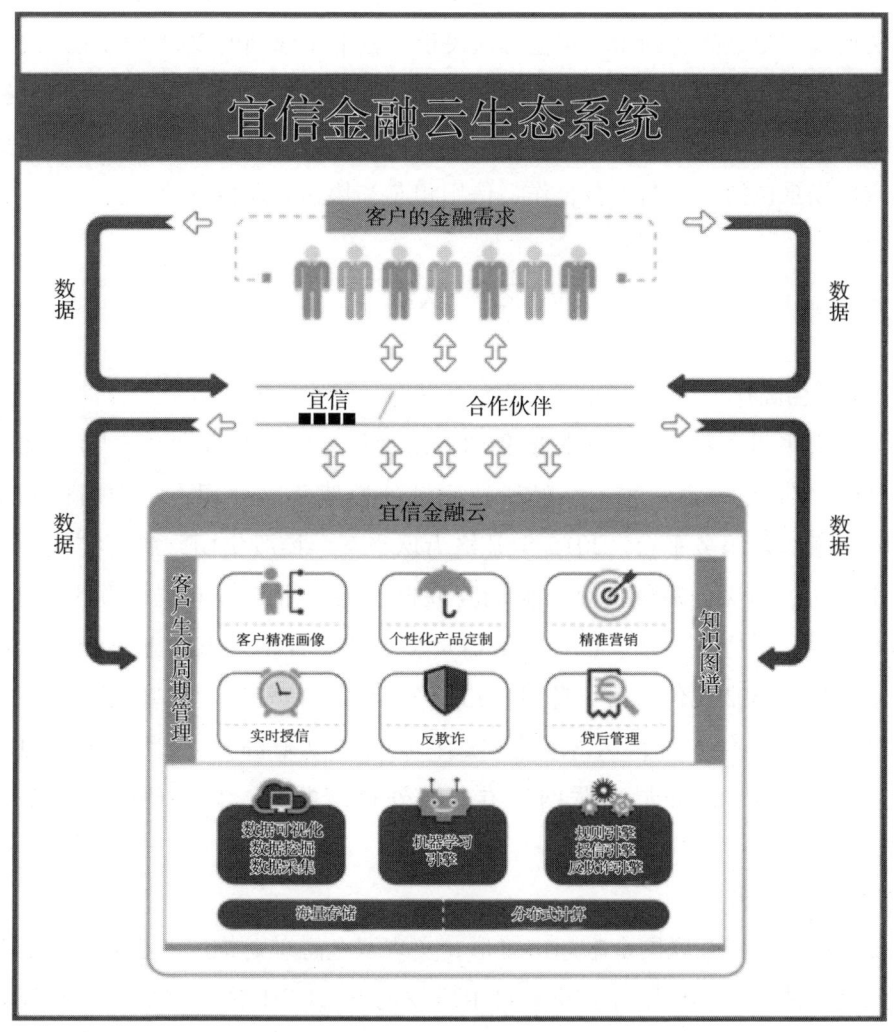

图 2　宜信金融云生态系统

3. 平台动态

截至2016年6月30日，宜人贷累计促成借款总额约200亿元人民币，服务的借款人总数超过30万，吸引了总数超过76万的出借人。非不良借款（指本金及利息逾期未达90天的借款）余额为138亿元人民币，与2015年6月30日的50亿元人民币相比增长了176%。贷款余额的增长反映了宜人贷整体规模的扩大，且一直保持着较高的增长速度。2016年第二季度，宜人贷促成借款金额达到45.39亿元人民币，较上年同期的20.84亿元人民币增长了118%。目前，宜信金融云的应用场景多种多样，只要存在借贷、授信或信用审核需求的场合，就有可能通过宜信金融云获得相应的服务。典型的应用场景包括：电商平台合作、信用租车和快速分期付款等。

二 玖富

1. 平台简介

玖富集团全称玖富互金控股集团有限责任公司（简称"玖富"），成立于2006年，是一家专注于金融科技领域的控股集团公司，是中国移动互联网金融综合服务平台。2015年升级为玖富互金控股集团，旗下控股十余家子公司，围绕金融科技以及移动互联网金融产业链，布局互联网资管、消费金融、供应链金融、P2P网络借贷、大数据评估等五大业务板块。玖富旗下拥有玖富钱包、悟空理财、蜡笔分期、玖信资产、玖富超能等多个子品牌。2016年8月，玖富战略控股犇亚证券（亚洲），并将其升级更名为香港玖富证券，布局互联网证券、海外资产配置、智能理财等业务领域。

2. 平台业务

玖富开创了互联网金融超市雏形，实现了金融理财推广、小微信贷的互联网垂直搜索、O2O服务。玖富自主研发的FTOUCH财富诊断终端于2008年面世，为银行理财师提供个人金融客户网络财富诊断服务，被誉为"理财师背后的理财师"。随着移动互联网的兴起，2013年玖富全面实施移动化战略,将普惠金融从 PC 战场转向移动端。在此基础上,2014 年实施 PLUS 战略,内部孵化推出闪银、悟空理财、叮当贷、蜡笔分期等产品,大力发展移动金融,扩大用户份额。2015 年初,凭借移动端用户规模优势,实施 LINK 场景化战略,加大力度布局各个消费场景,发力消费金融服务。玖富经过十年的发展和积淀,在行业领域建立了移动、生态链、大数据风控三大战略优势。

2013 年玖富在行业内率先实施移动战略,注册用户高达 3000 万,移动端用户占比超过 90%。同时,"移动+场景"贯穿到消费金融生态链的构建中。玖富基于移动端用户数据、上亿笔交易数据等建立"火眼云征信"系统。"火眼云征信"为玖富基于大数据、机器学习等先进技术,在自身上亿笔交易和 3000 多万用户的庞大数据基础上,通过对接芝麻信用、腾讯征信、鹏元征信、央行征信中心等数十家征信机构数据库,建立的一套完善的大数据分析决策系统。"火眼云征信"系统在很大程度上能够帮助人工业务作出智能判断,提升信贷效率。

3. 平台动态

2015 年 4 月,玖富及旗下公司累计获得 1.1 亿美元融资,IDG、SIG 等均参与其中。2016 年以来,玖富与众信旅游成立合资公司,开展出境游金融服务业务;与众安保险合作,在信贷资产与资金对接方面展开合作。2016 年 8 月初,玖富全平台注册用户超过 3000 万,移动端用户超过 2800 万,累计促成交易笔数达到上亿元规模,总注册用户及移动端注册用户在中国同领域排名第一。

三 拍拍贷

1. 平台简介

上海拍拍贷金融信息服务有限公司成立于 2007 年 6 月,是国内成立时间最早、用户数量最多的网络借贷信息中介平台,2012 年 4 月,拍拍贷等四家企业经上海市工商局特批,更名为金融信息服务有限公司,成为中国第一批具有"金融信息服务"经营资质的P2P网络贷款信息服务企业,这意味着"草根"金融成为上海金融中心建设的一个重要部分。九年来,拍拍贷一直致力于打破资产端与资金端的信息不对称,盘活金融资源,提高资金流动效率,让资金流到能够产生最大价值的地方,促进实体经济的发展,用行动贯彻了"供给侧改革"的思想。

2. 平台业务

拍拍贷采用互联网技术搭建网络借贷平台。借款人网上发布信息,通过贷款人竞拍的模式,系统自动选择最佳的贷出者,一旦借款成功,网站自动生成电子借条,借款人按每月还款方式向放款人还本付息。拍拍贷推崇"数据为王",运用互联网技术提高信贷撮合自动化程度,通过计算机分配投资等自动化的、全天候的方式撮合借贷交易,形成贷款审批规模效应,极大降低了小额贷款的交易成本,为借款的小微企业节约了借入成本,有效减少借贷过程信息传递的中间环节,并通过标准化操作模式实现模板化。

拍拍贷实时更新记录每个借款人信息,存入数据仓库。在数据仓库的基础上,建立了近400个特征维度。这些维度不但包括风险的相关数据,也包括了许多其他能够描述一个人的数据,最终通过各类机器学习技术,风险建模将开发出针对每个借款人和每笔贷款的信用评分。目前模型能针对每一笔借款给出一个相应的风险评级,系统根据风险评级形成风险定价,保证收益与风险的匹配,风险评级分为A到F六个等级,例如A级的目标逾期率小于0.5%,F级则大于8%。从A到F,风险越高,定价也越高。

自从2014年8月魔镜风控系统正式投入使用以来,在近两年的风险暴露过程中,数据证明魔镜系统对借款标的风险评级和风险定价的精确度不断提升,已成为行之有效的风险量化工具,大幅提升了业务处理效率,降低了运营成本。

3. 平台动态

截至2016年6月,拍拍贷平台注册用户达到2145万,累计借款申请笔数超过400多万笔,全年平台共为投资人赚取收益上亿元。平台在品牌影响力、用户数、平台交易量等方面均在行业内占据领先位势。目前,拍拍贷

88%的借款人为信用白板用户,平台通过提供额度从1000元到10000元不等的小额借贷,为首次借款人群建立征信档案,为他们积累信用。拍拍贷已为超过2000多万"白板"用户建立了征信档案,预计2016年底,这一数字将超过3500万,未来希望为5亿多互联网用户建立起信用档案。相较于大部分互联网金融机构仅入驻北、上、广、深一线城市,或者一些省会城市,拍拍贷业务的地域覆盖广度和深度在行业内首屈一指。目前,拍拍贷已经将业务深入三线、四线城市,甚至农村地区,覆盖了全国98%的县级行政地域,预估到2017年将覆盖全国百分之百的县域。

四 搜易贷

1. 平台简介

搜易贷是搜狐集团旗下的互联网金融平台。公司成立于2014年4月,并于2014年9月正式上线。目前实缴注册资本已增加到3亿元人民币。搜易贷从成立至今一直秉承科技金融的发展理念,大力推进大数据技术、移动互联网技术、人工智能技术等在借贷、投资过程中的应用,首创了基于垂直行业的全流程智能风险管理体系,特别推出基于产业链上下游数据和用户全景数据的智能风控系统——"风刃",至此平台风控能力和移动理财均处于行业领先水平。目前平台借款逾期率(逾期1天及以上)仅为0.04%,移动端投资金额占比达83%。

2. 平台业务

基于垂直行业的全流程智能风险管理体系是搜易贷在行业内的首创。与普适性的风控模型不同,搜易贷立足产业链,将风控流程模块化,分解成上千个风险影响因子,建立灵活多变的、自适应的自动化风控模型和系统。通过机器学习方法,测算每一个风控流程变量因子的影响因素,当不同行业中的某一个风控变量出现变动时,该风控系统将重新调整测算每个因子,优化风控模型。例如,车贷业务的车商贷,天津港和江阴港的政策不同,导致了两个地区的风控流程不一致,因此出现不同的模块和影响因子。那么该风控系统在车商贷审核过程中,系统将进行风险成本核算,识别这些因子并调整风控模型,从而更智能化和精准地进行风险控制(见图3)。

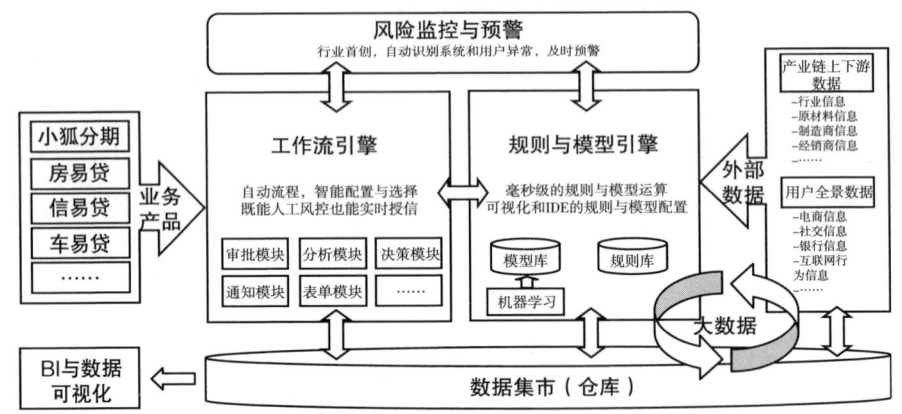

图3 搜易贷基于垂直行业的全流程智能风险管理

除了风控流程智能化管理之外,产业链上下游信息打通也为搜易贷提供了独特的风控优势。与其他P2P平台相比,除了使用常规用户全景数据的大数据源外,搜易贷还收集产业链上下游数据源,基于此构建多维度的规则引擎、智能评分模型。通过打破产业链金融服务中的信息孤岛,提高风控效果和授信审批效率。另外,在垂直产业金融模式下不断熟悉产业的业务和交易流程,明确资金用途,便于挑选优质的项目,有效控制风险。例如,目前我们在房产金融领域,打通了宏观经济数据、房地产行业数据、城市区位数据、开发商及楼盘信息、房产交易信息以及全景用户数据等,在智能风控系统中对C端的抵押消费贷、赎楼贷、租金贷等能够智能化地调用相应数据模块,并进行综合评估,最快实现实时预授信。

"风刃"是搜易贷基于产业链上下游数据和用户全景数据自主研发的大数据风控系统。目前薪易贷、小狐分期产品通过利用大数据风控技术,在整个系统层面上,已经做到了能够支持10万级别的并发量,系统本身数据更新20GB/日,系统反应时间小于3秒,基本做到了实时响应。改变了以前T+1的授信方式、T+2放款方式,从而实现了实时授信、T+1放款。且不需要提供担保、不需要提交复杂资料。

3. 平台动态

搜易贷业务一直保持高速增长，截至 2016 年 6 月 30 日，搜易贷累计交易额已突破 133.8 亿元，为投资人获得全部预期收益达 3.5 亿元。平台用户规模保持快速增长。2016 年第二季度末累计借款人数达 12.43 万，较 2015 年初增长 14.0 倍。搜易贷是搜狐集团在互联网金融行业的重要布局，搜狐集团旗下搜狐焦点、汽车、财经、大数据等业务板块为搜易贷提供业务支持。此外，搜狐集团的 3 亿的活跃用户流量基础和数据积累为搜易贷提供了良好的资源；搜狐集团依托在互联网行业 18 年的发展经验对搜易贷也提供战略性的指导。

五　麻袋理财

1. 平台简介

麻袋理财是中信产业投资基金管理有限公司（以下简称"中信产业基金"）投资控股的互联网金融平台，于 2014 年 12 月 8 日正式上线。麻袋理财通过先进的信息技术手段、丰富的金融产品资源、严格的风险控制体系，为合格投资者提供专业可靠的综合金融产品交易服务。麻袋理财的主要资产是个人消费信贷，单笔借款金额在 5 万元左右，同时还有更小额、纯互联网的消费信贷产品与麻袋理财进行对接。麻袋理财会在监管要求范围内，进一步整合股东方的产业优势，丰富产品种类。

2. 平台业务

麻袋理财的主要资产来自中腾信的个人消费信贷产品，单笔借款金额在 5 万元左右，同时还有更为小额、纯互联网的消费信贷产品与麻袋理财进行对接，未来麻袋理财会继续做大消费金融这块业务。当前，绝大多数 P2P 平台在资产端主要通过与小贷公司、担保公司等第三方机构合作的方式运作。虽然这种通道模式可以迅速提高交易规模，但风控存在天然的缺陷。麻袋理财和中信产业基金的投资企业，形成产业链闭环。目前，麻袋理财收入来源主要包括向客户收取的管理费、债权转让费、提前还款的费用等。未来，随着客户成熟度的提高，平台的透明度提高，将可以收取产品管理费。业务模式见图4。

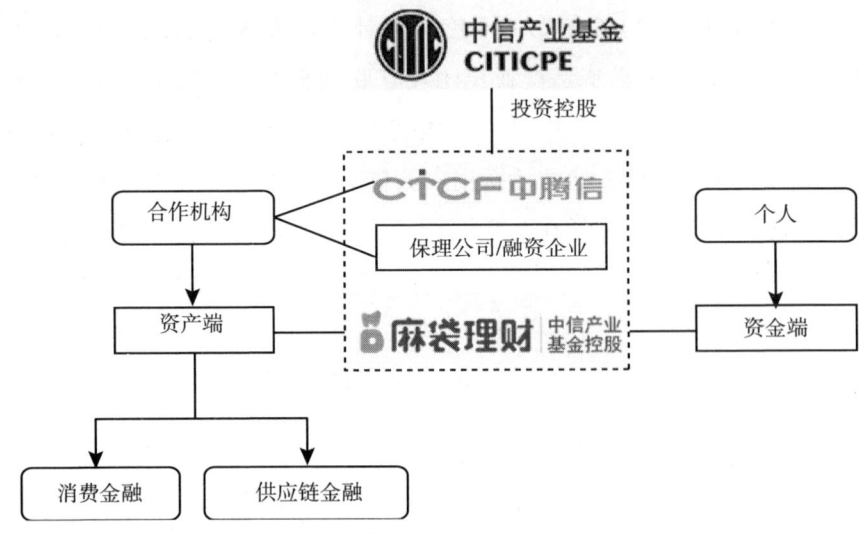

图4　麻袋理财业务模式

麻袋理财的投资人全部来自线上。从投资人年龄看，主要集中在25～50岁年龄段，其人数占比和金额占比分别为90%和85%。从投资人性别来看，麻袋理财女性用户占比49%，但投资金额占比61%。麻袋理财的投资人遍布全国，从前五大投资人区域占比看，合计49%，主要来自经济发达地区和一线城市（见表2）。

表2　投资人区域分布（前五）

单位：%

省份	用户占比	投资额占比
北京	11	31
上海	10	17
广东	11	8
江苏	9	7
浙江	8	7

麻袋理财实施全流程风控。每一个借款客户,都必须经过"验证—核实—数据征信—营业部面签"四步审核步骤,获得中腾信审核通过后还需要通过麻袋理财的终审,才能最终在平台发布。

3. 平台动态

平台自上线以来,在稳健风控的原则下,交易金额和风险备用金稳步增长。截至2016年6月底,平台累计撮合交易金额约40亿元,风险备用金超过5000万元,借贷余额25亿元左右。自2014年12月上线以来,平台在风控稳健原则上,交易金额取得了快速增长。作为信息中介平台,做到平台透明化,才可以受到投资人认可,以持续稳健的方式发展下去。麻袋理财作为一家已经拥有超100万的用户,借款余额将近30亿元的稳健发展的互金平台,始终以合规透明作为核心发展原则,坚持做好信息披露,做好投资人教育,其透明合规的做法深受投资人的认可。

六 陆金所

1. 平台简介

陆金所,全称上海陆家嘴国际金融资产交易市场股份有限公司,是全球最大的互联网财富管理平台,平安集团成员,2011年9月在上海注册成立,注册资本金8.37亿元,位于国际金融中心上海陆家嘴。陆金所致力于结合金融全球化发展与信息技术创新,以健全的风险管控体系为基础,为广大机构、企业与合格投资者等提供专业、高效、安全的综合性金融资产交易信息及咨询相关服务。陆金所旗下lu.com网络投融资平台(www.lu.com,原域名www.lufax.com)2012年3月正式上线运营。作为中国平安集团倾力打造的平台,lu.com结合全球金融发展与互联网技术创新,在健全的风险管控体系基础上,为中小企业及个人客户提供专业、可信赖的投融资服务,帮助他们实现便捷高效的低成本融资和财富增值。

2. 平台业务

其一,商业模式创新,从P2P网贷到一站式线上财富管理平台。2011

年成立至今,陆金所已经从1.0时代的单纯P2P网贷平台转变为3.0时代的一站式线上财富管理平台。1.0时代,陆金所业务以自营模式运营P2P网络借贷为主,以高效率、低成本的方式实现个人直接投融资,联结不同地区间投融资需求,实现资源高效配置,助推区域金融和经济发展。陆金所进入2.0时代,聚焦"开放"与"跨业"两大关键词,横跨银行、保险、证券、公募基金、不动产以及P2P等9大市场,提出打造满足不同投资者以及投资者不同人生阶段不同需求的一站式财富管理平台概念,引领包括P2P网贷等互联网金融平台整体转型升级。目前,陆金所已经进入3.0时代,聚焦"O2O"和"跨境"两大方面,聚焦打造综合财富管理平台,在服务方面提供基于大数据的资产组合管理及推荐功能等,上线更丰富的资产类别,实现更高效、更低成本融资,并且致力实现资产与资金精确匹配(见图5)。

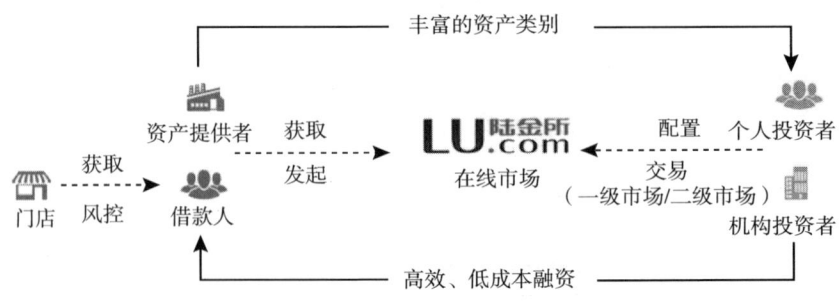

图5　陆金所业务模式

其二,服务创新,推进普惠金融服务。陆金所围绕"用先进互联网技术和理念满足投融资需求,成为中国最佳的线上财富管理平台"的企业愿景,从降低融资成本、提高交易效率和市场透明度,满足普通大众财富管理需求等方面进行服务创新。其中,陆金所推出的"稳盈-安e"服务最具代表性。

其三,技术和风控创新,建立行业领先的全流程风控体系"互联网+",坚持安全有序的创新。陆金所在风控上的创新,是既对标商业银行模式,又充分考虑互联网经营的特点。具体来说,可以概括为七大方面。

第一步是制定风险政策制度框架体系，所有业务必须在制度框架内运行。

第二步是对每个产品严格筛选、审查，进行资产分类和信用评级。

第三步是进行规范的信息披露，陆金所追求的是差异化的风险提示，即针对每一个不同的产品，将其内部评级、底层资产、主要风险、还款来源、保障措施一一列明，并且用互联网化的语言传达给用户。

第四步是设置投后预警监控，对所有在售资产至少每三个月会进行一次检视，一旦发生异常将自动预警，并根据检查的结果实时调整评级，动态向投资者披露。

第五步是打造覆盖全产品线、产品生命周期的风险管理系统，实现风控的标准化、智能化、模型化。

第六步是建立全方位的风险评价体系，在陆金所，风控人员会被内嵌至前台业务单元中，而前台销售人员的KPI（绩效指标）中甚至有20%是风控的内容，确保业务人员在做业务时必须将风险摆在第一位（见图6）。

第七步是确保资产与资金的精准匹配。陆金所在资产端将根据内部评级进行风险分类；而在资金端，陆金所也将对投资者进行风险分类，运用传统的问卷方式以及互联网大数据技术进行持续分析，保证分类的准确性（见图6）。

图6　陆金所风控模式

3. 平台动态

"互联网+"鼓励开放共享和融合创新，最大限度优化资源配置，加快形成以开放、共享为特征的经济社会运行新模式。陆金所认为，用户财富管理需求是多样的，仅靠一家、两家机构很难满足，因此要打造开放平台，让一切能够提供服务并满足风控要求的公司和机构参与为用户服务，最终形成完备的互联网金融生态体系。2015年以来，陆金所已经陆续推出了P2P开放平台、基金平台、跨境交易平台、保险平台等多个领域的开放平台，与超过500家机构建立了紧密合作。而陆金所承担平台功能，以公开、透明的第三方平台角色为各方提供基础设施、销售渠道支持以及机构间的咨询及顾问等服务。截至2016年6月，lu.com用户已超过2342万，活跃投资用户已超587万。

七 团贷网

1. 平台简介

东莞团贷网互联网科技服务有限公司（简称"团贷网"）前身系广东俊特团贷公司，成立于2011年，是一家专注于服务小微企业、普惠金融及消费金融服务，拥有核心自主知识产权研发系统的互联网金融信息中介平台。2016年3月团贷网完成运营主体变更，注册资本1亿元，成为新三板上市公司光影侠旗下全资子公司，系国家高新技术企业、广东省电子商务创新示范企业。

2. 平台业务

其一，业务产品创新能力。团贷网专注普惠金融领域，主打小微企业借款和个人消费类借款产品。借款人通过线上入口和线下入口提交借款申请，团贷网信贷人员依托大数据智能风控系统，多角度对借款方进行现场实地取信、审核评估，同时平台引入第三方担保机构为借款方提供担保，最终借款人通过平台发布借款需求信息。投资人可在团贷网官网网站上搜索并根据自己的风险偏好选择适合自己的借款项目进行出借，最后通过第三方支付公司进行资金划拨和费用扣取。基本交易结构见图7。

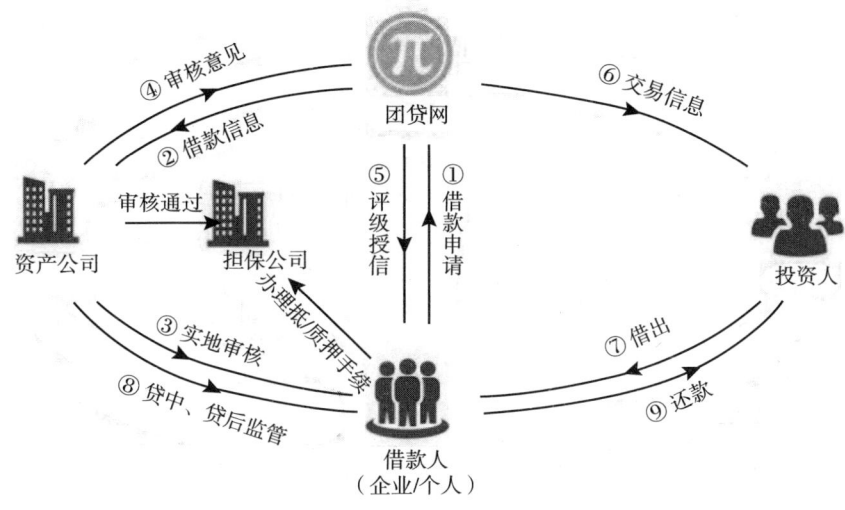

图 7　交易结构

其二，大数据风控能力。风险控制是金融企业长久发展的核心，团贷网线上通过互联网技术建立起大数据智能风控，并与第三方进行用户数据共享，提高用户违约成本，建立用户诚信意识。团贷网自主研发的大数据智能风控——天秤系统，涵盖反欺诈、用户行为分析、用户画像、综合授信、运营决策、智能推荐、运维管理等功能，用于解决在用户管理、系统完善、运营管理等方面的系统管理需求。目前天秤已经与15家第三方征信数据平台达成战略合作，其中包括：芝麻信用、百融、安融、爱金、前海征信、鹏元、同盾、聚信立、蜜蜂数据、考拉征信等。基本结构见图8。

其三，技术创新能力。团贷网系国家高新技术企业、广东省电子商务创新示范企业、广东省"互联网+"金融试点项目。"团贷网系统"已获得中华人民共和国公安部信息安全等级保护三级认证。其创新团队自主研发的软件已取得20项国家版权专利计算机软件著作权，6件国家工信部颁发的软件产品资质，3件广东省高新技术产品资质，是业内首家拥有核心自主知识产权研发系统的普惠金融平台。

3. 平台动态

团贷网整体规模保持着高速的扩大和增长。截至2016年7月，团贷

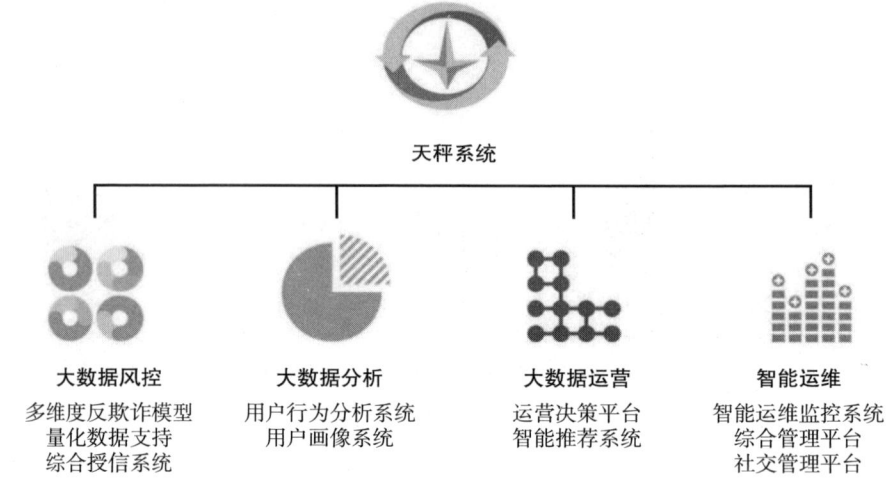

图8 风控结构

网累计促成交易额264.27亿元,累计投资注册用户307万。团贷网未来的发展方向和创新领域将在消费金融、社交金融和大数据金融,让投资随时随地发生,让理财成为一种习惯,通过场景触发人们的消费和社交金融行为。

八 网信理财

1. 平台简介

网信理财平台于2013年7月正式上线,是网信集团旗下网络借贷信息中介平台。网信理财坚持安全、透明、稳定、高效的经营理念,管理团队均来自知名金融机构和大型互联网公司,借贷双方资金通过由央行监管的第三方银行进行存管,借款项目由海内外上市公司、大型地产经纪、产业龙头企业及银行等机构推荐,并提供多重风险保障。作为第三方中介机构,为借贷双方提供信息发布与投融资服务,确保融资方与投资人建立真实有效的借贷/转让关系。

2. 平台业务

网信理财针对小微企业融资难问题，推出了"1+N"产业链金融模式，成功为多个核心企业产业链上下游的企业提供了高效的贷款服务。由于采用互联网金融的融资模式，很多企业都是第一天受理，第二天便可以收到款项，这大大提升了企业的经营效率。"1+N"供应链金融模式，即产业金融公司利用影响力和实力很强的1家核心企业的信用支撑，来完成对产业链上N个中小微型企业的融资授信支持。

这种模式的好处在于，核心企业掌握着ERP（企业资源计划）数据，这些数据反映了其产业链上下游企业的进货量、仓储、付款、信用等各种真实的经营信息，这既是对产业链上企业进行风险评估的依据，又是对产业链上企业还款意愿的一种制约和督促，从而最大限度地降低资产风险。

目前，我国信用体系尚不完善，通过1+N模式获得优质资源，为投资者提供安全系数更高的理财产品，是网信理财的一大特色。不仅如此，在核心企业和产业链上的企业中，有相当一部分被转化为网信理财的投资用户，这成为网信理财的一大创新（见图9）。

为了对资产质量进行严格把关，网信理财的这家产业金融公司对核心企业设置了较高的准入门槛，并创新性地实行了打分卡机制，从贷前到贷中，再到贷后，设立了独立的风控体系。在风险控制制度方面，网信理财对借款人信息实行了资料收集、实质性审查、专业评审等三重风险把控措施。在贷后管理方面，产业金融公司建立了完善的贷后管理制度。

3. 平台动态

自2013年7月上线以来，网信理财一直奉行"以人为本、为民理财、为民服务"的企业社会责任理念，一方面为广大中小微企业提供迅速便捷的融资服务，满足他们的资金需求，融资规模已超1000亿元；另一方面为广大投资用户提供理财服务，网信理财已拥有注册用户700多万，实现投资收益达10多亿元。

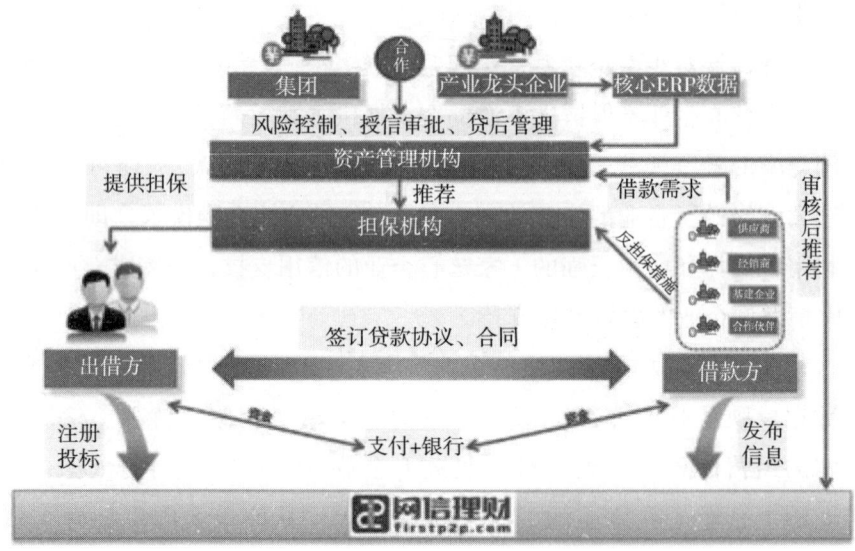

图9 网信理财"1+N"产业链金融模式

九 点融网

1. 平台简介

点融网是中国领先的互联网金融公司,2012年,由Lending Club的联合创始人、前技术总裁苏海德(Soul Htite)与上海知名律师、私募基金合伙人郭宇航共同创立,总部位于上海。平台上线时间为2013年3月,目前点融网在全国有28个网点,2600多名员工。

2. 平台业务

点融网在中小微贷款的服务定位,通过应用科技化流程和技术,降低信贷作业成本,提高风控有效性,服务更广泛的小微客户群体,特别适合传统银行信贷风险管理无法识别的借款人(例如没有固定资产或可抵押财产的借款人),针对小微客户融资需求的"短、平、快"的特点,提供精准、快速、便捷的服务,助力小微客户,真正做到"普惠金融"。

点融网的整体风控体系，衍生于银行、跨国金融和咨询机构的风控体系及技术，植入了互联网科技的大数据应用和科技化侦测管理手段，同时依据相应区域小微贷款的市场需求、客户画像和资产表现的分析，搭建了针对消费信贷和中小微贷款的精准、快速、便捷的融资平台和风险管理体系，建立了从客户准入到风险评级、反欺诈、贷后管理和催收一系列完整高效的端对端风险管理流程。

同时，点融网大力发展科技驱动型的供应链金融。通过建立供应链大数据风控引擎、自动审批系统以及线上借款平台，改善了传统供应链金融审查文件多、人工耗时长、难以甄别中小微企业资信等问题。

3. 平台动态

目前，点融网平台的主要产品为自动分散投资产品"团团赚"，根据期限和利率又分为月月盈、节节发、经典团、季季翻、东方团、稳健团等。期限从30天到360天不等，历史表现为年化利率4.5%~9%。资产方面，有中小企业信用贷款、个人信贷和抵押贷款等。截至2016年7月31日，平台累计交易额突破140亿元，注册用户超过220万，90天以上累计逾期率为1.23%，APP移动端投资金额占95%。点融网个人贷款平均借贷额为7万元，企业平均借贷额为35万元。

点融网已完成的几轮融资分别来自北极光创投、老虎环球基金、渣打直接投资有限公司、渤海金控、中国互联网金融科技基金（由中民国际资本有限公司与广发投资联合发起成立的基金）及巨溢资本等，C轮融资为2亿美元，创下了2015年国内P2P领域最大单笔融资纪录。2015年底，点融网与韩国十大财团之一的韩华集团合作，进入韩国市场，开启海外战略扩张的步伐。

十 小牛在线

1. 平台简介

深圳市小牛在线互联网信息咨询有限公司是隶属于小牛金服旗下的普惠

互联网金融平台,于2013年6月成立,注册资本1.03亿元。小牛金服通过旗下小牛在线、小牛普惠及牛人贷实现资产和资金端的线下线上生态闭环,结合科技金融与大数据征信手段提升风控能力、运营效率,打造成为为中国新兴人群及年轻家庭提供投资理财、普惠金融及消费金融服务的领先企业;建立多方合作机制,与国外征信巨头FICO、环联、益博睿等建立深度合作伙伴关系,推进普惠金融信用体系构建。

2. 平台业务

其一,独特小额分散算法。小牛在线产品采用小额分散算法,对用户投资的资金分散投资到不同的资产列表,降低了用户的投资风险,同时充分结合用户的风险偏好和投资偏好。在取得用户授权情况下,利用大数据和用户画像模型,对每个用户的资产进行最优分配,既满足投资用户对收益的追求,又满足用户对流动性的追求。

其二,五维安全保障体系。小牛在线采用线下风控+线上审核的严格风险控制模式,所有的投资项目都经过严格的征信评定、数据分析、实地考察,由经验丰富的审核人员验证资料真伪、实地考察。五维安全保障体系可保障投资人收益,降低投资风险。

其三,风控审核,项目优选。小牛在线携手全球最大征信机构益博睿,致力于构建信贷全风险管理体系。每笔项目审核必须经过严格的线下审核,由经验丰富的审核人员验证资料真伪、实地考察后,撰写尽职调查报告和风控报告,将其公示于网站平台。

其四,资金管理专业透明。与银行机构进行资金存管技术对接,保障投资者资金安全,受银行机构独立监管保证资金安全无忧。

其五,技术支持信息安全。支持安全套接层协议和128位加密技术,采取物理、电子和管理方面措施来保护数据,以实现对数据安全的承诺。

3. 平台动态

2013年6月,小牛在线上线。2014年9月,累计成交额突破10亿元。2015年3月,携手全球最大征信机构益博睿,打造信贷全风险管理体系。

2015年11月，小牛在线累计交易额突破100亿元。2016年2月，小牛在线平台成交额突破200亿元。2016年4月，牵手腾讯公司开通微信支付功能。2016年5月，获颁ICP许可证。2016年8月，通过国家公安部监制信息安全等级保护三级安全备案。截至2016年8月，累计交易额已经突破300亿元，注册用户达303万。

法律声明

"皮书系列"(含蓝皮书、绿皮书、黄皮书)之品牌由社会科学文献出版社最早使用并持续至今,现已被中国图书市场所熟知。"皮书系列"的LOGO( )与"经济蓝皮书""社会蓝皮书"均已在中华人民共和国国家工商行政管理总局商标局登记注册。"皮书系列"图书的注册商标专用权及封面设计、版式设计的著作权均为社会科学文献出版社所有。未经社会科学文献出版社书面授权许可,任何使用与"皮书系列"图书注册商标、封面设计、版式设计相同或者近似的文字、图形或其组合的行为均系侵权行为。

经作者授权,本书的专有出版权及信息网络传播权为社会科学文献出版社享有。未经社会科学文献出版社书面授权许可,任何就本书内容的复制、发行或以数字形式进行网络传播的行为均系侵权行为。

社会科学文献出版社将通过法律途径追究上述侵权行为的法律责任,维护自身合法权益。

欢迎社会各界人士对侵犯社会科学文献出版社上述权利的侵权行为进行举报。电话:010-59367121,电子邮箱:fawubu@ssap.cn。

社会科学文献出版社